Politik in Ostafrika – Zwischen Staatszerfall und Konsolidierung

Melha Rout Biel/Olaf Leiße (Hrsg.)

Politik in Ostafrika – Zwischen Staatszerfall und Konsolidierung

PETER LANG
Frankfurt am Main · Berlin · Bern · Bruxelles · New York · Oxford · Wien

Bibliografische Information der Deutschen Nationalbibliothek
Die Deutsche Nationalbibliothek verzeichnet diese Publikation in der Deutschen Nationalbibliografie; detaillierte bibliografische Daten sind im Internet über <http://www.d-nb.de> abrufbar.

Umschlagabbildung:
Gai Thurbie, Soldat im südlichen Sudan.

ISBN-10: 3-631-55766-3
ISBN-13: 978-3-631-55766-2

www.peterlang.de

Inhaltsübersicht

II. Internationale Akteure im regionalen Sicherheitsmanagement

III. Ansätze zum Aufbau der Region

Zur Einführung

Das vorliegende Buch versteht sich als aktuelle Bestandsaufnahme der politischen Situation im Osten Afrikas. Innerhalb des unruhigen afrikanischen Kontinents, für den das Konfliktbarometer 58 Konflikte unterschiedlicher Intensität im Jahr 2005 auflistet, ist die Region eine Besonderheit.[1] Denn Ostafrika scheint die schlimmsten Vorurteile der Europäer über Afrika zu bestätigen. Armut und Hunger, Misswirtschaft und Korruption, marodierende Soldateska und erodierende Staatsgewalt sind in dieser Region präsent. Doch während der Niedergang mancher Staaten unaufhaltsam scheint, bilden sich zugleich neue politische Strukturen heraus, die vielleicht zukunftsfähiger sind als die von den Kolonialmächten hinterlassenen Gebilde.

Ostafrika ist eine in höchstem Maße vielfältige und faszinierende Region: Kenia, Kamerun, Ruanda, Tansania, Uganda, Dschibuti, Burundi, Äthiopien, Eritrea, Madagaskar, Mauritius, Seychellen, Somalia und der Sudan gehören zu dieser Region. Die meisten Staaten erlangten ab den 1960er Jahren ihre politische Unabhängigkeit. Ostafrika hat eine bewegte Geschichte. Araber kamen in die Region und versklavten die Einwohner. Dann folgten das Christentum mit der Bibel in der Hand und schließlich die Kolonisatoren. Innerhalb der Kolonialmächte gab es Kämpfe, so dass einige Staaten und Territorien ihre Besatzer mehrfach wechselten. Ab 1814 wurde die Region von den europäischen Kolonialmächten Großbritannien, Belgien, Frankreich, Portugal und Deutschland willkürlich unter sich aufgeteilt.

Die Region war nach der Aufteilung durch die europäischen Kolonialmächte unter folgenden Namen bekannt:

Deutsch-Ostafrika (Ruanda, Burundi und Tansania);

Britisch-Ostafrika (Kenia); ferner Sudan und Britisch-Somaliland;

Portugiesisch-Ostafrika (Mosambik);

Italienisch-Ostafrika (Eritrea und Somalia).

Äthiopien ist das einzige Land, das nicht von europäischen Kolonialmächten kolonialisiert wurde.

Diese Aufteilung führt bis heute zu Konflikten und Bürgerkriegen in Ostafrika und dem Horn von Afrika. Über 200 verschiedene Kulturen wurden durch die Kolonialherrscher gegeneinander ausgespielt. Die großen kulturellen und sozialen Unterschiede wurden nicht berücksichtigt, vielmehr wurden neue Grenzen zwischen den Ländern und Stämmen oder Völkergruppen geschaffen, die einseitig an den Interessen der Kolonialbesatzer orientiert waren. In der Folge entstanden Konflikte, Unruhen und Feindschaften, unter denen Ostafrika noch

---

1 Heidelberger Institut für Internationale Konfliktforschung: Konfliktbarometer 2005, S. 20-35, abrufbar unter: http://www.hiik.de/de/konfliktbarometer.htm.

heute leidet. Mehr als in anderen Regionen der Welt sind die heute in Afrika bestehenden Konflikte auf die Politik der europäischen Kolonialmächte zurückzuführen. Hinzu kommen Musterbeispiele für „bad governance" seit der Erlangung der Unabhängigkeit. Ostafrika wird von ca. 251 Millionen Menschen bewohnt. Sie sprechen Amharisch, Kirundi, Arabisch, Tigrinya, Swahili, Komorisch, Malagasy, Kinyarwanda, Seselwa, Somali Acholi, Nuer, Dinka und zahlreiche regionale Dialekte und Sprachen. Unterschiedliche Religionen haben sich verbreitet, darunter Christentum, Islam, Rastafari, Judentum, madagassischer Glaube, Nuer-Religion und animistische Praktiken.

Die Mehrzahl der ostafrikanischen Staaten erlangte zwischen 1960 und 1993 ihre politische Unabhängigkeit von den ehemaligen europäischen Kolonialmächten, insbesondere Großbritannien und Frankreich. Mit dem Beginn der Souveränität war die Hoffung auf eine gute Regierung und vor allem auf einen wirtschaftlichen, technologischen und demokratischen Fortschritt nach westlichem Modell verbunden. Bis in die 1990er Jahre war diese Hoffung groß. Hauptstädte wie Nairobi, Kinshasa und Dar-es-Salam galten als „London, Paris und Rom" der Region. Doch nahm diese Hoffung von Jahr zu Jahr ab. Autokraten- und Einparteienherrschaft unterbanden alsbald jeden Ansatz zur Demokratisierung. Versuche einiger Länder, ein Mehrparteiensystem einzuführen, führten nicht zu einem konsolidierten politischen System. Die Wirtschaft konnte sich in keinem Land vom einseitig auf Rohstofflieferung ausgerichteten Wirtschaftssystem der Kolonialzeit weiter entwickeln und transformieren. Der Ausbau der Infrastruktur in den Bereichen Gesundheitswesen, staatliche Verwaltung, Rechtsstaatlichkeit und Menschenrechtsfragen sowie die Bekämpfung von Armut und Analphabetismus wurden in meisten Staaten nicht nachhaltig genug verfolgt. Notwendige Investitionen in das Verkehrwesen der Länder und zwischen den Nachbarstaaten konnten bislang ebenfalls nicht ausreichend verwirklicht werden. Mittlerweile ist Ostafrika ein Synonym für Krieg, Korruption, Terrorismus, „bad governance" und Staatszerfall.

Seit nunmehr rund 40 Jahren wird von den entwickelten Ländern „Entwicklungshilfe", inzwischen Entwicklungszusammenarbeit genannt, geleistet. Sie hat sich in den Augen vieler Afrikaner als unwirksames Mittel für die Initiierung des erhofften wirtschaftlichen und technologischen Fortschritts erwiesen. Zahlreiche afrikanische, aber auch europäische Wissenschaftler[2] fordern inzwischen menschenwürdige Anpassungskonzepte für Afrika, vergleichbar mit dem „Marshall-Plan" der Nachkriegszeit in Europa. Seit mehreren Jahren bemühen sich die ostafrikanischen Staaten mit Unterstützung von Partnerländern außerhalb von Afrika, die andauernde Krise zu bewältigen. Diese Versuche in Ostafrika, sich einerseits von der Kolonialhinterlassenschaft zu erholen und sich wirtschaftlich, politisch sowie sozial zu konsolidieren, werden nur sehr

2 Vgl. „Zukunftskontinent Afrika", Internationale Politik, Heft 4, 2006.

zögerlich angegangen und sind bislang nur in einigen wenigen Staaten einigermaßen gelungen.

Der vorliegende Sammelband konzentriert sich insbesondere auf die Länder am Horn von Afrika: Somalia, Äthiopien, Eritrea und der Sudan stehen im Mittelpunkt der Analysen. Der Untertitel des Buches, „Zwischen Staatszerfall und Konsolidierung“, ist gerade in Bezug auf diese Region gerechtfertigt. Die Gleichzeitigkeit des Gegensätzlichen in Afrika, die verschiedenen Formen von Zerfall und Wiederaufbau politischer Strukturen werden in der Region am Horn von Afrika exemplarisch deutlich.[3] Zugleich ist der „Krisenherd Nordostafrika“[4] eine der wenigen Regionen in der Welt, wo innenpolitische Vorgänge zum Politikum für zahlreiche internationale Organisationen wurden.[5]

Die Region bietet anschauliche Beispiele für die gegenwärtig in Wissenschaft und Politik diskutierten Fragen nach Ursachen für zerfallende oder prekäre Staatlichkeit und Lösungen in Räumen begrenzter Staatlichkeit. Schätzungsweise über zwei Milliarden Menschen leben weltweit in gefährdeten Staaten. In einem aktuellen Ranking des Fund for Peace werden 60 „failing states“ aufgelistet.[6] Als besonders kritisch wird die Lage im Sudan und in Somalia eingeschätzt, Äthiopien, Kenia und Tansania sind gefährdet und Eritrea befindet im Grenzbereich. Sämtliche Staaten Ostafrikas besitzen mehr oder weniger das Problem prekärer Staatlichkeit: der Staat ist nicht mehr in der Lage oder willens, Kernaufgaben zu übernehmen. Er besitzt nicht mehr das legitime Gewaltmonopol, stellt kaum materielle Güter für die Bürger bereit und kann die innere und äußere Sicherheit nicht gewährleisten. Solche Staaten leben von der Ausbeutung ihrer Ressourcen durch zwielichtige Wirtschaftsunternehmen. Manchmal werden sie auch zu Rückzugsgebieten krimineller Organisationen, wie beispielsweise Somalia, oder Hort international agierender terroristischer Organisationen.[7] In vielen Fällen ist der Staat selbst zur Beute der herrschenden Eliten geworden. In solchen Ländern baut eine Herrschaftsclique Netzwerke zur Absicherung der eigenen Herrschaft und zum Zugriff auf wichtige Ressourcen auf, während andere Bereiche, insbesondere die öffentliche Wohlfahrt, von der Unter-

---

3 Einführend Volker Matthies: Äthiopien, Eritrea, Somalia, Djibouti. Das Horn von Afrika, München 1992. Vgl. zur Afrikadiskussion den Sammelband von Mir A. Ferdowsi (Hrsg.): Afrika - ein verlorener Kontinent? München 2004. Ferner Gerhard Hauck: Gesellschaft und Staat in Afrika, Frankfurt/Main 2001.

4 Walter Feichtinger; Georg Hainzl (Hrsg.): Krisenherd Nordostafrika. Internationale oder afrikanische Verantwortung? Baden-Baden 2005.

5 Vgl. Peter Woodward: The Horn of Africa. Politics and International Relations, New York 2003.

6 Foreign Policy and the Fund for Peace: Failed States Index, abrufbar unter: http://www.foreignpolicy.com/story/cms.php?story_id=3098.

7 Vgl. Robert I. Rotberg (Hrsg.): Battling Terrorism in the Horn of Africa, Washington DC 2005. International Crisis Group: Somalia: countering terrorism in a failed state, ICG Africa report, 45, Nairobi 2002.

stützung internationaler Organisationen bzw. Nichtregierungsorganisationen abhängen. Eine solche „ausgelagerte Staatlichkeit" findet sich im Sudan, teilweise auch in Äthiopien. Darüber hinaus besitzt diese Region eine Vielzahl parastaatlicher Gruppen, die zum großen Teil militärische Verbände sind. Wenn es nicht gelingt, diese Verbände in zivile Akteure zu transformieren, die auf friedlichem Weg partizipieren, dann dürften die „hybriden Staaten" am Horn von Afrika kaum zukunftsfähig sein.[8] Doch ein außengelenkter Aufbau von Staatlichkeit erweist sich als riskant, wie die Fälle Bosnien-Herzegowina, Osttimor und Irak zeigen.[9] Trotz guten Willens der internationalen Gemeinschaft gelingt der Wiederaufbau von Staatlichkeit im Grunde nur dann, wenn sowohl die einheimische Bevölkerung als auch die Eliten des Landes daran interessiert sind. Überwiegt der Einfluss derjenigen Akteure, die an einem schwachen Staat interessiert sind, dann sind Versuche zur Stärkung des Staates praktisch aussichtslos.[10]

Bei aller Gleichförmigkeit in Bezug auf die Staatsschwäche präsentieren sich die Staaten am Horn von Afrika derzeit in einem höchst unterschiedlichen Zustand. Somalia ist das bislang einzige Land, dessen Staatlichkeit nachhaltig und wahrscheinlich sogar endgültig zerstört ist. Die Bürgerkriege der vergangenen Jahrzehnte hinterließen ein Gebiet, das nunmehr in drei Einflussgebiete geteilt ist. Im Gebiet um die ehemalige Hauptstadt Mogadischu ist die Lage noch immer ernst. Bislang konnten sich die Kontrahenten auf keine gemeinsame Friedenslösung verständigen.[11] Zwei neue Gemeinschaften haben dagegen bereits die ersten Stufen des Konsolidierungsprozesses erklommen. Aufgrund der beharrlichen Friedensbemühungen der internationalen Gemeinschaft scheint nun erstmals eine Befriedung des gesamten Landes möglich zu sein, doch ist die zukünftige Entwicklung noch nicht definitiv abzusehen.[12]

Äthiopien besitzt eine lange Tradition eigenständiger Staatlichkeit, wird jedoch seit vielen Jahren von außen- und innenpolitischen Konflikten zerrissen. Die latenten Spannungen zwischen den verschiedenen ethnischen Gruppen entladen sich regelmäßig in gewalttätigen, teilweise auch blutigen Auseinandersetzungen.

---

8 Vgl. Thomas Risse: Governance in Räumen begrenzter Staatlichkeit. „Failed States" werden zum zentralen Problem der Weltgesellschaft, in: Int. Politik, 9, 2005, S. 6-12.

9 Allgemein Francis Fukuyama: Staaten bauen. Die neue Herausforderung internationaler Politik, Berlin 2004. Ferner Jennifer Milliken (Hrsg.): State Failure, collapse and reconstruction, Malden, Mass. 2005.

10 Vgl. Robert I. Rotberg: Governance and Leadership in Africa, Philadelphia 2005; Simon Chesterman; Michael Ignatieff; Ramesh Thakur (Hrsg.): Making states work: state failure and the crisis of governance, Tokyo, United Nations University Press 2005.

11 Gérard Prunier: Somalia ist nicht Afghanistan. Übergangsregierung und Islamisten kämpfen um die Macht – doch beide Lager sind auch hin sich zerstritten, in: Le monde diplomatique, 9, 2006, S. 23.

12 Vgl. Musa Muhammad Omar: Ethnien und Nationalstaaten am Horn von Afrika. Somalia und Eritrea, Münster 2002.

Die Regierung unter Premier Meles Zenawi bekämpft die Opposition des Landes mit unlauteren Methoden – Gewalt, Verhaftungen, Einschüchterung und Zensur – gleichzeitig wird versucht, die Autonomiebestrebungen einzelner Provinzen durch repressive Maßnahmen zu unterdrücken. Äthiopien muss sich die innere Legitimierung seiner Staatlichkeit innerhalb des bestehenden Staates noch erarbeiten.

Eritrea erlangte seine Unabhängigkeit von Äthiopien bereits 1993. Umstrittene Fragen der genauen Grenzziehung nahmen jedoch seitdem beide Seiten zum Anlass, in regelmäßigen Abständen bewaffnete Konflikte unterschiedlicher Intensität zu provozieren. Noch immer wartet Eritrea auf die Frucht der Unabhängigkeit, den freien und selbstbestimmten Aufbau politischer Strukturen sowie die Forcierung eines nachhaltigen wirtschaftlichen Aufschwungs. Eritrea hat große Chancen auf Konsolidierung, doch kann eine Beschädigung oder gar ein Staatszerfall gegenwärtig nicht vollkommen ausgeschlossen werden.

Der Sudan schließlich erlebt divergierende Entwicklung wie kaum zuvor in seiner kurzen Geschichte seit der Unabhängigkeit. Ausgezehrt vom jahrelangen Bürgerkrieg zwischen dem Süden und dem Norden des Landes, wurde am 9. Januar 2005 das „Comprehensive Peace Agreement" (CPA) in der kenianischen Hauptstadt Nairobi unterzeichnet. Mit diesem Arrangement, das die politischen Strukturen nachhaltig veränderte, wurde der offene Bürgerkrieg erfolgreich beigelegt. Im Jahr 2011 wird voraussichtlich ein Referendum durchgeführt, in dem die Bevölkerung des Südens über eine Abspaltung vom Norden des Sudan abstimmen wird. Als Reaktion auf die Beilegung des Konflikts lösen sich jedoch einige Rebellengruppen aus der oppositionellen „Nationalen Allianz für Demokratie" (NDA) und setzen den Bürgerkrieg im Osten des Landes, insbesondere um Port Sudan, fort. Im Westen wiederum hält der im Jahr 2003 begonnene extrem gewaltsame Konflikt in der Region Darfur an. Trotz eines Waffenstillstandsabkommens im Jahr 2004 wurden die Kampfhandlungen nicht beendet. Über 1,5 Millionen Menschen sind mittlerweile auf der Flucht vor den mit großer Grausamkeit begangenen Übergriffen auf die Zivilbevölkerung. Die genozidähnlichen Vorgänge ließen die Internationale Gemeinschaft tätig werden. Die Afrikanische Union entsandte eine eigene Friedenstruppe (AMIS). Auch die Vereinten Nationen schickten eine Mission nach Darfur (UNMIS). Im August 2006 schließlich entschied der Sicherheitsrat, die Mission der Afrikanischen Union durch die Vereinten Nationen zu übernehmen. Ob die Maßnahmen der Internationalen Gemeinschaft zu einer Beendigung des Krieges führen werden, ist derzeit ungewiss. Nahe liegend ist jedoch, dass die staatliche Einheit des Sudan endgültig Geschichte ist.[13]

Mit dem vorliegenden Sammelband versuchen die Autorinnen und Autoren, die sich seit mehreren Jahren mit der politischen, sozialen und ökonomischen Situa-

---

13 Thomas Schmidinger: Der Sudan zwischen autoritärer Militärdiktatur und Staatszerfall, in: Österreichische Zeitschrift für Politikwissenschaft, 2, 2006, S. 189-205.

tion in Ostafrika beschäftigen, die öffentliche Diskussion in Europa auf diese Region zu lenken. Gerade Deutschland ist in der Region politisch nicht sehr präsent und hat kaum eigene politische Interessen formuliert.[14] Umso wichtiger erschien es den Herausgebern, die politische Lage in Ostafrika von verschiedenen Seiten zu beleuchten. Im ersten Teil werden einige ausgewählte Länder, Regionen und Konfliktlinien am Horn von Afrika vorgestellt. **Rainer Tetzlaff** gibt zunächst einen Überblick über die Ursachen von Staatszerfall und ihre theoretischen Konzeptualisierungen. Anhand der Situation im Sudan sowie der äthiopischen „Fassadendemokratie" werden dann konkrete Verfallserscheinungen unter die Lupe genommen. **Melha Rout Biel** befasst sich anschließend mit der aktuellen Lage im Sudan nach dem im Januar 2005 in Nairobi/Kenia unterzeichneten Friedensvertrag (CPA). Er beurteilt die Umsetzung des Abkommens sowohl im Süden des Landes als auch im Gesamtstaat. **Garang Akok** beschäftigt sich mit der aktuellen Problematik im Westsudan, besonders in der Region Darfur. Akok stellt den Konflikt als Krieg zwischen arabisch-stämmmigen und schwarz-afrikanischen Muslimen dar und geht unter anderem der Frage nach, ob der dortige Krieg einen rassistischen Hintergrund hat. **Markus Höhne** untersucht die politischen und sozialen Realitäten in Somalia. Seit fast fünfzehn Jahren wird dort nicht mehr regiert, sondern es herrschen Anarchie und Gesetzlosigkeit. Höhne untersucht die komplexe Rolle der Ethnien und geht außerdem der Frage des Staatsaufbaues in Somalia nach, wo sich aus der staatlichen „Konkursmasse" mit Somaliland und Puntland zwei neue, viel versprechende Einheiten herausgebildet haben. **Mitslal Kifleyesus-Matschie** untersucht den Einfluss der Diasporas auf die innenpolitischen Konfliktlinien. Die andauernden Bürgerkriege in den ostafrikanischen Staaten haben in Amerika und Europa große und reiche Auslandsgemeinden entstehen lassen, die auf ihre Heimatländer beträchtlichen politischen Einfluss ausüben. Insbesondere das Internet verbindet, im Guten wie im Schlechten, die innenpolitischen mit den außenpolitischen Akteuren. Es dient sowohl kooperativ eingestellten Akteuren zur Koordination von Unterstützungsleistungen als auch terroristischen Gruppen zur Koordination von Anschlägen. Maßnahmen zur Stärkung von Frieden und Stabilität in der Region sollten daher immer auch die Diasporagemeinden mit einbeziehen.

Der zweite Teil blickt dann auf die Rolle internationaler Akteure im regionalen Sicherheitsmanagement. Wie in kaum einer anderen Weltregion sind hier unterschiedliche regionale, transnationale, supranationale und internationale Organisationen in die Bemühungen um Frieden und Stabilität eingebunden. Zunächst beschreibt **Britta Opfer** die Vertreibung und ethnischen Säuberungen im Sudan,

---

14 Vgl. Stefan Mair: Weniger Altruismus, mehr Engagement, in: Internationale Politik, 4, 2006, S. 34-41. Allgemein Ulf Engel: Die Afrikapolitik der Bundesrepublik Deutschland 1949-1999, Rollen und Identitäten, Münster 2000. Ferner Andreas Jungbauer: Deutsche Afrika-Politik in den 90er Jahren, Münster 1998.

die das Ausmaß der humanitären Katastrophe in der Region deutlich machen. Sie skizziert das Engagement der UNO, der Afrikanischen Union sowie den Beitrag der Intergovernmental Authority on Development (IGAD) bei der Suche nach einem Frieden für den Sudan. Aus Insider-Sicht beschreibt **Geofrey Mugumya** die Rolle der Organisation für Afrikanische Einheit und ihres Nachfolgers, der Afrikanischen Union, bei der Friedenssicherung auf dem Kontinent. Dabei geht es um die Erfahrungen der Organisation bei friedenssichernden Maßnahmen (Peacekeeping Operations) und die neue Friedensstrategie der Afrikanischen Union. Sie bemüht sich derzeit um die Etablierung eines differenzierten Konfliktlösungsmechanismus, doch steckt die Arbeit noch in den Anfängen. **Olaf Leiße** untersucht die Rolle der Europäischen Union in Ostafrika. Dabei zeigt sich, dass es einer so komplexen Organisation wie der Europäischen Union schwer fällt, eine kohärente außenpolitische Strategie zu entwickeln und durchzusetzen. Im Bereich der Gemeinschaftspolitik konnten verstärkt nach 1999 entwicklungspolitische Ziele erfolgreich verankert und vor allem über Handelsbeziehungen bzw. über die Verweigerung von Vergünstigungen teilweise auch durchgesetzt werden. Im Bereich der Gemeinsamen Außen- und Sicherheitspolitik, in dem die Mitgliedstaaten dominieren und die auch militärische Kapazitäten einschließt, konnte bislang keine überzeugende Antwort auf die Herausforderungen in Afrika gefunden werden. **Martina Haedrich** untersucht die Rückwirkungen der Konflikte in Ostafrika auf die Mechanismen und Strukturen der Vereinten Nationen. Die veränderte Sicherheitslage zwingt den Sicherheitsrat, sich verstärkt mit innerstaatlichen Konflikten auseinanderzusetzen. Im Darfur-Konflikt reagierten die Vereinten Nationen nach anfänglichem Zögern konsequent auf die völkermordähnlichen Geschehnisse. Im März 2005 verabschiedete der Sicherheitsrat eine Resolution, die die Verfolgung der schweren Verbrechen an den Internationalen Strafgerichtshof übergibt. Dies ist sichtbarer Ausdruck der Umsetzung des erweiterten Sicherheitsverständnisses im Sicherheitsrat.

Der dritte Teil ist den zivilen Aufbaubemühungen gewidmet. Eine erfolgreiche Lösung der hoch brisanten politischen Fragen zur Herstellung von Frieden und Stabilität in der Region muss notwendig von zivilen politischen oder ökonomischen Aktivitäten begleitet sein, wenn sie nachhaltig und zukunftsweisend sein soll. **Jacob E. Mabe** setzt sich mit der Geschichte der europäisch-afrikanischen Entwicklungszusammenarbeit auseinander. Mabe kritisiert, dass die Kooperation in den vergangenen Jahrzehnten ideologisch beeinflusst war und keine positiven Auswirkungen hatte. Zukunftsweisende Zusammenarbeit sollte sich eher an Maßstäben der Gerechtigkeit, der Wiedergutmachung sowie der Normalisierung der Beziehungen orientieren. **Hildegard Lingnau** beschäftigt sich in vergleichender Perspektive mit der Entwicklungszusammenarbeit mit den Staaten Ostafrikas. Sie analysiert insbesondere die Lage im Sudan, die zentralen Akteure und ihre Interessen, und eruiert die Möglichkeiten der internationalen Gemeinschaft, Frieden und Stabilität im Land zu verankern. **Horst Matthäus** analysiert die Transformation des politischen und administrativen Systems in Äthiopien. Anhand der verschiedenen, von Deutschland unterstützen Programme evaluiert er die Chancen und Grenzen der Entwicklungszusammenarbeit. Im Mittelpunkt stehen dabei Maßnahmen der Dezentralisierung und Demokratisierung des Landes. Ein altes Problem in Ostafrika ist immer noch die Frage, wie man Investoren für die Region gewinnen kann, auch wenn die Rahmenbedingungen nicht sehr gut sind. Bislang bleibt diese Frage unbeantwortet, weil die politischen Unruhen und die damit verbundenen Sicherheitsmängel die Investoren zurückhalten. In den vergangenen drei Jahren haben die ostafrikanischen Länder Kenia, Uganda, Demokratische Republik Kongo sowie der Sudan gemeinsam vereinbart, eine Verkehrverbindungen zwischen diesen Staaten bauen zu lassen. **Klaus Thormählen** stellt dieses historische und für die Region Ostafrika einzigartige Eisenbahnprojekt am Beispiel des südlichen Sudan dar. Dieses Projekt gilt in der Region als Hoffnung für Entwicklung und Zusammenarbeit.

Die Beiträge des Buches zeigen die grundlegenden Konflikte in Ostafrika auf, sie handeln von Staatszerfall, Völkermord und Vertreibungen, von Korruption und Elitenversagen. Sie zeigen aber auch die Rückwirkungen auf die internationale Gemeinschaft, die mit ihren verschiedenen politischen Organisationen und als „Gebergemeinschaft" Hilfe für die Region signalisieren. Zu einem misanthropischen Pessimismus besteht kein Anlass, auch wenn die politische Lage nach wie vor höchst Besorgnis erregend ist. Der Zweck dieses Buches ist, die Konflikte der Region, die maßgeblichen staatlichen, halbstaatlichen, regionalen und internationalen Akteure und ihre Interessen zu analysieren, Lösungsansätze vorzustellen und hinsichtlich ihrer möglichen Umsetzung zu evaluieren. Seine Botschaft ist, dass es in einer der dunkelsten Regionen Afrikas nicht nur Schatten gibt, sondern auch Licht. Zu seiner Entfaltung braucht es jedoch jede nur denkbare Unterstützung.

Ein Sammelband lebt von der Inspiration und Originalität seiner Autoren. Die Herausgeber danken allen beteiligten Autoren für ihre engagierte Mitarbeit. Mit diesem Band soll keine rein akademische Debatte vorangetrieben, sondern eine breite Diskussion in Deutschland um Krieg und Frieden, Zerstörung und Wiederaufbau, Vernichtung und Erneuerung in Ost-Afrika initiiert werden. Die Autoren stammen daher bewusst aus unterschiedlichen Bereichen. Wir danken Frau Jana Neukirchner und Frau Dr. Utta-Kristin Leiße für die Korrektur von Manuskripten. Besonderen Dank schulden wir dem Peter-Lang-Verlag für die großzügige Verlagsfinanzierung. Persönlich danken wir Frau Martina Polster, der Autorenbetreuerin des Verlages, für die gute Zusammenarbeit.

Melha Rout Biel   Olaf Leiße

Jena, im September 2006

Ausgewählte Länder und Konfliktlinien

Ostafrika zwischen Herrschaftsstabilisierung und Staatszerfall -

Eine Krisenregion im Zeichen von globalem Wettbewerb und lokaler Selbstbehauptung

Rainer Tetzlaff

1. Einleitung: Afrikas drei Gruppen von Staaten

Staatsverfall, Staatszerfall und Staatskollaps sind nicht etwa politische Phänomene, die allein für den afrikanischen Kontinent typisch wären. Erstens gibt es Afrika mit seinen 53 Staaten nur im Plural, das heißt, dass es politisch gesehen mindestens *drei Gruppen von Ländern* gibt, die nach der Unabhängigkeit vor knapp fünfzig Jahren unterschiedliche Entwicklungen bezüglich Stabilität, Marktwirtschaft und Demokratie durchgemacht haben (siehe auch Ferdowsi 2004; und das Lehrbuch von Tetzlaff/Jakobeit 2005).

Neben der Gruppe der *„emerging democracies"* und relativen *„good performers"*, d.h. der erfolgreichen Staaten wie Mauritius, Botswana, Südafrika (seit Beendigung der Apartheid), Mali, Ghana, Benin und Senegal, vielleicht noch Tansania und Namibia, existieren als zweite Gruppe etwa fünfzehn Staaten, die oftmals als *„failing states"* oder *„failed states"* charakterisiert werden, weil ihre zentralen Institutionen für öffentlichen Dienstleistungen ganz oder teilweise implodiert oder funktionsunfähig geworden sind (Basedau 2003; Münkler 2002; Rotberg 2004; Tull 2005). Dazu gehören der Sudan und Somalia, wobei letzteres Land einen Extremfall darstellt – es ist das einzige, in dem der koloniale/postkoloniale Staat völlig kollabierte und es ist ungewiss, ob er und in welchen Grenzen er neu errichtet werden kann.

Das gemeinsame Kriterium der *„failing states"* ist der schleichende oder abrupte *Verlust des staatlichen Gewaltmonopols über ein nationales Territorium*, wobei es diverse Varianten und Ursachen gibt, wie es zu dieser Schwächung der Zentralgewalt kommen konnte (Tetzlaff 2000; Rotberg 2004). Zu den endogenen und exogenen Ursachen der fragmentierten oder erodierten Staatssouveränität zählen Bürgerkrieg, Ressourcenmangel im Sinne staatlicher Verarmung, präsidentielles Missmanagement („bad governance“), gewaltsam ausgetragene ethnische Verteilungskonflikte und schließlich nationale Selbstzerstörung durch pathologischen Realitätsverlust von Langzeitdiktatoren (Siad Barre in Somalia, Mobutu Sese Sekou in Zaire und Robert Mugabe in Simbabwe). Dazu kommt im Falle des *Sudans* unter seinem seit 1989 an die Macht geputschten diktatorischen Regime von Mohamed Beshir die Gier nach Erdöl – ein weiteres Beispiel für Afrikas berüchtigten „Fluch der Rohstoffe“ (Basedau/Mehler 2005).

Wo Staaten zerfallen, erodieren mit ihnen Gewalt- und Steuermonopole und setzen bislang gebundene Gewalt in die Gesellschaft frei; ihre Ressourcen und Revenuen (z.B. Zölle und Abgaben auf Exporte) werden privatisiert und oft auch noch kriminalisiert. In den Hohlräumen ehemaliger Staatsmacht nisten sich selbsternannte „Warlords“, Rebellen- und Milizenführer ein, und so droht der Staat endgültig zur Beute gieriger nicht-legitimierter Gewaltherren zu verkommen. Die Folgen für die Zivilgesellschaft sind verheerend: genozidale Massaker häufen sich seit 1989. Die *„neuen Kriege“* mit ihren Asymmetrien zwischen den Kriegsführenden sind zum Gegenstand ständiger Besorgnis geworden (Münkler 2002). Die Vertreibungen und Massaker in Darfur/Westsudan wurden 2004 von UN-Generalsekretär Kofi Annan als *„the world's worst humanitarian crisis“* bezeichnet (Hofheinz 2005: 340).

Als *dritte Staatengruppe*, die „Afrika“ ausmacht, sind die ca. 20 Staaten zu subsumieren, die es geschafft haben, eine gewisse staatliche Zentralgewalt aufrechtzuerhalten, ohne allerdings den nächsten Schritt zum Rechtsstaat und zur pluralistischen Demokratie mit freien und fairen Wahlen geschafft zu haben. In diese Kategorie gehört *Äthiopien* seit dem Sturz der sozialistischen Militärdiktatur unter Mengistu Haile Mariam im Jahr 1991: eine „Fassadendemokratie“, die dreimal manipulierte Parlamentswahlen hat inszenieren lassen, ohne den oppositionellen Parteien Chancen für einen fairen Wettbewerb einzuräumen. Jahr für Jahr werden von dem autoritären Regime des Premierministers Meles Zenawi politische Oppositionelle gewaltsam bekämpft, lokale Revolten (vor allem in den Grenzgebieten zum Sudan) niedergeschlagen und demonstrierende Schüler und Studenten niedergeknüppelt (Abbink 2005). Gleichzeitig ist der ökologisch fragile Agrarstaat hochgradig von ausländischen Nahrungsmittelgeschenken abhängig (für 2 bis 7 Millionen Äthiopier, je nach Wetterlage).

Auch *Eritrea* unter der tyrannischen Herrschaft von Präsident Afeworki ist in diese Staatengruppe der äußerlich stabilen, aber intern fragilen und repressiven Länder einzuordnen (Hirt 2001). Die politische Friedhofsruhe des Regimes ist hier mit einer Blockierung jeglicher Entwicklungsperspektive verbunden, so dass nach Gründung des Staates 1994 kaum jemand aus dem Exil heimgekehrt ist. Vor allem Intellektuelle und Jugendliche, die zwangsweise in Militärcamps „auf Linie gebracht werden", leiden unter den Verhältnissen politischer Selbstblockierung. Das repressive Regime, in dem weder politische Wahlen abgehalten werden noch Pressefreiheit, Versammlungsfreiheit oder sonstige Grundrechte zugelassen sind, hält sich materiell kümmerlich über Wasser durch die (erzwungenen) Überweisungen der in der Diaspora lebenden Eritreer. Man kann hier vielleicht von Staatsstillstand, verbunden mit einer selbst inszenierten Entwicklungsregression, sprechen.

Insgesamt also zeichnet sich diese Region am Horn von Afrika – trotz aller Unterschiede – aus der Sicht der Bevölkerung weder durch demokratische, noch durch rechtsstaatliche, noch durch wirtschaftliche Erfolge aus: Es überwiegen Angst und Armut, Gewalt und Unsicherheiten bezüglich ihrer Zukunft. Wo liegen die Ursachen hierfür?

2. Externe Rahmenbedingungen: Globalisierung, Privatisierung von Gewalt und Marginalisierungsdruck

„Failing states" sind meiner Meinung nach nicht primär (gewollte oder unerwünschte) Folgen der Globalisierung, aber es muss in Rechnung gestellt werden, dass sich die *externen Rahmenbedingungen* zur Aufrechterhaltung stabiler Regierungssysteme – vor allem die *Entwicklungshilferenten* aus dem Ausland, die schon beinahe gewohnheitsrechtlichen Charakter als Zuwendung der reichen Staaten angenommen hatten (mit zuweilen destruktiven Effekten für die unterlassene Förderung eigener Entwicklungspotentiale) – verschlechtert haben. In einem mörderischen Kampf um die besten Standorte für ausländische Direktinvestitionen, wohin uns die *Globalisierung* geführt hat, haben arme Agrarstaaten ungünstige Ausgangsbedingungen für nachholende Entwicklung – für das *„catching-up"* mit den industrialisierten Staaten (siehe auch Engel 2005).

Als *„Globalisierung"* wird der durch Technik und Wissenschaft ermöglichte Prozess zunehmender internationaler Verflechtung verstanden, der zur Entstehung transnationaler Räume führt, die nicht mit der Struktur des traditionellen Staaten- und Gesellschaftssystems korrespondieren und so politische Steuerung durch Regierungen erschweren. In diesem historischen Kontext einer fortschreitenden Asymmetrie zwischen (engerem) politischem Raum und (weiteren) wirtschaftlichem Marktsystem ist die Sorge weit verbreitet, ob der Staat (als bisher wichtigste Innovation der Moderne zur Gestaltung friedlichen Zusammenlebens der demokratischen rechtsstaatlichen Marktgesellschaft) noch diese fundamentale politische Ordnungsfunktion aufrecht erhalten. Wenn *„global players"* der transnationalen Wirtschaftswelt – koste-es-was-es-wolle – ihre kommerziellen Interessen rücksichtslos durchsetzen (wozu sie die Konkurrenz anscheinend nötigt), dabei lästige Staatsschranken umgehen oder gar einreißen und obendrein immer weniger Gewinnsteuern abführen, was kann da noch ein System von national operierenden Regierungen ausrichten? Ist Staatspolitik zur theatralischen Posse eines Kampfes gegen Windmühlenflügel verkommen?

Aus der Perspektive der Vierten Welt stellt sich das heikle Governance-Problem noch dramatischer dar: Kann der postkoloniale Staat als *importierte Innovation* aus Europa angesichts der Wucht der Globalisierung überhaupt noch seine existentiellen Funktionen – die ihm der Kolonialismus *nolens volens* beschert bzw. zugemutet hatte – eigenständig aufrechterhalten, wie in Europa, Nordamerika und Ostasien? Oder wird er teilweise oder ganz bis hin zu Bürgerkrieg, Chaos und Anomie zerstört oder aber – dritte Option - gar durch angemessenere Formen von öffentlicher Herrschaft – etwa durch *parastaatliche* Einrichtungen oder durch Selbstorganisation gesellschaftlicher Interessengruppen – *substituiert*? Wie soll mit dem selbst ernannten Staat Somaliland als funktionierender Teil des ansonsten zerfaserten Somalias umgegangen werden?

Einiges spricht für die Vermutung, dass in *„weak states"* die *Anomie-Variante* (geistig-politische Orientierungslosigkeit) die Realität am besten widerspiegelt, was zumindest für die Regionen der Weltgesellschaft gelten dürfte, die von den Strömen des globalen Kapitals gemieden werden. Afrika südlich der Sahara als der in diesem Sinne „abgeschaltete" Kontinent (Castells) ist am härtesten betroffen. Dafür gibt es zwei Anzeichen: der Verlust an traditionaler, konventioneller Moral, der sich durch schwindende soziale Solidarität in Krisenzeiten bemerkbar macht und die Hunger-Problematik in Afrika enorm verschärft. Zweitens sind Tendenzen der sozialen Auflösung der ländlichen Gemeinschaften auf Grund der Perspektivlosigkeit der jungen Generation konstatiert worden, was sich in erhöhter interethnischer Gewaltbereitschaft (Stichwort „Kindersoldaten") niederschlägt.

All das ließ und lässt sich weltweit beobachten, in Sri Lanka und auf den Philippinen, in Somalia und im Sudan, in Liberia, Sierra Leone und in der Elfenbeinküste, in Kongo/Zaire und in Norduganda, aber auch in Bosnien, in Afghanistan, Georgien und Turkmenistan, wie auch in Kolumbien, Venezuela und Argentinien. Die historische Tendenz der Schrumpfung und Schwächung des Staates (seine Regression) ist steigend, vor allem bei den Verlierern der Globalisierung.

Gleichwohl ist es berechtigt, einen Perspektivenwechsel vorzunehmen und zu fragen, ob vielleicht nur aus eurozentrischer Sicht Staatsverfall per se ein soziales Unglück sein muss. Die Veränderung eines systemischen Zustands (der z.B. zwanghaft entstanden ist) muss nicht gleich in Verfall und Chaos enden, sie könnte auch – theoretisch-spekulativ gedacht – der Beginn einer reformorientierten Transformation sein, an dessen Ende dann ein Herrschaftsgebilde stehen würde, in welchem der institutionelle Überbau viel besser zu seiner gesellschaftlichen Basis passen würde. Die (friedliche) Teilung der Tschechoslowakei ist ein Beispiel für diesen seltenen Fall, ebenso die Teilung Indiens (Bangladesch), hier allerdings erst nach einem leidvollen Unabhängigkeitskrieg.

Ob es auch jenseits des klassischen „Leviathans“ (Staats) in einer globalisierten Wirtschafts- und Staatenwelt *stabile Herrschaftsgebilde mit output-Legitimation* geben kann – zuweilen meinen Ethnologen und Soziologen *para-staatliche* Substitute entdecken zu können –, diese an sich spannende Frage soll hier nicht näher vertieft, muss aber als mögliches Szenario im Auge behalten werden (Spanger 2002; Schneckener 2004, Rotberg 2004). Die bisherigen Ansätze dafür – im Kaukasus, in Kolumbien, in Somalia, Indonesien, Philippinen, - sind allerdings nicht sehr ermutigend.

Mit dem Ende des Ost-West-Konflikts nahm die Bedeutung afrikanischer Staaten als politische Bündnispartner ab. Was geblieben ist, ist der immer wieder beklagte *Handelsprotektionismus* der Industriestaaten, die alles dran setzen, die ungerechte Weltarbeitsteilung zum eigenen Vorteil und zum Schaden der schwächeren Volkswirtschaften bestehen zu lassen.

Der deutsche Ex-Kanzler *Helmut Schmidt* hat kürzlich in einer Abhandlung über „globale Gefährdungen“ das Kind in einer erfreulichen Deutlichkeit beim Namen genannt, die man bei amtierenden Politikern vermisst: „Es ist zu befürchten, dass es auch in den nächsten Jahrzehnten bei dieser höchst ungleichmäßigen Verteilung von Wohlstand und Armut auf der Welt bleiben wird. Es ist eine Schande, wenn westliche Staatsmänner den Entwicklungsländern moralische Vorhaltungen machen und sie gleichzeitig dazu überreden, ihre Grenzen für den Import westlicher industrieller Produkte und kurzfristigen Kapitals zu öffnen, während sie selber den Export von Zucker oder Reis, von agrarischen und sonstigen Produkten nach Kräften behindern und sogar unmöglich machen. Die USA, die Europäische Union und Japan sind auf diesem Gebiet die größten Egoisten. Sie predigen Freihandel, verstoßen aber selbst seit Jahrzehnten gegen ihre wohlklingende Predigt“ (Schmidt 2006: 28).

Mit der Globalisierung werden die überkommenen Nationalstaaten und „ihre Souveränität, ihre Machtchancen, Orientierungen, Identitäten und Netzwerke einerseits unterlaufen“ und gleichzeitig auch synergetisch „querverbunden“ (U. Beck 1999: Was ist Globalisierung?, zit. in M. G. Schmidt: Wörterbuch zur Politik 2004: 283).

Aber nicht nur in Afrika südlich der Sahara – in Afrika nördlich der Sahara geriet nur Algerien vorübergehend in die Nähe von Staatsimplosion als Folge des Bürgerkriegs zwischen Islamisten und Militärregime –, auch in Asien und Lateinamerika machen sich zunehmend Prozesse der Auflösung staatlicher Herrschaft, deren Inbegriff das staatliche Gewaltmonopol ist, bemerkbar. Afghanistan, Irak, Philippinen, Sri Lanka, Indonesien, Nepal und Pakistan sind Staaten, in denen sich einige Segmente der Bevölkerung der Kontrolle des

Zentrums zu entziehen versuchen und nach Sezession, Autonomie oder Regimewechsel streben. Auch in Kolumbien, Bolivien, Argentinien, Venezuela und Peru sind *zentrifugale* Kräfte am Werke, die es problematisch erscheinen lassen, von einem kohärenten Nationalstaat zu sprechen, der von der großen Mehrheit der Bevölkerung als legitim und verfassungskonform angesehen wird.

Staatsverfall und Staatsimplosion, Staatsschrumpfung und Staatskollaps in demokratisch nicht-konsolidierten Gesellschaften außerhalb der globalen Zone stabiler Staatlichkeit (d.h. in Europa, Nordamerika und in den Schwellenländern Asiens) kann als *institutionelle Regression* aufgefasst werden. Regression meint Rückentwicklung auf Grund abnehmender sozialer Kohäsion; sie signalisiert die bedauerliche Differenz zu einem schon einmal erreichten Integrations- und Zivilisierungsniveau. Der Verfall müsste also gestoppt werden, wozu nationale Anstrengungen einer Regierungselite oft nicht ausreichen können. Regression und Auflösung scheinen die Kehrseiten der neuen transnationalen Netzwerke auf Seiten der Globalisierungsverlierer zu sein. Zusammen bilden Regression hier und fortschreitende Verflechtung dort die turbulente, schwer zu steuernde Dynamik einer *Weltgesellschaft*, die partiell aus den Fugen geraten ist („Raubtier- oder Kasino-Kapitalismus") und für Afrika einen enormen *Marginalisierungsdruck* erzeugt hat. Wenn dann noch Staatsversagen hinzukommt, verstärken sich die Tendenzen zur *Privatisierung* von Gewalt und der Auflösung von Gesellschaft.

3. Theoretischer Exkurs: Ursachen von Staatszerfall

Was zerfällt eigentlich wirklich, wenn heute der (auch damals schon künstliche) Staat der postkolonialen Ära zerfällt, – ein Phantom, eine Karikatur, eine Utopie von professionellen Optimisten oder eher ein fremden Interessen dienendes Zwangsverhältnis, dessen Zerstörung eigentlich auch als Befreiung und Chance zu etwas Neuem, Autochthonen, verstanden werden könnte? Die Ursachen dieser Defekte sind nicht pauschal zu benennen, aber drei sich teilweise ergänzende *Erklärungsansätze* lassen sich unterscheiden:

Erstens: Die Schwäche des Staates sei *politischen* Faktoren geschuldet, sei vor allem auf das Versagen der so genannten *Staatsklasse* zurückzuführen, die mangels Moral und *„checks and balances"* in Korruption und Trägheit versinke (die durch Franz Fanon begründete Tradition der Elitenschelte),

Zweitens: Staatsversagen kann auf *gesellschaftliche Defekte* zurückgeführt werden, z.B. auf ethnische und religiöse Vielfalt, die anlässlich von Verteilungskonflikten und politischen Wahlen zu exklusiver politischer Identitätsbildung gesteigert werden kann. So kann aus dem virtuellen Reichtum kultureller Vielfalt unter sozialen Stressbedingungen (demokratische Wahlen,

Ressourcenverknappung) konkrete Destruktion als Ergebnis politisierter Ethnizität werden.

Drittens: Bei Staatsversagen kann es sich – was Anhänger der Dependenz-Theorie gerne behaupten – auch um *„market-failure"* handeln, d.h. um Marktversagen in dem Sinne, dass die zuletzt in die Unabhängigkeit entlassenen Kolonien als monokulturelle Rohstoffproduzenten die geringste Chance hatten, im immer stärker globalisierten Wettbewerb überhaupt ein *„surplus"* zu erwirtschaften, das als Grundlage für staatliche Investitionen und Diversifizierung hätte dienen können. Die rohstoffschwächsten Kolonien gerieten unter den Druck der „Peripherisierung", weil sie nur geringe ökonomische Standortqualität besaßen, heute sind sie eher gemiedene Orte, ohne Reiz für *„global players"*. Von der *globalen Marginalisierung* zum nationalen Staatszerfall ist es nur ein kleiner Schritt, wenn nicht eine Staatsklasse mit „good-governance"-Qualitäten das Schlimmste verhütet und *internationale Unterstützung für „strukturelle Stabilisierung"* zu mobilisieren versteht.

Diese zugegebenerweise grobe Dreiteilung der möglichen Ursachen für Staatsverfall kann methodisch nur ein erster Schritt der Analyse sein. In weiteren Schritten müssen begünstigende und auslösende Faktoren, Struktur- und Prozessfaktoren unterschieden werden und dies auch noch auf drei Handlungsebenen, der substaatlich-lokalen, der nationalen und der regional-internationalen untersucht werden (vgl. Ulrich Schneckener mit seiner Pionierstudie „States at Risk" von 2004).

Erwähnenswert sind erste (quantitative) Ergebnisse der State-Failure-Studie der *University of Maryland/USA*. Auf der Grundlage von 127 Fällen wurden drei zentrale Variablen herausgefiltert, die am stärksten Staatszerfall begünstigen. Das Ergebnis lautet zusammengefasst:

„Je weniger ein Staat in den Weltmarkt integriert ist (Kriterium *„trade openness"*), je höher die Kindersterblichkeit ist (als Indikator für Lebensbedingungen) und je fragiler die Demokratisierungsbemühungen sind, desto größer das Risiko des Staatszerfalls" (zit. nach Schneckener 2004: 17-18).

Ein Blick auf die afrikanischen Fälle von Staatszerfall kann rasch die Begrenztheit dieser *quantitativen* Methode zeigen: Sierra Leone, Liberia, Angola und Kongo/Zaire waren über ihre Rohstoffexporte mit dem Weltmarkt eng verbunden, und die beiden anderen Variablen – hohe Kindersterblichkeit und fragile Demokratie – galten ebenso für die stabilen Staaten der Region, wie etwa Tansania, Äthiopien oder Malawi.

Nachdenkenswert ist daher die These des Historikers *Wolfgang Reinhard*, der in seinem Klassiker „Geschichte der Staatsgewalt" die Frage debattiert:

„Sollte man *statt* vom Scheitern des europäischen Staates nicht besser von seiner *Transformation* durch die außereuropäische Welt sprechen?" (Reinhard 1999:

482). Denn was „in Wirklichkeit" vorliegen würde, seien – so Reinhard im Anschluss an die politikwissenschaftliche Verwendung biologischer Termini für allgegenwärtige Prozesse kultureller Siebung und Mischung – *„Hybridbildungen,* die durch Kreuzungen von europäischer Staatlichkeit mit einheimischer politischer Kultur zustande kamen" (Reinhard 1999: 482; Bedel/Croissant/Rüb 2002).

Demnach wäre zu klären, ob die real erfolgte Hybridbildung am Ende der Kolonialzeit in Afrika den gegenwärtigen Trend zahlreicher postkolonialer Staaten zur Regression in vorstaatliche Zustände der Privatisierung von Gewalt und gesellschaftlicher Selbstorganisation zu erklären vermag. Die Beobachtung der afrikanischen Vielfalt – Afrika gibt es nur im Plural! – mahnt zur Vorsicht; denn zumindest lässt sich einwenden, dass es auch stabile Hybridsysteme gibt, die auch als künstliche Gebilde nicht leicht kollabieren. Vielmehr muss auch gefragt werden, unter welchen Umständen ererbte Hybridformen in *natürliche oder stabile Formen* von Staatlichkeit hineinwachsen können – analog dem Vorgang im europäischen Zivilisationsprozess, in welchem aus anfänglichen *Fremdzwängen* zur Anpassung allmählich *Selbstzwänge* werden (Senghaas 1998), die dann als habituelle Selbstverständlichkeiten akzeptiert und praktiziert werden?

4. Das Horn von Afrika als Krisenregion – der Sudan im Begriff der Konsolidierung oder der Auflösung?

Sicherlich ist die Feststellung zutreffend, dass das *Horn von Afrika* mit seinen fünf Staaten Äthiopien, Eritrea, Dschibuti, Somalia und Sudan eine politisch turbulente Region darstellt (Matthies 1997; Schubert/Tetzlaff 2002, Marx 2004), in der sich staatliche Herrschaft bisher nirgends konsolidieren konnte. Sudan – Afrikas größter Flächenstaat – hätte wohl vor 50 Jahren die relativ besten Aussichten gehabt, mit seiner gut ausgebildeten Kaste von Intellektuellen und Verwaltungsbeamten einen wirtschaftlichen Aufstieg zu bewerkstelligen, aber das misslingende *„nation-building"* blockierte Jahrzehnte lang auch den Aufbau gesamtstaatlicher Institutionen. Seit seiner Unabhängigkeit vom britisch-ägyptischen Kolonialjoch 1956 kämpfen die diversen Interessengruppen im *Sudan* – vor allem die arabisch-muslimische Bevölkerung im Norden und die afrikanisch-christliche-animistische Bevölkerung im Süden - um eine gemeinsame Staatsform, die allen heterogenen Ansprüchen der Gesellschaft auf staatliche Repräsentation gerecht würde (Tetzlaff 1993).

Allerdings ist es nur unter Präsident Gafar Numeiri in der dreizehnjährigen Friedenszeit von 1972 bis 1983 gelungen, über eine dezentrale föderalistische Verfassung den Konflikt zwischen Nord- und Südsudanesen, der in seinem Ursprung vor allem ein Verteilungskonflikt war, vorübergehend zu lösen bzw.

einzudämmen. Erst mit der Überlagerung des schwelenden Verteilungs- und Machtkonflikts durch religiös-kulturelle Gegensätze, die durch die unselige Verkündung der so genannten Septembergesetze im September 1983, die unter anderem die Einführung der *„sharia"* als Strafgesetzgebung für den ganzen Sudan vorsahen, sichtbar und spürbar wurden, eskalierte der Konflikt zu einem vielfacettigen Macht- und Kulturkampf, der zwei Jahrzehnte lang das Land in einem verheerenden Bürgerkrieg mit Millionen Toten und Vertriebenen ausbluten ließ (Tetzlaff 1993).

Wie durch ein Wunder (wobei die verlockenden Gewinne aus der Erdölförderung eine positive Rolle spielte) konnte der sudanesische Nord-Süd-Konflikt 2003/2004 durch einen politischen Kompromiss ansatzweise beendet werden. Doch kaum hatten sich Südsudanesen unter Führung von John Garang (Chef der Rebellen- und Befreiungsbewegung SPLA) mit der Regierung von El-Bashir in der Hauptstadt Khartum auf eine Teilung von politischer Macht und nationalem Ölreichtum geeinigt (deren Implementierung freilich noch aussteht), tauchten mit zwei neuen, bislang unbekannten Rebellenbewegungen im Westen – „Sudan Liberation Army" (SLA) und „Justice and Equality Movement" (JEM) – „Friedensstörer" auf, die für die Bevölkerung von Darfur durchaus berechtigte Ansprüche an die herrschende Klasse in Khartum stellten. Daraus entwickelte sich ein diffuser Vielfronten-Krieg zwischen politischen Fraktionen, deren Hauptleittragende die Zivilbevölkerung in Darfur ist. Es kämpfen Muslime gegen Muslime, die arabisierten Nomaden der *„Dschandschawid"* (Reiterscharen) gegen die sesshaften Bewohner Darfurs (die bis ins 19. Jahrhundert ein eigenes Sultanat gebildet hatten), was darauf hinweist, dass es nicht um religiöse Ziele geht. Vielmehr haben sich im Laufe der vergangenen Jahrzehnte die Lebens- und Überlebensbedingungen sowohl der Nomaden wie der Ackerbauern in der westlichen Trockensavanne des Sudans so verschlechtert, dass hinter den unvorstellbar brutalen Massakern der Dschandschawid der Kampf ums Überleben von ethnisch-regionalen Kollektiven durchzuschimmern scheint (Tetzlaff 2004).

Für diese Deutung der genozidförmigen Aktionen sprechen die systematischen Vertreibungen der sesshaften Ethnien der Fur, der Massalit und der Saghawa über die Staatsgrenzen in den Tschad. Früher jagte „man" (in diesem Fall arabische Kriegsherren und Händler) schwarze Sklaven wegen ihrer Arbeitskraft (Tetzlaff 1993), heute verjagt man Afrikaner, weil man nicht ihre Körper, sondern das von ihnen bisher genutzte Land begehrt.

Zu dieser regionalen Tragödie mit internationalen Auswirkungen konnte es nur deshalb kommen, weil die Regierung in Khartum trotz aller internationalen Ermahnungen, Warnungen und diplomatischen Drohungen, sich an völkerrechtliche Normen zu halten, nichts zur Unterbindung der Massaker getan hat. Im Gegenteil, die Hinweise auf ein politisches Komplizentum von Staatsklasse in Khartum und regionalen Reitertrupps, die schon im Bürgerkrieg nützliche Hilfsdienste geleistet hatten, sind erdrückend (vgl. die Berichte der im Internet abrufbaren NGO-Berichte und der Reports von Africa Watch, Human Rigths Watch, International Crisis Group etc.).

Was nun die Lösung des Sudankonflikts erschwert, ist die Tatsache, dass der erst kürzlich erschlossene Ölreichtum des Landes die politische Kompromissbereitschaft des Beshir-Regimes nicht gerade erhöht hat. Zwar konnte eine Aufteilung der Ölrevenuen zwischen Nord- und Südsudan sowie eine relative Autonomie des Südens (mit Juba als Hauptstadt) verabredet werden, aber die im Mai und Juni 2006 in Abuja/Nigeria geführten Friedensverhandlungen zwischen der Regierung von Khartum und den inzwischen weiter aufgespaltenen Rebellengruppen des Darfur, die untereinander uneins sind, haben bislang zu keinem Ergebnis geführt. Die Regierung bot zwar einige Minister- und Parlamentsposten an, nicht aber einen gesetzlich geregelten Anteil an den Erdöleinnahmen sowie die Zahlung von Reparationen. „So zeichnet sich im Sudan eine Entwicklung ab, die charakteristisch war schon für viele andere Kriege auf dem Kontinent. Zunächst drehen sich die Kämpfe noch um erkennbare politische Ziele wie Zugang zu Land oder Rohstoffen, dann aber zerfasert der Konflikt immer mehr. Rebellengruppen spalten sich, lokale Warlords kämpfen auf eigene Rechnung und in eigenem Interesse. Der Krieg wird zum Selbstzweck, eine friedliche Einigung rückt in immer weitere Ferne“ (Thielke/Windfuhr 2006: 120).

Schließlich sei noch auf einen externen krisenverstärkenden Faktor hingewiesen, der nicht gerade dazu beiträgt, Rationalität und Humanität auf Seiten der sudanesischen Regierung zu befördern: der Energie- und Rohstoffhunger der *Chinesen*, der sich ohne jegliche menschenrechtliche Konditionalität im Sudan, in Äthiopien und wo immer möglich auf dem afrikanischen Kontinent Bahn bricht (Tull 2005a; Zweig/ Jianhai 2005). Diese Interessenlage ausnutzend, sind solche an sich schwachen afrikanischen Regierungen (dies gilt für Sudan wie für Äthiopien) noch weniger bereit als vorher, auf menschenrechtliche Vorhaltungen der Vertreter der Afrikanischen Union, der UNO oder der EU-Staaten Rücksicht zu nehmen – zum Schaden der leidenden Menschen.

5. Äthiopien – ein martialisches Regime: das wahre Gesicht einer „Fassadendemokratie“

Mit seinen 72 Millionen Menschen und einem relativ stabilen, wenn auch sehr autoritären und undemokratischen Staat gehört Äthiopien, dessen Hauptstadt Addis Ababa seit 1963 auch den Sitz der Organisation für Afrikanische Einheit (OAU bzw. nun umbenannt in Afrikanische Union, AU) beherbergt, traditionell zu einem der wichtigsten Staaten Afrikas. Gleichwohl ist auch diesmal wieder sein internes Regime schwach, weil es zwei Dinge nicht hat lösen können: zum einen die nationale Einheit des Landes durch friedliche konsensuale Integration aller Bevölkerungsgruppen herzustellen, was eine innere Versöhnung zwischen Amharen, Tigrern, Oromo und anderen Völkern vorausgesetzt hätte. Zum anderen ist es dem Regime unter Premierminister Meles Zenawi, seit 1991 an der Macht, nicht gelungen, die heterogene Bevölkerung aus Armut und Abhängigkeit von ausländischen Nahrungsmittellieferungen und Entwicklungshilfezahlungen schrittweise zu befreien. 48% der Bevölkerung leben mit weniger als einem US-Dollar pro Tag, d.h. unterhalb der offiziellen Grenze für absolute Armut (Abbink 2005).

Im Unterschied zu anderen Staaten der Region haben in Äthiopien immerhin in regelmäßigem Abstand Parlamentswahlen mit Beteiligung von Oppositionsparteien stattgefunden, das letzte Mal im Mai 2005. Die Wahlen umfassten sowohl das Bundesparlament (House of Peoples′ Representatives) als auch die Regionalparlamente (Houses of the Federation). Das Bundesparlament umfasst 547 Sitze, wovon 22 den Repräsentanten von Minderheiten vorbehalten sind. Regional gesehen verteilt sich die Anzahl der Sitze im Bundesparlament, durchs Mehrheitswahlrecht ermittelt, wie folgt: Oromia hat 178 Sitze, Amhara 138, Tigray 38; Somali 23; Benshangul Gumuz 9; Southern Nations, Nationalities and Peoples (SNNP) 123; Afar 8, Gambela 3, Harari 2, Diredawa 2 und Addis Ababa 23. Man kann sich vorstellen, dass die amtierende Koalitionsregierung einige Mühe aufwenden musste (deren Kern aus Tigreern besteht), der Welt eine rechnerische Mehrheit zu präsentieren, wo doch große Teile der Oromo und Amharen der Zentralregierung ablehnend bis feindlich gegenüberstehen.

Die Auszählung der Stimmzettel nach dem 15. Mai 2005 zog sich über Wochen hin; es sickerte bald durch, dass die Regierung in allen 23 Wahlkreisen der Hauptstadt verloren hatte und dass die Oppositionsparteien in zahlreichen Wahlkreisen die Mehrheit der Stimmen für sich gewonnen hatten. Natürlich änderte das in einer „Fassadendemokratie" nichts an den bestehenden Machtverhältnissen. Bereits einen Tag nach den Wahlen, als erst ein Drittel der Stimmen ausgezählt war, erklärte sich die Regierungspartei EPRDF einseitig mit mehr als 300 Sitzen inoffiziell zum Wahlsieger. Darauf hin formierte sich innerhalb der Opposition und in der Bevölkerung Widerstand Später wurde als offizielles Wahlergebnis verkündet, dass die Regierungskoalition EPRDF 274 Sitze und die Oppositionsparteien zusammen 174 Sitze errungen hätten – ein Resultat, das niemanden überzeugte. Die Opposition beantragte wegen der vermuteten Wahlfälschungen und anderer „Unregelmäßigkeiten" in über 139 Wahlbezirken gerichtliche Untersuchungen, freilich ohne Erfolg.

Nach dem sich die Berichte über Wahlfälschungen zunehmend erhärteten, kam es auf dem Campus der Universität Addis Ababa zu friedlichen Protesten von Studierenden gegen die vermuteten Wahlfälschungen. Aus Solidarität mit den Demonstranten legten daraufhin zahlreiche Taxifahrer und Ladenbesitzer ihre Arbeit nieder und streikten ebenfalls. Die Regierung ließ eine Spezialeinheit

Polizei aufmarschieren, die in die Menge schoss: 22 getötete Studenten und 500 Verhaftungen waren die Folge.

Erst auf Intervention der US-amerikanischen Außenministerin wurden die wahllos inhaftierten Studenten wieder frei gelassen. Die Wahlbeobachter der Europäischen Union verweigerten der unkooperativen Regierung das begehrte Gütesiegel „freie und faire Wahlen", was Premier Meles Zenawi dazu veranlasste, die EU-Wahlbeobachter in schändlicher Weise zu beschimpfen. Er machte der Welt aufs Neue klar, dass Äthiopien nicht als demokratischer Rechtsstaat anzusehen sei, der sich ehrlich um *„compliance"* mit internationalem Völkerrecht bemühen würde.

All diese Vorfälle konnten freilich den deutschen Bundespräsidenten nicht davon abhalten, so zu handeln, als ob ihn der Dissens zwischen EU-Politikern und Äthiopien über Demokratie, Rechtsstaatlichkeit und Menschenrechte nichts anginge: Zum deutschen Afrikagipfel auf den Petersberg im November 2005 wurde Premier Meles Zenawi eingeladen; als wenn mit solchen Repräsentanten die allseits erwünschte „afrikanische Renaissance" eingeleitet werden könnte. Zu seinem Sündenregister gehört auch die (innenpolitisch begründete) Weigerung, den internationalen Schiedsspruch über den Grenzverlauf zwischen Äthiopien und Eritrea bei dem Örtchen Badme, das den Eritreern zugesprochen wurde, anzuerkennen. Deswegen war es 1998 bis 2000 zu einem zwischenstaatlichen Krieg gekommen, der hunderttausend Menschen das Leben kostete – wegen gekränkter Ehre von Männern, die gemäß dem Bekenntnis von Präsident Afeworki zu handeln scheinen: *„peace is not in our culture"* (nach Nicole Hirt).

6. Ausblick: Ostafrika im weltgeschichtlichen Kontext

Um auf die eingangs gestellte Frage nach dem ursächlichen Zusammenhang von Weltgesellschaft und Staatszerfall in einigen Staaten Afrikas zurückzukommen, so kann jetzt geantwortet werden: Nicht erst die Globalisierung der Gegenwart hat den Staatszerfall in Afrika (und anderswo) ursächlich bewirkt, sondern die Kombination aus einem ungünstigen kolonialen Erbe, dem „bad governance" einer repressiven neo-patrimonialen Staatsklasse (als Resultat der Dekolonisation) und der anhaltenden ökonomischen Marginalisierung des Kontinents durch *„global players"*. So ist eigentlich erstaunlich, dass angesichts dieser Kombination von Faktoren relativ wenige postkoloniale Staaten vollständig kollabiert sind. Staaten, ob künstlich errichtet oder im Kampf um Freiheit entstanden, sterben langsam: sie transformieren sich eher und bringen möglicherweise neue Formen von Governance hervor (Bendel/Croissant/Rüb 2002; Ferdowsi 2004) – *„form follows function"*. Wir werden da noch einiges zu erwarten haben.

Abschließend soll ein vergleichender Blick auf andere Staatsbildungsprozesse geworfen werden, die die gewünschte Transition vom künstlichen kolonialen Ablegerstaat zum funktionierenden postkolonialen Staat mit eigenständiger politischer Klasse schon geschafft haben. Können afrikanische Politiker und Wissenschaftler von den Erfahrungen und Erfolgen der *Schwellenländer* lernen? Zu beginnen ist mit dem Bewusstwerden der Differenz, die es wenn möglich zu überwinden gilt. Die *postkolonialen Staats- plus Gesellschaftsbildungen* in Afrika südlich der Sahara unterscheiden sich in dreifacher Hinsicht von denjenigen in *Ostasien:*

- Erstens gab es weit weniger Möglichkeiten, an *größere historische* Gemeinwesen anzuknüpfen, etwa an Königreiche und Dynastien, was wohl vor allem auf die große destruktive Wirkung des atlantischen Sklavenhandels mit seinen anhaltenden Traumata zurückzuführen ist. Dieses Argument gilt allerdings nicht für das amharische Äthiopien (Abessinien) mit seiner langen Kaisertradition.
- Zweitens darf man dem *Zeitfaktor* im Hinblick auf Afrika ein hohes Gewicht bei der Erklärung von *„state failure"* beimessen: „Wenn die Bildung einer Staatsnation aus einem künstlich geschaffenen kolonialen Territorium in Lateinamerika und auf den Philippinen dreihundert Jahre Vorlaufzeit hatte, anderswo in Asien mindestens 150 Jahre, dann standen in Afrika nur wenige Jahrzehnte zur Verfügung" (Reinhard 1999: 504; Tetzlaff 2000, Marx 2004: 70f.).
- Und drittens entwickelte sich in Afrika eine *autoritäre Staatsklasse unter neo-patrimonialer Führung einer wirtschaftsfremden Politikerelite oder Militärkaste.* Gemeinsam war ihnen das dominante Interesse an Prestigeobjekten und Selbstbereicherung, statt an produktiven Investitionen zur Mehrung des nationalen Wohls. Diese Regime waren stark in Bezug auf Repression der Zivilgesellschaft und erfolgreich bei der korporativen Selbstbereicherung, aber schwach und hohl in Bezug auf ihre Fähigkeit, für entwicklungspolitisch wichtige Entscheidungen die Bevölkerung mobilisieren zu können. So blieben große produktive Segmente der Erwerbsbevölkerung *„uncaptured"* – das heißt sie konnten sich staatlicher Autorität entziehen (so Göran Hydens berühmte These von der „Uncaptured peasantry"). So blieben „nation-building" und „state-building" oftmals im Rhetorischen stecken (Hippler 2004) – folgenlos in der Praxis und ein guter Nährboden für Staatsverfallsprozesse. „Eine Staatsklasse aus Politikern und Bürokraten bemächtigt sich des Sozialprodukts, ohne dafür Sicherheit, Justiz oder gar Wohlfahrt für die Massen zu produzieren. Der Staatsapparat dient in erster Linie als wichtigstes Instrument privater Akkumulation" (Reinhart 1999: 507).

So wurde also Staatsbildung blockiert, wie sie der Soziologe und Zivilisationsforscher *Norbert Elias* für den (europäischen) Raum der Moderne geschildert hatte: Erst wenn das Bodenmonopol durch ein Gewalt- und Steuermonopol stabilisiert werden kann, lässt sich von einem „Staat" im modernen Sinne sprechen. In dem Maße, in dem es den einzelnen Zentralherren allmählich gelingt, ihre Herrschaft über das Territorium immer besser zu sichern, tritt der Mechanismus der Monopolbildung in eine zweite Phase ein, die Elias als die *‚Vergesellschaftung der Monopole'* bezeichnet. Damit meinte Elias die Tatsache, dass sich der Haushalt des Herrschers der Notwendigkeit beugen muss, einen Verwaltungsapparat zur Durchführung der Herrschaftsfunktionen einzurichten. Die Tendenz zur faktischen Vergesellschaftung von Monopolen sei ein Eigengesetz differenzierter Gesellschaften, nämlich die wachsende Interdependenz zwischen Herrscher und Beherrschten (Elias, nach Baumgart/Eichener 1991: 70-71).

Wenn diese Analyse zutrifft, könnte man bezüglich der „weak states" Afrikas von *„emerging states"* oder *„Quasi-Staaten"* sprechen, denn die Vergesellschaftung der Monopole und die strukturelle Koppelung (oder Interdependenz) zwischen Herrschern und Beherrschten ist noch nicht umfassend genug erfolgt, um stabile selbst tragende politische Institutionen durch Eigenleistungen entstehen zu lassen. Staatliche Souveränität will durch eine Wechselwirkung aus politischer Loyalität zum Staat und Leistungen für die Zivilgesellschaft erkämpft sein. Sonst bleibt staatliche Herrschaft der Gesellschaft äußerlich (Brons 2001), d.h. für ihre Reproduktion und Sicherheit unerheblich. Wozu ihm dann gehorchen oder gar vertrauen?

Literatur:

Abbing, Jon, 2005: Ethiopia, in: Africa Yearbook 2004, edited by Andreas Mehler, Henning Melber und Klaas van Walraven. Brill, Leiden, Boston, S. 287-300.

Basedau, Matthias/*Mehler*, Andreas (Eds.), 2005: Resource Politics in Sub-Saharan Africa. Hamburg.

Beck, Ulrich, 1999: Was ist Globalisierung? zit. In M. G. Schmidt: Wörterbuch zur Politik 2004.

Bendel, Petra/*Croissant*, Aurel/*Rüb*, Friedbert W. (Hrsg.), 2002: Zwischen Demokratie und Diktatur. Zur Konzeption und Empirie demokratischer Grauzonen. Opladen.

Brons, Maria, 2001: Society, Security, Sovereignity and the State in Somalia. From Statelessness to Statelessness? Utrecht.

Castells, Manuel, 2003: Das Informationszeitalter III. Jahrtausendwende. Opladen.

Elias, Norbert, 1978 und 1979: Über den Prozess der Zivilisation. 2 Bände, Frankfurt am Main.

Engel, Ulf, 2005: Afrikas zerfallende Staaten – eine Bruchzone der Globalisierung, in: Ulf Engel, Cord Jakobeit, Andreas Mehler und Gunter Schubert (Hrsg.): Navigieren in der Weltgesellschaft. Festschrift für Rainer Tetzlaff, Münster, S. 86-98.

Ferdowsi, Mir A. (Hrsg.), 2004: Afrika – ein verlorener Kontinent? München.

Hippler, Jochen (Ed.), 2005: Nation-Building. A Key Concept for Peaceful Conflict Transformation? London and Ann Arbor.

Hirt, Nicole, 2001: Eritrea zwischen Krieg und Frieden. Die Entwicklung seit der Unabhängigkeit. IAK Hamburg.

Hofheinz, Albrecht, 2005: Sudan, in: Africa Yearbook 2004, edited by Andreas Mehler, Henning Melber und Klaas van Walraven. Brill, Leiden, Boston, S. 339-352.

Hyden, Goran, 1983: No Shortcut to Progress. African Development Management in Perspective. London et al.

Marx, Christoph, 2004: Geschichte Afrikas. Von 1800 bis zur Gegenwart. Paderborn etc.

Matthies, Volker, 1997: Äthiopien, Eritrea, Somalia, Djibouti. München.

Münkler, Herfried, 2002: Die neuen Kriege. Reinbek bei Hamburg.

Reinhard, Wolfgang, 1999: Geschichte der Staatsgewalt. Eine vergleichende Verfassungsgeschichte Europas von den Anfängen bis zur Gegenwart. München.

Rotberg, Robert I. (Ed.), 2004: When States Fail. Causes and Consequences. Princeton and Oxford.

Schmidt, Helmut, 2006: Die Mächte der Zukunft. Gewinner und Verlierer in der Welt von morgen. München.

Schubert, Gunter/*Tetzlaff*, Rainer (Hrsg.), 1998: Blockierte Demokratien in der Dritten Welt. Opladen.

Schneckener, Ulrich (Hrsg.), 2004: States at Risk. Fragile Staaten als Sicherheits- und Entwicklungsproblem. SWP-Studie. Berlin, November 2004.

Senghaas, Dieter, 1998: Zivilisierung wider Willen. Frankfurt am Main.

Spanger, Hans-Joachim, 2002: Die Wiederkehr des Staates. Staatszerfall als wissenschaftliches und entwicklungspolitisches Problem. HSFK Frankfurt. Ausgabe 1/2002.

Tetzlaff, Rainer, 1993: Staatswerdung im Sudan. Ein Bürgerkriegsstaat zwischen Demokratie, ethnischen Konflikten und Islamisierung. Münster und Hamburg.

Tetzlaff, Rainer, 2000: „Failing states" in Afrika, in: Internationale Politik, 55. Jahr, Nr. 7, Juli 2000, S. 8-16.

Tetzlaff, Rainer, 2005: Genocide in Darfur. The UN is finally acting, sort of – but the agony goes on and on, in: *Internationale Politik. Transatlantic Edition*, hrsg. von der DGAP Berlin, *summer issue* 2, vol. 6, S. 84-88.

Tetzlaff, Rainer, 2005: Globalisation and Nation-building – Not a Contradiction in Terms, in: Jochen Hippler (Ed.): Nation-building. A Key Concept for Peaceful Conflict Transformation. London and Ann Arbor, S. 15-27.

Tetzlaff, Rainer/*Jakobeit*, Cord, 2005: Das postkoloniale Afrika. Politik. Wirtschaft. Gesellschaft. Lehrbuch. Wiesbaden.

Thielke, Thilo/*Windfuhr*, Volkhard, 2006: Sudan. Die schwarzen Dschandschawid, in: Der Spiegel, Nr. 23, vom 3. Juni 2006, S. 118-122.

Tull, Denis M., 2005: The Reconfiguration of Political Order in Africa: A Case Study of North Kivu (DR Congo). Hamburg.

Tull, Denis M., 2005: Die Afrikapolitik der Volksrepublik China. SWP-Studie August 2005. Berlin.

Wimmer, Andreas et al (Eds.), 2004: Facing Ethnic Conflicts. Towards a New Realism. Lanham etc.

Zweig, David/*Jianhai*, Bi, 2005: China's Global Hunt for Energy, in: Foreign Affairs, Vol. 84, No. 5, September/October 2005, p. 25-38.

Der Sudan nach dem Umfassenden Frieden (CPA)

Melha Rout Biel

Einleitung

Mit diesem Beitrag wird der Versuch unternommen, die politischen und wirtschaftlichen Entwicklungen im Sudan von Januar 2005 bis August 2006 zu analysieren.

Die Nation Sudan ist ein künstliches Produkt der britischen Kolonialherrschaft, die mit der Entlassung des Landes in die Unabhängigkeit im Januar 1956 endete. Die Zusammensetzung des Sudan ist künstlich, weil beide Landesteile, der Norden wie der Süden des Sudan, auf die Bildung eines Einheitsstaates nicht vorbereitet waren. Schon während der Kolonialzeit wurde der Norden als islamisch und arabisiert betrachtet und behandelt. Dagegen hielt man den Süden für christlich und afrikanisch. Diese Unterschiede hätten vermieden werden können, wenn Großbritannien und die arabischen Minderheitsregierungen als Nachfolger der Kolonialherren Maßnahmen unternommen hätten, eine Nationenbildung herbeizuführen. Im August 1955 brach ein grausamer Bürgerkrieg zwischen Juba und Khartum aus, der bis 1972 andauerte.[1] Ursachen für diesen Krieg waren:

- Dominanz der arabischen Minderheit über die staatliche Macht und Ressourcen auf Kosten anderer Bevölkerungsgruppen und die mögliche Beteiligung des Südsudan,
- Islamisierungs- und Arabisierungsversuche durch die Minderheitsregierungen in Khartum.

Über eine Millionen Menschen haben in den Jahren von 1955 bis 1972 ihr Leben verloren. Im März 1972 wurde der Bürgerkrieg mit dem Abkommen von Addis Abeba beendet und eine Autonomieregierung für den Süden garantiert. Doch 1983 wurde die Autonomieregierung für den Südsudan abgeschafft, Islamisierung und Arabisierung verstärkt. Dies führte zum erneuten Bürgerkrieg im Sudan.

---

1 Vgl. Biel, Melha Rout: Der Sudan Zwischen Krieg und Frieden, Marburg 2003.

Der Krieg um den Neuen Sudan

Im Mai 1983 begann der zweite sudanesische Bürgerkrieg. Ziel dieses Krieges war unter anderem der Kampf um die Schaffung eines „Neuen Sudan". Nach Meinung der „Sudan People Liberation Movement/Army" (SPLM/SPLA) bedeutet der Begriff „Neuer Sudan" folgendes:

- Die Schaffung einen neuen politischen, wirtschaftlichen und sozialen Systems im Sudan, in dem alle sudanesischen Staatsbürger, Christen, Muslime, Juden, Afrikaner und Araber die gleichen Rechte und Pflichten haben müssen.
- Die Gruppen müssen gleichberechtigt an der Führung des Sudan beteiligt sein.
- Die Mehrheit der Bevölkerung muss an der Verwertung der Ressourcen des Landes beteiligt werden.
- Diskriminierungen jeder Art müssen beendet und verboten werden.
- Keine (ethnische oder Volks- oder Religions-)Gruppe im Sudan soll besser behandelt werden als andere.[2]

Durch die Schaffung des „Neuen Vereinigten Sudan" wollte die SPLM/SPLA die mögliche Spaltung des Sudan in Zukunft verhindern.

„Separatist Movements have already emerged with guerrillas fighting in Western and Eastern Sudan. If left unchecked, these separatist Movements have in the South, East and West coupled with the stubborn determination of a repressive minority clique regime in Khartoum to hang onto power at all costs will lead to the total disintegration of the Sudan. This imminent, latent and impending disintegration and fragmentation of the Sudan is what the SPLM/SPLA aims to stop by developing and implementing a consistent democratic solution to both the nationality and religious questions within the context of a United New Sudan."[3]

Das Ausmaß des Krieges

Der Bürgerkrieg kostete ca. 2,9 Millionen Menschen, hauptsächlich aus dem Süden, den Nuba-Bergen und der Blue Nile-Region, das Leben. Mehr als 5 Millionen Südsudanesen sind Flüchtlinge oder so genannte „Internally Displaced Persons" (IDPs). In Uganda, Äthiopien, der Demokratischen Republik von Kongo, Kenia, der Zentralafrikanischen Republik, Ägypten und Eritrea leben

2 Vgl. Garang, John: The call for Democracy in Sudan, edited and introduced by Mansour Khalid, 2. Auflage, London 1992.

3 Ebenda, S. 253-254.

seit mehreren Jahren circa 550.000 sudanesische Flüchtlinge unter unmenschlichen Bedingungen.[4] In Darfur lag die Zahl der IDPs im November 2005 bei 1,83 Millionen Menschen. 220.000 Darfurian flüchteten in den benachbarten Tschad. Die Wirtschaft liegt am Boden. Trotz der versprochenen internationalen finanziellen Hilfen für die Unterstützung des „Comprehensive Peace Agreement“ (CPA) wird das Land mehrere Jahre benötigen, den Stand vom Mai 1983 wieder zu erreichen. Voraussetzung ist allerdings, dass der „Umfassende Frieden“ umgesetzt und die Krisen in Darfur und Ostsudan bald beigelegt werden.

Der Sudan nach dem „Umfassenden Frieden“

Nach 22 Jahren Krieg und den Friedensverhandlungen wurde am 09. Januar 2005 ein Friedensvertrag, das Comprehensive Peace Agreement“, zwischen der Regierung von Sudan unter der National Congress Party (NCP) und der Sudan People Liberation Movement (SPLM) in Kenia unterschrieben.[5] Kernpunkte des Friedensvertrages sind:

- Machtverteilung zwischen der SPLM und NCP,
- Verteilung der Öleinnahmen jeweils zur Hälfte zwischen Nord- und Südsudan,
- Bildung einer Regierung der nationalen Einheit,
- Bildung einer Regierung für den Südsudan,
- Bildung von zwei Parlamenten für den Bundesstaat Sudan. Für die erste Kammer des Bundesparlaments werden die Vertreter für vier Jahre ernannt und stammen von der NCP, der SPLM und den Oppositionsparteien des Nordens und Südens. Die Abgeordneten in der zweiten Kammer werden ebenfalls für vier Jahren ernannt und vertreten die Regionen, „Bundesländer“.
- Im Süden soll ein Parlament gebildet werden. Dabei gehen 70 Prozent der Sitze an die SPLM, 15 Prozent an die NCP und 15 Prozent an die Opposition im Südsudan.
- Im Sudan sollen gemäß dem CPA Frieden während einer Übergangszeit zwei Armeen bestehen. Die beiden Armeen entsprechen der bisherigen Sudan Army Forces und der SPLA.
- Im Jahr 2011 muss eine Volksabstimmung/Referendum über die politische Zukunft des Südsudan unter Beobachtung der Internationalen Gemeinschaft

4 Vgl. U.S. Agency for International Development, Bureau for Democracy, Conflict, and Humanitarian Assistance (DCHA): Situation Report, December 2005.

5 Vgl. United States Institute of Peace: USI Peace Briefing, 21.12.2005, S. 1-4.

einschließlich der UNO durchgeführt werden. Hierbei stehen zwei Alternativen zur Auswahl:

a) Unabhängigkeit des Südsudan,
b) Verbleib des Südens in einem sudanesischen Bundesstaat.

Warum sechs Jahre Übergangszeit?

Ziel der Übergangszeit von sechs Jahren ist es, den Südsudanesen die Einheit des Sudans durch Maßnahmen für die Bevölkerung des Südsudan vorteilhaft darzustellen. Unter anderem sollen die Südsudanesen maßgeblich an der Staatsführung beteiligt werden.

Wie sieht es mit der Umsetzung des CPA aus?

Am 09. Juli 2005 wurde gemäß dem CPA vom Januar desselben Jahresdie so genannte „Presidency of Sudan" gebildet, die aus Präsident Omer El Bashir, dem ersten Vize-Präsidenten, Dr. John Garang de Mabor, und dem zweiten Vize-Präsidenten, Ali Osman Mohamed Taha, bestand. Damit wurde eine neue Ära der Umsetzung des Comprehensive Peace Agreement im Sudan begonnen. Nach dem überraschenden Tod John Garangs am 30. Juli 2005 wurde Lt. General Salva Kiir zum ersten Vize-Präsidenten des Sudan und Präsidenten der Regierung von Südsudan ernannt. Es folgte die Bildung der Regierung der Nationalen Einheit (GONU[6]) unter Beteiligung der ehemaligen Befreiungsbewegung im Sudan, der SPLM und der Oppositionsparteien sowohl im Norden als auch im Süden des Landes. Am 05. Juli wurde die Übergangsverfassung für den Sudan durch das Parlament ratifiziert. Am 05. Dezember 2005 wurde die neue Verfassung für den Südsudan durch den 1. Vizepräsidenten des Sudan und Regierungschef des Südsudan, Lt. General Salva Kiir Mayidit, unterzeichnet. Zuvor wurde diese Verfassung durch die „Legislative Assembly of Southern Sudan" (LASS), dem Parlament verabschiedet.

Am 24. Oktober 2005 wurde die Regierung des Südsudan gebildet. Damit gibt es eine zentrale Regierung innerhalb des Südens. Regierungen auf regionaler Ebene wurden ebenfalls ernannt. Zurzeit wird an den Länderverfassungen gearbeitet, da der Südsudan nach dem CPA als föderaler Staat regiert werden soll.[7]

---

6 Government of National Unity (GONU). Sie wurde gemäß den Vorgaben des CPA gebildet.

7 Vgl. U.S. Agency for International Development, Bureau for Democracy, Conflict, and Humanitarian Assistance (DCHA): Situation Report, December 2005.

Die CPA-Umsetzung

Wie beschrieben, sieht das CPA unter anderen die Bildung einer Koalitionsregierung zwischen NCP und der SPLM vor. Dabei sollen Oppositionsparteien sowohl im Norden als auch im Süden an dieser Regierung beteiligt werden. Dies ist inzwischen geschehen und wird hier kurz vorgestellt.

Die so genannte „Regierung der Nationalen Einheit" wurde am 22. September 2005 gemäß dem CPA-Abkommen gebildet. Zum ersten Mal wurde damit eine Regierung der nationalen Einheit gebildet, die die Hauptakteure aus dem Norden und dem Süden, insbesondere die Parteien National Congress Party (NCP) und Sudan People Liberation Army (SPLM), beteiligt.

Ziel der folgenden Übersicht ist die Analyse der Verteilung der politischen Positionen nach Region und Religionszugehörigkeit der Amtsinhaber. Diese ist wichtig, da das CPA die Beteiligung aller Regionen und Religionen des Landes vorsieht.

Kabinett der Regierung der Nationalen Einheit:

Name	Amt	Religion	Region
Omer Hassan al-_Bashir	Präsident	Muslim	Nordsudan
Salva Kiir Mayidit	1.Vize-Präsident	Christ	Südsudan
Ali Osman Taha	2.Vize-Präsident	Muslim	Nordsudan
Nfie Ali Nfie	Ass. des Präsidenten	Muslim	Nordsudan
Lam Akol	Außenminister	Christ	Südsudan
Zubeir Beshir	Innenminister	Muslim	Nordsudan
Awad A. al-Jaz	Minister für Energie und Öl	Muslim	Nordsudan
Addel Rahim M. Hussein	Verteidigungsminister	Muslim	Nordsudan
Mohammed Ali-al-Mahdi	Justizminister	Muslim	Nordsudan
Zahawi Ibrahim Malek	Informationsminister	Muslim	Nordsudan
Zubeir M. Hassan	Finanzminister	Muslim	Nordsudan
George Boreng Niyam	Minister für Außenhandel	Christ	Südsudan
Al-Tigani Saleh Fedial	Minister f. intern. Kooperation	Muslim	Nordsudan
Mohammed A.I. Kabashi	Minister für Agrarwirtschaft	Muslim	Südsudan
Jalal al-Dugair	Minister für Industrie	Muslim	Nordsudan
Malek Agar Ayar	Minister für Investment	Muslim	Südsudan
Addel Basit Saleh Sabdarat	Minister für Föderalismus	Muslim	Nordsudan

Deng Alor Kol	Min. für Kabinettsangeleg.	Christ	Südsudan
Joseph Okel	Min. für Parlamentsverwaltung	Christ	Südsudan
Bakri Hassan Saleh	Minister für Präsidialamt	Muslim	Nordsudan
Galuak Deng	Minister für Tierwirtschaft	Christ	Südsudan
Poul Mathiang	Minister für Bildung	Christ	Südsudan
Mohammed Y. Abdallah	Minister für Kinder und Sport	Muslim	Nordsudan
Peter Nyot Kok	Minister für Höhere Bildung	Christ	Südsudan
Koul Manang Jouk	Minister für Transport	Christ	Südsudan
Kamal Ali Mohammed	Minister für Wasserwirtschaft	Muslim	Nordsudan
Joseph Malwal	Minister für Tourismus	Christ	Südsudan
A. a-Tagani A. a-Saad	Min. für rel. Angelegenheiten	Muslim	Nordsudan
Tabita Sokaya	Minister für Gesundheit	Christ	Nuba/ Nordsudan
Kosti Manibe	Min. f. humanitäre Angeleg.	Christ	Südsudan
Alison Manani Mgaya	Minister für Arbeit	Christ	Südsudan
Ahmed Babkir Nahar	Minister für Umwelt	Muslim	Nordsudan

Staatsministerien der Regierung der Nationalen Einheit:

Name	**Amt**	**Religion**	**Region**
Idris Mohammed A. Kader	Präsidialamt	Muslim	Nordsudan
Telar Ring Deng	Präsidialamt	Christ	Südsudan
Kamal Addel Latif	Kabinettsangelegenheiten	Muslim	Nordsudan
Ali Ahmed Kerti	Auswärtiges Amt	Muslim	Nordsudan
Samari al-Wasila al-Sheikh	Auswärtiges Amt	Muslim	Nordsudan
John Angelo	Föderalismus	Christ	Südsudan
Farah Ibrahim Agar	Information	Muslim	Nordsudan
Alio Abini Alio	Innenministerium	Christ	Südsudan
Ali Mohammed A. Rassul	Finanzen	Muslim	Nordsudan
Ahmed al-Majub	Finanzen	Muslim	Nordsudan
Lual Ashweil Deng	Finanzen	Christ	Südsudan
Al-Samih Sadik	Außenhandel	Muslim	Nordsudan
Salman Suleiman al-Safi	Außenhandel	Muslim	Nordsudan

Abdelkader M. Zein	Kultur und Jugend	Muslim	Nordsudan
Mohammed A. Kalabish	Kultur und Jugend	Muslim	Nordsudan
Mohammed Zeid Mustafa	Kultur und Jugend	Muslim	Nordsudan
Omer Suleiman	Transport	Muslim	Nordsudan
Mohammed M. Kok	Umwelt	Muslim	Nordsudan
Teresa Eyru	Umwelt	Christ	Südsudan
Fateh M.Said	Gesundheit	Muslim	Nordsudan
Mohammed Yusuf Mustafa	Arbeit	Muslim	Nordsudan
Saleh Ali Adam	Bildung	Muslim	Nordsudan
William Ajak Deng	Justiz	Christ	Südsudan
Mayom K. Malika	Wasserwirtschaft	Christ	Südsudan
Angelina Teny	Energie	Christ	Südsudan
Barnaba Marial Benjamin	Internationale Kooperation	Christ	Südsudan
Timothy Tut Chol	Industrie	Christ	Südsudan
Mubarak Majub Moh.	Höhere Bildung	Muslim	Nordsudan
Anna Ito	Agrarwirtschaft	Christ	Südsudan
Ali Ahmed Osman	Industrie	Muslim	Nordsudan
Daniel Deng	Tierwirtschaft	Christ	Südsudan
Ahmed Mohammed Harun	Humanitäre Angelegenheiten	Muslim	Nordsudan
Sami Yassin A. Dayem	Soziale Angelegenheiten	Muslim	Nordsudan

SPLM- Staatsminister in der nationalen Regierung:

Name	**Ministerium**
Timothy Tot Chol	Industrie
Dr. Anna Itto	Agrarwirtschaft
William Ajak Deng	Justiz
Aleu A. Aleu	Innenministerium
Dr. Barnaba M. Benjamin	Internationale Kooperation
Telar Ring Deng	Berater des Staatspräsidenten
Dr. Yusuf Mustafa	Arbeit
James Thuoc Rail	Umwelt und Tourismus
Dr. Lual Deng Achiek	Finanzen

Der Regierung der Nationalen Einheit gehören 19 muslimische Minister und 13 christliche Minister an. 18 Staatsminister kommen aus dem Nordsudan und sind muslimischen Glaubens. 7 Staatsminister stammen aus dem Südsudan. Die Regierung wird von der muslimischen und christlichen Elite gebildet. Afrikanische Gläubige sind nicht vertreten.

Im Mai 2006 wurden die in der folgenden Tabelle genannten sudanesischen Botschafter gemäß dem Umfassenden Friedensabkommen ernannt. Zum ersten Mal wurden dabei mehrere Personen aus dem Südsudan als Botschafter berufen.[8] Zuvor hatten seit 1956 nur drei Südsudanesen die Position eines Botschafters erreicht.

Name	**Grad**	**Partei**	**Region**
Alhadi Abdalla Nohamed El-Awad	Grad eins	NCP	Nordsudan
Francis Mading Deng	Grad eins	SPLM	Südsudan
Negieb Elkair Abdelwahab	Grad eins	NCP	Nordsudan
John Ukac Lueth	Grad eins	SPLM	Südsudan
Andrew Makur Thou	Grad eins	UDSP	Südsudan
Mohammed Osman Mirghani Mahjoub	Grad eins	NCP	Nordsudan
Mirghani Elnour Jawish	Grad eins	NCP	Nordsudan
Steven Kiliona Wondu	Grad zwei	SPLM	Südsudan
Eluzai Moga Yokwe	Grad zwei	?	Südsudan
Moses Majwok Akol	Grad zwei	SPLM	Südsudan
Majok Gwandong Thiep	Grad zwei	SPLM	Südsudan
Salah Mohammed Elhassan Mohammed Saeed	Grad zwei	NCP	Nordsudan
Paul Macuei Malok	Grad drei	SSDF	Südsudan
Lumumba Stanislaus-Kawdi-Aping	Grad drei	SSDF	Südsudan
Akuei Bona Malwal	Grad drei	SSDF	Südsudan
Samuel Odat Ayul	Grad drei	SPLM	Südsudan
El-Wathig Mohammed Kameir	Grad drei	NCP	Nordsudan

8 The President of the Republic of Sudan, General Omar Hassan Al-Bashir, issued a republican decree on Saturday 27 May 2006 appointing, in different grades, 21 ambassadors, 16 from the SPLM and other Southern political groups and 5 from National Congress Party (NCP).

Akec Khoc Acieu	Grad drei	SPLM	Südsudan
Anthony Lousi Kon	Grad drei	SPLM	Südsudan
Sebiti Alley Abe	Grad drei	SSDF	Südsudan
Ajing Adiang Marik	Grad drei	SPLM	Südsudan

Am 18.08.2006 wurden einige der neu ernannten Botschafter durch die Regierung der Nationalen Einheit in das jeweilige Land als Sudanesische Botschafter entsandt. Dabei handelte es sich ausschließlich um SPLM-Botschafter. Da bisher alle sudanesischen Botschaften von der NCP besetzt wurden, erfolgte keine Bestellung neuer Botschafter aus den reihen der NCP.

Die folgenden Botschafter wurden in ihre Ämter bestellt und sollen bald ihre Dienste in den unten genannten Ländern aufnehmen:[9]

Name	**Land**	**Partei**
Mr. John Ukac Lueth	USA	SPLM
Dr. Akec Khoc Acieu	UN	SPLM
Mr. Steven Kiliona Wondu	Japan	SPLM
Mr. Majok Gwandong Thiep	Kenia	SPLM
Mr. Andrew Makur Thou	Spanien	SPLM

Fazit: Wie den oben genannten Tabellen entnommen werden kann, wird das Comprehensive Peace Agreement nur langsam umgesetzt. Der Verlauf der Umsetzung ist nicht ideal. Trotz der Beteiligung des Südens an der politischen Macht in Khartum ist die Rolle der SPLM in der Bundesregierung in Khartum noch nicht bedeutsam genug. Im Süden dagegen hat die SPLM deutliche Fortschritte bei der Implementierung des CPAs vorzuweisen. Kritisch bleiben die andauernde Darfur-Krise und der Widerstand in Ostsudan. Solange hier keine für alle Beteiligten akzeptable Lösung gefunden ist, kann aus meiner Sicht im Sudan kaum von einem echten „Umfassenden Frieden" gesprochen werden.

Es ist zu hoffen, dass alle Parteien sowohl in der Regierung als auch in der Opposition das CPA in vollem Umfang vollziehen werden. Vor allem müssen die Vorbereitungen für das Referendum im Süden getroffen werden. Zugleich muss die Beteiligung der Südsudanesen an allen staatlichen und privaten Institutionen tatsächlich durchgeführt werden.

9 Vgl. Sudan Tribune: Sudan nominates 3 SPLM ambassadors to Japan, Kenya and Spain, in: www.sudantribune.com/imprimable.php3?id_article=17219 vom 24.08.06.

Versprochene Hilfen der Internationalen Gemeinschaft nach dem CPA

Auf der Geberkonferenz in Oslo, Norwegen, wurde durch UNO-Generalsekretär Kofi Annan die Wichtigkeit und Notwendigkeit der Hilfe zum Wiederaufbau des zerstörten Sudan durch die Internationale Gemeinschaft betont: "All the people of Sudan want clean water, food for their families, schools for their children, proper health care, and the prospect of development. They have earned this peace. We should not fail them."[10]

Für die Sanierung und den Wiederaufbau im Sudan werden für 2007 schätzungsweise 2,6 Billionen Dollar benötigt. Am 11. April 2005 wurden 2 Billionen Dollar versprochen.

Folgende Staaten und Institutionen erklärten sich nach dem Aufruf von Kofi Annan am 11. April 2005 in Oslo bereit, einen Beitrag zum Wiederaufbau im Sudan zu leisten:[11]

Staat bzw. Institution	**Betrag in Mio. US$**	**Zeitraum**
USA	900	2005-2007
EU	756	2005-2007
UK	545	2005-2007
Norwegen	250	2005-2007
Italien	90	2005-2007
Dänemark	90	2005-2007
Weltbank	50	2005-2007
Deutschland	40	2005-2007
Irland	20	2005-2007
Sudan	5,2	2005-2007
USA	1,8 Mrd. US$	2008-2009

Ein großer Teil der oben genannten versprochenen Gelder ist bisher noch nicht bereitgestellt worden. Drei Gründe können vermutet werden:

1. Der plötzliche Tod des SPLM-Führers, Dr. John Garang, bei einem Hubschrauberabsturz am 30. Juli 2005 lässt die Vermutung zu, dass das CPA im Sudan nicht umgesetzt werden wird.

10 Vgl. Kofi Annan: Sudanese officials urge donors to help rebuild south Sudan, in: www.sudan.net vom 13.04.2005.

11 Ebenda.

2. Die Krise in Darfur hält der Weltgemeinschaft zurzeit davon ab, im Sudan zu investieren.
3. Die Uneinigkeit der Internationalen Gemeinschaft und vor allem zwischen den USA und Europa macht es schwer, ein gemeinsames Verfahren gegenüber dem Sudan zu vereinbaren.

Alles in allem machen die SPLM und die NCP Fortschritte bei der Umsetzung der Comprehensive Peace Agreement. Die Lage im Darfur und Ostsudan bleibt bis Dezember 2005 jedoch noch problematisch.

Die Entwicklung der Dafur-Krise und die Reaktion der Vereinten Nationen

Die Reaktion auf der Darfur-Krise ist enorm groß und unterschiedlich. Dies hat zahlreiche Hintergründe. „Zu einem wollte die Weltgemeinschaft unter dem Dach der Vereinten Nationen vermeiden, dass wieder Völkermord in wenigen Jahren in Afrika begangen wird. Zehn Jahre nach dem Völkermord in Rwanda spielt sich im Westen Sudans ein Drama ab, das unter Umständen ebenfalls den Tatbestand des Völkermords erfüllt. Zwar wird die internationale Gemeinschaft nicht müde zu betonen, dass es nie wieder zu einem Völkermord kommen dürfe, de facto aber wurden bis jetzt keine Maßnahmen eingeleitet, die geeignet sind, die massiven Menschenrechtsverletzungen in Darfur zu beenden.“[12]

Die Krise in Darfur begann im Februar 2003. Sie ist ein Krieg zwischen der Mehrheit afrikanischer Stämme und der arabischen Minderheit in Darfur, die durch die arabisch geführte Regierung unterstützt wird. Die arabischen Stämme in Darfur nannten sich „arabische Reitermilizen“ oder „Janjaweed“. Sie ziehen plündernd durch Dörfer in Darfur und entwurzeln die dort ansässige afrikanische Bevölkerung. Es geht um

- Landnutzung und Ressourcen,
- Machtbeteiligung der schwarzafrikanischen Mehrheit auf Landes- und Bundesebene des Sudan.

Die Rebellenorganisationen „Sudanesische Befreiungsbewegung“ und „Sudanesische Befreiungsarmee“ (SLM/SLA) und die „Bewegung für Gerechtigkeit und Gleichheit“ (JEM) griffen im Jahr 2003 zu den Waffen, um die Interessen der Darfurian durchzusetzen. Im Rahmen des Krieges wurden zahlreiche Menschenrechtsverletzungen von den Kriegsparteien begangen, vor allem durch die Regierung und die Reitermilizen. Im Jahr 2004 sprachen mehrere Menschenrechtsorganisationen von „organisierten ethnischen Säuberungen und einer Poli-

12 Vgl. Bernhard/Lingnau: Die Vereinten Nationen und die Darfur-Krise, in: Vereinte Nationen 5/2004, S. 176.

tik der verbrannten Erde."[13] Folgende Kriegsmaßnahmen wurden durch die Khartumer Regierung gegen die Bevölkerung von Darfur eingesetzt:

- massenhafte Zerstörungen von Dörfern,
- massenhafte systematische Vergewaltigungen von Frauen,
- allein im Jahr 2004 wurden über 50.000 Menschen in Darfur getötet,
- über 1,4 Millionen Menschen wurden aus ihrer Heimat vertrieben, davon flohen ca. 200.000 in den benachbarten Tschad.

Reaktion der UNO auf die Krise in Darfur und die Menschenrechtsverletzungen

Die Reaktionen der UNO und des Sicherheitsrats fielen unterschiedlich aus. Dem Staat Sudan wurden von einigen Mitgliedern des Sicherheitsrates und der UNO schwere völkerrechtliche Verstöße gegen die Menschenrechte vorgeworfen. Andere verhielten sich zurückhaltend. Dies betraf Mitglieder wie China, Pakistan und Russland. Diese Länder arbeiten seit mehreren Jahren mit der Regierung Sudans zum Beispiel in Ölgeschäften zusammen und waren nicht bereit, ihre Interessen für eine Verurteilung der Menschenrechtsverletzungen aufzugeben. Vor dem Ende des Jahres 2004 wuchs der Druck auf die UNO und einige Maßnahmen mussten getroffen werden, um die Menschenrechtslage zu verbessern.

Folgende Maßnahmen wurden vom Sicherheitsrat veranlasst:

- Am 2. und 14.04. sowie am 05.05.2004 wurde die Lage in Darfur im Sicherheitsrat diskutiert.
- Am 25.05.2004 wurde in einer Erklärung des Präsidenten des Sicherheitsrates die zunehmende Gewalt gegen Zivilisten scharf verurteilt.
- Im Juni/Juli 2004 besuchte UNO-Generalsekretär Kofi Annan den Sudan und übte damit Druck auf die Regierung aus. In einem gemeinsamen Kommuniqué zwischen dem UNO-Generalsekretär Annan und der Regierung verpflichtete sich Khartum, die Reitermilizen „Janjaweed" zu entwaffnen und die Sicherheit in Darfur wiederherzustellen sowie die internationalen Hilfsorganisationen im Kriegsgebiet zuzulassen. Später stellte sich heraus, dass die Regierung trotz dieser Erklärung ihre Worte nicht eingehalten hat. Deshalb wurde über weitere Maßnahmen gegen die Regierung nachgedacht und in die UNO eingebracht. Unter Führung der USA wurde im Juli 2004 dem Sicherheitsrat ein Resolutionsentwurf vorgelegt. Die Vorlage wurde von UNO-Generalsekretär Annan begrüßt, und er forderte die Mitglieder auf, die Vorlage baldmöglichst zu verabschieden.

---

13 Ebenda.

Darin war weiterer Druck auf die sudanesische Regierung vorgesehen, um eine Lösung herbeizuführen. Obwohl die Vorlage das Ergebnis langer Konsultationen und Expertentreffen im Vorfeld war, konnte sie nicht verabschiedet werden. Zwei politische Lager blockierten sich gegenseitig. Auf der einen Seite unterstützten die USA, Großbritannien, Frankreich, Chile und Deutschland den Entwurf. Auf der anderen Seite standen Pakistan, China, Russland und Algerien, die gegen den Entwurf waren, und ihre Einstellung damit begründeten, dass die sudanesische Regierung gegenüber der UNO im Vergleich zu früheren Jahren kooperationswillig geworden sei und Fortschritte gemacht habe.

Interessenkonflikte im Sicherheitsrat bei der Beschlussfassung der UNO in der Darfur-Krise

Die Interessen der 15 Mitglieder des Sicherheitsrates sahen bei der Beschlussfassung wie folgt aus: [14]

Name des Landes	Status im Sicherheitsrat	Interesse
Frankreich	Ständiges Mitglied	Hat bereits Ölkonzessionen und darüber hinausgehende Ölinteressen. Hat im Juli 2004 einen neuen Vertrag mit dem Sudan unterzeichnet. Drängte dennoch auf rasche Verabschiedung einer Resolution, aber ohne Sanktionen. Stimmte für Resolution 1556 und Resolution 1564.
Großbritannien	Ständiges Mitglied	Es gibt Hinweise auf Waffenlieferungen in beträchtlichem Ausmaß. Hat im Juli 2004 einen Vertrag über Öl unterzeichnet. Unterhält besondere Beziehungen mit dem Sudan mit der Begründung der „ehemaligen Kolonialmacht". Drängte auf rasche Verabschiedung einer Resolution. Stimmte für Resolution 1556 und Resolution 1564.

14 Nach ebenda. Angola, Chile, Deutschland, Pakistan und Spanien waren Nichtständige Mitglieder des Sicherheitsrates bis Ende des Jahrs 2004. Bis Ende 2005 waren Algerien, Benin, Brasilien, Philippinen und Rumänien Nichtständige Sicherheitsratsmitglieder.

China	Ständiges Mitglied	Verfügt bereits über Ölkonzessionen in beträchtlichem Ausmaß und ist an weiteren interessiert. Hat im Juli 2004 einen neuen Ölvertrag unterzeichnet. Hat eine neue Pipeline gebaut, die Darfur mit Khartum verbindet. Unterhält enge Wirtschaftsbeziehungen zu Sudan. Beliefert den Sudan mit Kleinwaffen. War gegen eine schnelle Verabschiedung einer Resolution und wollte der sudanesischen Regierung mehr Zeit lassen. Gegen Sanktionen und gegen Androhungen von Sanktionen. Hat sich bei der Abstimmung über Resolution 1556 und Resolution 1564 der Stimme enthalten.
Russland	Ständiges Mitglied	Einzelne Unternehmen sind an Ölkonzessionen im Sudan interessiert. Hat im Juli 2004 einen neuen Ölvertrag mit dem Sudan unterzeichnet. Ist einer der wichtigsten Waffenlieferanten des Sudan. Lieferte im Juli 2004 dem Sudan Kampfflugzeuge. Forderte lange, der sudanesischen Regierung mehr Zeit zu lassen. Stimmte für Resolution 1556, weil keine Sanktionen enthalten waren. Hat sich bei der Abstimmung über Resolution 1564 der Stimme enthalten.
USA	Ständiges Mitglied	Hat Ölinteressen. Pflegt enge bilaterale Beziehungen zur SPLM. Hat Darfur zu einer der vorrangigen Prioritäten der amerikanischen Außenpolitik erklärt. Brachte Resolutionsentwurf in den Sicherheitsrat ein und drängte auf rasche Verabschiedung einer scharfen Resolution, einschließlich Sanktionen. Stimmte für Resolution 1556 und Resolution 1564.
Angola	Nichtständiges Mitglied	Betonte vor allem die Notwendigkeit der Unterstützung der Afrikanischen Union. Stimmte für Resolution 1556 und Resolution 1564.
Deutschland	Nichtständiges Mitglied	Hat eine kritische Haltung. Engagierte sich erfolgreich für eine Befassung des Sicherheitsrates mit der Darfur-Krise. Drängte auf rasche Verabschiedung einer scharfen Resolution, einschließlich Sanktionen.
Chile	Nichtständiges Mitglied	Stimmte für Resolution 1556 und Resolution 1564. Ist nicht in das Ölgeschäft involviert.

Pakistan	Nichtständiges Mitglied	Hat Ölkonzessionen in beträchtlichem Ausmaß im Sudan. Verweist auf islamische Solidarität mit Sudan. War gegen eine schnelle Verabschiedung einer Resolution und wollte der sudanesischen Regierung mehr Zeit lassen. Gegen Sanktionen und gegen Androhungen von Sanktionen. Hat sich bei der Abstimmung über Resolution 1556 und Resolution 1564 der Stimme enthalten.
Spanien	Nichtständiges Mitglied	Es gibt Hinweise auf Waffengeschäfte mit dem Sudan. Drängte auf rasche Verabschiedung einer scharfen Resolution, einschließlich Sanktionen. Stimmte für Resolution 1556 und Resolution 1564.
Algerien	Nichtständiges Mitglied	Verweist auf islamische Solidarität mit Sudan. War gegen eine schnelle Verabschiedung einer Resolution und wollte der sudanesischen Regierung mehr Zeit lassen. Gegen Sanktionen und gegen Androhungen von Sanktionen. Stimmte für Resolution 1556. Hat sich bei der Abstimmung über Resolution 1564 der Stimme enthalten.
Brasilien	Nichtständiges Mitglied	Setzte sich teilweise für eine Schwächung des Resolutionsentwurfs ein. Wollte der sudanesischen Regierung mehr Zeit lassen.
Benin	Nichtständiges Mitglied	Setzte sich teilweise für eine Schwächung des Resolutionsentwurfs ein. Wollte den Willen zur Zusammenarbeit der sudanesischen Regierung nicht gefährden. Stimmte für Resolution 1556 und Resolution 1564.
Philippinen	Nichtständiges Mitglied	War gegen eine schnelle Verabschiedung einer Resolution und wollte der sudanesischen Regierung mehr Zeit lassen. Setzte sich teilweise für eine Schwächung des Resolutionsentwurfs ein. Stimmte für Resolution 1556 und Resolution 1564.
Rumänien	Nichtständiges Mitglied	Einzelne Unternehmen sind an Ölkonzessionen im Sudan interessiert. Förderte rasche Verabschiedung. Stimmte für Resolution 1556 und Resolution 1564.

Darfur und der Internationale Gerichtshof

Im Jahr 2005 konnte der Sicherheitsrat folgende Resolutionen zur Lage in Darfur verabschieden:

- Resolution 1590 /März 2005
- Resolution 1556/ Juli 2004
- Resolution 1556/ Juli 2004
- Resolution 1591 und 1593/ März 2005

Die Resolution 1593 vom 31. März 2005 gilt als wichtigste, da darin die Menschenrechtsverletzungen im Sudan an den Internationalen Gerichtshof verwiesen werden. Das bedeutet, dass es sich bei dem, was in Darfur gemacht worden ist, teilweise um Genozid oder Verbrechen gegen die Menschlichkeit handelte. Deshalb muss sich das Internationale Gericht damit befassen. Konkrete Täter wurden in dem UNO-Bericht, der dem UNO-Generalsekretär Annan vorgelegt wurde, benannt.[15]

Die Menschenrechtsorganisation Human Rights Watch schrieb über die Haltung der sudanesischen Regierung:

„The Sudanese government policy of 'ethnic cleansing' was strategic and well-planned. Since early 2003, the leadership in Khartoum has relied on civilian administration, the Sudanese military and Janjaweed militias to implement a counterinsurgency policy that deliberately and systematically targeted civilians in violation of international law. Ultimate responsibility for the creation and coordination of the policy lies in Khartoum, with the highest levels of the Sudanese leadership, including President Omer El Bashir, Vice-President Ali Osman Taha, and key national ministers and security chiefs."[16]

In dem Bericht, der der UNO vorgelegt worden war, wurde die aktive Zusammenarbeit zwischen der Regierung des Sudan und den arabischen Milizen der Janjaweed bei den ethnischen Säuberungen in Darfur festgestellt und deshalb auf den Internationalen Gerichtshof in Den Haag verwiesen. Dabei wurden folgende Namen der beteiligten sudanesischen Behörden und Beamten bekannt gegeben, deren Rolle nach Meinung der UNO-Empfehlung durch das Gericht in Den Haag untersucht werden sollte:

(1) Staatspräsident Omer El Bashir

(2) Stellv. Präsident Ali Osman Taha

---

15 Human Rights Watch: Entrenching Impunity, Government Responsibility for International Crimes in Darfur, Human Rights Watch, Vol. 17 (A), December 2005, S. 72.

16 Ebenda, S. 46.

(3) Major General Abdurahmeem M. Hussein, ehemaliger Innenminister und Vertreter des Präsidenten in Darfur für den Zeitraum 2003-2004. Zurzeit Verteidigungsminister.

(4) Major General Bakri Hassan Salih, ehemaliger Verteidigungsminister. Zurzeit Minister für Präsidialen Angelegenheit.

(5) Abbas Arabi, (Chief of Staff) höherer Beamter der sudanesischen Armee.

(6) General Salah Abdullah Ghosh, Direktor der sudanesischen Sicherheitsdienste.

(7) Ahmed Haroun, ehemaliger Staatsminister im Innenministerium. Er war für Darfur zuständig und ist zurzeit Staatsminister für Humanitäre Angelegenheiten.[17]

Die Liste der zu Untersuchenden enthält rund 150 Personen. Zwar hat der Sudan der UNO zugesagt, bei der Untersuchung zu kooperieren, aber bis heute ist keine Kooperation zu erkennen.

„A United Nations genocide expert today voiced disappointment in the efforts of Sudan 's Government to address the crimes committed in Darfur region, where conflict has been marked by massive displacement, rights abuses and wide-spread killings. The UN Security Council has asked the international Criminal Court (ICC) to probe the situation, but earlier this week, the Sudanese Government indicated that it would not cooperate with the ICC."[18]

Zusammenfassung

Der Sudan hat bedauerlicherweise eine bemerkenswerte Geschichte in Bezug auf Menschenrechtsverletzungen. Ein trauriger „Höhepunkt" war das „Al Dien Massacre"[19], begangen im Jahr 1987 mit Beteiligung der Sicherheitsorgane des Landes. Obwohl diese grausamen Taten dokumentiert worden sind, wurde bis heute nichts gegen die Täter unternommen. Deshalb bleibt abzuwarten, ob die Untersuchungen der Menschenrechtsverletzungen in Darfur gemäß Beschluss des Sicherheitsrates durchgeführt werden.[20]

Wie dargestellt, sind die Interessen der Mitglieder des Sicherheitsrates sehr weit voneinander entfernt, so dass eine gemeinsame Haltung der Weltorganisation fast aussichtslos erscheint. Doch die Lage in Darfur hat auch Auswirkungen auf

---

17 Ebenda, S. 77.

18 United Nations: Sudan 's special court on Darfur crimes not enough, UN, 17. Dezember 2005.

19 Im Jahr 1987 wurden ca. 3.000 südsudanesische Zivilisten in der Stadt Al Dien von arabischen Milizen massakriert.

20 Vgl. Ahmad Mahmud, Ushari/ Ali Baldo, Suleyman: Human Rights Violations in the Sudan 1987, Al Dien Massacre, Slavery in the Sudan, S. 1ff.

die wirtschaftlichen Beziehungen mit der Regierung des Sudan. Hier war die Bereitschaft zu Kompromissen erforderlich. Während die von den USA geführte Gruppe des Sicherheitsrats von einem Genozid und Verbrechen gegen die Menschlichkeit sprachen, setzte sich die Europäische Union dafür ein, die Androhung von Sanktionen gegen den Sudan durch die Androhung von Maßnahmen in dem Resolutionsentwurf zu ersetzen. So konnte am 30. Juli 2004 die Resolution 1556 ohne Gegenstimmen verabschiedet werden. China und Pakistan enthielten sich der Stimme. Eine wichtige Forderung der Resolution war die 30-Tage-Frist für die Regierung, die „Janjaweed-Milizen" zu entwaffnen, um die „ethnischen Säuberungen" zu beenden und den Konflikt friedlich zu lösen. Am 18. September 2004 wurde die Resolution 1564 ohne Gegenstimmen verabschiedet. Algerien, Russland, China und Pakistan enthielten sich der Stimme. Diese Resolution war noch schwächer als die erste, so dass die Regierung in Khartum diese nicht allzu ernst nehmen musste. Sämtliche Resolutionen über Darfur enthalten zu schwache Forderungen und Sanktionsmaßnahmen gegenüber Khartum und waren deshalb nicht in der Lage, die Menschenrechtsverletzungen in Darfur zu stoppen. Darüber hinaus dauerte es zu lange, bis eine Resolution im Sicherheitsrat verabschiedet werden konnte, was auf die verschiedenen divergierenden Interessen der Mitglieder des Rates zurückzuführen ist.

Was sind Kerninteressen der Akteure im Sudan?

Die Interessen der wesentlichen Akteure stellen sich wie folgt dar:

- Für alle Mitglieder der UNO gilt das Prinzip der Nichteinmischung in die inneren Angelegenheiten eines Landes. Dies ist wichtig, weil es für alle Länder gilt, so dass diese nicht irgendwann selbst zum Ziel von Interventionen durch die UNO werden können.
- China führt seit vielen Jahren Krieg gegen Uiguren und Tibeter, die für die Unabhängigkeit von China eintreten.
- Russland will keine Einmischung, weil es selber vom Tschetschenien-Krieg betroffen ist und Ziel einer Intervention sein könnte.
- Pakistan und Algerien sind Schauplätze von Bürgerkriegen und fürchten eine Intervention durch die UNO. Zugleich betonen beide Staaten die so genannte Islamische Solidarität mit der Khartumer Regierung. Diese Begründung ist schwach, weil der Krieg in Darfur ein Konflikt zwischen Muslimen ist.
- Kerninteressen dieser Länder sind an erster Stelle wirtschaftliche Interessen. So ist Russland nicht nur an Ölgeschäften beteiligt, sondern zählt auch zu den wichtigen Waffenlieferanten des Sudan. Am 20. Juli 2004 lieferte Russland ca. 12 MiG-29 Fulcrum Kampfflugzeuge an die sudanesische

Regierung. Einige dieser Kampfflugzeuge wurden nach Angaben von Menschenrechtsorganisationen zur Bombardierung von Dörfern und Flüchtlingslagern in Darfur und im Tschad eingesetzt.[21]

Im Fall von Darfur und Südsudan kann festgestellt werden, dass die wirtschaftlichen und politischen Interessen der Mitglieder des Sicherheitsrates vor den Menschenrechtsverletzungen Vorrang haben. Dies stellt die Glaubwürdigkeit der UNO insgesamt in Frage. Deshalb gibt es Diskussionen über eine Reform der UNO. Ob nach einer Reform besser gearbeitet werden würde, kann zum jetzigen Zeitpunkt nicht abschließend beantwortet werden.

Darfur-Krise und das CPA

Das Friedensabkommen von Nairobi (CPA) gilt als Vorbild für die Lösung der seit 2003 in Darfur herrschenden Krise zwischen den arabischen und den afrikanischen Muslimen. Denn die SPLM unter John Garang gilt als Vertreter der marginalisierten Gebiete im Sudan. Die Hoffnung auf Einflussnahme bei der Lösung des Konfliktes im Westsudan war sehr groß. Die Friedensgespräche wurden seit 2004 unter Führung der Afrikanischen Union geführt. Zudem leitet Deutschland im Rahmen der Europäischen Gemeinschaft und der Internationalen Gemeinschaft einen bedeutenden Beitrag.[22] So unterstützt Deutschland die Afrikanische Union finanziell, politisch und materiell, z.B. durch den Transport von 196 gambischen Soldaten der African Missions in Sudan (AMIS) in Darfur. Außerdem leistet Deutschland seit 2004 Unterstützung der AMIS in Form von Beratung.

Seit Februar 2003 sind in Darfur nach Schätzung der UNO mindestens 180.000 Tote und mehr als 2 Millionen Vertriebene zu beklagen.[23]

Vom 15. bis 18. Juli 2006 wurde die so genannte „Brussels Donors Conference for Darfur Region" durchgeführt. Das Mandat der Mission der Afrikanischen Union in Darfur wurde bis Ende des Jahres 2006 verlängert. Allerdings kosten solche Einsätze Geld. Bis Ende Dezember 2006 werden nach Schätzung der AU und der UNO 220 Millionen US$ benötigt. Deshalb gehörte zum Ziel der Konferenz auch die Finanzierung der Einsätze. Folgende Gelder wurden dafür in Aussicht gestellt:

---

21 Vgl. Bernhard/Lingnau: Die Vereinten Nationen und die Darfur-Krise, a.a.O., S. 170-172.
22 Vgl. Antrag der Bundesregierung, a.a.O., 2005, S.2.
23 Ebenda.

Land	Summe der Beteiligung in Mio. US$
USA	116 Mio.
EU	31.2 Mio.
Niederlande	31.2 Mio.
Großbritannien	36.6 Mio.
Frankreich	2.5 Mio.
Quatar	6.75 Mio.
Belgien	1.25 Mio.
EU	50 Mio. (humanitäre Hilfe)[24]

Krisenmanagement in Darfur

Am 05. Mai 2006 wurde in Abuja, Nigeria, das so genannte „Darfur Peace Agreement (DPA)" unterzeichnet. Vertragspartner des DPA war nur die Sudan Liberation Movement (SLM) Fraktion unter der Leitung von Minni Minawi, dem ehemaligen Generalsekretär der SLM. Die langjährigen Führer der Sudan Liberation Movement, Abdul Wahid Nour, sowie der Führer der Justice and Equality Movement (JEM), Dr. Khalil Ibrahim, lehnten das DPA ab und hielten es für unzureichend.[25] Bis heute werden weitere Bemühungen unternommen, die SLM und JEM davon zu überzeugen, das DPA zu unterschreiben. Bislang jedoch vergeblich. Die Mehrheit der Menschen in Darfur war gegen das DPA, da es nach ihrer Meinung nicht dem Willen der Menschen entsprach. Außerdem sind die meisten Menschen der Meinung, dass das DPA nicht durch die Minni-Minawi-Fraktion unterzeichnet werden soll, sondern durch Abdul Wahid Al Nour. Dieser sollte zusammen mit Khalil Ibrahim das Abkommen unterzeichnen, da die beiden für die Anliegen der Darfurian gekämpft haben.

Das DPA sieht folgende Maßnahmen vor:

1. Machtverteilung zwischen NCP und der SLM
2. Ressourcenverteilung
3. Sicherheitsvereinbarung
4. Entwaffnung der arabischen Milizen
5. Darfur-Darfur-Dialog und Konsultationen

---

24 Vgl. Peter, Marina: Donor Conference Brussels, 20 July 2006, S. 1.

25 Vgl. International Crisis Group: Darfur's Fragile Peace Agreement, Policy Briefing, Africa Briefing No 39, Nairobi/Brussels, 20. June 2006, S. 1.

Im Moment wird die Region Darfur von der so genannten „Transitional Darfur Regional Authority“ (TDRA) regiert. Der Vorsitz dieser Behörde soll von Minni Minawi bekleidet werden. Am 05. Juli 2006 wurde Minawi zum „Senior Assistant to the Sudan President Omer Hassan al-Bashir“ ernannt. Damit besetzt ein Darfurian die vierte Position im Sudan.[26]

Gemäß dem DPA werden die SLM und andere darfurische Gruppen an der TDRA beteiligt. Für das regionale Parlament sind 25 Sitze vorgehen. Dabei gehen 21 Sitze an darfurische Parteien und 4 an die NCP. Im Juli 2010 wird ein Referendum in Darfur durchgeführt, wobei zwei Optionen zur Wahl stehen:

1. eine Region in Darfur, oder
2. mehrere Regionen in Darfur

Die NCP hat Darfur in den letzten Jahren in drei Regionen geteilt, um der arabischen Minderheit zu ermöglichen, mehr Macht über Darfur zu erlangen. Die Grenzen von Darfur sollen nach dem Willen des DPA auf die Grenzen von 1956, d.h. auf die Grenzen der sudanesischen Region während der Kolonialzeit und nach der Unabhängigkeit des Sudan, zurückgeführt werden. Insgesamt kann festgestellt werden, dass trotz des DPA die Lage in Darfur nicht stabil ist. Solange mit der SLM und der JEM zwei wichtige Akteure das DPA noch nicht akzeptiert haben, wird der Krieg in Darfur weitergehen.

---

26 Vgl. UNIMS: The DPA Monitor monthly Report on the Implementation of the Darfur Peace Agreement, July 2006, S. 1ff.

Literatur

Ahmad Mahmud, Ushari/ Ali Baldo, Suleyman: Human Rights Violations in the Sudan 1987, Al Dien Massacre, Slavery in the Sudan, S. 1ff.

Annan, Kofi: Sudanese officials urge donors to help rebuild south Sudan, in: www.sudan.net vom 13.04.2005.

Antrag der Bundesregierung zum Einsatz der Bundeswehr im Sudan 2005, S. 2.

Antwort der Bundesregierung auf die Kleine Anfrage der Abgeordneten Klaus-Jürgen Hedrich, Dr. Norbert Blüm, Siegfried Helias, weiterer Abgeordneter und der Fraktion der CDU/CSU von 24.04.2001, Deutscher Bundestag, 14. Wahlperiode, Drucksache 14/5922 i.V. mit Drucksache 14/5711, Aktuelle Lage im Sudan, S. 127.

Beshir, Mohamed Omer: The Southern Sudan, Background to Conflict, London 1968.

Biel, Melha Rout Biel (Hrsg.): Der Sudan zwischen Krieg und Frieden, Marburg 2003.

Bernhard, Regina; Lingnau, Hildegard: Die Vereinten Nationen und die Darfur-Krise, in: Vereinte Nationen, 5/2004.

Deng, Francis M.: War of Visions, Conflict of Identities in the Sudan, Washington, DC, 1995.

DPA Monitor: Monthly Report on the Implementation of the Darfur Peace Agreement, July 2006.

Garang, John: The call for Democracy in Sudan, edited and introduced by Mansour Khalid, London 1992.

Human Rights Watch: Entrenching Impunity, Government Responsibility for International Crimes in Darfur, Human Rights Watch, Vol. 17 (A), December 2005.

International Crisis Group: Darfur ´s Fragile Peace Agreement, Policy Briefing, Africa, Briefing No. 39, Nairobi/Brussels, 20. June 2006.

Peter, Marina: Statement on Donor Conference Brussels, 20 July 2006.

Report of the Secretary-General on the Sudan, Security Council, S/2006/426, 23.06.2006.

Sudan Tribune: Sudan nominates 3 SPLM ambassadors to Japan, Kenya and Spain, in: www.sudantribune.com/imprimable.php3?id-article=17219 vom 24.08.06.

United States Institute of Peace: USI Peace Briefing, 21.12.2005, S. 1-4.

U.S. Agency for International Development, Bureau for Democracy, Conflict, and Humanitarian Assistance (DCHA): Situation Report, December 2005.

Abkürzungsverzeichnis

AMIS	African Missions in Sudan
CPA	Comprehensive Peace Agreement
DPA	Darfur Peace Agreement
DUP	Democratic Unionist Party
GONU	Government of National Unity (Khartoum)
GOSS	Government of Southern Sudan (Juba)
ICC	International Crisis Group
NCP	National Congress Party
NDA	National Democratic Alliance
SLM	Sudan Liberation Movement
SPLM	Sudan People Liberation Movement
SSDF	South Sudan Democratic Forum
TDRA	Transitional Darfur Regional Authority
UDSP	United Democratic Salvation Party
UNMIS	United Nations Mission in Sudan

Darfur: Krieg um Ressourcen oder ethnische Diskriminierung?

Garang Akok

1. Einleitung

Ist der Konflikt in der westsudanesischen Provinz Darfur ein *Rassenkonflikt* oder ist er eine ethnische Auseinandersetzung? Welche Bedeutung hat der Darfur-Konflikt für den staatlichen Zusammenhalt? Was hat der Bürgerkrieg im Süden des Sudan mit dem Konflikt in Darfur zu tun? Warum scheitert die Religion (Islam) beim Versuch, den Nordsudan zu homogenisieren? Ist die staatliche Konstruktion, das fehlende klare politische System, der Kernpunkt des Konflikts? Oder geht es um einen Konflikt zwischen dem Zentrum und den Peripherien?

In der traditionellen Terminologie der sudanesischen Regierungen wie in der mancher arabisch-islamischer und internationaler Berichterstattung[1] werden die Konflikte im Süden wie auch im Westen des Landes entweder auf die „Verschwörung christlich-zionistischer Mächte" gegen den Islam oder auf ethnisch motivierte Auseinandersetzungen verschiedener Stämme um Land, Ackerbau und Wasser reduziert. Diese Akzentuierung ist nicht nur falsch und irreführend, sie macht die Opfer verantwortlich für ihr Leid und verharmlost die Rolle der sudanesischen Regierungen in den Desastern der 50-jährigen Unabhängigkeit. Eine solche Darstellung macht im Grunde die marginalisierten Peripherien für die konzentrierten und staatlich gesteuerten Unterdrückungsmaßnahmen verantwortlich. Die Charakterisierung des Konflikts zu einem „Darfur-Konflikt" im Westsudan und zuvor zu einem „Süd-Problem" dient in der offiziellen sudanesischen Tradition dazu, Probleme auf andere Akteure abzuwälzen und den Unfehlbarkeitsanspruch der Regierung aufrechtzuerhalten.

Der vorliegende Beitrag möchte die Konflikte des Sudan, und hier vor allem den Darfurkonflikt, im zweifachen Sinne untersuchen. Zum einen werde ich historische Probleme und deren Entstehungsgeschichte, zum zweiten die aktuelle

1 Vgl. Junge Welt Nr. 33 von 04.08.2004.

Konfliktlage untersuchen. Zu Beginn werde ich einen kurzen Überblick über Darfur und die ethnische Zusammensetzung in der Region sowie die geographische Lage geben. Dabei werden einige wichtige Akteure und Begriffe vorgestellt und erläutert. Im zweiten Teil untersuche ich die historischen Hintergründe und die politischen Ursachen des Konflikts. Zum Schluss möchte ich einen Blick in die Zukunft wagen, um mögliche Auswege aus dem Dilemma zu beschreiben.

2. Der Stand der Forschungsdiskussion

Die Kontroverse über den Stand der Forschung ist im Sudan in eine ebenso wissenschaftliche wie politische und ideologische Polemik und „werte"-gebundene Diskussion eingebettet. Seitdem die SPLM/A zu einem wichtigen Spieler in der politischen und militärischen Arena des Sudan aufgestiegen und die Unabhängigkeit des Südens eine realistische Option geworden ist, dominieren zwei Grundrichtungen die Kontroverse. Die erste Gruppe, die ich „Exklusionisten" nennen möchte, werden u.a. von Abu-Gassem Haghamed, Hassan Makki und anderen islamistischen Autoren angeführt. Die zweite Gruppe, von mir als „Inklusionisten" bezeichnet, werden von Mansour Khaid, Francis Deng und linksliberalen Wissenschaftler vertreten.

Die erste Gruppe charakterisiert die Identität des Landes als islamisch-arabisch. Versuche, die islamischen und arabischen Elemente aus dem politischen Alltag herauszuhalten, werden als zionistisch-imperialistische Forderungen dargestellt, die gegen den Islam gerichtet seien. Sie bezichtigen die Volksbefreiungsbewegung (SPLM/A) und andere Rebellenorganisationen einer Komplizenschaft mit den so genannten „Feinden des Islam" und behaupten, es gäbe eine Konspiration von imperialistischen, christlichen und zionistischen Weltkräften, die den Sudan wegen seiner islamisch-arabischen kulturellen Prägung anfeinden. Für diese Gruppe sind der Islam und das Arabische die ausschlaggebenden Elemente sowohl für die Existenz al auch für den Fortbestand des Sudan. Forderungen nach einer Dezentralisierung und einer Neustrukturierung der Machtverhältnisse sowie die Beteiligung anderer politischer Kräfte an der Nutzung der nationalen Ressourcen werden als Versuche abgestempelt, das „Zentrum" zu zerstören. Das „Zentrum" sei dagegen als eine unverzichtbare Säule für den Zusammenhalt des sudanesischen Staats anzusehen (Haghamed 2004).

Die zweite Gruppe sieht die heutige Konstruktion des Sudan als Wurzel des Übels. Der Staat sei in der heutigen Formation ein „*Jellabba*"- Staat (Khafalla 2005: 43). Das Grundprinzip dieses Staates bestehe in der Ablehnung aller anderen Elemente der sudanesischen Gesellschaft, in einer Kultur der Unterdrückung und einem Unfehlbarkeitsanspruch. Ein Staat, der nur zwei Elemente von kultureller Prägung als Staatsräson im politischen Handeln hervorhebe, trage in sich rassistischen Charakter. Diese Gruppe ist der Meinung, dass der Sudan in ethnischer, religiöser und sprachlicher Hinsicht ein Vielvölkerstaat sei. Diese Realität spiegele sich jedoch im heutigen System nicht wider. Dieser Staat sei durch die Vereinigung der Jellabba errichtet worden und die Jellabba verfolge ein gemeinsames Anliegen. In der Kolonialzeit habe sie eine religiöse, wirtschaftliche und kulturelle Vormachtstellung durch Gewalt und Komplizenschaft mit den Kolonialisten erlangt (Khalid 1990: 39ff). Die Versuche der sudanesischen Regierungen, den Staat in einem kulturell und religiös so heterogenen Land mit einer zivilisatorischen Projektion der Islamisierung und Arabisierung zu begründen, müssten scheitern. Einfach deswegen, weil diese Versuche mit repressiven Mitteln durchgesetzt würden. Für einen schwachen Staat könnten sie zu einem beschleunigten Zerfall führen, denn dieses Verhalten könne zu separatistischen Forderungen vor allen aus dem Süden und anderen marginalisierten Gebieten führen. Die Lösung müsse daher in einem kompletten Paradigmenwechsel in der sudanesischen Staatsräson liegen.

3. Einige Erklärungen

Mit dem Begriff *Jellabba* werden die politisch und wirtschaftlich herrschende Klasse, religiöse Anführer und (Sklaven-)Händler, bezeichnet, die den Sudan in seiner jetzigen Formation geprägt haben und weiterhin prägen. Das Wort geht wahrscheinlich auf die „Gellaba", den *Howara-clan,* zurück. Dessen Ziele sind Machtsicherung und Machtkontrolle sowie die Sicherung ihrer sozialen, wirtschaftlichen, politischen und religiösen Monopolstellung im Staat. Die Methoden bestehen in der Ideologisierung und Instrumentalisierung des islamischen und arabischen Elements im politischen Geschäft sowie die Irreführung der kleinen Leute durch religiöse und nationalistische Agitation. Ihre Entstehungsgeschichte geht auf die Zeit der arabischen Eroberung des Sudans im 7. Jahrhundert zurück. Sie traten als reisende Händler hervor, beseitigten die christlichen Königreiche, unterwanderten die Herrschaften der Sultanate, koalierten bzw. kollaborierten mit der osmanischen Kolonialherrschaft (1821-1898) und mit der ägyptisch-britischen Kolonialmacht, dem „Kondominium" (1898-1956). Nach der Unabhängigkeit übernahmen sie die Macht. Der Begriff wird benutzt, um die Koalition der herrschenden Eliten zu beschreiben, die für die barbarische Gewaltherrschaft verantwortlich ist (Suliman 2003).

Der Begriff *„Janjaweed"* (Horden) wurde zum ersten Mal in Darfur während der ersten Spannungen (genannt *Nahab Almusellha,* bewaffneter Raub) in den 1980er Jahren zwischen den Fur und den arabischen Gruppierungen eingeführt. Der Begriff bedeutet sinngemäß einen überraschenden Angriff von bewaffneten Pferdereitern, die die Zivilbevölkerung in Schrecken versetzen. „Ein Janjaweed ist ein Janjaweed, wenn er auf dem Rücken eines Pferdes sitzt und seine Waffe hat. Aber wenn er in sein Dorf zurückkommt und sein Gewehr versteckt, unterscheidet er sich nicht von allen anderen“ (Osman Mirgani, in Al Rayaam, zitiert nach IFK aktuell: 7). Die Angreifer vertreiben, berauben, töten Bewohner, vergewaltigen Frauen und bringen nächtliche Verwüstungen und Zerstörungen. In der momentanen Auseinandersetzung beschreibt der Begriff *Janjaweed* die arabischen Regierungsmilizen im westsudanesischen Darfur.

Der Begriff *Umma* hat seinen Ursprung in der islamischen Religion und bedeutet Gefolgschaft, Bevölkerung oder Volk (*Umma Mohammed*). Der Begriff wird allerdings im Sudan vornehmlich zur Verfolgung politisch-religiöser Zwecke instrumentalisiert. Während die „islamische Umma“ alle Muslime der Welt unabhängig von ihrer ethnischen Zugehörigkeit meint, wird der Begriff „arabische Umma“ nur zur Bezeichnung muslimischer Araber verwendet, grenzt allerdings arabische Christen aus. Die „sudanesische Umma“ bezieht sich nur auf die arabischen und muslimischen Bürger im Land, andere sudanesische religiöse und ethnische Gruppen fallen nicht unter den Begriff.

4. Geographische Lage und ethnische Zusammensetzung in Darfur

Dar ist ein arabischer Begriff und bedeutet *Land* oder *Heimat. Fur* ist der Name der Volksgruppe, die in der westsudanesischen Region beheimatet ist. *Darfur* ist somit „Heimat der Fur“. Die Bezeichnung wird verwendet, um die westsudanesischen Provinzen (Süd-, Nord- und Westdarfur) zu bezeichnen. Diese Region hat eine Fläche von 509.075 km^2 und grenzt im Norden an Libyen, im Westen an den Tschad und im Südwesten an die Zentralafrikanische Republik.

Die geographische Lage von Darfur lässt sich in vier Zonen einteilen. Die dünnbesiedelte Trockenwüste im Norden, das am stärksten bevölkerte zentrale Gebirge um Jebel Marra mit vielen Lehmbecken, *Wadis*. Das *Goz*-Gebiet in der östlichen Mitte und die arme Savanne im Süden an der Grenze zur Provinz *Warkeau,* bekannt als Bahr Al-Ghazal. Dieses Gebiet ist mit 200 bis 900 mm Niederschlag im Jahr das in der Regenzeit wasserreichste in Darfur.

Die Bevölkerung von Darfur besteht aus einer Vielzahl von verschiedenen ethnischen Volksgruppen mit einer entsprechenden Anzahl von Sprachen. Die Zahl der Einwohner wird mit 8 Millionen Einwohnern beziffert. Die Bevölkerungsstruktur kann grob in zwei Blöcke einteilt werden; arabische und afrikanische Gruppen.

Der Block der afrikanischstämmigen Gruppe: Die sesshaften *Fur*, die entlang der Jebel Marra und den zentralen Gebieten von Darfur beheimatet sind, sind die größte ethnische Gruppe in der Region. Die *Massalit* haben ihre Heimat in den Tälern des Westens von Darfur und den Gebieten um die Stadt El-Geneina. Dieses Gebiet wird als *Dar-Massalit* bezeichnet. Diese Volksgruppe ist die drittgrößte in Darfur, allerdings ist ein Teil von ihr im Tschad beheimatet. Die

Tunjur, *Dajo*, *Berti*, *Birgid* und *Qimr* gehören zu den sesshaften afrikanischen Volksgruppen in Darfur. Die *Zaghawa* ist eine afrikanisch-nomadische Volksgruppe, sie zählt zu den großen Volksgruppen in Darfur und ist im Nordwesten von Darfur beheimatet. Ihr Siedlungsgebiet wird als Dar-*Zaghawa* bezeichnet. Die afrikanischen Volksgruppen der *Bedayat* und der *Meidob* leben im Nordosten von Darfur und sind Halbnomaden.

Der Block der arabischstämmigen Gruppen: Dieser Block wind in nomadische, subnomadische und sesshafte Gruppierungen unterteilt. Die *Baggara* bilden die größte arabische Gruppe in Darfur. Sie umfasst verschiedene Subgruppen wie die Kamelhirten und sesshaften *Messiriya,* die nomadischen Rinderhirten *Zailydiy* im Süden sowie die *Jallul*, *Rizaiqat*, *Habbaniya*, *Beni Helba*, *Beni Hussein* und *Taaisha.*[2]

Die Einteilung der Region in *Dars* ging auf eine Rechtsgrundlage zurück, die vom letzten Sultan von Darfur, Ali Dinnar, in Kraft gesetzt wurde. Diese Einteilung hatte zwar die Stammeszugehörigkeit zu Grunde gelegt, jedoch ließen sich die Menschen in der Region nicht einfach voneinander isolieren. So besaßen einige Stämme keine Dar und konnten sich frei in der ganzen Region bewegen, weil sie zwischen größeren Gruppen beheimatet waren oder weil ihre Heimat zwischen größeren Gruppen zerstreut lag. Darüber hinaus kam es bis zu einem gewissen Grad zu sozialen und familiären Vermischungen (Khalafalla 2005). Insgesamt herrschte eine ständige Wanderungsbewegung durch die Suche nach Ressourcen- und Wasserquellen.

Die Grundlage der Wirtschaft in Darfur lässt sich in zwei Kategorien einteilen: Landwirtschaft und Viehzucht. Von der sesshaften Bevölkerung werden *Hirse (Dura)*, Weizen (*Dukun)*, Erdnüsse, Sesam und Gemüse angebaut. Darüber hinaus wird *Gummi* durch Anzapfen gewonnen. Die Bauer gerieten Anfang der 1980er Jahre in Schwierigkeiten, als Dürrekatastrophen die Region heimsuchten. Als der Anbau nicht mehr zur Deckung des Eigenbedarfs reichte, wandten sich einige von ihnen der Tierhaltung zu. Für die nomadischen Völker ist die Viehzucht die wichtigste Wirtschaftssäule. Sie wurden zwar auch von Dürren heimgesucht, doch da sie ausweichen konnten, glichen sie Verluste schnell aus und galten deshalb als reich (Ibrahim 2004a: 4).

2 Vgl. Fouad Ibrahim: Afrika und Globalisierung, Schriften der VAD, Band 18, Hamburg 1999: 178-200.

5. Darfur- oder Sudan-Konflikt?

5.1 Sudan: Die Wirklichkeit eines vorgestellten Staates

Der Sudan in der heutigen politischen Gestalt ist ein Produkt von drei schwierigen Kolonialgeschichten. Die erste Phase reichte von der arabischen Eroberung im 6. Jahrhundert bis zum Ende der Herrschaft des islamischen Sultanats Zuruga von Sinnar (1503-1821). Das Baqat-Abkommen[3] aus dem Jahr 641 ermöglichte den arabischen Eroberern, ein eigenes System neben einem bestehenden zu errichten (Holt 1979: 16; Sidahmed 2005: 2ff). Schrittweise und konsequent wurden die Strukturen unterwandert. Mit gewaltsamen Mitteln, demographischer Expansion und Missionierung wurde die bestehende Situation beseitigt. „Von 745 vor Christus bis 655 nach Christus wurde der heutige Sudan von verschiedenen Königen, beispielsweise vom König von Kusch, beherrscht. Während Ägypten und das benachbarte Äthiopien nach dem 2. bzw. 4. oder 5. Jahrhundert christianisiert wurden, kämpfte das christliche Nubien um 640 gegen die islamische Eroberung" (Biel 2005: 10).

Der Einmarsch von Mohammed Ali in den Sudan im Jahr 1821 bis zum Ende der Al-Mahdia gilt als zweite Phase des Formierungsprozesses des Sudan (Biel 2005: 10). Sowohl al-Mahdia als auch Mohammed Ali, die sich jeweils für den „Herrscher der Gläubigen" hielten, hatten ihren Machtbereich gewaltsam ausgedehnt. Das neue turko-ägyptische Regime (1821-1885) brachte den Sudan in zwei Phasen unter seiner Kontrolle.

Nach der Eroberung von Sinnar, Darfur und Kordofan starb Mohammed Ali. Unter der Herrschaft seines Sohnes Ismael wurden die Gebiete am Roten Meer eingegliedert und die Stationen Warkeau (Bahr El Ghazal) und Equatoria im Süden des Sudan errichtet (Sidahmed 2005: 9ff). Im Süden unterschied sich die Al-Mahdi-Revolution nicht wesentlich vom turko-ägyptischen System. Sie hatte denselben kolonialen Charakter, denn der Menschenhändler Zibair Rahma hatte die Gebiete um Warkeau (Bhar El Ghazal) für die turko-ägyptische Herrschaft annektiert und später energisch die Al-Mahdia unterstützt, die den Sklavenhandel beibehalten wollte. Zibair Rahma wird bis heute als Nationalheld im postkolonialen Sudan betrachtet.

Die dritte Phase begann mit der Unterzeichnung eines Abkommens, des so genannten „Kondominiums", durch die Kolonialmächte Großbritannien und Ägypten am 9. Januar 1899 bis zur Unabhängigkeit im Jahr 1956. Das Kondominium regelte die gemeinsame Herrschaft der beiden Mächte über den Sudan. In dieser Periode bildete sich die heutige Formation des Sudan heraus

---

3 Das Baqat-Abkommen wurde von arabischen Einwanderern im 7. Jahrhundert den Einwohnern der Provinz Nuba aufgelegt. Sie mussten 300 Sklaven an arabische Invasoren jährlich liefern und Wanderungsbewegungen zulassen.

(Sidahmed 2005: 18ff). „The Government in Khartoum has never been freed from the impact of colonialist policy. Khartoum, the administrative and political capital, was built on exploitive and divisive culture dating back to the Turco-Egyptian and Anglo-Egyptian colonial periods in 18th century" (Quach 2005: 20ff).

Obwohl Großbritannien im Kondominiumsvertrag praktisch die Oberhand übernommen hatte, konnte Ägypten seine wichtigsten strategischen Ziele im Sudan durchsetzen. Ägypten und nordsudanesische Gruppierungen konnten britische Pläne verhindern, die geschlossenen Gebiete („Closed Districts") abzutrennen und an Ostafrika anzugliedern. „1922 wurde Südsudan offiziell von Nordsudan durch die Closed District Order getrennt" (Biel 2005: 12; Akok 2002). Die Region Darfur wurde im Jahre 1916 in den Sudan eingegliedert und der Herrschaft der Sultanate ein Ende bereitet.

Die Kolonialmächte hatten im Sudan ihre altbewährte Strategie des „Divide and Rule" angewendet, so dass im postkolonialen Sudan sich keine Gemeinsamkeit zwischen ethnischen Gruppen entwickeln konnte. Diese Politik hatte den führenden Eliten eine fiktive Identität verliehen, allerdings weit entfernt von der sudanesischen Wirklichkeit.

5.2 Ethnische Konflikte oder alter (Neo)-Rassismus?

In der Forschung wird zwischen religiösem und ethnischem Rassismus unterschieden. Beide Formen haben in der sudanesischen Geschichte eine lange Tradition. Wir erinnern uns: die Mahdi-Revolution war ein religiös motivierter sudanesischer Widerstand gegen die Besatzung. Al-Mahdi hatte die sudanesische *Umma* hinter sich versammeln können, weil der Mahdistaat sich an die Vorgaben, Wertvorstellungen und auch Taten des Propheten Mohammed während der Entstehung des Islam angelehnt hatte (Sidahmed, 2005). Diese religiöse Organisation wurde noch nicht von Rassenfragen berührt. Nach dem Tod des Revolutionsstifters übernahm in dessen Sinne sein Nachfolger Khalliffa Al Taaisha die Regierungsgeschäfte. Da er zwar „Araber" war, aber nicht zu den „wahren Söhnen des Landes" (*Awlad Nil*) gehörte, wurde seine Macht von diesen in Frage gestellt.

Unter den wahren Söhnen des Landes gibt es die sogenannten *Ashraf*, die ihre Verwandtschaft zum Propheten besonders betonten und dem Al Khaliffa-Regime beträchtliche Schwierigkeiten bereiteten. Die innere Rivalität schwächte den Zusammenhalt des Staates und führte schließlich unter anglo-ägyptischem militärischen Druck 1898 zum Zusammenbruch.

Nachdem die Darfuris im Sinne des Religionsdiskurses in der ersten Reihe im „Südnordkonflikt" mitgekämpft und der politischen Religion (Islamismus) zur Vormachtstellung zu verholfen hatten, drehte sich allmählich die ideologische

Auseinandersetzung in Richtung der ethnischen und Volkszugehörigkeit. Die Bevölkerung des Sudan ist eine der ethnisch heterogensten in Afrika und umfasst nach der Volkszählung von 1956, die als einzige bislang die ethnische Zugehörigkeit erfasst hat, 19 Ethnien mit 597 Untergruppen und fast genauso vielen unterschiedlichen Sprachen. Deshalb gilt der Sudan zu Recht als „Afrika im kleinen" (Mattes 2004; Biel 2005: 9).

Der sudanesische soziale Rassismus übertrifft das Apartheidsystem in jeder Hinsicht. Er diskreditiert die schwarze Hautfarbe als „*Abd*" (Sklave). Als Folge der Ablehnung des Schwarzseins wurde in der sudanesischen Terminologie eine Farbmischung konstruiert, die „Zurg" (blau), die „Khodr" (grün) und die „Humr" (rot). Die Schwarzen mit islamischem Glauben wurden *Khodr* oder *Zurg* genannt und erhielten nach dieser Terminologie zumindest in ihrer Vorstellung eine bessere soziale Stellung als die schwarzen (Sklaven). „Im Fall des Südens, wo die Opfer nicht Muslime waren, benutzte die offizielle Propaganda zur Rechtfertigung dieser Angriffe das Vokabular des Heiligen Krieges, des *Jihad*. Aus *Marhalin* wurden *Mujahideen*. Inoffiziell sprach man von einem Rassenkonflikt und benutzte Begriffe wie *abd* (Sklave) und *zurga* (Blau). Im Fall von Darfur sind alle Einwohner Muslime. Da es keine religiösen Differenzen gibt, muss offensichtlich die rassistische Rhetorik eingesetzt werden" (Khalafalla 2005: 42). Ein Beispiel dafür ist die Verwendung der arabischen Sprache als Staats- und Amtsprache. Da in den Peripherien die Beherrschung dieser Sprache nur einer kleinen privilegierten Gruppe vorbehalten ist, wird einer großen Gruppe, die nur schlecht arabisch spricht, von Karrieremöglichkeiten im öffentlichen Bereich praktisch ausgeschlossen. In der Armee stellen die Darfuris zwar eine große Gruppe, bei den höheren Rängen ist ihr Anteil jedoch verschwindend klein. Dagegen haben die Einwohner des Niltals, die so genannten wahren Söhne des Landes, den größten Anteil an Offizieren. Hier spielen offenbar nicht nur sprachliche, sondern auch ethnische Motive eine entscheidende Rolle.

Angesichts des arabischen Schweigens hinsichtlich der Lage ein Darfur muss die Frage aufgeworfen werden, warum? Die UNO, die USA und viele Menschenrechtsorganisationen sprechen von einem „Genozid", aber in der arabischen Welt wird nicht nur diese Darstellung angezweifelt, sondern vehement geleugnet. Darfur, so die Botschaft, „sei lediglich eine weitere imperialistische zionistische Verschwörung gegen die arabische Einheit" (Junge Welt, 04.08.2004). Die Arabische Liga entsandte im Jahr 2005 eine Menschenrechtsdelegation in den Sudan. Diese Delegation sollte untersuchen, ob die sudanesische Regierung und die mit ihr verbündeten „Reitermilizen" in Darfur einen Genozid verübt hatten. Nach der Rückkehr sprach die Organisation zwar von schweren Menschenrechtsverletzungen, aber die Regierung in Khartum startete eine Kampagne gegen den Bericht. Der Bericht wurde auf massiven Druck der sudanesischen Regierung nie veröffentlicht. Die Arabische Liga unternahm seither alles, um scharfe UN-Resolutionen zu verhindern. Daher ist auch das arabische Schweigen als Teil der Regierungsstrategie zu erklären. Diese Sichtweise dominiert auch in den arabischen Medien. Der arabische Journalist und frühere Chefredakteur von „Asharq Alawsat", Al Abd al-Rahman al-Rashed, sagte anlässlich dieses Schweigens, niemand in der arabischen Welt kümmere sich um das Schicksal der Menschen in Darfur, „sie seien schließlich keine Opfer israelischer oder amerikanischer Aggression" (Junge Welt, 04.08.2004). Doch der Darfur-Konflikt hat sowohl der Weltöffentlichkeit wie auch der sudanesischen Öffentlichkeit die meist verdrängte Realität ihres Landes gezeigt. Es geht um die Erweiterung des arabischen Einflusses in Afrika. „Genocide in the Darfur region of western Sudan, inflicted on mostly Muslims African tribes people by the nomadic Arab militias called Janjaweed with the enthusiastic assistance of the Arab-dominated Sudanese government, has been going on for over two years now" (Britt 2005; Khalafalla 2005: 43).

Ein anderer Aspekt des Darfur-Konflikts ist das Scheitern einer islamischen Homogenisierung. Das Scheitern lässt sich auf die Zerrissenheit des sudanesischen Menschen zurückführen. Der Sudan möchte eine besondere Rolle in der arabisch- islamischen Welt übernehmen, eine Art Speerspitze der Islamisierung Afrikas, allerdings in Form einer arabischen Nation. Dies hatte der jetzige Berater des Präsidenten Nafi Ali Nafe 1995 in Uganda angedeutet. Einer bedeutenden Rolle im Islamisierungsprozess Afrikas könne der Sudan nur gerecht werden, wenn das Land zuerst als arabisches und dann als islamisches Land wahrgenommen würde. Als „Araber", dem Stamm des Propheten, hätte man in der islamischen Welt einen ranghöheren sozialen Status als Muslime nichtarabischen Ursprungs.

Der dritte Aspekt für rassistische Übergriffe in Darfur ist strategischer Natur. Die Forderung nach einer Unabhängigkeit des Südens ist heute möglich, weil es dort keine ethnische Gruppierung gibt, die ihren ethnischen und ideologischen Ursprung auf den Norden zurückführt. Die Gruppen, die bisher mit der Regierung kollaborierten, haben politisch-taktische Gründe dafür angeführt. In Darfur ist die Situation eine andere. Hier ist die arabische Präsenz vorhanden, allerdings als Minderheit. Die Regierung will den arabischen Anteil künstlich und gewaltsam erhöhen, um spätere Forderungen nach einem Sonderstatus, gar einer Unabhängigkeit, zu erschweren und vor allem eine gemeinsame Position der Marginalisierten im Sudan im Allgemeinen zu verhindern.

6. Der neue Darfur-Konflikt

In den vorangegangenen Passagen haben wir festgestellt, dass der aktuelle Konflikt in Darfur nicht einfach auf einem Streit zwischen Nomaden und Ackerbauern um Wasser, Weide und Land beruht, sondern historische, politische und rassistische Ursachen hat. Lokale, regionale und die weltpolitische Lage haben den direkten Ausbruch des Kriegs begünstigt.

6.1 Lokale Gründe des Darfur-Konflikts

Der Ausbruch der Katastrophe in Darfur begann im Februar 2003. „Arabische Reitermilizen", genannt *Janjaweed,* verübten mit Billigung und Unterstützung der sudanesischen Regierungsarmee Massaker gegen Zivilisten. Nach Angaben des Emergency Relief Coordinators, Jan England, sollen rund 180.000 Menschen ums Leben gekommen sein, mehr als 2 Millionen Menschen sind seit Ausbruch der Kampfhandlungen auf der Flucht. Zahlreiche Menschenrechtsorganisationen und die UNO haben übereinstimmend festgestellt, dass die Regierung die Übergriffe an Zivilisten duldete, um die Vertreibung zu forcieren und in Hinsicht auf die Eroberungen vollendete Tatsachen zu schaffen. Die UNO und Menschenrechtsorganisationen beschuldigten die Regierung, in Darfur schwere Menschrechtsverletzungen begangen zu haben, darunter Völker- und Massenmord, ethnische Säuberung, Vertreibung und Plünderung. Die Regierung führt nach Auffassung der Weltorganisation einen Feldzug mit Luftbombardement gegen die zivile Bevölkerung und billigte Bodenangriffe der arabischen Miliz *Janjaweed.* Dagegen formierte sich bewaffneter Widerstand in der Region, angeführt von den Rebellenorganisationen der SLM/A und der JEM. Die „Sudan Liberation Movement/Army" (*SLM*/A) griff militärische Einrichtungen der Regierung in der Hauptstadt von Norddarfur, Al-Fashir, an und verlangte eine Neustrukturierung der Macht und Neuverteilung der nationalen Ressourcen. Dem im Jahre 2002 gegründeten „Justice and Equality Movement" (*JEM)* wurde vorgeworfen, dass er eine enge Verbindung mit dem Islamistenführer Turabi[4] unterhalte.

Hintergrund der neuerlichen Auseinandersetzung ist die über 50 Jahre anhaltende politische und ökonomische Vernachlässigung der Region durch die Zentralregierung. Die Vernachlässigung wurde insbesondere deutlich, als die Region 1983 von einer Hungerkatastrophe heimgesucht wurde. Die wachsende Bevölkerungszahl, die zunehmenden inneren und grenzüberschreitenden Wanderungen, die Überbeanspruchung der natürlichen Ressourcen durch Mensch

4 Al Turabi war bis 1999 der Chefideologe des islamistischen Regimes, das 1989 durch Putsch die Macht übernahm. Er wurde Parlamentspräsident. 1999 verlor er den Machtkampf und wurde aus der Partei ausgeschlossen.

und Tier, Dürre und Trockenheit haben zur Verschärfung der Gegensätze geführt. Vor allem der Eingriff der Politik zugunsten der arabischen Nomaden hat zu negativen Auswirkungen geführt und die Feindschaft zwischen arabischen Nomaden und der sesshaften afrikanischen Bevölkerung verschärft. Traditionell wurden die Konflikte in Darfur nach der „Sheikh-Verordnung" von 1928 gelöst. Die britische Kolonialmacht hielt es für wichtig, Territorial- und Ackerlandkonflikte im Rahmen der einheimischen Verwaltung zu regeln. „Die Verwaltung war der Grundstein der britischen Kolonialpolitik, die auf indirekter Herrschaft beruht" (Khalafalla 2005: 43). Nach dieser Verordnung könnten die Sheikhs bei Konflikten als *ajawid* (Mediatoren) eingesetzt werden. Die Mediatoren, die von Regierung unterstützt wurden, sorgten für Ausgleich zwischen den Kontrahenten. „Ein Recht auf Ackerland, Weide und Wasser hatte traditionell jeder in Darfur. Die Ressourcen unterlagen der Zuweisung durch Stammesführer und deren Vertreter in den Dörfern. Zugewanderte brauchten sich lediglich an den zuständigen Dorfchef (Sheikh) zu wenden, wenn sie Acker- und Weideland benötigten. Die Regeln für die Wanderung der Nomaden im Land der Sesshaften wurden durch die Verordnung festgeschrieben. Wanderungskorridore sicherten den Nomaden den Zugang zu Wasser und Weide und schützten die Felder der Ackerbauern vor der Zerstörung durch Herden" (Ibrahim 2004a: 4).

Heute betreibt die Regierung ganz unverhohlen eine Zwangsumsiedlungspolitik, die die Arabisierung Darfurs zum Ziel hat. Arabische Nomaden und andere Zuwanderer werden von der Regierung aufgefordert und unterstützt, sich in den Gebieten sesshafter afrikanischer Volksgruppen niederzulassen. „Seit den 1990er Jahren verstärkte die sudanesische Zentralregierung ihre Unterstützung arabischstämmiger Gruppen in Darfur. Sie rüstete unter ihnen Milizen mit modernen Waffen aus und betrieb gleichzeitig eine Politik der Landentfremdung unter der afrikanischen Bevölkerung. So vergab sie beispielsweise 30 *Omudiat* (Verwaltungsbezirke) des Masalit-Landes in Westdarfur an arabische Nomaden". (Ibrahim 2004b: 16ff; Human Rights Watch 2004).

Es war der sudanesischen Machthaber General Omer Al-Bashir, der kurz nach der Machtergreifung erklärte, man habe die Macht mit Gewalt übernommen, und wer diese Macht haben wolle, müsse es gleichfalls mit Gewalt versuchen. Damit öffnete er Tür und Tor für einen gewaltsamen Streit um die Macht. Der Konflikt in Darfur eskalierte gerade in der Zeit, als der Erfolg des „Comprehensive Peace Agreement" (CPA) beinahe in trockenen Tüchern schien. Im CPA wurden die Machtbeteiligung der SPLM/A, die Verteilung der Ressourcen und die Errichtung einer Autonomieregierung im Süden geregelt. Der Süden erlangte das Recht, nach sechs Jahren in einem Referendum darüber zu entscheiden, ob er den Sudan weiterhin angehören will oder sich in den Grenzen von 1956 neu konstituieren will. Darfur jedoch wurde ganz selbstverständlich dem Norden zugeordnet. Betrachtet man die derzeitigen Arabisierungsversuche, ist die Furcht in Darfur vor einer absoluten Dominanz der Araber durchaus berechtigt.

6.2 Regionale und internationale Hintergründe

Die Internationalisierung der Konflikte im Sudan gewann eine neue Dynamik, seit die Regierung eine stärkere Rolle in der arabisch-islamischen Welt zu spielen versuchte. Seit ihrer Machübernahme 1989 hatte die neue, durch Putsch an der Macht gekommene Regierung eine auffällig islamisch-arabische Rhetorik angeschlagen. Mit dieser Art Kampfansage sollte der Anspruch auf eine stärkere internationale Rolle untermauert werden. Diese Politik richtete zwar in erster Linie gegen den Westen, aber auch gegen gemäßigte arabisch-islamische Staaten, die nach Auffassung der Machthaber Marionetten des Westens seien. Die neue Regierung sollte das Muster eines modernen islamischen Staats werden, in Rückbesinnung auf die Wurzeln des wahren Islam. Der „Popular Arab and Islamic Congress" (PAIC), 1990 in Khartum gegründet, war gedacht als ein Sammelblock für alle islamistisch extremistischen Organisationen, die zu einer Machtübernahme in ihren Ländern ermuntert werden sollten (Biel 2005: 31). Von da an datiert die Internationalisierung des Sudankonflikts. Die ideologischen Ambitionen des neuen Regimes zu einer regionalen Macht bzw. „Speerspitze des Islam" in Afrika zu werden, haben viele Nachbarstaaten zu einer skeptisch bis ablehnenden Position veranlasst.

Weitere internationale Aufmerksamkeit gewann der Sudan, nachdem die Regierung chinesischen und malaysischen Ölfirmen Förderrechte erteilte. Die Ölförderung war allerdings mit der Umsiedlung und Vertreibung von Zivilisten aus ihren Dörfern verbunden, was Menschenrechtsorganisationen auf den Plan rief.

Die dritte Phase der Internationalisierung begann mit dem Friedensprozess im Süden. Zahlreiche ergebnislose Friedensverhandlungen und die Sorge um die eigenen wirtschaftlichen Interessen hatten die Regierung unter enormen Druck gesetzt, eine friedliche Lösung zu finden. Deshalb bat sie 1995 die IGAD-Staaten, eine Vermittlungsrolle zu übernehmen. Diese Vermittlung führte 2005 zum „Comprehensive Peace Agreement".

7. Ausblick und Perspektive

Einen Blick nach vorn zu werfen und eine zukünftige Perspektive des Landes und des Darfur-Konflikts zu entwerfen, kann zum gegenwärtigen Zeitpunkt nur vorläufigen Charakter haben. Das CPA ist zwar ein ambitioniertes Projekt, hat sich allerdings in der politischen Realität als ein Süd- und Drei-Gebiete (Abeiy, Blue Nil und Nuba Berge)-Projekt erwiesen. Ein spezielles Darfur- und damit ein „Ost-CPA“ sind daher erforderlich, um ein gesamtsudanesisches Friedensabkommen herbeizuführen. Wie der UNO-Sonderbeauftragte vor dem Sicherheitsrat feststellte, muss das Land drei Bedingungen erfüllen, um zu einem dauerhaften Frieden im Sudan und vor allem in Darfur zu kommen. Zum einen bräuchte das Land eine Regierung, die über eine Legitimation verfügte, die Bevölkerung vor Gewalt zu schützen. Eine lediglich kosmetische Veränderung, die die Grundübel nicht von der Wurzel her beseitigt, wird den Zerfall des Landes herbeiführen. Eine Veränderung muss daher das politische Machtgefüge neu definieren. Dabei sollten eine Autonomieregelung für Darfur sowie politische Dezentralisierungsreformen auch in den übrigen Gebieten des Sudan eine wichtige Rolle spielen. Die Selbstverwaltung der lokalen Ebene sollte gestärkt werden, um die Fragen des Landeigentums wie früher durch Mediation regeln zu können. Die UNO sollte hierfür eine Kommission einrichten, um Menschenrechte und gerechte Regierungsführung zu kontrollieren.

Zum zweiten müssten die politischen Institutionen die Heterogenität des Landes widerspiegeln. Die Zivilgesellschaft und öffentlichen Einrichtungen wurden nach der Machtübernahme 1989 zerstört; das Militär wurde unter die Kontrolle der Regierungspartei gebracht. Da die Triebkraft für diese Maßnahmen eine Arabisierungsideologie war, müsste nun eine grundlegende Gegensteuerung stattfinden. Die Institutionen müssten somit sudanisiert und neu strukturiert werden. Damit könnte das Vertrauen der Menschen gegenüber den Behörden wiederhergestellt und nationale Verantwortlichkeitsmechanismen entwickelt werden. Voraussetzung dafür ist, dass die Milizen entwaffnet und die an Verbrechen gegen die Menschlichkeit Beteiligten unabhängig von ihren militärischen Rängen zur Rechenschaft gezogen werden. Dies ist vor allem für die Opfer wichtig. Es muss Schluss sein mit der Kultur des Schweigens. Armee und Polizei spielen in der sudanesischen Gesellschaft eine wichtige Rolle. Deshalb müssen sie neu strukturiert werden, um die sudanesische Realität widerzuspiegeln.

Zum dritten müsste die Wirtschaftspolitik auf einer gerechten Verteilung der nationalen Ressourcen basieren. Das CPA könnte dafür Vorbild sein. Dort wurde die Verteilung in gegenseitiger Übereinstimmung geregelt.

Außerdem könnte eine weitere Internationalisierung des Darfur-Konflikts hilfreich sein. Internationale Dauerkritik und die Androhung von Wirtschaftssanktionen könnten die Regierung veranlassen, die Janjaweed-Milizen zu entwaffnen. Allerdings ist diese Variante mit Risiken behaftet: Das Land könnte in stärkeren Fundamentalismus zurückfallen.

8. Zusammenfassung

Eine Veränderung der Situation in Darfur ist derzeit nur durch verstärkten Druck der internationalen Gemeinschaft vorstellbar. Obwohl die Sudankonflikte ihre Hintergründe in der Kolonialherrschaft hatten, setzten die nationalen Regierungen die Politik der Kolonialmächte unverändert fort, wobei die multikulturellen, ethnischen und religiösen Bedingungen des Landes weitgehend ignoriert wurden. Die Unfähigkeit der Machthaber, auf die regionalen, politischen und ökonomischen Forderungen der Peripherien angemessen zu reagieren, ist heute das zentrale Dilemma des Sudan. Der Darfur-Konflikt könnte eine Gelegenheit sein, die alten Feindschaften und Verbitterungen zu überwinden und die Bildung einer modernen, ausgleichenden Gesellschaft zu organisieren.

Literatur

Afrika auf einen Blick: Länder/Staaten in Afrika; abrufbar unter www.afrika-auf-einen-blick.de.

Akok, Garang/Biel, Melha R./Lado, Thomas: Terrorismus im Namen des Islam und am Horn von Afrika. Der vergessene Konflikt im Sudan und die Rolle Osama bin Ladens, Marburg 2002.

Amnesty International: Sudan: Darfur: Zu viele Menschen ohne Grund getötet: ai-Dokument (ai-Index: AFR 54/008/2004).

Arkell, Anthony John: A History of the Sudan. From the Earliest Times to 1821, London 1961.

Biel, Melha R./Roth, Maria: Das Scheitern des Zusammenlebens zwischen arabischen und afrikanischen Stämmen im Sudan, Berlin 2005.

Britt, Joseph: Arab Genocide, Arab Silence, in: Washington Post, 13. Juli 2005, S. 21.

Deng, Francis Mading: The War of Visions: Conflict of Identities in the Sudan, Washington DC 1995.

Haghamed, Abu-Gassim Mohammed: Al-Sudan, Al-Maazaq Al-Tariqi wa-afaaq Al-Mustaqbell, erster Band 2004 (arabisch).

Haghamed, Abu-Gassim Mohammed: Al-Sudan, Al-Maazaq Al-Tariqi wa-afaaq Al-Mustaqbell, zweiter Band 2005 (arabisch).

Hofheinz, Albrecht (Hrsg.): Afrika II, Informationen zur politischen Bildung, 272, 2004.

Holt, P. M./Daly M. W.: The History of the Sudan: From the coming of Islam to the present day, London 1979.

Human Rights Watch: Darfur Destroyed: Ethnic Cleansing by Government and Militia Forces in Western Sudan, May 2004, abrufbar unter www.hrw.org/reports/2004/sudan0504.

Ibrahim, Fouad: Überleben durch Migration – Eine Fallstudie aus dem Westsudan, in: Afrika und die Globalisierung, Schriften der VAD, Band 18, Hamburg 1999.

Ibrahim, Fouad: Darfur - Hintergründe eines Konflikts, in: TAZ vom 09.08.2004. (2004a)

Ibrahim, Fouad: Völkermord in Darfur – verbrannte Erde, in: Pogrom, Heft 6, 2004. (2004b)

IFK aktuell, herausgegeben vom Institut für Friedenssicherung und Konfliktmanagement der Landesverteidigungsakademie, Wien, laufende Jahrgänge.

International Project on Violence and Conflicts Caused by Environmental Degradation and Peaceful Conflict Resolution 2003.

Junge Welt, Nr. 33 vom 04.08.2004, abrufbar unter www.junge-welt.com.

Khalafalla, Y. Khalid: Der Konflikt in Darfur, in: Aus Politik und Zeitgeschichte 4/2005, 24. Januar 2005, S. 40-46.

Khalid, Mansour: The Government they Deserve: The Roll of the Elite in Sudan´s Political Evolution, London 1990.

Khalid, Mansour: Südsudan in der arabischen Wahrnehmung. Das falsche Bild und historische Unterdrückung, London 2000 (arabisch).

Khalid, Mansour: War and Peace in Sudan: A Tale of Two Countries, London 2003.

Mattes, Hanspeter: Sudan Sommer 2004. Auf dem Weg zum Frieden im Süden, Krieg im Westen, anhaltender Konflikt mit der Opposition, in: DOI-Focus, Nr. 16, August 2004 (Deutsches Orient-Institut im Verbund mit dem Deutschen Übersee-Institut).

Öhm, Manfred: Nach dem Frieden –mitten im Krieg. Der Sudan und der Darfur-Konflikt, in: Internationale Politik und Gesellschaft, 2, 2005, S. 150-168.

Quach, Thu Thi: Darfur Conflict: Power Struggle, Practical Geopolitics, Humanitarian Crises, Genocide, Geostrategic Significance, Virginia 2004.

Report of International Commission of Inquiry on Darfur to the United Nations Secretary–General, Pursuant to Security Council Resolution 1564 of 18. September 2004, Geneva, 25. January 2005.

Second Periodic Report of the United Nations High Commissioner for Human Rights on the Human Rights Situation in Sudan.

Sidahmed, Abdel Salam/Sidahmed, Alsir: Sudan. The Contemporary Middle East, London 2005.

Suliman, Mohamed: Civil War in Sudan: The Impact of Ecological Degradation, environment and conflicts project (ENCOP), abrufbar unter http://www.africa.upenn.edu/Articles_Gen/cvlw_env_sdn.html.

Suliman, M./Osman O. A.: War in Darfur: the desert versus the oasis syndrome. Institute for Africa Alternatives, London 1994.

Staatszerfall, Konfliktregelung und Staatsaufbau

Zur Diversifizierung der politischen und sozialen Realitäten in Somalia

Markus V. Höhne

Einleitung[1]

Seit Mitte der 1990er Jahre beschäftigen sich entwicklungs- und sicherheitspolitische Diskussionen immer wieder intensiv mit den Themen Staatszerfall, Konfliktprävention und Konfliktregelung. In einer ständig wachsenden Zahl von Veröffentlichungen wird Staatszerfall zum einen als Entwicklungshemmnis in den davon betroffenen Ländern verstanden. Zum anderen reißen seit den Terroranschlägen der letzten Jahre die Spekulationen nicht ab, dass internationale Terroristen zerfallene Staaten wie Somalia als Rückzugs- oder Durchzugsgebiete nutzen könnten (Hein 2005; Schneckener 2005). Reinhardt stellt treffend fest, dass „ein Grund dieser Veröffentlichungsflut [...] das große Unbehagen darüber [ist], dass sich mit dem Zerfall eine Zeitenwende verbinden könnte, von der eine große Bedrohung auch für die stabilen Staaten ausgeht" (Reinhardt 2005: 164). In diesem Sinne schreiben z.B. Krasner und Pascual: „When chaos prevails, terrorism, narcotics trade, weapons proliferation, and other forms of organized crime can flourish" (Krasner/Pascual 2005: 153). Daraus ziehen sie wenige Zeilen später den Schluss: „The United States and the rest of the world need to develop the tools to both prevent conflict and manage its aftermath when it occurs" (ebd.). Doch abgesehen von dieser sicher richtigen Feststellung haben die Autoren nicht mehr anzubieten als die üblichen Aufforderungen, die „root causes" von Konflikten zu untersuchen, demokratische Reformen in Krisen-

---

1 Dieser Aufsatz entstand während meiner Zeit als Doktorand am Max Planck Institut für ethnologische Forschung in Halle/Saale. Das Institut finanzierte meine 15-monatige Feldforschung zu dem Thema „Politische Identität und Konflikt in Nord-Somalia" zwischen September 2003 und Dezember 2004. Ich danke Felix Girke, Jutta Bakonyi und Ulf Terlinden für Kommentare und Kritik.

ländern einzuleiten und die Zivilgesellschaft zu fördern (Krasner/Pascual 2005: 154ff).

Der Versuch, eindeutige Konfliktursachen zu finden und daran anknüpfend, klare Handlungsanweisungen zu entwickeln, um Konflikte zu „managen", vereinfacht komplexe Zusammenhänge oft in einem Maß, das dem Verständnis lokaler Realitäten und Dynamiken abträglich ist (Höhne 2002: 4-6; Reinhardt 2005). Es wird kaum wahrgenommen, dass eine ernsthafte Analyse der politischen Situation und der Konflikte z.B. in Afrika heute nahezu unausweichlich in das Dickicht mikrosoziologischer und historischer Prozesse sowie deren Einbettung in komplexe globale Zusammenhänge führt. Auch wird nicht anerkannt, dass in vielen Gesellschaften das Verständnis von und die Voraussetzungen für Demokratie und Zivilgesellschaft nach westlichem Muster bislang nicht vorhanden sind.

Ein zentraler Kritikpunkt an vielen Arbeiten zu Staatszerfall und Konfliktregelung ist, dass ihnen implizit oder explizit ein Modell von Politik, Wirtschaft und Gesellschaft zu Grunde liegt, wie es sich in den letzten zwei Jahrhunderten in Europa und Nordamerika herausgebildet hat. Andere, nicht-westliche Gesellschaften werden, losgelöst von historischen und globalen Kontexten, als isolierte und quasi statische Beispiele von Scheitern – gemessen an westlichen Standards – hingestellt (Hill 2005; Cramer/Goodhand 2005; Höhne 2002: 127ff).[2] Vor allem afrikanische Staaten und Gesellschaften erscheinen damit „as the deviant Other to those of Western Europe and North America" (Hill 2005: 140). Die Folgen dieser ahistorischen und eurozentrischen/"West-zentrischen" Perspektive sind, dass die Typologien von Staatszerfall, trotz einer erstaunlichen Breite an Einteilungsversuchen, oberflächlich bleiben und kaum untereinander kompatibel sind (Reinhardt 2005: 169). Wie sich an detaillierten Fallstudien zeigen lässt, gehen die auf den gängigen Thesen zu Staatszerfall basierenden Vorschläge und Maßnahmen zur Konfliktprävention und –regelung im internationalen Kontext an den sozialen und politischen Realitäten in den jeweiligen Ländern und Regionen vorbei (für Somalia siehe Höhne 2002; zu Afghanistan siehe Schetter 2003, besonders 579ff).

Weiterführend dagegen erscheinen Ansätze, welche sowohl die globalen politischen Entwicklungen (Clapham 2001; Eisenstadt 2002) als auch die lokalen und regionalen Ereignisse (Schlichte 1996; Klute/Trotha 2000; Trotha 2005) geschichtlich einordnen und in ihrem jeweiligen politischen, ökonomischen und sozialen Kontext analysieren. Der jüngst von Julia Eckert (2005) herausgegebene Sammelband zur Konfliktforschung in Deutschland verdeutlicht, dass die Ethnologie in diesem Bereich interessante Ansätze zu bieten hat. Diese sind gerade gegenüber so genannten „Traditionen" und deren Potential für die Kon-

---

2 Diese Kritik ist nicht neu. Sie ist aber angesichts von Positionen, wie sie z.B. von Krasner und Pascual vertreten werden, noch nicht überflüssig geworden.

fliktregelung kritisch eingestellt (so z.B. Klute 2005: 299f). Eine auf lokale und regionale Besonderheiten gerichtete Perspektive kann, wie die Politologinnen Bakonyi und Stuvoy (2005) zeigen, durchaus auch vergleichend angelegt sein. In jedem Fall trägt die Berücksichtigung komplexer Dynamiken dazu bei, das „funktionalistische Erklärungsmodell" (Zitelmann 2001: 10) und die allzu simplen Perspektiven zu überwinden, die sich über die Jahre in einigen Bereichen der Konfliktforschung durchgesetzt haben (Zitelmann 2001: 10ff).

Dieser Beitrag gründet auf der Annahme, dass sich aus dem Studium der politischen und sozialen Entwicklungen in Somalia landesspezifische und auch verallgemeinerbare Erkenntnisse zu Staatszerfall, Konfliktregelung und Staatsaufbau gewinnen lassen. Somalia ist dabei in zweierlei Hinsicht besonders interessant. Erstens ist es der vollständigste und bislang am längsten andauernde Fall von Staatszerfall in der Neuzeit.[3] Seit Januar 1991 gibt es dort keine allgemein anerkannte Regierung und keine staatliche Infrastruktur mehr. Somalia wird als ein staatenloses Gebilde in einer formal nach wie vor staatlich geordneten Welt wahrgenommen (Brons 2001; Bakonyi 2001: 4ff; Erdmann 2003: 281ff). Zweitens gelang es den Menschen in Nord-Somalia weitgehend ohne internationale Hilfe, den Bürgerkrieg zu beenden und in Somaliland und Puntland neue *de facto* staatliche Ordnungen aufzubauen (Doornboos 2000). Im Gegensatz dazu sind bisher alle internationalen Interventionen mit dem Ziel, wieder eine zentralstaatliche Ordnung in Somalia aufzubauen, gescheitert.

Staatszerfall in Somalia wird in diesem Beitrag als Prozess verstanden, der sich über Jahrzehnte bis zu dem Höhepunkt entfaltete, der dann auch von externen Beobachtern wahrgenommen wurde. Um die Entwicklungen in Somalia in ihrem Kontext zu verstehen, ist es notwendig, die in der Somalia-Forschung vertreten Positionen der „Traditionalisten" und der „Transformationisten"[4] zusammen zu bringen. Die Gesellschaftsstrukturen wurden in verschiedenen Regionen des Landes unterschiedlich von globalen, regionalen und lokalen wirtschaftlichen und politischen Entwicklungen beeinflusst. Eine differenzierte Sicht auf die nicht einheitliche Lage in Somalia ist somit notwendig, um die Ordnungsmuster im scheinbaren Chaos von Bürgerkrieg, Staatszerfall und humanitärer Katastrophe zu erkennen. Aufbauend auf einer Analyse, die zu verstehen versucht, „how actors establish and sustain social orders of violence beyond the state" (Bakonyi/Struvoy 2005: 359), kann auch über Konzepte und Instrumente der effektiven Krisenbewältigung und Konfliktregelung nachgedacht werden.

Der weitere Text gliedert sich in vier Hauptteile. Zunächst wird ein Überblick über somalische Geschichte, Gesellschaft und Politik bis hin zum Bürgerkrieg und Staatszerfall gegeben. Dann wird auf die jüngsten Entwicklungen in Soma-

---

3 Reiche und Staaten sind auch schon früher zerfallen; siehe dazu die Beiträge in Yoffe 2003.

4 Terminologisch beziehe ich mich hier auf Abdi I. Samatar (1992).

liland, Puntland und Süd-Somalia eingegangen. Anschließend werden die Ansätze der Traditionalisten und der Transformationisten vorgestellt und hinsichtlich ihres Werts für die Analyse von Bürgerkrieg und Staatszerfall in Somalia diskutiert. In der Schlussbemerkung werden die gewonnenen Erkenntnisse in Bezug auf die Entwicklungen in Somalia zusammengefasst, die auch im globalen Kontext neu entstehender Staaten Relevanz haben.

Somalis zwischen pastoraler Demokratie und Militärdiktatur

Ethnographische Grundlagen

Seit mehreren Jahrhunderten bewohnen Somalis das Horn von Afrika. Sie sprechen Somali, sind sunnitische Moslems, führen ihre Abstammung in väterlicher Linie (patrilinear) auf die zwei mythischen Vorfahren Sab und Samaale zurück und verfügen über eine ähnliche Kultur, in der Bezüge auf die mobile Herdentierhaltung (Pastoralnomadismus) eine große Rolle spielt (Lewis 1961; Laitin/Samatar 1987: xvi und 21ff). Diese kulturelle Zusammengehörigkeit wurde in der Kolonialzeit politisiert. Das führte zur Herausbildung des Somali-Nationalismus. Als Somalia 1960 unabhängig wurde, galt das Land, zumindest in der Perspektive der „ethnischen“ Nationalisten, als einer der wenigen wirklichen Nationalstaaten im postkolonialen Afrika.

Die europäische Forschung zur somalischen Kultur und Geschichte begann in der Zeit der Entdeckungs- und Abenteuerreisen Mitte des 19. Jahrhunderts, in Vorbereitung der kolonialen Expansion (Burton 1987 [1865]; Paulitschke 1967[1893/1896]; für Forschungsreisende in Süd-Somalia siehe Luling 2002: 20f). Im frühen 20. Jahrhundert schrieb der italienische Gelehrte und Kolonialbeamte Enrico Cerulli umfassende Abhandlungen zur Kultur und Geschichte der Somalis (Cerulli 1957-64). Die erste „moderne“ Ethnographie, die von einem professionellen Ethnologen auf der Basis von Quellenstudien und zweijähriger Feldforschung im Land erarbeitet wurde, stammt von Ioan M. Lewis. In seinem Buch „A Pastoral Democracy“ beschreibt er im Detail die Gesellschaftsstruktur und das politische Handeln der Bewohner Nord-Somalias. Er stellt fest, dass „few societies can so conspicuously lack those juridical, administrative, and political procedures which lie at the heart of the western conception of government“ (Lewis 1961: 1).

In der ethnologischen Terminologie wird die Somali-Gesellschaft als *akephale* Gesellschaft bzw. Gesellschaft ohne Staat bezeichnet (Fortes/Evans-Pritchard 1940: 5ff; Hauck 2001: 33ff). Tatsächlich gab es im Somali-Gebiet bis zur Ankunft der Kolonialmächte im späten 19. Jahrhundert keine umfassend etablierten Staatsstrukturen. Lediglich entlang der Küste hatten sich kleinere, auf Handelszentren wie Zeyla und Mogadischu und deren Umland begrenzte Sultanate herausgebildet. Abseits dieser Sultanate folgten Politik, Recht und soziales Leben den Prinzipien des von Lewis so genannten „segmentary lineage systems“. Das deutschsprachige Pendant dazu ist der Begriff der „segmentären Gesellschaftsordnung“. In der ethnologischen Theorie wird eine segmentäre Gesellschaft definiert als „eine akephale (d.h. politisch nicht durch eine Zentralinstanz organisierte) Gesellschaft, deren politische Organisation durch gleichrangige und gleichartig unterteilte mehr- oder vielstufige Gruppen vermittelt ist“ (Siegrist 1979: 30).

Die somalische Gesellschaft ist in patrilineare Abstammungsgruppen segmentiert.[5] Entlang der Vaterlinie ist jede Frau, jeder Mann und jedes Kind Mitglied einer der sechs großen Klan-Familien Dir, Darood, Isaaq, Hawiye, Digil und Rahanweyn. Diese wiederum unterteilen sich in eine Vielzahl von Klans, Subklans und *diya-paying groups*[6] bis hinunter auf die Ebene der Kernfamilie.[7] Auf lokaler Ebene liegen Verwandtschaftsgruppen häufig im Konflikt miteinander um die Nutzung wichtiger Ressourcen wie Weide, Wasser und Land. In Abwesenheit einer fest etablierten Regierungsmacht werden Maßnahmen gewaltsamer Selbsthilfe relevant. Fehden zwischen Verwandtschaftsgruppen sind die Folge. Diese Fehden bestanden in vor-kolonialer und kolonialer Zeit meist aus jahrelang anhaltenden, aber insgesamt wenig gewalt-intensiven Racheangriffen der Gegner untereinander. Dabei galten *idealiter* Normen des somalischen „Kriegsrechts“, nach denen z.B. Frauen, Kinder, Älteste und Vermittler von Kampfhandlungen ausgenommen waren (ICRC 1998). Neben Rachemaßnahmen gab es die Möglichkeit, einen Konflikt durch die Zahlung bzw. Annahme von „Blutgeld“ (früher oft in Kamelen gezahlt) beizulegen. Blutgeld-Zahlungen und andere wichtige Angelegenheiten innerhalb oder zwischen Gruppen werden auf *shir* genannten Treffen ausgehandelt. Auf einem *shir* haben alle erwachsenen Männer der beteiligten Gruppen Rederecht. Den Vorsitz führen so genannte „traditionelle“ Autoritäten als nominelle Anführer und Repräsentanten von Klans, Sub-Klans etc. Ihre Entscheidungsmacht ist an den Willen der Gruppenmitglieder gebunden. Zudem zeigen die älteren Quellen, dass die individuellen Machtpositionen instabil und umstritten waren. Anführer mussten sich, gestützt auf die eigene enge Verwandtschaft und ihre individuellen Talente wie rhetorische Begabung, Mut etc., immer wieder gegen Rivalen und den

---

5 Im Folgenden verwende ich das Präsens immer dann, wenn generelle Merkmale der somalischen Gesellschaft dargestellt werden, die noch heute von zentraler Bedeutung sind.

6 Mit diesem Ausdruck bezeichnet Lewis Gruppen, die eine genealogische Tiefe von ca. fünf bis zehn Generationen haben Neben der Abstammung (Somali: tol) sind sie zudem durch einen Vertrag (Somali: xeer) verbunden. Ihre wichtigste Aufgabe ist, gemeinsam Blutgeld (Arabisch: diya; Somali: mag) zu zahlen und zu empfangen (Lewis 1961: 6).

7 Fremde können adoptiert und mit der Zeit in eine Abstammungsgruppe inkorporiert werden.

„anarchischen"[8] status quo behaupten (Baldacci 1909: 63-65; Burton 1987 [1865]: Bd II 142f; Lewis 1961: Kap. 8).

Diese eingeschränkt egalitäre und demokratische „Verfassung" der Gesellschaft, die Lewis (1961) für Nord-Somalia eindrücklich schildert und treffend als „pastoral democracy" bezeichnet, begründet sich wesentlich aus den wirtschaftlichen und ökologischen Bedingungen am Horn.[9] Für das erfolgreiche Wirtschaften mit Herden aus Kamelen, Ziegen und Schafen in der somalischen Halbwüste ist es wichtig, Entscheidungen, z.B. über Migration, rasch und individuell treffen zu können. Um jedoch ein Minimum an Schutz für die eigene Familie und die Tiere zu gewährleisten, bedarf es der kollektiven Zusammenarbeit in der erweiterten Familie.

In Süd-Somalia leben die Menschen als Agro-Pastoralisten. Neben der Haltung von Vieh wird insbesondere entlang der Flüsse Schabelle und Jubba intensiv Landwirtschaft betrieben. Hier haben sich durch Sesshaftigkeit geprägte Formen von Kultur und Gesellschaft entwickelt. Schon in vorkolonialer Zeit gab es durchaus gefestigte Herrschaften von Dorfoberhäuptern. Die Identität von Individuen und Gruppen war im Alltag stärker durch Ortszugehörigkeit als durch Abstammung bestimmt. Der Islam und die islamische Gerichtsbarkeit gewannen im sesshaften Kontext größeren Einfluss als unter den Pastoralnomaden des Nordens (Lewis 1994: 133ff). Zudem gibt es auch ein ausgeprägtes hierarchisches Gefälle zwischen „reinen" Somalis und den meist bantustämmigen Abkommen ehemaliger Sklaven. Die Vorfahren der letzteren Gruppe waren im 19. Jahrhundert aus anderen Gegenden Ost-Afrikas auf die Plantagen und Felder Süd-Somalias gekommen (Cassanelli 1982: 161-175). Diese Bantu und Jareer genannten Gruppen passten sich kulturell und sozial den Somalis an und wurden mit der Zeit über Adoption (Somali: *sheegat*) in die Klanordnung integriert. Doch bis heute werden sie von den Angehörigen der politisch dominierenden Klanfamilien auf Grund ihrer Abstammung von Sklaven diskriminiert (Bestemann 1999: 49ff; Samad 2002).[10]

---

8 Anarchisch wird hier losgelöst von jeglicher ideologischen Bedeutung oder Wertung gebraucht. Das Wort ist abgeleitet von Griechisch: αναρχία– ohne Herrschaft. Die Abneigung der Somalis gegen Beherrschung wird in der älteren Literatur öfter erwähnt, wie z.B. bei Drake-Brockman, der einen seiner einheimischen Begleiter in Kenia bei ihrer Begegnung mit einer Somali-Karawane mit dem Ausspruch zitiert: „Somalis, Bwana, they no good; each man his own Sultan" (Drake-Brockman 1912: 102)

9 Frauen haben kein offizielles Rederecht auf einer Versammlung. Zudem spielt auf einem shir das Macht(un-)gleichgewicht zwischen den beteiligten Akteuren eine große Rolle. Die Zahl der Männer in Waffen, ökonomische Ressourcen, Spezialwissen etc. erhöhen das Gewicht der Stimmen von Individuen und Gruppen.

10 Auch in Nord-Somalia gibt es eine Unterscheidung zwischen „reinen" Somalis, die ihre Abstammung in einer fiktiven Genealogie auf arabische Scheikhs zurückführen, und den Midgan, Yibir und Tumal genannten Gruppen, die als Nachkommen der vor-somalischen

Die koloniale Expansion erfasste die Somali-Halbinsel in den 1870er Jahren. Das Horn von Afrika hatte mit der Eröffnung des Suezkanals 1869 strategische Bedeutung erlangt. Zunächst brachte Ägypten, das noch Teil des osmanischen Reichs war, die nordwest-somalischen Küste unter seine Kontrolle. Im Jahr 1884 zogen die Ägypter ihre Truppen zur Bekämpfung des Mahdi-Aufstandes in den Sudan ab. Frankreich und Großbritannien drangen daraufhin nach Nord-Somalia vor. Die Italiener setzten sich Ende des 19./Anfang des 20. Jahrhunderts in Nordost- und Süd-Somalia fest. Der äußerste Süden wurde Teil der britischen Kolonie im Gebiet des späteren Kenias. Das erstarkende abessinische Reich (heute: Äthiopien) konnte sich in Absprache mit den europäischen Mächten Teile des westsomalischen Gebiets einverleiben.

In der Kolonialzeit wurden die Somalis erstmals mit einer zentral organisierten Herrschaft konfrontiert. Großbritannien und Italien bemühten sich, lokale Autoritäten durch Bezahlung und Unterstützung mit Waffen auf ihre Seite zu bringen. Ein wichtiges Ziel der Kolonialmächte war es, die Somali-Gebiete ihren wirtschaftlichen Interessen zugänglich zu machen. Im pastoralnomadisch geprägten Nordwest-Somalia konzentrierten sich die Briten auf den Export somalischen Viehs nach Aden, um den dortigen Militärposten, der unter anderem den Seeweg nach Indien sicherte, mit Fleisch zu versorgen. Die lokalen Wirtschaftsstrukturen wurden von den Briten im Wesentlichen so belassen, wie man sie vorgefunden hatte.[11] In Nordost-Somalia setzten die Italiener die höchsten Klanautoritäten ab und etablierten so ihre politische Herrschaft. Die lokale pastoralnomadische Wirtschaft wurde dadurch jedoch nicht wesentlich verändert. Im fruchtbaren Süd-Somalia hingegen bauten die Italiener eine Plantagenökonomie auf. Dabei griffen sie teilweise massiv in die vorhandenen politischen und ökonomischen Strukturen ein. Im Gegensatz zum britischen Nordwesten ließen sich hier Siedler nieder und italienische Firmen investierten in die Produktion von Bananen und anderen Früchten für den italienischen Markt (Lewis 2002: 40-62; Hoben 1988).

Zwischen 1899 und 1920 wurden die Kolonialherrschaften am Horn von dem Aufstand der „Derwische“ unter Führung Mahamed Abdille Hassans erschüttert. Die Keimzelle der Derwisch-Bewegung war die Haud-Region zwischen dem britischen und dem abessinischen Einflussbereich. Hier leben vornehmlich Pastoralnomaden, die zur Darood-Klanfamilie gehören. Die meisten Derwische

---

Bevölkerung am Horn gelten. Letztere Gruppe ist allerdings zahlenmäßig deutlich kleiner als die Minderheitengruppen in Süd-Somalia.

11 Allerdings wurde begonnen, permanente Wasserbecken (Somali: berked) im Land anzulegen. Dies wurde in postkolonialer Zeit fortgesetzt und veränderte auf Dauer die Art der Weidenutzung. Auch erlangten unter den Briten Viehhändler eine immer wichtigere Position als Bindeglied zwischen Nomadenfamilien und Kolonialverwaltung.

kamen aus dem Klan der Dhulbahante, der Abstammungsgruppe von Mahamed Abdille Hassans Mutter, sowie aus dem Klan der Ogadeen, der Patri-Linie des Derwisch-Führers. Von der Haud-Region aus ergriff der Kampf gegen die aus somalischer Sicht „ungläubigen“ Kolonialherren den ganzen Norden des Horns. Am stärksten betroffen war jedoch das Britische Protektorat Somaliland im Nordwesten. Erst nach 20 Jahren konnten die größtenteils mit Speeren bewaffneten Aufständischen von den Briten und ihren somalischen Verbündeten besiegt werden. In postkolonialer Zeit wurden die Derwische und vor allem ihr religiös, politisch und poetisch begabter Führer Mahamed Abdille Hassan zu somalischen Nationalhelden stilisiert (Samatar 1982; Seikh-Abdi 1993).

Im Zweiten Weltkrieg kämpften Italiener und Briten am Horn, das ab 1942 fast komplett unter britischer Kontrolle stand. Im Jahr 1950 wurde das ehemalige italienische Kolonialgebiet auf UN-Beschluss unter italienische Treuhandverwaltung gegeben. Großbritannien behielt sein Protektorat Somaliland. In Äthiopien erlangte Kaiser Haile Selassi wieder die effektive Regierungsgewalt und ließ sich die erstmals 1897 (unter Kaiser Menelik II) vertraglich geregelte Herrschaft über die Somali Gebiete im Osten seines Reiches bestätigen. In dieser Zeit kam auch die somalische Nationalbewegung auf und die ersten Parteien wurden gegründet (Lewis 2002: 92-165).

Die wichtigsten Auswirkungen der kolonialen Expansion am Horn von Afrika für die Somalis waren:

1) Sie wurden als eine relativ homogene ethnische Gruppe auf fünf verschiedene Herrschaften (abessinisches Reich [Äthiopien], französisch Somaliland [Djibouti], britisches Protektorat italienische Kolonie/Treuhandgebiet, britische Kolonie Kenia) mit unterschiedlichen Verwaltungssprachen und –stilen verteilt.

2) In die zuvor *akephale* Gesellschaft aus Pastoralnomaden und Vieh haltenden Kleinbauern wurden zentralisierte politische Strukturen sowie auf Überschussproduktion und Export orientierte Wirtschaftsformen eingeführt.

Am 26 Juni 1960 erlangte das Britische Protektorat Somaliland die Unabhängigkeit. Am 1. Juli 1960 wurde das italienische Treuhandgebiet unabhängig. Getragen von einer nationalistischen Welle vereinigten sich beide ehemaligen Kolonien noch am selben Tag zur Republik Somalia. Die 1960er Jahre waren gekennzeichnet von den Schwierigkeiten, im Inneren der Republik eine einheitliche und effektive Verwaltung aufzubauen. Das Haupthindernis dabei waren die unterschiedlichen kolonialen Verwaltungstraditionen.[12] Ein weiteres Problem war der Einfluss der Klanstrukturen auf der Ebene des Staates. Einerseits

12 Die unterschiedlichen Verwaltungstraditionen wogen umso schwerer, als bis 1972 noch keine allgemein gebräuchliche somalische Schriftsprache existierte. Die postkoloniale Verwaltung musste somit schriftlich in den Sprachen Italienisch und Englisch kommunizieren, die nicht von allen Somalis beherrscht wurden.

bemühte sich die Regierung, den „Tribalismus"[13] und die damit verbundenen zentrifugalen Kräfte innerhalb der somalischen Gesellschaft zu bekämpfen. Andererseits war auch die postkoloniale Elite weitgehend in Klan-Netzwerken verhaftet. Die Mehrparteiendemokratie wurde deshalb rasch von den Interessen der verschiedenen Verwandtschaftsgruppen durchsetzt. Korruption breitete sich aus, und als bei den letzten Parlamentswahlen mehr als 60 Parteien antraten, hatte sich die Demokratie in Somalia erschöpft.

Außenpolitisch war die somalische Regierung auf die Vereinigung aller von Somalis bewohnten Gebiete in einem Staat gerichtet. Diese pan-somalische Politik führte in den ersten zwei Jahrzehnten der Unabhängigkeit wiederholt zu schweren diplomatischen Spannungen und Kriegen (Matthies 1977).

Im Oktober 1969 putschte eine Gruppe junger Militär-Offiziere. Unter diesen erlangte Mahamed Siyad Barre die Führung. Barre entstammte dem Marrehan-Klan, der zur Darood-Klan-Familie gehört. Er und seine Verbündeten errichteten eine sozialistische Fortschrittsdiktatur in Somalia. Der Sicherheitsapparat wurde stark ausgebaut. Zugleich trieb die Regierung soziale und ökonomische Reformen voran. Ideologische Indoktrinierung erfolgte über ein Netz von lokalen „Orientierungszentren" sowie über die streng kontrollierten Medien und über das Ausbildungssystem.

Die 1970er Jahre können als die Hochzeit somalischer Staatlichkeit angesehen werden, die mit dem Angriff Somalias auf Äthiopien 1977 ihren Zenith erreichte. Bis dahin war Somalia mit Moskau verbündet. Doch als Kaiser Haile Selassi in Äthiopien von sozialistisch orientierten Revolutionären gestürzt wurde und das Land in der Folge innenpolitischer Wirren geschwächt war, ergriff Barre seine Chance. Gegen den Willen der sowjetischen Regierung ließ er Äthiopien angreifen. Moskau wandte sich daraufhin von Somalia ab und unterstützte, zusammen mit anderen sozialistischen Ländern, die äthiopische Seite massiv. Somalia verlor den „Ogadeen-Krieg" (1977-78).[14]

Zwar gelang es der somalischen Regierung, sich mit Washington zu verbünden und ab 1980 wieder massiv externe ökonomische und militärische, Ressourcen anzuziehen (Simons 1996); im Inneren des Landes wuchs jedoch der Widerstand. Im Jahr 1978 scheiterte ein Putschversuch hochrangiger Offiziere, die fast alle aus dem zur Darood-Klan-Familie gehörenden Majeerteen-Klan stammten. Einige Putschisten konnten nach Kenia und von dort aus nach Äthiopien fliehen. Hier bauten sie mit der Somali Salvation Front (SSF) die erste gegen das diktatorische Barre-Regime gerichtete Guerilla-Front auf. Die SSF wurde später, nach der Inkorporation weiterer Oppositionsbewegungen, in Somali Salvation

---

13 In Somalia passt eher der Begriff „Klanismus". Doch entsprechend der Terminologie der damaligen Zeit wurde auch in Somalia von Tribalismus gesprochen.

14 Der Krieg wurde nach dem Ogadeen-Klan benannt, der im Osten von Äthiopien dominiert, wo die somalische Armee 1977 einmarschierte.

Democratic Front (SSDF) umbenannt. Ihr militärischer Anführer war Colonel Abdullahi Yusuf. Er sowie die Kerntruppe der Kämpfer kamen aus dem Majeerteen-Klan. Im Jahr 1981 etablierten Intellektuelle und Militär-Offiziere aus der Isaaq-Klanfamilie die Somali National Movement (SNM). Ein Jahr später begannen, ebenfalls von Äthiopien aus, die Operationen dieser Guerilla-Bewegung (Matthies 2005: 135-154; Prunier 1995).

Erste Phase des Bürgerkriegs: Guerillakrieg und Repression

Entgegen der offiziellen nationalistischen Rhetorik, die in den 1960er und vor allem den 1970er Jahren gegen die Dominanz von Klanstrukturen in der somalischen Gesellschaft gerichtet war, griff Mahamed Siyad Barre selbst immer stärker und offensichtlicher auf Mittel „tribalistischer" Politik zurück. Spätestens seit Ende der 1970er Jahre war internen und externen Beobachtern klar, dass drei Klans im Zentrum der Herrschaft standen: der Marrehan-Klan, aus dem der Diktator in der Vaterlinie abstammte; der Ogadeen-Klan, dem seine Mutter angehörte; und der Dhulbahante-Klan, zu dem ein politisch sehr einflussreicher Schwiegersohn Barres gehörte (Lewis 1994: 165f).

Als das Regime nach dem Ogadeen-Krieg mit dem wachsenden Widerstand in Somalia und mit Guerilla-Übergriffen von Äthiopien aus konfrontiert war, reagierte es mit der klassischen Politik des *divide et impera* einerseits und der Anwendung von Gewalt gegen die Zivilbevölkerung andererseits. Konkrete Maßnahmen in diesem Zusammenhang waren, dass Angehörigen loyaler Klans im Zuge von Landreformen und durch die Vergabe von Posten in Regierung und Militär Zugriff auf interne und externe Ressourcen ermöglicht wurde. So wurde eine dem System verpflichtete Elite geschaffen (Hoben 1988: 211ff; Cassanelli 2003 [1996]: 18ff).[15] Zudem bewaffnete die Regierung die Ogadeen-Flüchtlinge. Diese waren im Anschluss an die Niederlage gegen Äthiopien nach Somalia geflohen. Dort wurden sie unter anderem in Nordwest-Somalia in Flüchtlingskamps in der Nähe größerer Städte wie Hargeysa angesiedelt. Zwischen den benachbarten Pastoralnomaden-Gruppen der Ogadeen und Isaaq bestand eine in vorkoloniale Zeit zurückgehende Feindschaft, die sich in Folge des Derwisch-Aufstandes Anfang des 20. Jahrhunderts vertieft hatte. Damals konnten die mit den Briten verbündeten Isaaq Erfolge gegen die Ogadeen erringen. In den 1980er Jahren dienten letztere nun Barre als Spione und paramilitärische Einheiten gegen die SNM und die generell als Aufständische verdächtigten Isaaq. Auch setzte die Regierung unterprivilegierte Gruppen aus dem Süden als Soldaten im Kampf gegen die Zivilbevölkerung im Norden ein.[16] Die

15 Mahamed Siyad Barre knüpfte dabei, zumindest hinsichtlich der Unterdrückung und Entrechtung der bantustämmigen Bauern in Süd-Somalia, an vorkoloniale und koloniale Politiken an.

16 Eigene Interviews in Hargeysa und Lasanod, September bis November 2003.

Militärkommandeure waren oft Marrehan und kamen aus der engen Verwandtschaft des Diktators selbst.[17] Teil der Armee-Operationen war es, systematisch Brunnen als die Lebensader der Pastoralnomaden zu zerstören, Frauen zu vergewaltigen und Eigentum zu plündern. Auch auf Seiten der Guerillas wurden Übergriffe und Massaker durchgeführt. Der genealogischen Logik folgend töteten beispielsweise SNM-Truppen in einigen Fällen unbewaffnete Ogadeen und Dhulbahante, die als Darood zur selben Klan-Familie gehörten wie Siyad Barre.[18]

Die SSDF war in internen Machtkämpfen gefangen und hatten sich nach einer gemeinsamen Militäroperation mit Äthiopien überworfen. Als Colonel Abdullahi Yusuf 1985 von äthiopischer Seite gefangen genommen und eingesperrt wurde, akzeptierten viele SSDF-Kämpfer ein Amnestie-Angebot von Mahamed Siyad Barre und kehrten nach Somalia zurück. Die Organisation war bis 1991 nicht mehr aktiv am somalischen Bürgerkrieg beteiligt.

Die Kampfhandlungen in Nord-Somalia erreichten ihren Höhepunkt, als die SNM im Frühjahr 1988 mit Hargeysa und Buro zwei wichtige Städte besetzte, die fast ausschließlich von Isaaq bewohnt waren. Die Regierung befahl daraufhin deren Bombardierung. Dabei kamen nach unterschiedlichen Schätzungen tausende bis zehntausende Zivilisten ums Leben. Fast alle Isaaq flohen in abgelegene ländliche Gebiete und nach Äthiopien (Africa Watch 1990).

Ende der 1980er Jahre verlor das somalische Regime die Unterstützung der USA und der anderen westlichen Staaten.[19] Diese berücksichtigten nach dem Ende des Ost-West-Konflikts zunehmend humanitäre Kriterien in der bis dahin vornehmlich an geo-strategischen Interessen ausgerichteten Außenpolitik. Ohne massive externe Ressourcenzuflüsse schrumpfte Barres Rückhalt im Inneren rapide. Im Jahr 1989 wurde der United Somali Congress (USC) als Guerilla-Organisation der Hawiye-Klan-Familie gegründet. Zur selben Zeit schlossen sich auch Teile des bisher mit Barre verbündeten Ogadeen-Klans als Somali Patriotic Front (SPM) gegen ihn zusammen.

Im Januar 1991 gelang es der SNM, die Nationale Armee aus Nordwest-Somalia zu vertreiben. Gleichzeitig eroberte der USC die Hauptstadt Mogadischu in Süd-Somalia. Mahamed Siyad Barre floh, umgeben von einigen getreuen Marrehan,

---

17 Eine Ausnahme ist General Mahamed Said Hirsi Morgan, der genealogisch zum Majeerteen-Klan gehört und 1987/88 zum Teil das Kommando über die Kampfhandlungen in Hargeysa hatte. Dies trug ihm im Nachhinein den Namen „Schlächter von Hargeysa" ein. Er ist ein Schwiegerson und ehemaliger Bodyguard Siyad Barres.

18 Eigene Interviews in Hargeysa und Lascanod, September bis November 2003.

19 Seit der Operation „Feuerzauber", bei der ein Kommando der GSG-9 im Oktober 1977 die von Terroristen nach Mogadischu entführte Lufthansa-Maschine „Landshut" mit Genehmigung der somalischen Regierung befreite, waren die Beziehungen zwischen der BRD und Somalia sehr gut. In den 1980er Jahren unterstützte West-Deutschland, wie zuvor die DDR, Somalia wirtschaftlich und militärisch.

in das Gebiet seines Klans in Südwest-Somalia. Bis Ende 1992 versuchte der gestürzte Diktator vergeblich, die Macht zurück zu erobern. Er starb wenige Jahre später im nigerianischen Exil. In Somalia jedoch begann nach dem Sturz Barres die zweite Phase des Bürgerkriegs innerhalb der und zwischen den Guerilla-Gruppen.

Zweite Phase des Bürgerkriegs: Warlords und internationale Intervention

Im Januar 1991 wurde zwar das Barre-Regime abgesetzt, doch die Guerilla-Bewegungen hatten kein übergreifendes politisches Programm. Während ein Teil der USC-Truppen unter Führung von General Mahamed Farah Aidid den flüchtenden Ex-Diktator und seine letzten Truppen verfolgte, wurde der zweite wichtige Mann in der USC, Ali Mahdi Mahamed, von seinen Anhängern in Mogadischu zum neuen Präsidenten ausgerufen. Dies führte zur Spaltung der Hawiye-Guerillas. Sie fissionierten entlang der Abstammungslinie Mahamed Farah Aidids bzw. Ali Mahdi Mahameds in eine vom Habar Gedir-Klan und in eine vom Abgaal-Klan dominierte Fraktion. Beide bekämpften sich massiv innerhalb der Hauptstadt und darüber hinaus.[20] Die Okkupation des Präsidentenamtes durch Ali Mahdi Mahamed stieß auch in Nordwest-Somalia auf Ablehnung, wo mit der SNM die Isaaq-Guerillas die Kontrolle übernommen hatten.

In Mogadischu und in ganz Süd-Somalia kämpften Anfang der 1990er Jahre verschiedenen Milizen gegeneinander.[21] Einerseits standen auf Ebene der Klan-Familien Hawiye gegen Darood. Dabei wurde nicht mehr zwischen Zivilisten und Kombattanten unterschieden; die Darood wurden generell als „Familie" des gestürzten Diktators verfolgt.[22] Andererseits kam es, wie das Beispiel des USC zeigt, zu Spaltungen innerhalb der Klan-Familien in Klan- und Sub-Klan-Milizen.

In den nun eskalierenden Kämpfen wurden die früheren sozialen, kulturellen und religiösen Normen der somalischen Gesellschaft endgültig gebrochen. „The forcible takeover of territory by rival population groups, and their consolidation of control over resources and transportation routes, was accomplished through indiscriminate killings, selective assassination and executions, and the use of rape as weapons of terror and intimidation [...]" (Human Rights Watch 1995: 7). Große Teile der Bevölkerung flohen ins benachbarte Ausland (Äthiopien und

20 Bis Februar 1992 wurden dabei mehr als 14.000 Menschen, vor allem Zivilisten, getötet. Mogadischu wurde zur geteilten Stadt (Human Rights Watch 1992).

21 Die weiteren Ereignisse sind sehr komplex. Hier werden sie nur in groben Zügen dargestellt.

22 Dies geschah, obwohl die Majeerteen (SSDF) und die Ogadeen (SPM), die beide Teil der Darood-Klan-Familie sind, zuvor Guerilla-Bewegungen gegen Siyad Barre gegründet hatten.

Kenia) oder, innerhalb Somalias, in das „Heimat-Gebiet“ ihrer Verwandtschaftsgruppe.[23]

Zentrale Akteure im andauernden süd-somalischen Bürgerkrieg sind die so genannten „Warlords“. Vor der Eskalation der zweiten Phase des somalischen Bürgerkriegs waren sie häufig Geschäftsmänner, Militärs oder Politiker, also Mitglieder der postkolonialen Elite, denen es nach dem Sturz Barres gelang, sich an die Spitze von Milizen zu setzen. Um Macht zu erlangen, mobilisierten sie Kämpfer innerhalb ihrer Verwandtschaftsnetzwerke, zum Teil in Zusammenarbeit mit „traditionellen“ Autoritäten. Um ihre Macht zu erhalten, bedienten sie sich massiver Gewalt und skrupelloser Geschäfte. Bereicherung und Bezahlung der Truppen funktioniert über den Aufbau einer Warlord-Ökonomie. Diese basiert auf der Kontrolle und Ausbeutung lokaler Ressourcen im Kontext internationaler „Schattenwirtschaft“. Die fruchtbaren Gebiete Süd-Somalias und die dort lebenden Bauern werden ausgebeutet, Fischereirechte werden an ausländische Firmen verkauft, Giftmüll wird vor der somalischen Küste oder im Land abgeladen, und an Straßenkreuzungen, Flughäfen und Häfen werden Milizionäre positioniert, die „Steuern“ erheben (Marchal et al. 2000). In Somalia, wie in anderen Bürgerkriegs-Ländern, „[...] ist die Einbindung der Kriegsökonomien in schattenwirtschaftliche globale Handelsströme eine notwendige Vorraussetzung für längere innergesellschaftliche bewaffnete Konflikte“ (Lock 2004: 52).

In den Kämpfen zwischen Hawiye- und Darood-Milizen wurden die Ackerbaugebiete in Süd-Somalia verwüstet. Die Ernte ging der Bevölkerung damit verloren; auch konnte nicht im üblichen Umfang ausgesät werden. So kam es 1992 zu einer Hungerkatastrophe, die über 200.000 Somalis das Leben kostete. Das Massensterben erregte weltweit Aufmerksamkeit und bewog zuerst NGOs, dann auch die UN zum Eingreifen (de Waal 1997: 163ff).

Im April 1992 wurde mit der UNOSOM I (United Nations Operation in Somalia) eine UN-Friedensmission beschlossen. Doch die im folgenden September in Somalia gelandeten 50 Militärbeobachter und 500 Blauhelmsoldaten konnten wenig gegen die Warlords im Süden ausrichten, die sich vornehmlich in den Städten Mogadischu, Kismayo und Baidoa festgesetzt hatten. Um die Verteilung dringend benötigter Hilfsmittel an die Hunger leidende Bevölkerung zu gewährleisten, erklärte sich die USA bereit, mit der von ihr geführten UNITAF (United Task Force) zu intervenieren. Ab Dezember 1992 landeten insgesamt mehr als 38.000 Soldaten, von denen 2/3 US-Amerikaner waren, in Süd-Somalia. Neben der humanitären Aufgabe war die gemeinsame Mission von UN und

---

23 Zwar spielt im Kontext von Pastoralnomadismus die feste Bindung an ein Territorium im Alltag eine untergeordnete Rolle. Doch haben alle somalischen Verwandtschaftsgruppen ein „Stammland“ (Somali: degaan), in dem sie die absolute Mehrheit der Bevölkerung stellen.

USA darauf gerichtet, mit den Warlords zu verhandeln und den staatlichen Wiederaufbau zu initiieren. Friedensverhandlungen in Addis Abeba 1993 scheiterten jedoch. Im Verlauf desselben Jahres eskalierte die Situation in Mogadischu. Inzwischen war die UNOSOM I von der UNOSOM II abgelöst worden. Die neue UN-Mission war, wie die UNITAF auch, mit einem Mandat gemäß Kapitel VII der UN-Charter ausgestattet. Die internationalen Truppen waren damit vom UN-Sicherheitsrat zur Anwendung von militärischer Gewalt bei der Durchführung ihres Auftrages legitimiert. Im Juni wurden UN-Soldaten von Milizen Mahamed Farah Aidids angegriffen. Daraufhin wurde dieser Warlord von Seiten der internationalen Mission zum Feind erklärt. Bei dem Versuch, ihn festzunehmen, kamen im Oktober 18 US-amerikanische Soldaten ums Leben. Die Clinton-Regierung zog daraufhin ihre Truppen bis zum Frühjahr 1994 ab. Ein Jahr später verließen die letzten internationalen Truppen Somalia (Höhne 2002: 62ff).

Die Mission hatte viele Menschen vor dem Hungertod bewahrt. Politisch war sie jedoch gescheitert. Die internationalen Akteure waren von der Komplexität der Lage in Somalia überfordert. Ihre Strategien des Wiederaufbaus waren an zentralstaatlichen Strukturen orientiert. Sie versuchten, die mächtigsten Warlords in der Hauptstadt des zerfallenen Staates für Verhandlungen zu gewinnen. Die Kriegsherren jedoch profitierten von der anhaltenden Gewalt und Staatslosigkeit. Die internationale Intervention führte zudem neue Ressourcen in die Kriegsökonomie ein, wie z.B. die mit *per diem* und Übernachtungsgeld bezahlte Teilnahme an international gesponserten Friedensverhandlungen. Gleichzeitig war die somalische Gesellschaft Anfang der 1990er Jahre in eine Vielzahl flexibler, bewaffneter Gruppen gespalten, die ihre Interessen gegeneinander verfolgten.

Mogadischu und Somalia im Ganzen sind seit diesen Ereignissen weithin zum Inbegriff des Scheiterns von humanitären Interventionen geworden. Die Sorge, nicht mehr in Gefechte mit eigenen Verlusten gezogen zu werden, veranlasste die USA, sich während der 1990er Jahre bei internationalen Einsätzen in Krisengebieten, so z.B. in Ruanda 1994, zurück zu halten. In den Medien und in der Literatur wird die Lage in Mogadischu, die bis heute nicht zur Ruhe gekommen ist, oft auf ganz Somalia übertragen. Der nächste Abschnitt zeigt, dass diese Perspektive den regional sehr unterschiedlichen Entwicklungen in Somalia nach 1991 nicht gerecht wird.

Konfliktregelung und Staatsaufbau im somalischen Kontext

Somaliland

Der größte Teil Nordwest-Somalias wurde Anfang 1991 von der SNM kontrolliert und war damit in den Händen der Isaaq, der regional größten Verwandtschaftsgruppe. Bis zuletzt hatten jedoch die Mitglieder anderer Klans, wie der Gadabuursi, Issa, Dhulbahante und Warsangeeli,[24] die ebenso in diesem Gebiet ansässig waren, auf Seiten der Regierung gegen die Isaaq-Guerillas gekämpft. Im Gegensatz zu USC und anderen Gruppen in Süd-Somalia bemühte sich die SNM nach ihrem Sieg über Barres Truppen, den Bürgerkrieg in Zusammenarbeit mit „traditionellen" Autoritäten und anderen Abgesandten aller im Nordwesten lebenden Gruppen zu beenden. Auf lokalen Friedenskonferenzen, die im Wesentlichen dem Modell des schon aus vorkolonialer Zeit bekannten *shir* folgten, wurden die aus der ersten Phase des Bürgerkriegs datierenden Feindschaften beigelegt (Farah/Lewis 1994). Daraufhin wurde die erste „nationale" Klan-Konferenz in der Stadt Buro abgehalten. Hier riefen am 18. Mai 1991 die Vertreter der SNM und der in Nordwest-Somalia ansässigen Klans nach kontroversen Diskussionen und auf öffentlichen Druck vieler Isaaq die Republik Somaliland aus. Ihre Grenzen waren die Grenzen des ehemaligen britischen Protektorats.

Nach zwei Jahren fand auf der zweiten großen Klan-Konferenz in Boroma im Westen Somalilands der Übergang von der SNM-Regierung zu einer zivilen Regierung statt. Somaliland erhielt eine vorläufige Verfassung, der zufolge ein Zwei-Kammer-Parlament, eingerichtet wurde. Das Parlament bestand aus einem „Ältestenhaus" (Somali: *Golaha Guurtida*) und einem „Repräsentantenhaus (Somali: *Golaha Wakiilada*). Neuer Präsident des Landes wurde der erfahrene Isaaq-Politiker Mahamed Ibrahim Igal.[25] Somaliland war damit zu einer Klan-Demokratie geworden.[26] Vertreter von Verwandtschaftsgruppen wählten den Präsident und beeinflussten die Zusammensetzung des Kabinetts, des Parlaments und anderer Positionen in der Verwaltung und im Sicherheitsapparat. Wichtig für das Handeln der Regierung war es, bei der Vergabe von Posten und anderen Ressourcen, wie z.B. der Genehmigung von internationalen Hilfs-Projekten in einer bestimmten Region, möglichst den „Klan-Proporz" zu wahren. Präsident Igal erwies sich als geschickter Klan-Politiker. Er setzte dabei, im

24 Gadabuursi und Issa sind Teil der Dir-Klan-Familie. Dhulbahante und Warsangeeli gehören zur Darood-Klan-Familie.

25 Mahamed Ibrahim Igal war von 1967 bis 1969 Premierminister Somalias gewesen.

26 Dieses politische System unterschied sich von dem durch Verwandtschaftsgruppen übernommenen Mehrparteiensystem Somalias, wie es sich in den 1960er Jahren entwickelt hatte. Während damals versucht wurde, „Tribalismus" zu überwinden, war in Somaliland ab 1991 die Rolle von Verwandtschaftsgruppen und ihren Repräsentanten konstitutiv für das politische System.

Gegensatz zu Mahamed Siyad Barre in Somalia, auf zivile und nicht auf gewaltsame Herrschaftsmethoden.

Plündernde Gangsterbanden und Spannungen zwischen Isaaq-Klans und -Sub-Klans sorgten noch bis Mitte der 1990er Jahre für Unsicherheit und Gewalt-Eskalationen in der jungen Republik. Doch auf dem bisher letzten großen *shir* in der Hauptstadt Hargeysa 1996/97 wurde Somaliland stabilisiert und Präsident Igal im Amt bestätigt. Im Mai 2001 nahm die Mehrheit der ca. 2 Millionen Einwohner des Landes die endgültige Verfassung Somalilands in einem allgemeinen Referendum an. Als Mahamed Ibrahim Igal im darauf folgenden Jahr überraschend starb, übernahm der Vize-Präsident Dahir Rayaale Kahin aus dem Gadabuursi-Klan verfassungsgemäß die Führung. Im Jahr 2002 wurden auch ca. zehn politische Parteien gegründet und bis Ende 2005 fanden insgesamt drei demokratische Wahlen statt. Im Laufe dieses Demokratisierungsprozesses setzten sich in den Lokalwahlen im November 2002 die drei stärksten Parteien als nationale Parteien durch; Präsident Kahin wurde im April 2003 im Amt bestätigt; im September 2005 fanden Parlamentswahlen statt, in denen die nationalen Parteien und nicht mehr die Klans die Kandidaten stellten (Jimcaale 2005).

Die Entwicklung der im Bürgerkrieg geborenen Republik Somaliland ist in dreierlei Hinsicht außergewöhnlich im afrikanischen und globalen Vergleich. Erstens konnte der Krieg unter Rückgriff auf die lokal vorhandenen Strategien der friedlichen Konfliktaustragung beigelegt werden. Zweitens wurde ein in der Gesellschaft verankertes, stabiles politisches System aufgebaut, das gleichzeitig offen ist für demokratische Reformen nach westlichem Vorbild. Drittens spielte internationale Hilfe in der entscheidenden Phase der Schaffung von Frieden und des Aufbaus von Staatlichkeit in Somaliland keine Rolle. Die Intervention der UNOSOM und der UNITAF war auf Süd-Somalia konzentriert; die sezessionistische Republik im Nordwesten wurde von der internationalen Staatengemeinschaft konsequent ignoriert. Erst in jüngerer Zeit wird Somaliland auch außerhalb der kleinen Gemeinde von Somalia-Spezialisten verstärkt diskutiert (Trotha 2005: 35f.; Srebrnik 2005; Herbst 2000: 267f.) und international wahrgenommen. Dennoch ist das Land bis heute nicht als Staat anerkannt.[27]

Puntland

In Nordost-Somalia, dem Kerngebiet des Majeerteen-Klans, etablierte sich ab 1991 die erneut erstarkende SSDF als Ordnungsmacht. Die militärische Führung der Bewegung übernahm wieder Abdullahi Yusuf, der im Zuge der politischen

27 Im Jahr 2004 besuchten z.B. eine Delegation britischer Parlamentarier und eine Delegation von Wirtschaftsfachleuten aus Deutschland Somaliland. Die Besucher machten allerdings immer klar, dass mit ihrem Aufenthalt im Land keine diplomatische Anerkennung verbunden war.

Umwälzungen in Äthiopien aus der dortigen Gefangenschaft entlassen worden war. Bis 1993 kämpfte die SSDF in ihrem Gebiet gegen die islamische Guerilla-Fraktion Al Ittihat Al Islamiya und gegen Hawiye-Milizen. Nachdem erstere besiegt und mit den Hawiye ein Friedensabkommen geschlossen worden war, blieb die Lage im Nordosten ruhig.

Im Frühling 1998 wurde, ähnlich wie zuvor in Somaliland, eine große Klankonferenz in der Stadt Garowe einberufen. Hier diskutierten neben Vertretern der SSDF und des Majeerteen-Klans auch Abgesandte anderer großer Klans wie z.B. der Dhulbahante und Warsangeeli miteinander. Genealogisch leiten sich diese Klans, wie auch die Majeerteen, von einem gemeinsamen Vorfahren namens Harti ab, der wiederum ein Nachkomme Daroods ist. Die Harti-Delegierten beschlossen die Gründung Puntlands und wählten Abdullahi Yusuf zum Präsidenten. Der Guerilla-Führer behielt diese Position bis Ende 2004. Die von der Verfassung vorgeschriebenen Neuwahlen nach drei Jahren boykottierte er und setzte seine Präsidentschaft gegen wachsenden internen Widerstand fort. Abdullahi Yusuf stützte seine Macht auf das Militär, auf die Besetzung administrativer Schlüsselpositionen mit engen Verwandten und Getreuen und auf massive Korruption. Der Staatshaushalt wurde enorm belastet durch die kostspielige Somalia-Politik des puntländischen Präsidenten auf der 2002 bis 2004 in Kenia abgehaltenen Friedenskonferenz für Somalia unter dem Vorsitz der IGAD (Inter-governmental Authority for Development).[28] Abdullahi Yusuf wurde dort schließlich im Oktober 2004 zum somalischen Präsident gewählt. Neuer Präsident Puntlands wurde daraufhin der im Januar 2005 von Klanvertretern gewählte Mahamud Muuse Hirsi, genannt Adde Muuse. Auch er ist ein Militär-Offizier aus dem Majeerteen-Klan.

Puntland ist seiner Verfassung gemäß ein autonomer Teilstaat Somalias. Die puntländische Regierung strebt den Aufbau eines föderalen Somalias in den alten Grenzen von 1991 an. Die Sezession Somalilands wird nicht akzeptiert. Dies führte in den letzten Jahren immer wieder zu Konflikten zwischen den beiden Regierungen in Nord-Somalia. Im Zentrum der Auseinandersetzung steht die Kontrolle der Regionen Sool und Sanaag. Diese werden von Dhulbahante und Warsangeeli bewohnt, die genealogisch zur Harti-Klan-Föderation gehören. Als „Harti-Land“ sind Sool und Sanaag somit Teil Puntlands. Doch beide Regionen waren eingeschlossen in das britische Protektorat Somaliland, dessen

28 Zwischen Oktober 2002 und Oktober 2004 fand in Kenia ein von der IGAD geleiteter und finanziell maßgeblich von der EU unterstützter Friedensprozess statt. Am Ende schwieriger und langwieriger Verhandlungen einigten sich Warlords, „traditionelle“ Autoritäten und Vertreter der Zivilgesellschaft auf eine föderale Verfassung. Anschließend wurde ein aus 275 Mitgliedern bestehendes Parlament gegründet. Darin erhielten nach der so genannten „4.5-Formel“ Vertreter der vier großen Klanfamilien Dir, Darood, Hawiye und Rahanweyn jeweils 20% der Sitze. Die verbleibenden 20% wurden von den Mitgliedern der so genannten Minderheiten-Gruppen (0.5) eingenommen.

Grenzen die Republik Somaliland heute für sich beansprucht. Ende 2003, Anfang 2004 entsandten beide Seiten Truppen in die Region und lieferten sich im Oktober 2004 ein kurzes Gefecht. Weitere Kämpfe konnten verhindert werden, da sich „traditionelle" Autoritäten sowie lokale und internationale zivilgesellschaftliche Organisationen vermittelnd einschalteten. Die Lage zwischen Somaliland und Puntland bleibt jedoch gespannt (Höhne 2005: 59f).

Somalia

Die Entwicklungen in Süd-Somalia bis Anfang 2006 waren von politischer Instabilität gekennzeichnet. Das Gebiet war in eine Vielzahl lokaler Warlord-Herrschaften aufgeteilt. Alleine die ehemalige Hauptstadt Mogadischu wurde von mindestens einem halben Dutzend verschiedener Gruppen und deren Anführern beherrscht, von denen einige zu dem „neuen Typ" *Warlord cum Businessman* gehörten. Letztere hatten es im Kontext der staatenlosen Ökonomie zu Reichtum gebracht und daraufhin Truppen zum Schutz ihrer Geschäfte aufgebaut. Auch spielten in Teilen Süd-Somalias islamische Organisationen eine wichtige Rolle. Bis 1996 war die bewaffnete Al Ittihat Al Islamiya noch am Bürgerkriegsgeschehen beteiligt. Doch nach einer Reihe von Niederlagen löste sie sich als militärische Truppe auf. Mitglieder islamischer Gruppen und Netzwerke waren jedoch parallel und nach der Teilnahme am Bürgerkrieg überall auf der Somali-Halbinsel im sozialen und wirtschaftlichen Bereich aktiv. Sie bauten und unterhielten Waisenhäuser und Schulen, führten Entwicklungshilfe-Projekte durch und etablierten gut gehende Geschäfte und Firmen. Besonders in Mogadischu errichteten islamische Gruppen in verschiedenen Nachbarschaften Scharia-Gerichtshöfe, die lokal für Ruhe und Ordnung sorgten (Menkhaus 2004: 61ff; ICG December 2005).

Nach den Anschlägen vom 11. September 2001 rückte Somalia wieder in den Blickwinkel der internationalen Gemeinschaft, und besonders Nordamerikas und Europas. Einige der islamischen Gruppen, die hier aktiv waren, gerieten unter Terrorismusverdacht. Wie der Bericht der Internationalen Crisis Group (ICG) zu „Counter-Terrorism in Somalia" (July 2005) deutlich macht, gibt es klare Anhaltspunkte für das Vorhandensein und auch für einzelne Operationen terroristischer Gruppen in Somalia. Doch es wäre falsch, Somalis als Moslems und Bewohner eines zerfallenen Staates unter den Generalverdacht zu stellen, islamischen Terrorismus zu unterstützen. Der Islam in Somalia ist stark vom Sufismus beeinflusst. Wichtige Sufi-Bruderschaften in Somalia, wie die Qadriya, der die überwiegende Mehrheit der Somalis nominell angehört, vertreten eine liberale Interpretation des Islam. Die meisten Somalis sind angesichts dieser religiösen Basis und auch angesichts der Beteiligung der Al Ittihat Al Islamiya am somalischen Bürgerkrieg nach 1991 nicht positiv gegenüber islamischen Extremisten eingestellt. Um die komplexe Lage zu verstehen, muss beachtet werden, dass einerseits Solidarität mit Moslems weltweit unter Somalis sehr ausgeprägt ist und der „war on terrorism“ vieler christlich-westlicher Staaten verurteilt wird. Andererseits werden Attentate islamischer Terrororganisationen auf Zivilisten verabscheut. In lokaler Perspektive kommt hinzu, dass angesichts brutaler Warlord-Herrschaften und des weitgehenden Rückzugs der internationalen Gemeinschaft seit 1995 die sozialen und ökonomischen Projekte islamischer Gruppen eine konkrete Hilfe im Alltag und damit etwas Positives darstellen.

Bis Mitte 2006 sind die internationalen Bemühungen, in Somalia wieder einen Zentralstaat aufzubauen, gescheitert. Somaliland hat die jüngste Friedenskonferenz in Kenia konsequent boykottiert. Die im Exil gebildete somalische Übergangsregierung, genannt „Transitional Federal Government“ (TFG), bewegte sich zwar im Laufe des Jahres 2005 von Kenia nach Somalia. Dort spaltete sie sich jedoch in zwei Gruppen, die ihren Sitz in der Stadt Jowhar bzw. in Mogadischu bezogen. Die Erringung effektiver Regierungsgewalt im Land war somit blockiert. Im Frühjahr 2006 gelang es, diese Spaltung zu überwinden. Die Parlamentarier kamen zur ersten Sitzung in der Stadt Baidoa im zentralen Süden Somalias zusammen. Gleichzeitig eskalierte jedoch die Lage in Mogadischu. Eine vermutlich von der US-Regierung unterstützte „Anti-Terror-Allianz“, geführt von mehreren Warlords mit Ministerposten in der Übergangsregierung, begann gegen die in Mogadischu seit Jahren etablierten Scharia-Gerichtshöfe zu kämpfen. Bis Mai 2006 verloren die Warlord-Milizen gegen die Truppen der United Islamic Courts (UIC). Letztere übernahmen die Kontrolle über Mogadischu und wurden von der Zivilbevölkerung weitgehend als Garanten für Ruhe, Ordnung und transparente Gerichtsbarkeit nach Jahren der Warlord-Herrschaft begrüßt. Im Juni expandierten die UIC Truppen und bewegten sich auf Baidoa, den Sitz der Übergangsregierung, zu. Äthiopien versammelte Truppen an der äthiopisch-somalischen Grenze und kündigte ein Eingreifen an für den Fall, dass die UIC Truppen Baidoa angreifen sollten. Bisher sind Verhandlungen zwischen Abdullahi Yusufs Regierung und den Führern der islamischen Truppen gescheitert. Äthiopische Truppen wurden laut BBC Berichten in Somalia, in und um Baidoa, von Journalisten gesehen.

Die unvorhergesehene Machtübernahme islamischer Kräfte in Mogadischu hat international für Aufmerksamkeit gesorgt. Die Frage für westliche Medien und Regierung ist, wie man die Machtübernahme militanter islamischer Kräfte in Teilen Somalias verhindern kann. Hier sei eine knappe spekulative Bemerkung erlaubt: Ein militärisches Eingreifen, wie es von Äthiopien angekündigt wurde, würde sich sehr wahrscheinlich als kontraproduktiv erweisen. Es würde wohl zu einer Solidarisierung militant islamischer und nicht militant islamischer Somalis gegen externe Angreifer führen. Die Übergangsregierung würde vollständig an Glaubwürdigkeit verlieren und jegliche friedliche politische Option würde in neuen Kämpfen verloren gehen, die sogar über Somalia hinausreichen könnten.

Analyse: Sozialer Wandel und Gewalteskalation

Die so genannten „Traditionalisten" erklären den Bürgerkrieg und den Staatszerfall in Somalia unter Verweis auf die Logik der segmentären Gesellschaftsordnung. Demnach schließen sich Segmente gleicher Ordnung, wie z.B. Klans, auf höherer Ebene zusammen, um einen gemeinsamen Gegner zu bekämpfen oder um einen anderen Vorteil zu haben. Doch sobald keine äußere Bedrohung vorliegt oder die zu erreichenden Ressourcen knapp werden, zerfällt eine segmentäre Gesellschaft in sich untereinander bekämpfende Gruppen. Der Zusammenschluss auf staatlicher Ebene ermöglichte den Somalis, internationale Ressourcen anzuziehen. Diese wurden innerhalb des Landes entlang von Verwandtschaftsnetzwerken umverteilt. Der gemeinsame Gegner war in postkolonialer Zeit vornehmlich Äthiopien. Nach der Niederlage im Ogadeen-Krieg spaltete sich die somalische Gesellschaft in mehreren Etappen. Die übergreifende Ideologie des Pan-Somalismus hatte an Integrationskraft verloren, innerhalb des Staates profitierten immer weniger Individuen und Gruppen von den staatlichen Ressourcen, die schließlich Ende der 1980er Jahre wegfielen, als sich die externen Verbündeten von dem somalischen Regime abwandten. Damit zerfiel auch der Staat. In dieser Perspektive ist Staatlichkeit im somalischen Kontext immer fragil; auch sind bewaffnete Konflikte „normal". Die Kämpfe in den 1980er und 1990er Jahren unterscheiden sich von den vorkolonialen und kolonialen Konflikten lediglich in der Intensität, die mit der Art der Waffen zusammenhängt, und hinsichtlich der umkämpften Ressourcen. In Kurzform lautet dieses Argument: Es wird mit Kalaschnikows statt mit Speeren um die Macht im Staat und um wichtige ökonomische Ressourcen gekämpft. Letztere sind nicht mehr Weide und Wasser, sondern die Plantagen im Süden inklusive der darauf lebenden und arbeitenden Bauern, sowie die wichtigen Verkehrsknotenpunkte des Landes (Schlee: 2001; Schlee 2002; Lewis 1995: 76; Heyer 1997).

Der Fokus auf die segmentären Strukturen erklärt tatsächlich oft, wer mit wem gegen wen kämpft (Schlee 2002: 269f). Doch vor dem Hintergrund der oben ausgeführten Veränderungen in der somalischen Gesellschaft porträtieren die „Traditionalisten" Somalia und seine Bewohner als zu statisch. Vor allem können sie die sehr unterschiedlichen Entwicklungen in Nord- und Süd-Somalia nach 1991 nicht befriedigend erklären. In ganz Somalia war die Gesellschaftsordnung segmentär und die Somalis im Norden wie im Süden verfügten massenhaft über Kalaschnikows und andere moderne Waffen. Warum konnte jedoch der Bürgerkrieg im Laufe der 1990er Jahren in Nord-Somalia beendet werden, warum konnten hier sogar mit Somaliland und Puntland *de facto* staatliche Ordnungen wieder aufgebaut werden (die bestehen bleiben, obwohl nicht massenhaft externe Ressourcen zufließen), wohingegen in Süd-Somalia nach wie vor Krieg und Instabilität herrschen?

Man kommt der Beantwortung dieser Fragen näher, wenn man die Position der so genannten „Transformationisten“ berücksichtigt. Diese erklären den Bürgerkrieg und den Staatszerfall in Somalia mit dem langsamen Wandel der somalischen Gesellschaft im Verlauf des 20. Jahrhunderts. Dabei spielten die Integration der somalischen Wirtschaft in den Weltmarkt und, zum Teil eng damit verbunden, die Eingriffe von Seiten kolonialer und postkolonialer Machthaber eine entscheidende Rolle. Die somalischen Regierungen, insbesondere das Barre-Regime, höhlten das Klansystem aus. Gestützt auf externe Verbündete und ihre Ressourcen wurden die bestehenden Normen und Strukturen der Gesellschaft manipuliert und zerstört. Das Ziel dieser Politik war der Machterhalt einer relativ kleinen elitären Gruppe, die sowohl durch Abstammung als auch durch persönliche Nähe zum Herrscher definiert war (Samatar 1989: 152ff; Samatar 1992: 633-641; Kapteijns 1994: 220ff).

Ein weiteres wichtiges Element des Wandels ist die Entgrenzung der Gewalt in den gesellschaftlichen Beziehungen. Der systematische Bruch der Normen, und nicht nur die Verwendung von modernen Waffen an Stelle von Speeren, führte zu der in der somalischen Geschichte bisher beispiellosen Katastrophe des Bürgerkriegs in den 1980er und 90er Jahren. Die Transformationisten können erklären, warum die Gewalt im Süden nicht unter Rückgriff auf lokal vorhandene Strategien der friedlichen Konfliktaustragung eingegrenzt und beendet werden konnte. Hier hat sich über Jahrzehnte eine korrupte Eliten-Herrschaft etabliert. Die Gesellschaftsstrukturen haben sich dabei in einem Maß verändert, das die Regelung von Konflikten durch „traditionelle“ Autoritäten gegen den Willen von Warlords unmöglich machte. Diese These vom Gesellschaftswandel im Zuge von Weltmarktintegration und durch Manipulation von „außen“ bzw. „oben“ greift jedoch nicht so eindeutig in Nord-Somalia. Dort wurde ja gerade auf Basis der vorhandenen „Traditionen“ Frieden gemacht und wieder eine politische Ordnung aufgebaut. In diesem Kontext kann die traditionalistische Perspektive überzeugend die Allianzen im Konfliktfall wie auch die Wege zum Frieden erklären.

Zusammenfassend lässt sich feststellen, dass sich ein besseres Verständnis der Entwicklungen in Somalia nur erreichen lässt, wenn man sowohl die traditionalistische als auch die transformationistische Perspektive in Betracht zieht. Gesellschaftswandel und strukturelle Konstanten schließen sich nicht gegenseitig aus, sondern müssen als Bedingungen der Gegenwart erfasst werden, die immer auf dem Vergangenen aufbaut. Es ist zugleich angebracht, die gegenwärtige Lage in Somalia regional differenziert zu untersuchen.

Resümee: Lokale Realitäten und internationale Konzepte

Die „Ordnung" im somalischen „Chaos" ist keine einheitliche Ordnung. Dort, wo koloniale und postkoloniale Herrschaften wenig in die bestehenden lokalen Strukturen eingegriffen haben, lassen sich Krieg und Frieden durchaus mit dem Verweis auf segmentäre Muster von Politik und Konfliktaustragung erklären. In den Kontexten jedoch, die über Jahrzehnte von Machthabern zum Teil gewaltsam manipuliert wurden, haben sich neue Muster von Ordnung etabliert. Dabei waren nicht nur endogene, sondern auch exogene Faktoren entscheidend, wie die Einrichtung einer export-orientierten Plantagenwirtschaft, die massive Unterstützung des Landes mit Waffen von Ost und West in den Jahrzehnten des Kalten Krieges und der Zufluss humanitärer Hilfe in die von Warlords kontrollierten Gebiete nach 1991.

Die Herrschaft der Warlords in Süd-Somalia beruht zwar auf in Verwandtschaftsnetzwerken rekrutierten Kämpfern, aber ihre Dauerhaftigkeit hängt an der gewaltsamen und skrupellosen Ausbeutung von Ressourcen zum Wohle einer sehr kleinen Gruppe von Profiteuren. Umwelt und Gesellschaft werden dabei rücksichtslos zerstört. Das entspricht nicht der Logik der segmentären Gesellschaftsordnung, der zufolge lokale Führer kaum dauerhaft Macht akkumulieren können. Auch sind „traditionelle" Autoritäten bemüht, Konflikte einzudämmen und eine friedliche Lösung zu finden. In den schwierigen Umweltbedingungen auf der somalischen Halbinsel bringt anhaltende Gewalt selbst für starke Gruppen mehr Schaden als Vorteil.

Der Ansatz der internationalen Staatengemeinschaft gegenüber Somalia war von Anfang an, wieder einen Zentralstaat in den Grenzen von 1991aufzubauen. Bis heute wurde den Warlords als den scheinbar wichtigsten politischen Akteuren im Land immer eine prominente Position bei den Friedensverhandlungen zugestanden.[29] Abgesehen davon, dass die Legitimation von Gewaltherrschern im Rahmen internationaler Politik sehr problematisch ist, schlug diese Strategie bisher fehl. Die Entwicklungen in Nord-Somalia, in Somaliland und teilweise auch in Puntland, haben gezeigt, dass Friedensverhandlungen „von unten", in Verantwortung der lokalen Bevölkerung und auf Basis der vorhandenen Strategien der friedlichen Konfliktaustragung, Erfolg haben können. Dieser Ansatz kann auf Grund der unterschiedlichen Strukturen der Gesellschaft in Nord- und Süd-Somalia nicht einfach auf den Süden übertragen werden.

In diesem Aufsatz können und sollen keine „Patent-Rezepte" für internationales Eingreifen im somalischen Kontext vorgestellt werden. Es ist jedoch klar, dass eine realistische internationale Politik Somalia differenziert betrachten muss.

29 Es bleibt abzuwarten, ob die internationale Staatengemeinschaft und die islamischen Kräfte in Mogadischu als effektive Machthaber Verhandlungen über eine friedliche politische Lösung für Somalia führen können.

Die Sonderstellung des *de facto* Staats Somaliland lässt sich nicht mehr ignorieren, wie dies zuletzt auf der Friedenskonferenz in Kenia geschah. Ebenso müssen Alternativen zum zentralstaatlichen Ansatz gesucht werden, der auf Warlords aufbaut. Letztere sind im Wesentlichen durch Gewalt legitimiert. Diese Legitimation trägt nicht für eine umfassende Friedensordnung in Somalia.

Anstatt im Rahmen von „fiktiven“ Friedensprozessen „virtuelle“ Regierungen zu kreieren (Hagmann/Terlinden 2005), wäre es sinnvoller, die kriminelle und gewaltsame Politik von Warlords und ihren internationalen Partnern am Horn von Afrika, auf der arabischen Halbinsel und in Europa konsequent zu sanktionieren und gleichzeitig den Frieden und die relative Stabilität in weiten Teilen Nord-Somalias durch intensivere humanitäre und politische Zusammenarbeit zu belohnen. Die internationalen Ressourcen, die bisher in aussichtslose Konferenzen mit Warlords investiert wurden, könnten für die Bekämpfung von Piraterie, Giftmüllverklappung und Waffenschmuggel vor der somalischen Küste und an den somalischen Grenzen eingesetzt werden. Dass viele wichtige Akteure in dieser globalen „Schattenökonomie“ (Lock 2004) bekannt sind, zeigen verschiedene UN-Reporte (United Nations 2003; United Nations 2005).

Nicht nur in Somalia, sondern auch in anderen Kontexten wird offenbar, dass bestehende Konzepte der internationalen Politik und des Völkerrechts überdacht werden müssen, um den Realitäten einer „world of emerging states“ (Bahcheli/Bartmann/Srebrink 2005) gerecht zu werden. In dieser Welt ist Staatszerfall nichts außergewöhnliches, sondern eine nachvollziehbare Entwicklung, die oft „schleichend“ und schon lange vor dem von außen wahrnehmbaren Ereignis eines Regierungs-Sturzes einsetzt. Internationale, nationale und lokale Politik ist am Zerfall eines Staates beteiligt. Zerfallene Staaten sind somit nicht „isolierte“ Fälle oder, wie Hill (2005) schreibt, „the deviant Other“. Gleichzeitig gibt es auch kein einfaches „Rezept“, um von einer Konflikt- zu einer Post-Konflikt-Ordnung zu kommen. Wie die Beispiele Somaliland und Puntland zeigen, kann friedliche Konfliktregelung und effektiver Staatsaufbau auch oder gerade abseits westlicher Interventionen und Modelle von „nation building“ und „conflict management“ stattfinden.

Literatur

Africa Watch 1990: Somalia. A government at war with its own people, New York.

Bahcheli, Tozun; Bartmann; Barry; Srebrnik, Henry 2005: Introduction. A new world of emerging states, in: T. Bahcheli; B. Bartmann; H. Srebrnik (ed.): De Facto States. The quest for sovereignty, London, pp.1-11.

Bakonyi, Jutta 2001: Instabile Staatlichkeit. Zur Transformation politischer Herrschaft in Somalia, Hamburg.

Bakonyi, Jutta; Stuvoy, Kirsti 2005: Violence and Social Order Beyond the State: Somalia and Angola, in: Review of African Political Systems, Nos. 104/5, S. 358-382.

Baldacci, Guilio 1909: The promontory of Cape Guardafui, in: Journal of the Royal African Society, Vol. 9, Issue 33, 59-72.

Besteman, Catherine 1999: Unraveiling Somalia: race, violence and the legacy of slavery, Philadelphia.

Brons, Maria H. 2001: Society, Security, Sovereignty and the state: Somalia. From statelessness to statelessness, Utrecht.

Burton, Richard F. 1987 [1856]: First Footsteps in East Africa, or, An Exploration of Harar, New York.

Cerulli, Enrico 1957-1964; Scritti Vari Editi ed Inediti, Rome.

Clapham, Christopher 2001: Rethinking the African State, in: African Security Review, Vol 10 No. 3, S. 1-16.

Cramer, Christopher; Goodhand Jonathan 2005: Try Again, Fail Again, Fail Better? War, the State and the ‚Post-Conflict' Challenge in Afghanistan, in: Jennifer Milliken (ed.): State Failure, Collapse and Reconstruction, S. 131-155.

De Waal, Alex 1997: Famine crimes. Politics and the desaster relief industry in Africa, Oxford.

Drake-Brockman, R.E. 1911: British Somaliland, London.

Doornbos, Martin 2000: When is a state a state? Exploring Puntland, in: Piet Konings (ed.): Trajectoires de liberation en Afrique contemporaire, Paris, Karthala, pp 125-139.

Eckert, Julia (Hg.) 2005: Anthropologie der Konflikte. Georg Elwerts konfliktheoretische Thesen in der Diskussion, Bielefeld.

Eisenstadt, Shmuel N. 2003 [1988]: Beyond Collapse, in: Norman Yoffe (ed.): The Collapse of Ancient States and Civilizations, Tuscon, pp. 236-243.

Erdmann, Gero 2003: Apokalyptische Trias: Staatsversagen, Staatsverfall und Staatszerfall – strukturelle Probleme der Demokratie in Afrika, in: Petra Bendel et. Al. (Hg.): Demokratie und Staatlichkeit, Systemwechsel zwischen Staatlichkeit und Staatskollaps, Opladen, S. 267-292.

Farah, Ahmed Yusuf, with Ioan M. Lewis (1994) Somalia: The Roots of Reconciliation. Peace Making Endeavors of Contemporary Lineage Elders: A Survey of Grassroots Peace Conferences in „Somaliland", ACTIONAID.

Fortes, Meyer; Evans-Pritchard, Edward E. 1940: Introduction, in: M. Fortes; E. E. Evans-Pritchard (ed.): African Political Systems, Oxford, pp. 1-23.

Hagmann, Tobias; Terlinden, Ulf 2005: Somalias fiktive Friedensprozesse. Neze „Briefkasten"-Regierung statt Konfliktregelung, in: Neue Züricher Zeitung, Internationale Ausgabe, Do. 3. März, S. 5.

Hashi, Abdirahman A. 1998: Essential Somali-English Dictionary, Addis Abeba.

Hauck, Gerhard 2001: Gesellschaft ohne Staat in Afrika, Frankfurt a.M.

Hein, Wolfgang 2005: Vom Entwicklungsstaat zum Staatsverfall, in: Aus Politik und Zeitgeschichte, 28-29/2005. S. 6-11.

Herbst, Jeffrey 2000: States and Power in Africa, Princeton.

Heyer, Sonja 1997: Staatsentstehung und Staatszerfall in Somalia: Dezentralisierungsmodelle jenseits des Staates, Berlin.

Hill, Jonathan 2005: Beyond the Other? A postcolonial critique on the failed state thesis, in: African Identities, Vol. 3, No. 2, S. 139-154.

Höhne, Markus V. 2002: Somalia zwischen Krieg und Frieden. Strategien der friedlichen Konfliktaustragung auf internationaler und lokaler Ebene, Hamburg.

Höhne, Markus V. 2005: Somalia – Ein Neubeginn? Entwicklungen und Perspektiven unter besonderer Berücksichtigung der Verhältnisse in Nord-Somalia, in: Walter Feichtinger; Gerald Hainzl (Hg.): Krisenherd Nordost-Afrika. Internationale oder afrikanische Verantwortung?, Baden-Baden, pp. 41-63.

Human Rights Watch 1992: Somalia. No Mercy in Mogadishu.

Human Rights Watch 1995: Somalia Faces the Future. Human Rights in a divided society.

ICG July 2005: Counter-Terrorism in Somalia: Losing Hearts and Minds?

ICG December 2005: Somalia's Islamists.

ICRC (International Committee of the Red Cross) 1998: Spared from the spear. Traditional Somali Behviour in Warfare.

Jimcaale, Cabdiraxmaan 2005: Consolidation and Decentralizationm of Government Institutions, in: WSP (War-torn Societies Project) international (ed.): Rebuilding Somaliland. Issues and possibilities, Lawrenceville, pp. 49-121.

Kapteijns, Lidwien 1994: Women and the Crisis of Communal Identity: The cultural construction of gender in Somali history, in: Ahmed I. Samatar (ed.): The Somali Challenge. From catastrophe to renewal, London, pp. 211-232.

Klute, Georg 2005: Formen der Streitregelung jenseits des Staates, in: Eckert, Julia (Hg.) 2005: Anthropologie der Konflikte. Georg Elwerts konflikttheoretische Thesen in der Diskussion, Bielefeld, S. 298-314.

Klute, Georg; von Trotha, Trutz 2000: Wege zum Frieden. Vom Kleinkrieg zum parastaatlichen Frieden im Norden von Mali, in: Sociologus, 50. Jg. Heft 1, S. 1-36.

Krasner, Stephen D.; Pascual, Carlos 2005: Addressing State Failure, in: Foreign Affairs, July/August, pp. 153-163.

Laitin, David D.; Samatar, Said S. 1987: Somalia. Nation in Search of a State, London.

Lewis, Ioan M. 1961: A pastoral democracy. A study of pastoralism and politics among the Northern Somali of the Horn of Africa, Oxford.

Lewis, Ioan M. 1994: Blood and Bone. The call of kinship in Somali society, Lawrenceville.

Lewis, Ioan M. 1995: Understanding Somalia: Guide to culture, history and social institutions, London.
Lewis, Ioan M. 2002: A modern history of the Somali, Oxford.
Lock, Peter 2004: Gewalt als Regulation: Zur Logik der Schattenglobalisierung, in: Sabine Kurtenbach; Peter Lock (Hg.): Kriege als (Über)Lebenswelten. Schattenglobalisierung, Kriegsökonomien und Inseln der Zivilität, Ulm, S. 40-61.
Luling, Virginia 2002: Somali Sultanate. The Geledi City-State over 150 years, London.
Marchal, R., Mubarak, J.A., Del Bruno, M., Manzolillo, D.L. 2000: Globalization and its impact on Somalia, http://www.somaliawatch.org/archive/000204601.htm [30.01.2006]
Matthies, Volker 1977: Der Grenzkonflikt Somalias mit Äthiopien und Kenya. Analyse eines zwischenstaatlichen Konflikts in der Dritten Welt, Hamburg.
Matthies, Volker 2005: Kriege am Horn von Afrika. Historischer Befund und friedenswissenschaftliche Analyse, Berlin.
Menkhaus, Ken 2004: Somalia: State Collapse and the threat of terrorism, Adelphi Paper 364, Oxford.
Neubert, Dieter 1999: Dynamics of Escalating Violence. The genocide in Rwanda, in: Georg Elwert, Stephan Feuchtwang; Dieter Neubert (ed.): Dynamics of Violence. Processes of escalation and de-escalation in violent group conflicts, Berlin, pp. 153-174.
Paulitschke, Philipp 1967 [1893/1896]: Ethnographie Nordost-Afrikas. Zwei Bände, Berlin.
Prunier, Gérard 1995: Somalia: civil war, intervention and withdrawal 1990-1995 www.asylumlaw.org/docs/somalia/country_conditions/Prunier.pdf [30.01.2006]
Reinhardt, Dieter 2005: Staatszerfall, Neue Kriege und Bedrohungspotentiale (Review Essay), in: Internationale Politik und Gesellschaft 3, S. 164-176.
Samad, Asha A. 2002: Brief Review of Somali Caste Systems, www.idsn.org/pdf/Africa/somalia.pdf [24.01.2006]
Samatar, Abdi Ismail 1989: The State and Rural Transformation in Northern Somalia 1884-1986, Madison.
Samatar, Abdi Ismail 1992: Destruction of State and Society in Somalia: Beyond the tribal convention, in: Journal of Modern African Studies, Vol. 30, Issue 4 (Dec. 1992), 625-641.
Samatar, Said S. 1982: Oral Poetry and Somali nationalism The case of Sayyid Mahammad Abdille Hasan, Cambridge.
Schetter, Conrad J. 2003: Ethnizität und ethnische Konflikte in Afghanistan, Berlin.
Schlee, Günther 2001: Regularity in Chaos: the politics of difference in the recent history of Somalia, Max Planck Institute for Social Anthropology, Working Paper No. 18.

Schlee, Günther 2002: Regularity in Chaos: the politics of difference in the recent history of Somalia, in: G. Schlee (ed.): Imgined Differences. Hatred and the construction of Identity, Hamburg, pp. 251-280.
Schlichte, Klaus 1996: Krieg und Vergesellschaftung in Afrika. Ein Beitrag zur Theorie des Krieges, Münster, 1996
Schneckener, Ulrich 2005: Fragile Staatlichkeit als globales Sicherheitsrisiko, in: Aus Politik und Zeitgeschichte, 28-29/2005, S. 26-31.
Sheikh-'Abdi, 'Abdi 1993: Divine Madness. Mohammed 'Abdulle Hassan (1856-1920), London.
Sigrist, Christian 1967: Regulierte Anarchie. Untersuchungen zum Fehlen und zur Entstehung politischer Herrschaft in segmentären Gesellschaften Afrikas, Freiburg.
Simons, Anna 1996: Somalia: A regional security dilemma, in: Edmond J. Keller and Donald Rothchild (ed.): Africa in the new international order, London, pp. 71-84.
Srebrnik, Henry 2005: Can clans form nations? Sonaliland in the making, in: Tozun Bahcheli, Barry Bartmann; Henry Srebrink (ed.): De Facto States. The quest for sovereignty, London, pp. 210-231.
United Nations 2003: Report of the Panel of Experts on Somalia pursuant to Security Council Resolution 1425 (2002), United Nations S/2003/223, 25 March 2003.
United Nations 2005: Report of the Monitoring Group on Somalia pursuant to Security Council resolution 1558 (2004), United Nations S/2005/153, 9 March 2005.
von Trotha, Trutz 2005: Der Aufstieg des Lokalen, in: Aus Politik und Zeitgeschichte, 28-29/2005, S. 32-38.
Yoffe, Norman (ed.) 2003: The Collapse of Ancient States and Civilizations, Tuscon.
Zitelmann, Thomas 2001: Krisenprävention und Entwicklungspolitik – Denkstil und Denkgeschichten, in: Peripherie, Nr. 84, S. 10-25.

The changing nature of security in the Horn of Africa and the effect of these new conditions on traditional regional and international security architecture

Mitslal Kifleyesus-Matschie

There are new security climate in the Horn of Africa and its implications are not only limited for the Horn of Africa governments and civil society, but also to the changing nature of security and the effect of these new conditions on traditional security architecture. The questions are who are the new 'players' in the Horn of Africa national and international security? What is the meaning of 'national security' in the context of today's international security and global economy? Are current Horn of Africa nations security structures appropriate for responding to the new security challenges?

The Horn of Africa region consists of seven states: Djibouti, Eritrea, Ethiopia, Kenya, Somalia, Sudan, and Uganda. Many of these states face similar patterns of development, security challenges, ranging from internal insurgency to cross border disputes driven from national, regional and international sources. Common problems include poor governance, lack of accountability, extreme poverty, control of natural resources, small arms trade, refugees and internally displaces persons (IDPs), politics of exclusion, and ethnic rivalries.[1]

Consequently, the conflicts in this region often go beyond their own borders and adversely affect neighbouring states as well as international security. The complex nature of the region's conflicts calls for a unified effort at the local, national, regional, and international levels.

The international situation contributes also to the complication of the national and regional situation. Therefore, this paper focus on two important to focus on the impact of technology and Diaspora's on African conflicts. Technology on the continent was established primarily for development purposes; however it has

1 Pugwash Workshop: Security Architecture in the Horn of Africa, 17-19 March 2006, Pugwash Meeting no. 315, http://www.pugwash.org/reports/rc/kenyamarch2006/Kenya 03-2006-report.htm.

been circumvented to support terrorism and to increase the influence of Diaspora. This contribution tries to show two important aspects, primarily the necessity to recognise the new actors of conflict and conflict prevention. Due to the weakening of the governments in the Horn other actors have been empowered (private and intergovernmental). In the case of the Horn of Africa, especially Ethiopia, the government has been unable to provide basic services such as education, health, and security. Instead, these are undertaken by private industries and NGO's, often funded by the Diaspora, who has wide ranging financial and political influence. In the conflict between Ethiopia and Eritrea, much of the money, and therefore the command and control capacity, come from America and Europe. Some estimates put the amount of money flowing from the Ethiopian Diaspora as greater than the Ethiopian government's budget. The main problem with the Diasporas is that they have all of the rights and none of the responsibilities of citizenship. They carry passports from other countries and are able to encourage revolutions or unrest without having to deal with the repercussions.

A second issue is that there is a large population of highly educated youth who are unable to find jobs in their home country. This is a universal problem of disenchanted youth who go to Europe, have difficulty assimilating, and become vulnerable to extremists. Because of this interrelated nature it is necessary to look at the Horn as a whole in developing a regional and international security architecture.

It has become imperative to seek new mechanisms for building security in Africa, and in the Horn of Africa in particular. The complex nature of the region's conflicts calls for a unified effort for different actors at the local, national, regional, and international levels. The objective of this paper is to discuss the new actors in the Horn of Africa development and security issue.

Growing concern about the instability of the Horn of Africa to international security and to the regional stability has been paralleled by concern about the employment of the new information and communication technologies (ICT's) as a platform of communication, command and control for conflicts. This paper deals on the opportunities the ICT's offer to the diasporas from the Horn of Africa as a new dimension for political communications: for peaceful but also as for extremists and terrorists purposes. It has been noticed, during the recent conflict in Ethiopia ICT has allowed the diffusion of command and control. There is an increasing tendency by the diasporas from the Horn of Africa, to use the boundless new opportunities for communication, to target the information stores, processes and communications of their opponents for political and security purposes. The sophistication and the weakness of the modern nation-state in the Horn of Africa, and its dependency for development to facilitate the use of ICT's, make the state of Horn of Africa ever more vulnerable to national and international threat of security.

Internet is transforming political institutions and modes of political communication in the Horn of Africa. How this relation between the states of Horn of Africa and citizens in Diaspora is developing will transform in the future the role of the Diasporas in regional and international security. Internet is providing opportunities to create new political communities and communications for Diasporas. But although it can be a force for increased democracy and for the spread of human rights worldwide, there are some evidences that anti-democratic groups (in the country of origin and in Diasporas) who have previously been marginalized have become active.

A dimension that has been largely overlooked in research and policy analysis is special how the Internet is used by Diaspora to communicate the political message in the country of origin and in the country of residences. Yet, available evidence suggests that homeland conflicts also directly affect the lives and well being of the Diaspora despite the fact that they are far away from the conflict zones.

It is the aim of this paper to provide assessments and analyses of the current and emerging threats of use of ICT in the Horn of Africa, attempting to identify and understand the root causes of new problems and to examine the scope for the development of solutions. A major theme is the vulnerability of the international community, a feature of the new security climate that is not the result of the emergence of any particular nation or terror group but a consequence of the increasing interdependence of international society.

There are number of issues surrounding the complex and sometimes ambiguous role of Diasporas and exiles in conflicts in their country of origin and having the direct and indirect impact of these conflicts in international terrorism. These include: the issue of how Diaspora and exile politics is grounded in the local and international context of the everyday problems that the diasporas face in their countries of residence; how internet is used to communicate the trans-national challenges and how Diaspora political trans-national means of intervention in conflicts are facilitated by internet; and the tricky issue is the access to internet is reinforce by the financial power of Diaspora political networks and campaigns vis-à-vis the wider population in the country of origin. The paper mainly draws on the case of Ethiopia, Eritrea and Somalia political networks in America and Europe, supplemented with examples from other Diaspora in the Horn of Africa. The paper researches if Horn of Africa Diasporas political organisations and personnel are linked to extremists and ethnic and religious extremists as well as if they are organised in networks.

The use of ICT's to influence, modify, disrupt or damage a nation state, its institutions or population by influencing the media, or by subversion, has been called 'netwar' (Arquilla and Ronfeldt).[2]

It is necessary to understand and analyses the multifaceted nature of the relation, and it is necessary to identify if the ICT could intensify the following three important parameters: the political interest/drive of the diasporas to be involved in national conflicts, the financial power of the diasporas and the religious dimension of the conflicts in national and international level in parallel the ability of the diasporas in using ICT as means of communication, command and control. This paper gives extra attention to understand how the ICT could be used or misused in linking national conflicts to international security interests.

First: the recent decades of violent conflict in the Horn of Africa are characterised by three significant elements: processes of state collapse, state formation, and the dispersal of people throughout the region and abroad. The profound dispersal of Somalis and other peoples originating from the former Republic of Somalia, for instance, have been intimately linked to ongoing conflicts in the Horn of Africa. Today, Diasporas abroad are still involved in the complex processes of reconciliation and state formation in the Horn of Africa. This paper looks to the various ways in which the Diaspora is influence the conflict in their country of origin. It also explores the growing number of intra-state conflicts in the horn, the enhanced possibilities due to internet for trans-national communication, mobilization and action as well as the relation with upsurge in international security concerns after 9/11, have heightened attention to the role of diasporas. And how the Diasporas perceive the relations and how they can be incorporated into the fight against terrorism in the country of origin and in the residences country.

Secondly, the finical and lobbying power of the Diasporas in the Horn of Africa provides opportunities for a long-distance nationalist or fundamentalists that perpetuate conflicts through economic and political support or intervention.

For instance, according to sources from the Ministry of Foreign Affairs of Ethiopia, the number of the Ethiopian Diaspora is estimated to be over a million. There are more than 250,000 Ethiopian Diasporas in North America alone and they represent a significant number of immigrant populations in some major cities of North America. Some put this number to half a million. Generally, the Ethiopian Diaspora is widely acknowledged for their economic strength, educational as well as professional backgrounds and entrepreneurial skill in many North American, European and other countries.

A report by the IMF indicates that remittance is becoming a major source of foreign exchange earning for poor countries including Ethiopia. In some countries,

---

2 http://www.ethpress.gov.et/Herald/article.asp?categoryid=157&categoryName=Perspective+survey.

remittance is surpassing import revenues. For instance, the National Bank of Ethiopia estimates that the official and non-official hard currency that is sent by Ethiopians residing in foreign countries reaches 600 million USD annually, almost approaching its import revenues. This can be more vital to the Ethiopian economy if the money transfer is done through official financial institutions because this will contribute to the nation's foreign exchange reserves. Further, the Diaspora can open a bank account in Ethiopia in foreign currencies i.e. in USD, Euro, Pound Sterling and Yen. They can also open an account in Ethiopian Birr in any local Ethiopian banks. This will contribute to the local economy and could be a vital source of fund for domestic investment.[3]

The Ethiopian opposition has been alleged to be commanded and controlled by the Diasporas in America. The leaders of the political opposition within Ethiopia such as the leaders of the late CUD and the Union regularly travel to North America are alleged to be dependant not from political support and receive but also financial support for their activities.

Thirdly, multifaceted nature of political Islam on the Horn of Africa is a precondition for the understanding of the potential link. In order to understand the complex relations and their vital role in conflict prevention it is necessary to understand the historical and contemporary context of Islam. In strict geographic terms the Horn of Africa is defined as Djibouti, Eritrea, Ethiopia, Somalia, and Sudan. In mainstream political science terms the Horn is also defined by the disorder and state breakdown that provide fuel for the most virulent forms of political Islamic radicalism and terrorist activity. A survey of Islam in the Horn illustrates that Somalia and Djibouti are overwhelmingly Muslim, while a little less than three-quarters of the Sudan and roughly half of Ethiopia and Eritrea are Muslim. Ambassador David Shinn explained that Islamic movements challenged Ethiopian Christian hegemony in the fourteenth and sixteenth centuries and created obstacles to British rule in Somaliland in the early twentieth century. The Muslim League in Eritrea, following World War II, and the Muslim–dominated Eritrea Liberation Front, in the early 1960s, both agitated against Ethiopian rule.

In parallel, the ICT's is providing a range of benefits for the Diasporas in their activities, which previously did not exist.

- First, they allow interconnectivity that is communication and networking, both externally and internally.
- Second, allows covert communication and anonymity, and anonymity. Most of the communication by the Diasporas from the Horn of African is

---

3 http://www.ethpress.gov.et/Herald/article.asp?categoryid=157&categoryName=Perspective
+survey

with use of "internet name" and which is probably the most noticeable trend in terrorist acts of recent years.

- A third reason for using the Internet is that it is cheap.

ICI which is vital for development is used in this particular case also for commanded and control for regional and international security. ICT is creating a new platform for making new friends from around the world and use the Internet to exercises in power to influences development and conflicts is also a political campaigning tool. It is necessary to look how the actions by diasporas in the Horn of Africa at this stage only limited dealing with national concerns could lead to international concerns, actions has to be done so that it would not prepare the ground for international terrorism.

One should not underestimate the positive role of technology, the digital world is one of the bridges for regional and international security, it facilitate in creating peacemaking capacity in the regional and fighting international terrorism in the Horn of African.

The policy challenge is how to minimise the negative and maximise the positive impact of Internet in the activities of the Diaspora in homeland (in fighting not only national but also and international terrorism) development. The paper argues that it is imperative to mainstream strategically the long-distance Diaspora's activities in the formulation of policy options and proposals designed to promote peace and security, political stability and good governance in their respective countries of origin in Africa as well as in international security. This is with the aim of making better use of the unique strategic position and the immense potential of the Diaspora for conflict transformation and development activities in fighting international terrorism. Adopting this proactive policy stance however warrants the need to undertake much more empirical research and a systematic collection of data on the long-distance Internet activities of the Horn of African Diaspora residing in the EU and US countries.

Internationale Akteure im regionalen Sicherheitsmanagement

Vertreibungen, ethnische Säuberungen und die ‚Politik der verbrannten Erde'

Eine Bestandsaufnahme des Engagements der Vereinten Nationen, der AU sowie der IGAD zur Beendigung der massiven Menschenrechtsverletzungen in West- und Südsudan

Britta Opfer

Einleitung

„IN THIS CENTURY THERE MUST BE NO MORE RWANDAS."[1] Über dieses Ziel waren sich nach dem Völkermord in dem afrikanischen Land Wissenschaftler, Journalisten und auch die Vertreter der Vereinten Nationen einig. Die Internationale Gemeinschaft war 1994 nicht nur unfähig, die systematische und gezielte Tötung von bis zu einer Million Tutsi innerhalb weniger Wochen zu verhindern; vielmehr mussten sich die Vereinten Nationen auf dem Höhepunkt des Genozids resigniert zurückziehen und Nichtregierungsorganisationen und Einzelstaaten die Rettung von Menschenleben überlassen.[2] Der damalige Generalsekretär der Vereinten Nationen, Boutros Boutros-Ghali, wies schon damals auf das Dilemma der Vereinten Nationen seit dem Ende des Kalten Krieges hin: Die Pflicht zur Aufrechterhaltung des Friedens und die Sicherung von Menschenrechten als transnationale politische Aufgabe ist in Ausnahmefällen nur durch die Anwendung von Gewalt als Ultima Ratio realisierbar, wird jedoch von einem entsprechenden Interventionswillen der VN-Mitgliedsstaaten bestimmt.

---

1 Evans, Gareth/ Sahnoun, Mohamed: The Responsibility to Protect, in: Foreign Affairs 81 (2002), Heft 6, S. 100.

2 Frankreich wurde im Juni 1994 vom Sicherheitsrat im Rahmen des Kapitels VII der VN-Charta mandatiert, militärisch in Ruanda zu intervenieren. Die ‚Operation Turquoise' wurde jedoch aufgrund ihrer zweifelhaften Unparteilichkeit sehr kritisch beurteilt.

Zwar hatte sich bei den Vereinten Nationen sukzessive ein neues Bewusstsein entwickelt, wonach ihre Mitgliedsstaaten das Prinzip der souveränen Gleichheit und das daraus resultierende Interventionsverbot aus der VN-Charta nicht mehr als Schutzschild für willkürliches Verhalten der VN-Mitgliedsstaaten in ihrem Inneren nutzen dürfen. Im Fall Ruanda war jedoch der Eindruck entstanden, dass der Sicherheitsrat, dem gemäß Artikel 24 Absatz 4 der VN-Charta die Hauptverantwortung für die Wahrung des Weltfriedens und der kollektiven Sicherheit obliegt, in seinen Entscheidungen über einen Einsatz in dem afrikanischen Land nicht von der Dringlichkeit der menschenrechtsunwürdigen Situation beeinflusst war. Das oberste Gremium der Vereinten Nationen schien vielmehr von den Interessen seiner Mitgliedsstaaten, vor allem der fünf Vetomächte, gelenkt. Die Autorität des Sicherheitsrats wurde dadurch untergraben und seine Handlungsfähigkeit in Bezug auf die globale Friedenssicherung eingeschränkt.

Trotz Kofi Annans Versprechen, einen Völkermord nie wieder stattfinden zu lassen, erreichen uns aus dem Sudan ähnliche Meldungen wie knapp 10 Jahre zuvor aus Ruanda.[3] Obwohl am 09. Januar 2005 ein Friedensabkommen zwischen der Regierung in Khartum und den Rebellen im Süden des Landes abgeschlossen wurde, bestehen dort kriegerische Auseinandersetzungen, Vertreibungen und Massenmorde weiterhin fort. Und auch aus der westlichen Provinz Darfur berichten uns internationale Menschenrechtsorganisationen von schweren Menschenrechtsverletzungen in Form von Versklavungen, Folter, Massenvergewaltigungen, Ermordungen und Verschleppungen, wie sie bisher bloß aus dem Süden des Landes bekannt waren. Im März letzten Jahres beschrieb Tom Eric Vraalsen, Kofi Annans Sondergesandter für humanitäre Angelegenheiten im Sudan, die Krise in Darfur als eine der schlimmsten der Welt, und Annan warnte am 7. April 2004 anlässlich der Gedenkfeiern an den Völkermord in Ruanda sogar davor, dass dem Sudan eine ähnliche Tragödie bevorstehe. Menschenrechtsorganisationen monieren daher auch den Einsatz der Vereinten Nationen im Hinblick auf „DIE SCHLIMMSTE HUMANITÄRE KATASTROPHE DER WELT“[4] und die „GEWALTVERBRECHEN GEGEN DIE ZIVILBEVÖLKERUNG.“[5] Insbesondere ‚Human Rights Watch' kritisiert die ‚Darfur-Resolution' des VN-Sicherheitsrates[6] als ein „HISTORISCHES VERSAGEN“[7] und beanstandete, dass „DIE REAKTION DES SICHERHEITSRATES BEI WEITEM NICHT VEHEMENT GENUG

---

3 Vgl. Secretary-General's Remarks at Memorial Conference on the Rwanda Genocide am 26.03.2004, <http://www.un.org/apps/sg/sgstats.asp?nid=840> am 01.12.2004.

4 Ulrich, Stefan: Begriff für das Grauen. Diplomaten streiten über das Wort ‚Völkermord', in: Süddeutsche Zeitung vom 19.11.2004, <http://www.sueddeutsche.de/ausland/artikel/302/43259/3/> vom 20.11.2004.

5 Ebenda.

6 Vgl. UN-Doc. S/Res/1564/2004 vom 18.09.2004.

7 Human Rights Watch: Darfur-Resolution ist ein historisches Versagen vom 18.09.2004, <http://hrw.org/german/docs/2004/09/18/darfur9382.htm> am 28.09.2004.

[IST], UM DIE GRÄUELTATEN IN DARFUR ZU BEENDEN."[8] Auch wenn die aktuelle Resolution des Sicherheitsrates zu Darfur[9] von ‚Human Rights Watch' als wichtiger Schritt für den Menschenrechtsschutz begrüßt wurde, weisen sie weiter darauf hin, dass der Sicherheitsrat zusätzlich Truppen entsenden müsse, um der sich verschlechternden Situation ein Ende zu setzen.

Es scheint, als seien die gesammelten Negativerfahrungen und Lehren aus Ruanda schon wieder in Vergessenheit geraten zu sein. Anlass dafür, eine Bestandsaufnahme des Engagements der Vereinten Nationen respektive des Sicherheitsrats im Sudan vorzunehmen.[10] Anhand des Fallbeispiels Sudan soll aber auch geprüft werden, inwiefern sich die Revitalisierung des Kapitels VIII der Charta bewährt hat.[11] Zum besseren Verständnis ist aber zunächst eine Darstellung des Konfliktgeschehens dienlich. Im Anschluss daran soll zudem eine Beschreibung der aktuellen Situation in den Konfliktregionen des Sudans erfolgen.

Regierung versus Rebellen

Bereits seit 1956, nach der Zusammenführung der bis dato getrennt verwalteten Regionen des Nord- und Südsudan zum heutigen Sudan, versuchen die arabischen Machthaber im Norden ihre Dominanz gegenüber den zum Großteil nichtarabisch, christliche geprägten Südsudanesen auszubauen und einen einheitlichen islamisch-arabischen Sudan zu errichten. Die Südsudanese dagegen – und hier vor allem die ‚Sudan People's Liberation Movement/ Army' (SPLA) – kämpfen für ihr Selbstbestimmungsrecht sowie ihre kulturelle und religiöse Unabhängigkeit und leisten erbitterten Widerstand gegen die Unterwerfung und die Islamisierung des Südens durch die Regierung in Khartum. Nach einem 11-jährigen fragilen Frieden brachen die Kämpfe 1983 erneut aus und verschärften sich ab 1989, als die erste demokratisch gewählte Regierung durch eine Militärjunta unter der Führung El-Bashirs mit Rückendeckung der ‚National Islamic Front' (NIF) gestürzt wurde. Das bis heute an der Macht stehende Regime El-Bashirs führte den radikalen islamistischen Kurs seiner Vorgängerregierungen

8 Ebenda.

9 Vgl. UN-Doc. S/Res/1593 vom 31.03.2005.

10 Der Sicherheitsrat ist als einziges VN-Organ legitimiert, Zwangsmaßnahmen gegen einen Mitgliedsstaat zu verhängen. Gemäß Artikel 41 und 42 der VN-Charta kann er nichtmilitärische sowie militärische Maßnahmen verhängen, wenn er eine Bedrohung oder einen Bruch des internationalen Friedens festgestellt hat; vgl. auch Fußnote 40.

11 Kapitel VIII der VN-Charta sieht eine Arbeitsteilung zwischen den VN und regionalen Einrichtungen vor.

weiter fort.[12] Zur Unterstützung seiner Aktivitäten im Südsudan stellte es dazu eine aus Moslems existierende Miliz, die ‚Popular Defense Force' (PDF), auf. Nach Erölfunden in der Region intensivierte die Regierung ihre Anstrengungen, den Widerstand in der Region zu brechen und die Kontrolle über den Süden zu gewinnen. Aufgrund der fortschreitenden Islamisierung des Landes und der Unterstützung islamistischer Terroristen geriet El-Bashir Mitte der 1990er Jahre aber immer mehr unter internationalen Druck und sah sich zu Friedensgesprächen gezwungen, die am 9. Februar 2005 durch ein Friedensabkommen zum Abschluss gebracht werden konnten. Die massiven Menschenrechtsverletzungen und kriegerischen Auseinandersetzungen bestehen allerdings weiterhin fort.

Während die Gespräche im Süden erfolgsversprechend verliefen, brachen die Kämpfe im Februar 2003 jedoch auch in der westlichen Provinz Darfur aus. Nachdem die Rebellen der ‚Sudan Liberation Army' (SLA) und der ‚Justice and Equality Movement' (JEM) zur Durchsetzung ihrer Forderung eines autonomen Darfurs für kurze Zeit die Hauptstadt der Provinz besetzten, breitete sich der Krieg aus dem Süden des Landes auch im Westen aus. Die Regierung in Khartum nutzt seitdem den eigentlichen Kampf um Macht und Ressourcen zwischen den christlich geprägten Rebellengruppen und den arabisch stämmigen Milizen der Janjaweed (‚mit Gewehren bewaffnete Reiter'), indem sie letztere für ihre Zwecke – der Errichtung eines einheitlichen islamisch-arabischen Sudan – instrumentalisiert. Die Janjaweed, die einen rücksichtslosen Krieg gegen die Rebellen und die Zivilbevölkerung Darfurs führen, erhalten daher von der Regierung in Khartum nicht nur finanzielle und logistische Zuwendungen, sondern werden seit 2004 auch durch Bombardements der sudanesischen Luftwaffe unterstützt.[13]

Völkermord, ethnische Vertreibungen und die ‚Politik der verbrannten Erde'

Was als Krieg gegen die Aufständischen in Darfur begann, wird von der Regierung in Khartum mittlerweile dazu genutzt, die Bevölkerung zu vertreiben. Menschenrechtsorganisationen haben nachgewiesen, dass die Janjaweed mit Unterstützung von Regierungssoldaten gezielt Dörfer in Darfur anzünden, Vieh

12 Neben der Demontage ziviler, gesellschaftlicher Institutionen des Landes und der kulturellen Diskriminierung der Nicht-Moslems, verbot sie alle Parteien, löste das Parlament auf, führte militärische Aktivitäten gegen oppositionelle Bewegungen durch und trieb insbesondere durch die Verabschiedung der Sharia die Islamisierung des Sudan weiter fort.

13 Vgl. zur detaillierten Darstellung des Konfliktgeschehens siehe Institute for Security Studies: Sudan. Political and Security Information, <http://www.iss.org.za/AF/profiles/sudan/Politics.html> am 17.11.2004.

und Ernten stehlen und die Menschen zur Flucht zwingen. Das freigewordene Land steht dadurch der Regierung zur Verfügung, die nicht nur aufgrund der Errichtung eines einheitlich arabisch-islamischen Sudan ein Interesse an dieser Region hegt, sondern auch wegen der soliden Erdölvorkommen.[14] Bereits im Januar und Februar 2004 hatten Menschenrechtsorganisationen Informationen über Vertreibungen und ethnische Säuberungen veröffentlicht und ihre Bedenken bezüglich der Situation in Darfur geäußert.[15] Im März 2004 ging der ‚United Nations Coordinator for Sudan', Mukesh Kapila, sogar so weit, Ausmaß und Art der Vertreibungen und ethnischen Säuberungen in Darfur mit dem Genozid in Ruanda zu vergleichen.[16] Der VN-Koordinator für humanitäre Hilfe, Jan Egeland, hatte Anfang April den Sicherheitsrat darüber informiert, dass Darfur aufgrund der ethnischen Säuberungen eine humanitäre Katastrophe bevorstünde und dazu aufgerufen, entsprechende Schritte einzuleiten.[17] In seiner Rede vor der VN-Menschenrechtskommission anlässlich des 10-jährigen Gedenkens an den Genozid in Ruanda warnte auch der Generalsekretär, dass dem Sudan eine ähnliche Tragödie bevorstehe und forderte den Sicherheitsrat auf, endlich – im Notfall auch militärisch – zu handeln.[18] Die VN-Hochkommissarin für Menschenrechte, Louise Arbour, machte im Mai 2004 ausdrücklich die Regierungstruppen sowie die Janjaweed-Milizen für die massiven Menschenrechtsverletzungen in Darfur verantwortlich.[19] Die ‚International Commission of Inquiry on the Conflict in Darfur' unter der Leitung James Morris hatte daneben auf das extreme Niveau von Gewalt hingewiesen und ausgedrückt, dass die von der sudanesischen Regierung und den arabischen Milizen verübten massiven Menschenrechtsverletzungen Kriegsverbrechen und sogar Verbrechen gegen die

---

14 Vgl. Human Rights Watch: Darfur Destroyed. Ethnic Cleansing by Government and Militia Forces in Western Sudan, in: Human Rights Watch Reports 16 (2004), Heft 6 A, S. 26 f., <http://www.hrw.org/reports/2004/sudan0504/sudan0504simple.pdf> am 17.01. 2005.

15 Vgl. etwa Human Rights Watch: Darfur Destroyed. Ethnic Cleansing by Government and Militia Forces in Western Sudan, in: Human Rights Watch Reports 16 (2004).

16 BBC Online: Mass Rape Atrocity in West Sudan vom 19.03.2004, <http://news.bbc. co.uk/2/hi/africa/3549325.stm> am 22.01.2005.

17 UN News Centre: Sudan. Envoy Warns of Ethnic Cleansing as Security Council Calls for Ceasefire vom 02.04.2004, <http://www.un.org/apps/news/storyAr.asp?NewsID=10307&Cr=sudan&Cr1=&Kw1=Sudan&Kw2=&Kw3=> am 22.01.205.

18 Vgl. UN Press Document: Secretary-General Observers International Day of Reflecting on 1994 Genocide vom 07.04.2004, <www.unog.ch/news2/documents/newsen/sg04003e. htm> am 22.01.2005.

19 Vgl. Situation of Human Rights in the Darfur Region of the Sudan, UN-Doc. E/CN.4/2005/3 vom 07.05.2004; Statement by Ms. Louise Arbour High Commissioner for Human Rights to the Security Council on the International Commission of Inquiry on Darfur vom 16.02.2005, <http://www.unhchr.ch/huricane/huricane.nsf/0/D256EFC9DDF D00DAC1256FAB00325780?opendocument> am 15.03.2005.

Menschlichkeit darstellen könnten.[20] Und auch der VN-Sonderbeauftragte für die Verhinderung von Völkermord, Juan Mendez, befürchtete nach seinem Besuch der Krisenregion Darfur im Oktober 2005 einen Völkermord.[21]

Von den internationalen Beobachtern werden die Janjaweed aber nicht nur für Vertreibungen und ethnische Säuberungen verantwortlich gemacht, sondern auch für Verschleppungen von Frauen und Mädchen in sogenannte Friedenscamps, in denen die ‚ethnische Vermischung' der afrikanisch geprägten Südsudanesen mit den arabischen stämmigen Nordsudanesen vorangetrieben werden soll. Daneben dienen teilweise öffentlich durchgeführte Massenvergewaltigungen der Erniedrigung der Betroffenen sowie der Zerstörung des sozialen Gefüges.[22] Zudem kommt es immer häufiger zu unbegründeten Verhaftungen und Hinrichtungen Oppositioneller.[23] Laut Angaben der Vereinten Nationen sind seit dem Ausbruch der Kämpfe schon über 70.000 Tote zu beklagen.[24] Gemäß US-Recherchen wurde durch die ‚Politik der verbrannten Erde' die Infrastruktur Darfurs ruiniert sowie rund 570 Dörfer komplett und 160 zumindest soweit zerstört, dass sie nicht mehr bewohnbar sind.[25] Auch die Lage der bis zu 1,45 Millionen intern Vertriebenen ist desaströs. Aufgrund wetterbedingter Zerstörungen kann die Nahrungsmittelversorgung nicht mehr sichergestellt werden. Seit den Bombardierungen und gezielten Verminungen der Felder durch die Regierungssoldaten hat sich die Lage der Flüchtlinge weiter verschlechtert. Die zwischenzeitliche Weigerung der Regierung in Khartum, humanitäre Hilfsorganisationen ins Land zu lassen sowie Attacken unter anderem auf Mitarbeiter des ‚World Food' Programms der Vereinten Nationen lassen somit den Hunger zu einer weiteren wirkungsvollen Waffe der Regierung werden. Viele Vertriebene in Darfur sterben an Hunger und Durst, Cholera, Hepatitis oder Durchfall. Auch in den Flüchtlingslagern in den Grenzgebieten zum Sudan, insbesondere in Tschad, in denen bislang rund 200.000 extern Vertriebene Zuflucht suchten, ist die humanitäre Lage katastrophal. Der Zugang zu sauberem Trinkwasser, Nahrung

---

20 Vgl. Report of the International Commission of Inquiry on Darfur to the United Nations Secretary-General, vom 25.01.2005, S. 53-63, <http://www.un.org/News/dh/sudan/com_inq_darfur.pdf> am 15.02.2005.

21 Süddeutsche Online: UN befürchten Völkermord in Darfur, vom 11.10.2005, http://www.sueddeutsche.de/ausland/artikel/241/62179/print.html am 11.11.2005.

22 Vgl. Amnesty International: Darfur. Rape as a Weapon of War. Sexual Violence and its Consequences, vom 19.06.2004, <http://web.amnesty.org/library/Index/ENGAFR54076 2004> am 17.01.2005, S. 11-17.

23 Vgl. Human Rights Watch: Sudan, <http://hrw.org/english/docs/2004/01/21/sudan6982_txt.htm> am 21.09.2004.

24 Vgl. UN News Service: Sudan cannot be Trusted to Tackle Darfur War Crimes, UN Human Rights Chief Tells Security Council vom 16.02.2005, <http://www.un.org/apps/news/story.asp?NewsID=13373&Cr=sudan&Cr1=> am 17.02.2005.

25 Vgl. Johnson, Dominic: Krieg und Frieden, in: ai-Journal 11 /2004, <http://www2.amnesty.de/internet/deall.nsf/AlleDok/A4D745CBF9847B0DC1256F340030EE1D?Open> am 17.01.2005.

und ärztlicher Hilfe ist Besorgnis erregend, auch wenn die WHO und der UNHCR bemüht sind, eine Verbesserung der Situation herbeizuführen.[26] In ihre Heimat können die Flüchtlinge nicht zurückkehren, da ihnen die Janjaweed mit dem Tode drohen.[27]

Aber nicht nur bei den Auseinandersetzungen im Westen des Landes kam und kommt es immer wieder zu schweren Verbrechen gegen die Menschlichkeit. Auch für den Südsudan liegen seit Jahren Berichte über massive Menschenrechtsverletzungen beispielsweise in Form von Massakern vor. Melha Rout Biel nennt beispielhaft nur einige wenige, etwa 1987/1988 in Dhaein, bei dem mehr als 3000 Südsudanesen aus grausamste Weise getötet wurden, oder 1989/1990 in Jebelien, als Regierungssoldaten und Angehörigen der PDF-Milizen rund 2000 Südsudanesen massakrierten.[28] Auch der damaligen Sonderberichterstatter der VN-Menschenrechtskommission, Gáspár Bíró, kam in einem Bericht aus dem Jahre 1993 über die Vorgänge im Sudan zu dem Schluss, dass alle Gruppen und Schichten der Bevölkerung von massiven Menschenrechtsverletzungen durch Regierungsstellen betroffen seien.[29] Human Rights Watch (HRW) machte in einem 1994 veröffentlichten Bericht neben der Regierung auch die Rebellengruppen für Menschenrechtsverletzungen verantwortlich.[30] Amnesty International (AI) äußerte sich in ihrem Jahresbericht 1995 ähnlich Biró und berichtete über Folterungen, willkürliche Tötungen von Zivilisten, Zerstörungen ganzer Dörfer, Verschleppungen, Versklavungen und Vergewaltigungen von Frauen und Kindern.[31] Sieben Jahre später konstatierte AI eine sich weiter verschlechternde Menschenrechtssituation aufgrund wahlloser Bombenangriffen durch die Regierung, Zwangsumsiedlungen und -rekrutierungen sowie 35.0000 extern und mehr als 4,5 Millionen intern Vertriebener.[32] Der Sonderberichterstatter der VN-Menschenrechtskommission zwischen 1998 und 2000, Leonardo Franco, kam zu ähnlichen Ergebnissen.[33]

---

26 Vgl. beispielsweise UNHCR: Global Appeal 2005. Eastern Chad and Darfur vom 01.12.2004, <http://www.unhcr.ch/cgi-bin/texis/vtx/home/opendoc.pdf?tbl=MEDIA&id=41ab28c20&page=home> am 09.12.2004.

27 Human Rights Watch: If We Return, We Will Be Killed New York 2004, <http://hrw.org/backgrounder/africa/darfur1104.pdf> am 18.02.2004, S. 16.

28 Vgl. Biel, Melha Rout (Hrsg.): Der Sudan zwischen Krieg und Frieden. Marburg 2003, S. 24.

29 Vgl. Human Rights Questions: Human Rights Situations and Reports of Special Rapporteurs and Representatives. Situation of Human Rights in the Sudan. Note by the Secretary-General, UN-Doc. A/48/601 vom 18.11.1993.

30 Human Rights Watch: Civilian Devastation. Abuses by War Parties in the War in Southern Sudan vom 01.06.1994, <http://www.hrw.org/reports/1993/sudan> am 17.02.2004.

31 Vgl. Amnesty International: Jahresbericht 1995, Frankfurt 1995, S. 508-514.

32 Vgl. Amnesty International, Jahresbericht 2000, Frankfurt/ Main 2000, S. 492-498.

33 Vgl. Situation of Human Rights in the Sudan. Note by the Secretary-General, UN-Doc. A/54/467 vom 14.10.1999

Trotz des Anfang dieses Jahres geschlossenen Friedensabkommens halten die massiven Menschenrechtsverletzungen im Südsudan weiterhin an. Mit mehr als zwei Millionen Toten und vier Millionen Vertriebenen und Vermissten in den letzten zwei Jahrzehnten übersteigt die Auseinandersetzung im Südsudan damit die Zahlen aller Toten und Vertriebenen in den Konflikten in Angola, Bosnien, Ruanda, Tschechien, Kosovo, Liberia, Persischer Golf, Sierra Leone und Somalia zusammen.[34]

Das Engagement der Vereinten Nationen im Süd- und Westsudan

Zwar hatte die seit dem Ende des Kalten Krieges wachsende Bedeutung des globalen Menschenrechtsschutzes zu einer verstärkten Beschäftigung mit dem Krisenkontinent Afrika geführt. In Bezug auf den Sudan drückte sich das verstärkte Engagement der Vereinten Nationen jedoch nicht in einem Anstieg von Sicherheitsratsresolutionen aus, die sich mit der Beendigung der massiven Menschenrechtsverletzungen im Land beschäftigten. Die Weltorganisation bemühte sich zunächst vielmehr darum, humanitäre Hilfe für die Zivilbevölkerung zu leisten. Die von der Generalversammlung 1989 ins Leben gerufene ‚Operation Lifeline Sudan' (OLS) war jedoch auf einen ‚negotiated acess' angewiesen, also darauf, dass die Regierung in Khartum je nach strategischen und taktischen Zwecken, die Lieferung von Nahrungsmitteln oder Medikamenten erlaubte. Im März 1998 führte dies beispielsweise dazu, dass in ‚Bar el Ghazal' Tausende von Flüchtlingen aufgrund der verweigerten humanitären Hilfslieferungen starben. Die internationale Gemeinschaft versäumte es jedoch nicht nur in diesem Fall, den ‚negotiated acess' zu kritisieren oder die Hilfstransporte mit Waffengewalt durchzusetzen.[35] Die OLS wurde daher als ineffektiv bezeichnet, da sie ein Teil der Kriegsanstrengungen geworden war, anstatt die negativen Konsequenzen des Konflikts zu mindern.[36] Neben der humanitären Hilfe unterstützten die Vereinten Nationen auch den seit 1993 vornehmlich von afrikanischen Akteuren (insbesondere von der ‚Intergovernmental Authority of Developement' – IGAD) initiierten und vorangetriebenen Friedensprozess im Südsudan. So nahm beispielsweise der ‚Special Adviser on Sudan' des VN-Generalsekretärs, Mohamed Sahnoun, an zahlreichen Friedenstreffen teil und unterstützte dadurch die Mittlerposition IGADs.

---

34 Vgl. Martin, Randolph: Sudan's Perfect War, in: Foreign Affairs 81 (2002), Heft 2, S. 111.

35 Vgl. Van de Veen, Hans: Sudan. Who has the Will for Peace? in: European Platform for Conflict Prevention and Transformation: Searching for Peace in Africa (Hrsg.): An Overview of Conflict Prevention and Management Activities, Utrecht 1999, S. 167-177.

36 Vgl. Juma, Monica Kathina: The Sudan, in: Boulden, Jane (Hrsg.): Dealing with Conflict in Africa. The UN and Regional Organizations, New York 2003, S. 203 f.

Aber erst im Juni 2004, und damit 41 Jahre nach dem offenen Ausbruch des Konflikts, befasste sich der Sicherheitsrat in einer Resolution mit den massiven Menschenrechtsverletzungen im Südsudan.[37] Um die internationale Überwachung eines bevorstehenden Friedensabkommens zwischen den Rebellen und der sudanesischen Regierung vorzubereiten, wurde durch die Resolution die Einrichtung eines Vorausteams der Vereinten Nationen, die United Nations Assistance Mission in Sudan (UNAMIS), beschlossen. Die nur zwei Monate später verabschiedete Resolution 1574 verlängerte nicht nur das Mandat der Mission und forderte den Abschluss eines umfassenden Friedensabkommens. Vielmehr verurteilte die Resolution explizit alle Gewaltakte und Menschenrechtsverletzungen im Südsudan und forderte die Konfliktparteien auf, Angriffe gegen die Zivilbevölkerung einzustellen.[38] Aufgrund des Fehlens jeder Androhung von Konsequenzen bei Nichtbeachtung der Resolution wurden die Forderungen von den Konfliktparteien jedoch als leere Worte verstanden. Nach zwei weiteren Sicherheitsratsresolutionen, die sich ausschließlich mit der Verlängerung des Mandats der UNAMIS beschäftigten[39], wurde Ende März dieses Jahres durch die Sicherheitsratsresolution 1590 die Entsendung der ‚United Nations Mission in the Sudan' (UNMIS) beschlossen. Die auf zunächst sechs Monate begrenzte Mission soll mit bis zu 10.000 Soldaten und einem Anteil von 715 Zivilpolizisten die Umsetzung des am 09. Januar 2005 geschlossenen Friedensabkommens unterstützen. Die unter Kapitel VII der VN-Charta[40] legitimierte, mit einem robusten Peacekeeping-Mandat[41] ausgestattete UNMIS ist autorisiert,

---

37 Die zuvor verfassten drei Resolutionen zum Sudan waren im Zusammenhang mit dem versuchten Attentat auf den ägyptischen Präsidenten Mubarak verfasst worden. Gegen den Sudan waren darin Sanktionen verhängt worden, um ihn zur Herausgabe vermutlicher am Attentat Beteiligter zu zwingen; vgl. UN-Doc. S/Res/1044 vom 31.01.1996, S/Res 1054 vom 26.04.1996, S/Res/1070 vom 16.08.1996 sowie S/Res/1372 vom 28.09.2001.

38 Vgl. UN-Doc. S/Res/1574 vom 19.11.2004.

39 Vgl. UN-Doc. S/Res 1585 vom 10.03.2005 und S/Res/1588 vom 14.03.2005.

40 Kapitel VII der VN-Charta sieht Maßnahmen bei Bedrohung oder Bruch des Friedens und bei Angriffshandlungen vor. Ausgelöst durch die humanitären Katastrophen in Somalia und Irak nahm der Sicherheitsrat auch Völkermord, ethnische Säuberungen und andere massive Verbrechen gegen die Menschlichkeit innerhalb eines Staates in den Rechtfertigungskatalog des Artikels 39der VN-Charta auf, um ihnen gemäß Artikel 42 der Charta mit militärischen Zwangsmaßnahmen entgegentreten zu können. Artikel 41 der VN-Charta sieht die Verhängung von gewaltlosen Sanktionen vor. Sie können die vollständige oder teilweise Unterbrechung der Wirtschaftsbeziehungen, des Eisenbahn-, See- und Luftverkehrs, der Post-, Telegraphen- und Funkverbindungen sowie sonstiger Verkehrsmöglichkeiten und den Abbruch der diplomatischen Beziehungen einschließen.

41 Das klassische Konzept der Peacekeeping Operationen (PKOs) besteht aus Missionen unbewaffneter VN-Blauhelmsoldaten, die Waffenstillstands- oder Friedensabkommen beobachten oder Pufferzonen besetzen. Voraussetzungen einer solchen Blauhelmmission sind die Zustimmung der Konfliktparteien, Gewaltanwendung nur zur Selbstverteidigung und strikte Unparteilichkeit. Blauhelme, die hingegen mit einem so genannten robusten Mandat ausgestatte sind, dürfen nicht nur sich selbst, sondern auch die Mission mit

Zivilpersonen die unmittelbar bedroht werden zu schützen. Das Mandat der Mission wurde mittlerweile durch die Sicherheitsratsresolution 1627 bis zum 24. März 2006 verlängert.[42]

Das Engagement der Vereinten Nationen im Südsudan führte jedoch dazu, dass der Sicherheitsrat sich zunächst nicht ausreichend mit den massiven Menschenrechtsverletzungen in der westlichen Provinz Darfur beschäftigte. Die Vereinten Nationen konzentrierten sich wie auch im Südsudan zunächst darauf, die humanitäre Katastrophe in Darfur zu mindern und ein Waffenstillstandsabkommen zu forcieren. Tom Eric Vraalsen, Kofi Annans Sondergesandte für humanitäre Angelegenheiten im Sudan, hatte bereits im September 2003 die ‚Greater Darfur Initiative' einberufen, die mit einem Budget von rund 30 Millionen US-Dollar humanitäre Hilfsleistungen für die westliche Region des Sudan zur Verfügung stellte. Und auch der UNHCR startete eine finanzielle Hilfskampagne, in dessen Rahmen 16,6 Millionen US-Dollar für die sudanesischen Flüchtlinge im Tschad bereitgestellt wurden. Vraalsen reiste zudem im Januar 2004 in den Tschad, um dort die Aufnahme von Friedensgespräche zwischen der SLM und der Regierung in Khartum unter der Schirmherrschaft der ‚African Union (AU) zu unterstützen. Der Abschluss des Waffenstillstandsabkommens vom 8. April 2004, das so genannte ‚N'Djamena Peace Agreement' war das Ergebnis. Die sudanesische Regierung verpflichtete sich darin, die Entwaffnung der Janjaweed voranzutreiben, und den Zugang für humanitäre Hilfsorganisationen zu verbessern. Nachdem sie ihren Verpflichtungen aus dem Abkommen jedoch nicht nachgekommen war, unterzeichnete die Regierung zusammen mit dem Generalsekretär der Vereinten Nationen ein ‚Joint Communiqué', in dem sie erneut ihre Bereitschaft ausdrückte, den Verpflichtungen nachzukommen.

Im Juni 2004, knapp ein Jahr nach Ausbruch des Konflikts, nahm das Gremium in einer Resolution zum Südsudan erstmals auch Bezug auf Darfur und forderte die Parteien auf, das Waffenstillstandsabkommen von N'Djamena vom 8. April 2003 einzuhalten und unverzüglich eine politische Vereinbarung zu schließen. Die Resolution verurteilte jedoch weder die massiven Menschenrechtsverletzungen im Westen des Landes, noch drohte das Gremium mit Konsequenzen bei Nichtbeachtung des Waffenstillstandabkommens. Vielmehr hofften de Mitglieder des Gremiums, ein erfolgreich umgesetztes Friedensabkommen im Südsudan würde auch zu einer schnellen und friedlichen Beilegung des Kon-

---

Waffengewalt verteidigen. Zur Genese der PKOs bspw. Eisele, Manfred: Blauhelme als Krisenmanager, in: Schorlemer, Sabine (Hrsg.): Praxis Handbuch UNO. Die Vereinten Nationen im Lichte globaler Herausforderungen, Berlin u.a. 2003, S. 27-39; Peck, Connie: Summary of Colloquium on New Dimensions of Peacekeeping, in: Warner, Daniel (Hrsg.): New Dimensions of Peacekeeping, Boston/ London 1995, S. 181-204.

42 Zum aktuellen Stand der Mission siehe www.unmis.org.

flikts im knapp 1000 Kilometer entfernten Westen des Landes führen.[43] Ende desselben Monats verabschiedete der Sicherheitsrat dann die Resolution 1556, die sich ausschließlich mit der Lage in Darfur beschäftigte. Auch wenn sie nur auf dem kleinsten gemeinsamen politischen Nenner seiner Mitglieder beruhte, sollte die Resolution ein erstes und ernstes Signal an die Regierung in Khartum darstellen. Der Sicherheitsrat verurteilte darin alle Menschenrechtsverletzungen und Verstöße gegen das humanitäre Völkerrecht und verhängte aufgrund der Bedrohung des Weltfriedens und der internationalen Sicherheit ein Waffenembargo gegen die Rebellen und die Janjaweed. Die sudanesische Regierung, welche die Janjaweed organisatorisch und finanzielle unterstützt, war von diesem Embargo jedoch ausgenommen. Der Sicherheitsrat behielt es sich jedoch vor, für den Fall der Nichtbeachtung des ‚Joint Communiqué' innerhalb der nächsten 30 Tage auch gegen die Regierung Maßnahmen im Rahmen des Artikels 41 der VN-Charta zu verhängen. Trotz des offensichtlich fehlenden Friedenswillens der Regierung El-Bashirs und der Nichtbeachtung der Verpflichtungen gemäß dem ‚Joint Communiqué' verhängte der Sicherheitsrat in seiner Resolution 1564 jedoch nicht die angedrohten Maßnahmen, sondern rief die Regierung abermals dazu auf, sich an ihre Abmachungen zu halten. Für den Fall der wiederholten Nichtbeachtung behielt das Gremium sich erneut vor, Maßnahmen im Rahmen des Artikels 41 der VN-Charta zu verhängen.

Und auch die folgende Resolution 1574 wies die Konfliktparteien erneut darauf hin, die Verpflichtungen zu erfüllen. Da der Sicherheitsrat der Androhung seiner Konsequenzen jedoch wieder nicht nachgekommen war, vermochte er in der Resolution 1574 nur noch eine vage Formulierung einzufügen: „[...] TO TAKE APPROPRIATE ACTION AGAINST ANY PARTY FAILING TO FULFIL ITS COMMITMENTS."[44] Die Resolution 1574 trat dadurch hinter die vorangegangenen Resolutionen zurück, da ihr jede Rückberufung auf Kapitel VII der Charta fehlte. Erst in der acht Monate später verabschiedeten Resolution 1591 nahm der Sicherheitsrat wieder Bezug auf Kapitel VII der Charta und drohte der Regierung erneut mit Sanktionen (Ausreiseverbot, Einfrierung der Konten sowie keine Bereitstellung finanzieller Mittel), falls diese innerhalb der nächsten 30 Tage ihren Verpflichtungen nicht nachkommen würde.[45] Sehr deutlich ging das Gremium in dieser Resolution allerdings auf die massiven Menschenrechtsverletzungen durch die Regierung ein: „[...] CONDEMNS THE CONTINUED VIOLATIONS OF THE 8 APRIL 2004 N'DJAMENA CEASEFIRE AGREEMENT AND THE 9

---

43 „Emphasizes that a Comprehensive Peace Agreement will contribute towards sustainable peace and stability throughout Sudan and to the efforts to address the crisis in Darfur [...]", UN-Doc. S/Res/1574, S. 3.

44 UN-Doc. S/Res/1574, S. 3.

45 Obwohl die sudanesische Regierung ihrer Verpflichtungen aus dem ‚Joint Communiqué' innerhalb der gesetzten erneut nicht nachgekommen ist, hat der Sicherheitsrat nicht die angedrohten Maßnahmen ergriffen.

NOVEMBER 2004 ABUJA PROTOCOLS, INCLUDING AIR STRIKES BY THE GOVERNMENT OF SUDAN IN DECEMBER 2004 AND JANUARY 2005 AND REBEL ATTACKS ON DARFUR VILLAGES IN JANUARY 2005, AND THE FAILURE OF THE GOVERNMENT OF SUDAN TO DISARM JANJAWEED MILITIAMEN AND APPREHEND AND BRING TO JUSTICE JANAJAWEED LEADERS AND THEIR ASSOCIATES WHO HAVE CARRIED OUT HUMAN RIGHTS AND INTERNATIONAL HUMANITARIAN LAW VIOLATIONS AND OTHER ATROCITIES [...].“[46]

In seiner bislang letzten Resolution 1593 zu Darfur beschloss der Sicherheitsrat aufgrund der Friedensbedrohung und auf der Grundlage des siebten Kapitels der VN-Charta zum ersten Mal in seiner Geschichte die Situation in Darfur dem Internationalen Gerichtshof zu unterbereiten. Auch wenn die Resolution ein deutliches Signal für die Verantwortlichen der Gräueltaten ist, nicht länger ungestraft davon zu kommen, kann sie den massiven Menschenrechtsverletzungen kein Ende setzen.

‚Africans for Africa'[47] oder die Revitalisierung des Kapitels VIII der VN-Charta

Die nach dem Ende des Kalten Krieges geweckten Hoffnungen, die Vereinten Nationen könnten nun ungehindert ihrer friedenspolitischen Verantwortung nachkommen und den Krisenkontinent Afrika befrieden, wurden schnell enttäuscht. Durch die Vervielfachung der Inanspruchnahme und die Ausweitung der Handlungskapazitäten der Vereinten Nationen in Bezug auf die Befriedung regionaler und innerstaatlicher Konflikte, kam es vielmehr zu einer operationalen Überbelastung der Vereinten Nationen. Vor allem in Somalia und Ruanda waren die Möglichkeiten und die Effektivität des VN-Konfliktmanagements an ihre äußersten Grenzen gestoßen. Dies hatte dazu geführt, dass die VN-Mitgliedsstaaten – insbesondere die Vetomächte im Sicherheitsrat – einem Einsatz eigener Soldaten in strategisch unbedeutenden Regionen Afrikas tendenziell skeptisch gegenüber standen. Die finanziellen, personellen und logistischen Strapazen der Weltorganisation führten daher zu einer Revitalisierung des Kapitels VIII der VN-Charta und der Devise des ‚Africans for Africa'· Boutros

46 UN-Doc. S/Res/1591, S. 3.

47 Die Devise des ‚Africans for Africa' tauchte verstärkt in der Debatte über Chancen und Möglichkeiten einer Arbeitsteilung bei PKOs auf, hat aber auch Einzug in die Diskussionen über die Beendigung massiver Menschenrechtsverletzungen – so genannter ‚humanitärer Interventionen' Einzug gehalten; vgl. beispielsweise Rotberg, Robert I. (Hrsg.): Peacekeeping and Peace Enforcement in Africa, Washington 2000; Olonisakin, Funmi/ Comfort, Ero: Africa and the Regionalization of Peace Operations, in: Pugh, Michael/ Siduh, Waheguru Pal Singh (Hrsg.): The United Nations and Regional Security. Europe and Beyond, London 2003, S. 233-251.

Boutros-Ghali widmete daher auch schon 1995 ein Kapitel seiner ‚Agenda for Peace' den regionalen Einrichtungen und wies auf die Notwendigkeit der Kooperation zwischen diesen und den Vereinten Nationen in Bezug auf die regionale Sicherung des internationalen Friedens und der Sicherheit hin.

Kritische Beobachter sahen in dem neuen Enthusiasmus für Kapitel VIII der VN-Charta lediglich einen Vorwand der Sicherheitsratsmitglieder, ihr Engagement in Afrika reduzieren und anderen Akteuren die Verantwortung für den internationalen Frieden und die Sicherheit übertragen zu können. Zwar konnte man nach den Debakeln in Somalia und in Ruanda tatsächlich einen eher zurückhaltenden Umgang der Vereinten Nationen mit afrikanischen Konflikten beobachten. Der Grund für die Wiederentdeckung des Kapitels VIII war jedoch vielmehr auf die pragmatische Einsicht zurückzuführen, dass durch die Vervielfachung der Konflikte eine Arbeitsteilung unumgänglich ist. Zudem sind regionale Staatenzusammenschlüsse aufgrund ihrer direkten Betroffenheit eher an einem Engagement in einer Krisenregion interessiert und aufgrund der besseren Vertrautheit mit der Konfliktstruktur besser geeignet, eine Lösung von Konflikten herbeizuführen. VN-Generalsekretär Kofi Annan unterbreitete daher 1998 dem Sicherheitsrat verschiedene Vorschläge für die Unterstützung regionaler Einrichtungen durch die Vereinten Nationen.[48] Auch regionale afrikanische Einrichtungen machten aus der Not eine Tugend, erkannten ihre Verantwortung für die regionale Friedenssicherung und versuchten, die primäre, wenn auch nicht höchste Verantwortung für die Lösung der Konflikte auf ihrem Kontinent zu übernehmen.

Ganz allgemein wird unter dem Begriff der regionalen Einrichtung ein Instrument zur Stabilisierung zwischenstaatlicher Beziehungen verstanden. Eine etwas umfassendere Definition Boutros-Ghalis subsumiert unter den Begriff: „TREATY-BASED ORGANIZATIONS WHETHER CREATED BEFORE OR AFTER THE FOUNDING OF THE UN, REGIONAL ORGANIZATIONS FOR MUTUAL SECURITY AND DEFENCE, ORGANIZATIONS FOR GENERAL REGIONAL DEVELOPMENT OR FOR COOPERATION ON A PARTICULAR ECONOMIC TOPIC OR FUNCTION, AND GROUPS CREATED TO DEAL WITH SPECIFIC POLITICAL, ECONOMIC OR SOCIAL ISSUES OF CURRENT CONCERN."[49] Regionale Einrichtungen müssen demnach nicht nur über eine politische Zusammengehörigkeit ihrer Mitgliedsstaaten verfügen, sondern auch über eine gewisse geografische Nähe. Somit erfüllen auch afrikanische regionale Einrichtungen wie die 'Intergovernmental Authority on Development'

---

48 Vgl. Report of the Secretary-General on the Situation in Africa, UN-Doc. A/52/871-S/1998/318 vom 13.04.1998. Hinzuweisen sei auch auf Kooperationsabkommen und regelmäßig stattfindende Arbeitstreffen zwischen den Vereinten Nationen; vgl. United Nations Cooperation with Regional Organizations, <http://www.un.org/Depts/dpa/prev_dip/fr_un_cooperation.htm> am 18.11.2004.

49 Boutros-Ghali, Boutros, An Agenda for Peace, A/47/277 – S/24111 vom 17.06.1992, Kapitel VII.

(IGAD) oder die ‚African Union' (AU), die sich in ihrer geografischen Ausdehnung und friedenspolitischen Aktivitäten auch auf den Sudan beziehen, den Begriff der regionalen Einrichtung aus Kapitel VIII der VN-Charta.

Die ‚African Union' (AU) und ihr Engagement in Darfur

Auf der 36. und letzten Sitzung der Organization of African Union (OAU) in Lomé, Togo, im Jahre 2000 wurde der ‚Constitutive Act of the African Union' angenommen. Nachdem zwei Drittel der OAU-Mitglieder den Gründungsakt der African Union (AU) ratifiziert hatten, trat dieser am 26. Mai 2001 in Kraft. Ein Jahr später fand die offizielle Inauguration der AU auf der letzten Sitzung der OAU in Durban statt. Mittlerweile gehören der Organisation mit Sitz in Addis Adeba 53 afrikanische Staaten an, darunter auch Sudan.[50]

Die Ziele der AU sind ähnlich der OAU: die Stärkung der Einheit Afrikas und der politischen Stabilität des Kontinents, die Sicherung demokratischer Prinzipien und Institutionen, die Förderung der Menschenrechte sowie des Friedens und der Sicherheit.[51] Die Satzung der AU enthält jedoch im Gegensatz zur OAU den Artikel 23 Absatz 2. Diese Norm sieht die Verhängung von Sanktionen gegen einen Mitgliedsstaat vor, wenn dieser gegen die Grundsätze der Union handelt. Artikel 4 Buchstabe (h) und (j) der AU-Charta bildet daneben den Eckpfeiler für ein Interventionsrecht der Organisation bei massiven Verletzungen von Menschenrechten innerhalb eines Staates.[52] Buchstabe (g) desselben Artikels verbietet jedoch jede Einmischung in die inneren Angelegenheiten eines Mitgliedstaates durch einen anderen. Es ist daher fraglich, ob ein Regime, dem massive Menschenrechtsverletzungen vorgeworfen werden und dem mit einer Intervention gedroht wird, nicht unter Berufung auf Artikel 4 (g) legal eine solche abwenden könnte. Anzunehmen ist jedoch, dass die Buchstaben (h) und (j) vielmehr als Ausnahme von der Regel des Buchstaben (g) im Falle von massi-

---

50 Zur detaillierten Darstellung der Entstehung der AU siehe beispielsweise Meyns, Peter: Von der OAU zur Afrikanischen Union. Khadafis Engagement für die afrikanische Einheit, in: Internationale Politik 56 (2001), Heft 11, S. 45-52.

51 Vgl. Constitutive Act of the African Union Article 3 (g) und (h), <http://www.au2002.gov.za/docs/key_oau/au_act.htm> am 11.02.2005.

52 „the right of the Union to intervene in a Member State pursuant to a decision of the Assembly in respect of grave circumstances, namely war crimes, genocide and crimes against humanity" und "the right of Member States to request intervention from the Union in order to restore peace and security; Nach einer Erweiterung des Artikel 4 h kann die AU auch in einen Staat intervenieren „to prevent a serious threat to legitimate order"; Baimu, Evarist/ Sturman, Kathryn: Amendment to the African Union's Right to Intervene, in: African Security Review 12 (2003), Heft 2, <http://www.iss.org.za/pubs/ASR/12No2/AdWat.html> am 12.03.2005.

ven Menschenrechtsverletzungen zu verstehen sind.[53] Gemäß Artikel 4 der ‚Rules of the Procedure of the Assembly of the Union' darf die Entscheidung über die Verhängung von Sanktionen oder militärischen Zwangsmaßnahmen jedoch nur die ‚Assembly of Heads of State and Government', als oberstem Gremium der AU, treffen.[54] Die Implementierung einer solchen Entscheidung der ‚Assembly' obliegt allerdings dem im Dezember 2003 gegründeten ‚Peace and Security Council' (PSC) der AU.[55] Er soll als kollektives Sicherheits- und Frühwarninstrument für die rechtzeitige und effiziente Lösung von Konflikten auf dem afrikanischen Kontinent Sorge tragen.[56] Gemäß Artikel 7 des Gründungsprotokolls des PSC obliegen ihm daher vor allem folgende Aufgaben: "[...] UNDERTAKE PEACE-MAKING AND PEACE-BUILDING FUNCTIONS TO RESOLVE CONFLICTS [...], INSTITUTE SANCTIONS WHENEVER AN UNCONSTITUTIONAL CHANGE OF GOVERNMENT TAKES PLACE IN A MEMBER STATE, [...]."[57]

Die AU setzte sich daher auch schon früh für friedliche Verhältnisse in Darfur ein. So kam das Waffenstillstandsabkommen von N'Djamena nur durch ihr Engagement zustande. Auch die im August 2004 unter der Schirmherrschaft der AU gestarteten ‚Inter-Sudanese Political Talks on the Crisis in Darfur'[58] zeigen erste Erfolge.[59] Die AU forcierte zudem den Abschluss eines Abkommens zwischen den Konfliktparteien zur Verbesserung der humanitären Situation in der Region.[60] Daneben verabschiedete die Generalversammlung der AU Resolu-

---

53 Zu dieser Problematik sind in der einschlägigen Literatur keine Angaben zu finden.

54 Vgl. Rules of Procedure of the Assembly of the African Union, Article 4, <http://www.africa-union.org/home/Welcome.htm> am 11.02.2005.

55 Vgl. Adisa, Jinmi: The African Union: The Vision, Programmes, Policies and Challenges, in: SIPRI Yearbook 2003. Armaments, Disarmament and International Security, Oxford 2003, S. 79-85.

56 Vgl. Artikel 2 (19) des 'Protocol Relating to the Establishment of the Peace and Security Council of the African Union', <http://www.africa-union.org/rule_prot/PROTOCOL-%20PEACE%20AND%20SECURITY%20COUNCIL%20OF%20THE%20AFRICAN%20UNION.pdf> am 21.03.2005.

57 Für die Durchführung der Aufgaben ist in Artikel 13 des Gründungsprotokolls des PSC die Einrichtung einer ‚African Standby Force' vorgesehen. Bislang gibt es eine solche Truppe aber nicht.

58 Neben einigen Regierungschefs aus Afrika nimmt auch der Generalsekretär der Arabischen Liga, ein Vertreter des VN-Generalsekretärs, sowie Vertreter der EU, USA, Frankreich und Großbritannien teil; vgl. African Union, Press Release vom 23.08.2004, <http://www.africa-union.org/DARFUR/Press%20Release%20Darfur%20Abuja%20Talks.pdf> am 21.03.2005.

59 Ende September 2005 wurde die sechste Verhandlungsrunde beendet; vgl. African Union, Press Release vom 24.09.2005, <http://www.africa-union.org/News_Events/Press_Releases/54%202005%20Press_Release.pdf> am 17.11.2005.

60 Vgl. African Union: Press Release vom 01.09.2004, <http://www.africa-union.org/DARFUR/Sept%201%2004%20Agreement%20Sudanese%20parties.pdf> am 22.03.2005. Das Abkommen konnte allerdings bislang nicht erfolgreich umgesetzt werden, da die Regierung im Sudan den humanitären Hilfsorganisationen entgegen Zusagen im

tionen zur Situation in Darfur, in denen sie Attacken auf Zivilpersonen strengstens verurteilte und ihren Entschluss bekräftigte, adäquate Maßnahmen gegen die Verantwortlichen zu ergreifen, sollten diese weiterhin den Frieden stören.[61] Das Gremium versäumte es jedoch ebenso wie der VN-Sicherheitsrat, seine Drohungen in die Tat umzusetzen, so dass für die sudanesische Regierung bislang kein Anlass bestand, ihre ‚Politik der verbrannten Erde' zu beenden.[62] Aber auch die bereits im Juni 2004 entsandte ‚African Union Mission in the Sudan' (AMIS), die das Waffenstillstandsabkommen überwachen soll, ist aufgrund ihrer geringen Truppenstärke und ihres Mandats bislang wenig erfolgreich. Der PSC beschloss zwar in seiner 17. Sitzung, der AMIS insgesamt 3.320 Soldaten zur Verfügung zu stellen.[63]

Bis heute ist jedoch nur etwa die Hälfte der vorgesehenen Soldaten in Darfur. Die zögerliche Entsendung der Soldaten ist vor allem auf unzureichende Finanzen und logistische Defizite afrikanischer Staaten sowie einem Mangel an geeignetem Personal, d.h. an gut ausgebildeten und ausgerüsteten Soldaten, zurückzuführen. Laut Aussagen eines Sprechers einer internationalen Hilfsorganisation seien viele afrikanische Länder zudem eher geneigt, sich aufgrund finanzieller Vorteile an einer Mission der Vereinten Nationen zu beteiligen. Aber auch Probleme der AU in Bezug auf ein erfolgreiches Management der Mission verhindern einen schnellen und effizienten Einsatz.[64] Daneben sind die Truppen der AU gewaltsamen Angriffen der Rebellen und regierungstreuen Milizen ausgeliefert.[65] Sogar die Regierung in Khartum droht der AMIS mittlerweile direkt: „AU MONITORS IN DARFUR SHOULD TREAD CAREFULLY, OR THEY MIGHT FIND THEMSELVES ATTACKED BY SUICIDE-BOMBERS, LIKE THE AMERICAN

Protokoll den Zugang zur Krisenregion Darfur weiter verweigert bzw. keinen sicheren Zugang gewährleistet.

61 Vgl. bspw. Assembly of the African Union. Third Ordinary Session vom 06.-08.07.2004, <http://www.africa-union.org/DARFUR/homedar.htm#>am 11.04.2005); Assembly of the African Union. Fourth Ordinary Session vom 30.-31.01.2005,<http://www.africa-union.org/DARFUR/homedar.htm# am 11.04.2005> am 11.04.2005.

62 Vgl. Human Rights Watch: Darfur: Donors Must Address Atrocities Fueling Crisis vom 27.09.2004, <http://hrw.org/english/docs/2004/09/27/darfur9390_txt.htm> am 28.09. 2004.

63 Vgl. African Union: Press Release vom 28.10.2004, <http://www.africa-union.org/News_Events/Press_Releases/98%2004%20press%20release%20darfur%2027%2010%2004.pdf> vom 23.03.2005.

64 Dennoch haben internationale Organisationen berichtet, dass trotz der Schwierigkeiten der AMIS allein durch die Präsenz der Soldaten, die Angriffe auf die Zivilbevölkerung in einigen Gegenden Darfurs abgenommen haben; vgl. Kraftlose Union. AU-Truppen können Massaker nicht stoppen vom 07.03.2005, <http://www.afrika.info/aktuell_detail.php?N_ID=186&kp=news> am 16.04.2005.

65 So starben etwa am 8. Oktober 2005 fünf Soldaten und zwei zivile Fahrer; vgl. Perras, Arne: Falle Darfur, in: Süddeutsche Zeitung vom 15./16. Oktober 2005, S. 11.

FORCES IN IRAQ."[66] Für Kampfeinsätze ist AMIS jedoch weder durch ein Mandat noch durch eine entsprechende Ausrüstung ausgestattet. Zudem verhindert die sudanesische Regierung die Nachschublieferungen für AMIS, was eine erfolgreiche Umsetzung der Mission zusätzlich erschwert. Ohne verstärkte westliche Unterstützung sind die Mission der AU und damit auch das Waffenstillstandsabkommen jedoch auf Dauer zum Scheitern verurteilt.

Offenkundig ist die AU also auf technische, finanzielle und logistische Unterstützung westlicher Staaten angewiesen, um effektiv in Darfur agieren zu können. Zwar hat der VN-Sicherheitsrat in seinen Resolutionen die Entsendung und die Verstärkung der Präsenz AMIS gebilligt und die VN-Mitgliedsstaaten aufgefordert, die Mission in Darfur finanziell und technisch zu unterstützen.[67] Während jedoch der Deutsche Bundestag im Dezember 2004 einem sechsmonatigen Bundeswehr-Einsatz in Darfur zustimmte, will beispielsweise die britische Regierung die AU-Mission lediglich mit Rat unterstützen.

Die ‚Intergovernmental Authority on Development' (IGAD) und der Friedensprozess im Südsudan

Die 1986 gegründete ‚Intergovernmental Authority on Drought and Development' (IGADD), der neben Djibuti, Eritrea, Äthiopien, Kenia, Somalia und Uganda auch der Sudan angehörten, sollte die Zusammenarbeit ihrer Mitgliedsstaaten fördern, um gemeinsame Lösungen für die Probleme der Region zu finden. Aufgrund organisatorischer und struktureller Probleme sowie der Einsicht, dass nicht nur ökologische Probleme in der Region bestehen, verständigten sich die Gründer IGADDs im Jahre 1990 darauf, die Organisation zu revitalisieren und ihr Aufgabengebiet auf friedens- und sicherheitspolitische Belange zu erweitern. Im Jahre 1995 wurde daher in Addis Abeba die IGADD nicht nur mit einer neuen organisatorischen Struktur und einem erweiterten Bereich regionaler Kooperation ausgestattet, sondern auch in die ‚Intergovernmental Authority on Development' (IGAD) umbenannt. Am 25. November 1996 wurde die IGAD auf dem Treffen der ‚Assembly of Heads of State and Government' in Djibuti offiziell ins Leben gerufen. Die regionale Einrichtung, der weiterhin die sieben ostafrikanischen Staaten der IGADD angehören, will insbesondere in den Bereichen Management, Lösung und Prävention von Konflikten, humanitäre Angelegenheiten, infrastrukturelle Entwicklung sowie Lebensmittelsicherheit und Umweltschutz verstärkt kooperieren. Sie gründet sich gemäß Artikel 6 A des Gründungsabkommens auf den Prinzipien der souveränen Gleichheit ihrer Mitglieder, der Nicht-Einmischung in innere Angelegenheiten, der friedlichen

66 Sudans Außenminister Musafa Osman Ismail.
67 Vgl. Vgl. etwa UN-Doc. S/Res/1556 oder S/Res/1564 sowie S/Res/1590.

Streitbeilegung inter- und intrastaatlicher Konflikte, der Wahrung des regionalen Friedens, der Stabilität und der Sicherheit sowie der Anerkennung und dem Schutz der Menschenrechte in Übereinstimmung mit der ‚African Charter on Human and People's Rights'.[68] Die Anwendung von Zwangsmaßnahmen jeder Art ist in dem Gründungsabkommen jedoch nicht vorgesehen. Für den Fall, dass die IGAD mit friedlichen Mitteln einem Konflikt nicht mehr Einhalt gebieten kann, sieht Artikel 18 A des Gründungsabkommens eine Überweisung der Angelegenheit an andere Organisationen, demnach auch an die Vereinten Nationen, vor. Der Schwerpunkt der Aktivitäten der IGAD liegt daher auch auf Anstrengungen im Bereich der Konfliktverhütung und Friedenssicherung.[69] IGAD beschloss daher im Februar 2002 den Aufbau einer ‚Eastern African Standby Brigade' (EASBRIG), die im Rahmen der Standby-Force der AU agieren soll. EASBRIG soll voraussichtlich aus rund 5500 Soldaten verschiedener ostafrikanischer Staaten bestehen und spätestens im Juni 2006 einsatzfähig sein.[70]

Schon 1994 fanden unter der Schirmherrschaft der IGADD, also noch vor der Revitalisierung der Organisation und der Aufnahme von politischen und humanitären Funktionen in ihre Satzung, erste Treffen zwischen der sudanesischen Regierung und der SPLM/A statt. Neben der Unterzeichnung einer Prinzipienerklärung durch die Konfliktparteien erzielten die Bemühungen IGADDs jedoch keine wesentlichen Ergebnisse. Nachdem die IGADD jedoch mit einem erweiterten Mandat ausgestattet wurde, gewann der Friedensprozess an neuem Schwung. Um auch zukünftig Kontinuität in den Friedensprozesses zu integrieren, gründete IGAD das ‚Ministerial Subcommittee', in dessen Rahmen die Konfliktparteien eine friedliche Lösung des Konflikts herbeiführen sollten. Im Ergebnis einigten sie sich auf einen dreimonatigen Waffenstillstand, der den Zugang humanitärer Hilfslieferungen im Süden des Landes erleichtern sollte sowie auf die Möglichkeit, im Anschluss an eine Interimsperiode ein Referendum über das Selbstbestimmungsrecht der Südsudanesen abzuhalten. Aufgrund dieser ersten substanziellen Fortschritte schlossen sich auch internationale Akteure den Friedensbemühungen der regionalen Einrichtung an. Das ‚IGAD Partner Forum' der USA, Kanadas, Norwegens und Großbritanniens unterstützte IGAD vor allem finanziell, die Vereinten Nationen stärkten die Vermittlerposition IGADs, und das afrikanische ‚IGAD Partner Forum', bestehend aus Nigeria, Ägypten und Südafrika, trug dazu bei, dass die Regierung in Khartum am Verhandlungstisch bleib. Die Bombenanschläge auf die US-Botschaften in

68 Vgl. Agreement Establishing the Intergovernmental Authority on Development (IGAD) vom 21.03.1995, <http://www.igad.org/about/agreement_establishing_igad.pdf> am 22. 02.2005.

69 Vgl. Institute for Security Studies: Profile Intergovernmental Authority on Development (IGAD), <http://www.iss.org.za/AF/RegOrg/unity_to_union/igadprof.htm> am 05.02. 2005.

70 Vgl. ebenda.

Kenia und Tansania und der Ausbruch des Krieges zwischen Eritrea und Äthiopien überschatteten jedoch die Friedensbemühungen. Die IAGD entschied sich daher, aufgrund der Inkonsistenz der Friedensgespräche, Defiziten in der Mediation sowie technischen und finanziellen Mängeln durch die Einrichtung eines ständigen Sekretariats für den Südsudan den Friedensprozess zu institutionalisieren. Auf regelmäßiger Basis sollten nun insbesondere in vier Bereichen vorrangige Verhandlungen stattfinden: Recht auf Selbstbestimmung der Südsudanesen, Säkularisierung der Verfassung, gerechte Ressourcen- und Machtteilung sowie Selbstadministration des Südens.[71]

Die erste Runde der intensivierten Friedensverhandlungen fand jedoch erst nach Druck der internationalen Gemeinschaft im Februar 2002 in Kenia statt, konnte aber mit der Unterzeichnung des ‚Machakos Protokolls' durch die Regierung und die SPLM/A im Juli 2002 erfolgreich beendet werden.[72] Eine zweite Verhandlungsrunde wurde, nach kurzzeitiger Unterbrechung, im Oktober 2002, aufgenommen und am 15. Oktober mit einem ‚Memorandum of Understanding on Cessation of Hostilities' abgeschlossen. Das am 6. Februar vereinbarte Abkommen ‚Agreed Aspects of Power & Wealth Sharing' sprach wichtige Aspekte der Macht- und Ressourcenteilung an. Und auch das ‚Agreement on Security Arrangements during the Interim Period' vom 25. September 2003 war allein den Bemühungen der IGAD zu verdanken.[73] Zu einem abschließenden Friedensabkommen kam es zunächst jedoch nicht, da es zwischen den Konfliktparteien weiter Unstimmigkeiten in einigen Bereichen gab.[74] Das Waffenstillstandsabkommen wurde dennoch verlängert, und es fanden inoffizielle Gespräche auf der höchsten Ebene, d.h. zwischen dem Vizepräsidenten Sudans, Ali Uthman Muhammad Taha, und dem Führer der SPLM/A, John Garang, statt.[75] Nach einer Intensivierung des internationalen Drucks unterzeichneten die Konfliktparteien im Juni 2004 dann auch die ‚Nairobi Declaration', in der sie ihr Bekenntnis zu einer friedlichen Lösung des Konflikts im Rahmen des IGAD-

---

71 Juma, 2003, S. 193-198.

72 Das Protokoll sah die Einrichtung einer sechsmonatigen Pre-Interimsperiode vor, während dessen die Kämpfe unterbrochen und ein offizielles Waffenstillstandsabkommen geschlossen werden sollte. In der sich daran anschließenden sechsjährigen Interimsperiode sollte das Waffenstillstandsabkommen weiterhin eingehalten werden, das Recht der Sharia im Süden aufgehoben und ein Referendum über den Autonomiestatus des Südsudan abgehalten werden.

73 Vgl. Brandau, Ivo: Viel erreicht und nichts gewonnen? Zu den Erfolgsaussichten des IGAD-Friedensprozesses im Sudan, in: Afrika im Blickpunkt 2/2004, S. 3-5, unter <http://www.duei.de/iak/de/content/aktuelles/pdf/AiB2-04.pdf> am 20.03.2005.

74 Insbesondere in Bezug auf Machtteilung und Status der umstrittenen Regionen Abyei, Nuba Mountains and Blue Nile.

75 Vgl. International Crisis Group: Sudan's Dual Crisis. Refocusing on IGAD, in: Africa Briefing 19/ 2004, <http://www.crisisgroup.org/home/index.cfm?id=3043&l=1> am 27. 11.2004.

Friedensprozesses bekräftigten.[76] Ende Dezember 2004 erzielten die sudanesische Regierung und die SPLM/A schließlich durch das ‚Comprehensive Peace Agreement' (CPA) Einigung in den Bereichen Autonomie des Südens, Teilung der Ölgewinne sowie administrative und wirtschaftliche Fragen.[77] Das Abkommen trat am 9. Februar durch die offizielle Unterzeichnung in Nairobi in Kraft. Die Überwachung des Abkommens musste die IGAD jedoch den Blauhelmtruppen der UNMIS übertragen, da die regionale Einrichtung nicht mandatiert ist, solche Einsätze durchzuführen.[78]

IGAD vermochten es zwar, die Konfliktparteien an den Verhandlungstisch zu bewegen, den Rahmen für den Friedensprozess zu stellen und die Friedensgespräche auf einer regelmäßigen Basis stattfinden zu lassen. Da sie jedoch aufgrund ihrer Satzung nur auf diplomatischem Wege eine Lösung des Konflikts herbeiführen kann, fehlte es den Friedensbemühungen streckenweise an Stetigkeit. Das fehlende politische Engagement einiger IGAD-Mitgliedstaaten für einen Frieden im Südsudan schwächte daneben die Vermittlerposition der regionalen Einrichtung. Erst seit dem Engagement anderer internationaler Akteure konnte der Friedensprozess substanziell voranschreiten. Insbesondere durch Druck auf die Konfliktparteien, die Stärkung der Vermittlerposition der IGAD und finanzielle Unterstützung konnte der IGAD-Friedensprozess somit komplettiert werden.

Fazit

Trotz der anhaltenden massiven Menschenrechtsverletzungen im Sudan sind die Vereinten Nationen nicht in der Lage oder willens, durch geeignete und konsequente Maßnahmen die humanitäre Katastrophe zu beenden. Im Südsudan scheint der Sicherheitsrat damit beschäftigt, ein Friedensabkommen zu überwachen, anstatt der ‚Politik der verbannten Erde', Vertreibungen sowie ethnischen Säuberungen ein Ende zu setzen ist. Letztere werden eher als tragisches Nebenprodukt der Auseinandersetzung denn als zu bekämpfendes Übel angesehen. Obgleich der Sicherheitsrat in seinen Resolutionen die menschenrechtswidrigen Zustände in Darfur verurteilte, versäumte er glaubhaft auszudrücken, dass er die massiven Menschenrechtsverletzungen nicht dulden, sondern resolut gegen sie vorgehen wird. Lediglich für den Fall der Nichtbeachtung der Ver-

76 Vgl. Institute for Security Studies: Profile: IGAD.

77 Das CPA setzt sich aus drei verschiedenen Abkommen zusammen, vgl. United States Institute of Peace: Peace Agreements Digital Collection: Sudan, <http://www.usip.org/library/pa/sudan/cpa01092005/cpa_toc.html> am 21.03.2005.

78 Inwiefern die VN-Truppen der UNMIS bei der Überwachung des Friedensabkommens bzw. die VN-Mitgliedsstaaten bei der Entsendung von Soldaten erfolgreich sein werden, bleibt anzuwarten.

pflichtungen aus dem ‚Joint Communiqué' hatte das Gremium der Regierung mit der Verhängung von ‚Maßnahmen' gedroht, diese aber bis heute nicht ergriffen.

Obwohl offensichtlich ist, dass das Regime in Khartum sich nur kooperativ zeigen wird, wenn die internationale Gemeinschaft einen entsprechenden Druck ausübt, bleibt der Sicherheitsrat in seinen Bemühungen zur Beendigung der schweren Menschenrechtsverletzungen weiter zurückhaltend und ordnet das Völkerrecht den politischen, wirtschaftlichen und militärischen Interessen seiner Mitglieder unter: China, Frankreich und Pakistan verfügen über Ölkonzessionen und haben bislang ein Ölembargo gegen den Sudan abgelehnt. Großbritannien und Russland, die in erheblichem Umfang Waffen an die Regierung in Khartum liefern, stehen dagegen einem Waffenembargo kritisch gegenüber. China und Russland, die aufgrund der Unabhängigkeitsbestrebungen Tibets und Tschetscheniens selbst zum Fokus von Sanktionen oder militärischen Zwangsmaßnahmen werden könnten, lehnen jede Einmischung militärischer oder nichtmilitärischer Art in die inneren Angelegenheiten des Sudans ab. Pakistan und Algerien, die von 2002 - 2004 dem Sicherheitsrat als nichtständige Mitglieder angehörten, verzögerten aufgrund islamischer Solidarität jede durchgreifende Resolution des Sicherheitsrates. Allein das ständige Sicherheitsratsmitglied USA hat sich bislang für eine intensive Befassung des Gremiums mit Darfur engagiert und auf die rasche Verabschiedung einer schärfer formulierten Resolution gedrängt. Aufgrund der, in den letzten Jahren abenteuerlich geführten Außenpolitik der USA und deren Interessen an den Erdölvorkommen des Sudans, befürchten die anderen Sicherheitsratsmitglieder jedoch ein politisch und wirtschaftlich motiviertes Engagement und stehen den Resolutionsentwürfen der USA sehr kritisch gegenüber.[79] Die Vereinten Nationen haben den Konfliktparteien mit der Wiederwahl des Landes in die Menschenrechtskommission der Vereinten Nationen im Mai 2004 zudem ein sehr fragwürdiges Signal hinsichtlich der Relevanz ihrer Taten gesetzt.

Besonders schwer wiegt daneben die Tatsache, dass der Sicherheitsrat in den Resolutionen zum Sudan trotz den ihm bekannten Verstößen gegen internationales Recht, sein Bekenntnis zum Souveränitätsprinzip und zur Nichteinmischung in die inneren Angelegenheiten des Sudan bekräftigt hat.[80] Er trägt dadurch dazu bei, dass im Namen der Charta der Vereinten Nationen massive Menschenrechtsverletzungen in einem Staat weiterhin als ‚akzeptabel' an-

---

79 Vgl. Bernhard, Regina/ Lingnau, Hildegard: Die Vereinten Nationen und die Darfur-Krise. Nationale Interessen stehen einer Lösung im Wege, in: Vereinte Nationen 5/ 2004, S. 167-172 sowie Martin, 2002, S. 123 f. Dass die USA die christlich geprägten Rebellen vor allem seit den Funden massiver Ölvorkommnisse im Land und die Aufnahme Sudans aufgrund ihrer Unterstützung für den internationalen Terrorismus in die 'Achse des Bösen' zusammenhängt, ist nicht von der Hand zu weisen.

80 Nur in seiner bislang letzten Resolution zu Darfur verzichtete er darauf.

erkannt werden. „THAT IS WHAT HAPPENED IN THE CASE OF DARFUR: KHARTOUM USED SOVEREIGNTY, FIRST, AS A VEIL TO HIDE ITS BRUTAL CAMPAIGN AGAINST AFRICAN VILLAGERS, AND, LATER, AS A SHIELD TO FEND OFF CALLS FOR INTERNATIONAL ACTION TO PROTECT ITS VICTIMS."[81] Dass Menschenrechtsorganisationen die Forderungen und Maßnahmen des Sicherheitsrates als „HISTORISCHES VERSAGEN"[82] und „MICKRIGE REAKTION AUF DIE ANHALTENDEN MORDE, VERGEWALTIGUNGEN UND DIE ETHNISCHE SÄUBERUNG"[83] bezeichnen, mag daher kaum verwundern.

Aber auch das ‚burden-sharing' mit afrikanischen regionalen Einrichtungen ist nicht von Erfolg gekrönt. Entweder sind die regionalen Einrichtungen – im Speziellen IGAD und AU – nicht mandatiert, militärische Zwangsmaßnahmen zu ergreifen. Oder sie verfügen nicht über das notwendige Maß an sozialer und politischer Integrität und ihre Mitgliedsstaaten nicht an innerer Stabilität und Verfasstheit. Sie sind daher eigentlich nicht geeignet, die Friedensicherung auf ihrem Kontinent zu übernehmen. „IT IS EXTREMLY BURDENSOME, AND ARGUABLY INAPPROPIATE, FOR ONE STATE TO POLICE ANOTHER, WHEN THE INTERVENING STATE ITSELF DOES NOT HAVE CONTROL OR JURISDICATION OVER IST OWN TERRITORY. ENCOURAGING UNDEMOCRATIC WEAK STATES TO ASSIST OTHER UNDEMOCRATIC WEAK STATES IN THE PROVISION OF SECURITY. WITHOUT AN UNEQUIVOVAL AND INSIGNIFANT INVOLVEMENT OF THE INTERNATIONAL COMMUNITY, MAY, OVER TIME, HAVE UNINTENDEN CONSEQUENCES."[84] Zudem fehlt es ihnen an einer entsprechenden finanziellen, logistischen und organisatorischen Unterstützung der internationalen Gemeinschaft. Ein erster Schritt in diese Richtung sind zwar die von westlichen Staaten durchgeführten Trainings- und Übungsseminare zum Ausbau afrikanischer Kapazitäten.85 Da sich die Ausbildungen derzeit aber nur auf rund 10.000 Soldaten und den Bereich der Friedenssicherung und nicht der Sicherung von Menschenrechten konzentriert, sind die Programme bislang nicht ausreichend.

81 Clough, Michael: Darfur. Whose Responsibility to Protect? <http://hrw.org/wr2k5/darfur/darfur.pdf> am 03.03.2005, S. 6.

82 Human Rights Watch: Darfur Resolution ist ein historisches Versagen.

83 Ebenda.

84 Cilliers, Jakkie/ Sturman, Kathryn: The Right Intervention. Enforcement Challenges for the African Union, in: African Security Review 11 (2002), Heft 3, <http://www.iss.co.za/Pubs/ASR/11No3/Cilliers.html> am 28.09.2004.

85 Zu nennen wären beispielsweise die ‚US African Crisis Response Initiative' (ACRI), die bislang rund 9.000 Soldaten aus acht nationalen Armeen (Senegal, Uganda, Malawi, Mali, Ghana, Benin, Kenia, Elfenbeinküste) ausgebildet und mit Grundausrüstung ausgestattet hat. Aber auch Frankreich, Großbritannien und Dänemark haben ähnliche Trainingsprogramme für afrikanische Truppen konzipiert und durchgeführt, Ausrüstungen zur Verfügung gestellt und die Kapazitäten afrikanischer regionaler Einrichtungen gestärkt.

Die Diskrepanz zwischen Rhetorik und Realität des Menschenrechtsschutzes besteht also weiterhin fort. Zwar wurde von der internationalen Gemeinschaft und insbesondere dem VN-Generalsekretär immer wieder betont, dass in Fällen massiver Menschenrechtsverletzung in einem Staat das Prinzip der souveränen Gleichheit der Staaten und das daraus erwachsende Interventionsverbot einschränkbar sein müssen. Fakt ist jedoch, dass der Schutz von Menschenrechten weiterhin von einem entsprechenden Interventionswillen der VN-Mitgliedsstaaten abhängig ist. Die gesammelten Negativerfahrungen und Lehren aus Ruanda sowie Kofi Annans Versprechen, einen Völkermord nie wieder stattfinden zu lassen,[86] scheinen somit schon wieder in Vergessenheit geraten zu sein. ‚No more Rwandas' bleibt daher eher Hoffnung und Credo als Realität. Das Engagement der Vereinten Nationen zur Beendigung von Völkermord, ethnischen Vertreibungen und anderen Verbrechen gegen die Menschlichkeit wird sich daher auch weiterhin auf Fall-zu-Fall-Einsätze und Peacekeeping-Missionen – auch in Zusammenarbeit mit regionalen Einrichtungen – beschränken müssen. Es bleibt zu hoffen, dass durch die, in den letzten Monaten verstärkte Berichterstattung über Darfur ein ähnlicher ‚CNN-Effekt' eintritt wie 1994 in Ruanda und der Sicherheitsrat dadurch gezwungen wird, die notwendigen Handlungskonsequenzen zu ziehen. Denn erst durch ein Friedensabkommen sowie einer, mit einem robusten Mandat ausgestatteten Peacekeeping-Mission für Darfur, die Rückführung der Flüchtlinge und die Ausweitung des Mandats des Internationalen Gerichtshofes auch auf den Südsudan könnten Völkermord, ethnischen Vertreibungen und der ‚Politik der verbrannten Erde' ein Ende gesetzt und damit ein umfassender Frieden für das ganze Land ermöglicht werden.

Literatur

ADISA, Jinmi: The African Union: The Vision, Programmes, Policies and Challenges, in: SIPRI Yearbook 2003. Armaments, Disarmament and International Security, Oxford 2003, S. 79-85.

AFRICAN UNION: Press Release vom 23.08.2004 (<http://www.africa-union.org/DARFUR/Press%20Release%20Darfur%20Abuja%20Talks.pdf> am 21.03.2005).

AFRICAN UNION: Press Release vom 01.09.2004, (<http://www.africa-union.org/DARFUR/Sept%201%2004%20Agreement%20Sudanese%20parties.pdf> am 22.03.2005).

86 Vgl. Secretary-General's Remarks at Memorial Conference on the Rwanda Genocide am 26.03.2004.

African Union: Press Release vom 28.10.2004, (<http://www.africa-union.org/News_Events/Press_Releases/98%2004%20press%20release%20darfur%20 27%2010%2004.pdf> vom 23.03.20059.

African Union, Press Release vom 24.09.2005, (<http://www.africa-union.org/News_Events/Press_Releases/54%202005%20Press_Release.pdf> am 17.11. 2005).

Agreement Establishing the Intergovernmental Authority on Development (IGAD) vom 21.03.1995 (<http://www.igad.org/about/agreement_establishing_igad.pdf> am 22.02.2005).

Amnesty International: Jahresbericht 1995, Frankfurt/ Main 1995.

Amnesty International: Jahresbericht 2000, Frankfurt/ Main 2000.

Amnesty International: Darfur. Rape as a Weapon of War. Sexual Violence and its Consequences, vom 19.06.2004 (<http://web.amnesty.org/library/Index/ENGAFR540762004> am 17.01.2005).

Assembly of the African Union. Third Ordinary Session vom 06. - 08.07.2004 (<http://www.africa-union.org/DARFUR/homedar.htm#>am 11. 04.2005).

Assembly of the African Union. Fourth Ordinary Session vom 30. - 31.01.2005 (<http://www.africa-union.org/DARFUR/homedar.htm#> am 11. 04.2005).

Baimu, Evarist/ Sturman, Kathryn: Amendment to the African Union's Right to Intervene, in: African Security Review 12 (2003), Heft 2 (<http://www.iss.org.za/pubs/ASR/12No2/AdWat.html> am 12.03.2005).

BBC Online: Mass Rape Atrocity in West Sudan vom 19.03.2004 (<http://news.bbc.co.uk/2/hi/africa/3549325.stm> am 22.01.2005).

Bernhard, Regina/ Lingnau, Hildegard: Die Vereinten Nationen und die Darfur-Krise. Nationale Interessen stehen einer Lösung im Wege, in: Vereinte Nationen 5/ 2004, S. 167-172.

Biel, Melha Rout (Hrsg.): Der Sudan zwischen Krieg und Frieden. Marburg 2003.

Boutros-Ghali, Boutros: An Agenda for Peace, A/47/277 – S/24111 vom 17.06.1992.

Brandau, Ivo: Viel erreicht und nichts gewonnen? Zu den Erfolgsaussichten des IGAD-Friedensprozesses im Sudan, in: Afrika im Blickpunkt 2/2004 (<http://www.duei.de/iak/de/content/aktuelles/pdf/AiB2-04.pdf> am 20.03. 2005).

Cilliers, Jakkie/ Sturman, Kathryn: The Right Intervention. Enforcement Challenges for the African Union, in: African Security Review 11 (2002), Heft 3 (<http://www.iss.co.za/Pubs/ASR/11No3/Cilliers.html> am 28.09. 2004.

Clough, Michael: Darfur. Whose Responsibility to Protect? (<http://hrw.org/wr2k5/darfur/darfur.pdf> am 03.03.2005).

CONSTITUTIVE ACT OF THE AFRICAN UNION (<http://www.au2002.gov.za/docs/key_oau/au_act.htm> am 11.02.2005).

EISELE, Manfred: Blauhelme als Krisenmanager, in: Schorlemer, Sabine (Hrsg.): Praxis Handbuch UNO. Die Vereinten Nationen im Lichte globaler Herausforderungen, Berlin u.a. 2003, S. 27-39.

EVANS, Gareth/ Sahnoun, Mohamed: The Responsibility to Protect, in: Foreign Affairs 81 (2002), Heft 6, S. 99-110.

HUMAN RIGHTS QUESTIONS: Human Rights Situations and Reports of Special Rapporteurs and Representatives. Situation of Human Rights in the Sudan. Note by the Secretary-General, UN-Doc. A/48/601 vom 18.11.1993.

HUMAN RIGHTS WATCH: Civilian Devastation. Abuses by War Parties in the War in Southern Sudan vom 01.06.1994 (<http://www.hrw.org/reports/1993/sudan> am 17.02.2004).

HUMAN RIGHTS WATCH: Darfur Destroyed. Ethnic Cleansing by Government and Militia Forces in Western Sudan, in: Human Rights Watch Reports 16 (2004), Heft 6 A (<http://www.hrw.org/reports/2004/sudan0504/sudan0504 simple.pdf> am 17.01.2005).

HUMAN RIGHTS WATCH: If We Return, We Will Be Killed, New York 2004 (<http://hrw.org/backgrounder/africa/darfur1104.pdf> am 18.02.2004).

HUMAN RIGHTS WATCH: Darfur Resolution ist ein historisches Versagen vom 18.09.2004 (<http://hrw.org/german/docs/2004/09/18/darfur9382.htm> am 29.09.2004).

HUMAN RIGHTS WATCH: Sudan (<http://hrw.org/english/docs/2004/01/21/sudan 6982_txt.htm> am 21.09.2004).

HUMAN RIGHTS WATCH: Darfur: Donors Must Address Atrocities Fueling Crisis vom 27.09.2004 (<http://hrw.org/english/docs/2004/09/27/darfur9390_txt.htm> am 28.09.2004).

HUMAN RIGHTS WATCH: Sudan, <http://hrw.org/english/docs/2004/01/21/sudan 6982_txt.htm> am 21.09.2004.

INSTITUTE FOR SECURITY STUDIES: Sudan. Political and Security Information (<http://www.iss.org.za/AF/profiles/sudan/Politics.html> am 17.11.2004).

INSTITUTE FOR SECURITY STUDIES: Profile: Intergovernmental Authority on Development (<http://wwww.iss.org.za/AF/RegOrg/Unity_to_union_igad-prof.htm> am 05.02.2005).

INTERNATIONAL CRISIS GROUP: Sudan's Dual Crisis. Refocusing on IGAD, in: Africa Briefing 19/ 2004 (<http://www.crisisgroup.org/home/index.cfm?id=3043&l=1> am 27.11.2004).

JOHNSON, Dominic: Krieg und Frieden, in: ai-Journal 11 /2004 (<http://www2.amnesty.de/internet/deall.nsf/51a43250d61caccfc1256aa1003 d7d38/a4d745cbf9847b0dc1256f340030ee1d?OpenDocument> am 17.01. 2005).

JUMA, Monica Kathina: The Sudan, in: Boulden, Jane (Hrsg.): Dealing with Conflict in Africa. The UN and Regional Organizations, New York 2003, S. 185-214.

MARTIN, Randolph: Sudan's Perfect War, in: Foreign Affairs 81 (2002), Heft 2, S. 111-127.

MEYNS, Peter: Von der OAU zur Afrikanischen Union. Khadafies Engagement für die afrikanische Einheit, in: Internationale Politik 57 (2001), Heft 1, S. 45-52.

O.A.: Kraftlose Union. AU-Truppen können Massaker nicht stoppen vom 07.03.2005 (http://www.afrika.info/aktuell_detail.php?N_ID=186&kp=news am 16.04.2005).

OLONISAKIN, Funmi/ Comfort, Ero: Africa and the Regionalization of Peace Operations, in: Pugh, Michael/ Siduh, Waheguru Pal Singh (Hrsg.): The United Nations and Regional Security. Europe and Beyond, London 2003, S. 233-251.

PECK, Connie: Summary of Colloquium on New Dimensions of Peacekeeping, in: Warner, Daniel (Hrsg.): New Dimensions of Peacekeeping, Boston/ London 1995, S. 181-204.

PERRAS, Arne: Falle Darfur, in: Süddeutsche Zeitung vom 15./16.10.2005, S. 11.

PROTOCOL Relating to the Establishment of the Peace and Security Council of the African Union (<http://www.africa-union.org/Official_documents/Treaties_%20Conventions_%20Protocols/Protocol_peace%20and%20security.pdf> am 21.03.2005).

REPORT OF THE SECRETARY-GENERAL on the Situation in Africa, UN-Doc. A/52/871 - S/1998/318 vom 13.04.1998.

REPORT OF THE INTERNATIONAL COMMISSION of Inquiry on Darfur to the United Nations Secretary-General, vom 25.01.2005 (<http://www.un.org/News/dh/sudan/com_inq_darfur.pdf> am 15.02.2005).

RESOLUTIONEN des VN-Sicherheitsrats sind über die Homepage der Weltorganisation zugänglich.

ROTBERG, Robert I. (Hrsg.): Peacekeeping and Peace Enforcement in Africa, Washington 2000.

RULES OF PROCEDURE of the Assembly of the African Union (<http://www.africa-union.org/home/Welcome.htm> am 11.02.2005).

SECRETARY-GENERAL's Remarks at Memorial Conference on the Rwanda Genocide vom 26.03.2004 (http://www.un.org/apps/sg/sgstats.asp?nid=840 am 01.12.2004).

SITUATION OF HUMAN RIGHTS in the Sudan. Note by the Secretary-General, UN-Doc. A/54/467 vom 14.10.1999.

SITUATION OF HUMAN RIGHTS in the Darfur Region of the Sudan, UN-Doc. E/CN.4/2005/3 vom 07.05.2004

STATEMENT BY MS. LOUISE ARBOUR, High Commissioner for Human Rights to the Security Council on the International Commission of Inquiry on Darfur vom 16.02.2005 (<http://www.unhchr.ch/huricane/huricane.nsf/0/D256EFC9DDFD00DAC1256FAB00325780?opendocument> am 15.03.2005).

SÜDDEUTSCHE ONLINE: UN befürchten Völkermord in Darfur, vom 11.10.2005 (<http://www.sueddeutsche.de/ausland/artikel/241/62179/print.html am 11. 11.2005).

ULRICH, Stefan: Begriff für das Grauen. Diplomaten streiten über das Wort ‚Völkermord' vom 19.11.2004 (<http://www.sueddeutsche.de/ausland/artikel/302/43259/3/> vom 20.11.2004).

UNHCR: Global Appeal 2005. Eastern Chad and Darfur vom 01.12.2004 (<http://www.unhcr.ch/cgi-bin/texis/vtx/home/opendoc.pdf?tbl=MEDIA&id=41ab28c20&page=home> am 09.12.2004).

UNITED NATIONS Cooperation with Regional Organizations (<http://www.un.org/Depts/dpa/prev_dip/fr_un_cooperation.htm> am 18.11.2004).

UNITED STATES INSTITUTE OF PEACE: Peace Agreements Digital Collection: Sudan (http://www.usip.org/library/pa/sudan/cpa01092005/cpa_toc.html am 21.03.2005.)

UN NEWS CENTRE: Sudan. Envoy Warns of Ethnic Cleansing as Security Council Calls for Ceasefire vom 02.04.2004 (<http://www.un.org/apps/news/storyAr.asp?NewsID=10307&Cr=sudan&Cr1=&Kw1=Sudan&Kw2=&Kw3=> am 22.01.205).

UN NEWS SERVICE: Sudan cannot be Trusted to Tackle Darfur War Crimes, UN Human Rights Chief Tells Security Council vom 16.02.2005 (<http://www.un.org/apps/news/story.asp?NewsID=13373&Cr=sudan&Cr1=> am 17.02. 2005).

UN NEWS SERVICE: Sudan cannot be Trusted to Tackle Darfur War Crimes, UN Human Rights Chief Tells Security Council vom 16.02.2005 (http://www.un.org/apps/news/story.asp?NewsID=13373&Cr=sudan&Cr1= am 17.02.2005).

UN PRESS DOCUMENT: Secretary-General Observers International Day of Reflecting on 1994 Genocide vom 07.04.2004 (<www.unog.ch/news2/documents/newsen/sg04003e.htm> am 22.01.2005).

VAN DE VEEN, Hans: Sudan. Who has the Will for Peace? in: European Platform for Conflict Prevention and Transformation: Searching for Peace in Africa (Hrsg.): An Overview of Conflict Prevention and Management Activities, Utrecht 1999, S. 167-177.

Peacekeeping Experiences in Africa

From Organisation of African Unity to the African Union - an Analytical Historical Perspective

Geofrey Mugumya

Introduction

Since the birth of the Organisation of African Unity (OAU), and more particularly with the collapse of the bi-polar world at the end of the 1990s, the issue of peace, security and stability in Africa has remained a major pre-occupation. In the course of time, the security situation in the continent has been marked by: Collapse of state institutions, exemplified by developments in countries like Liberia, Somalia, Sierra Leone and the Democratic Republic of Congo (DRC); Increase in communal conflicts, emerging mainly from rising tension in inter-group rivalry and the collapse of old patterns of relationships, as well as the social fabric upon which any community thrives; conflicts over ownership, management and control of natural resources, *despite the African continent being endowed with all the natural resources that could cater for the needs of all its peoples*; proliferation and the stockpiling of small arms and light weapons; rise in the activities of terrorists, mercenaries, warlords, irregular militia and other transnational organized criminal groups; and new forms of security threats, including money laundering, human trafficking, drugs, cyber-crimes, etc.

In order to demonstrate the culmination of the collective efforts by OAU Member States to provide for a robust peacekeeping capacity in Africa in order to restore and safeguard peace and security in the continent, it worthy looking at a policy perspective in the domain of peace and security in the African Union (AU), with a fourfold focus: providing a historical analysis of the challenges to peace and security in Africa and early responses (1963 – early 1980s); providing insights into the nature and content of transformation strategies in the area of peace and security during the transition from the OAU to the AU (1990s); articulating the steps underway in the AU to realise a new peace and security architecture; exposing the evolving framework of peacekeeping operations and the challenges.

Peacekeeping, for which the foundation was laid under the defunct OAU, now gaining a new currency under the AU, however limited the scale may be, is coming a long way. African people, especially women and children, face the devastating consequences of conflict, when whole economies and physical and social infrastructures are often destroyed, deepening the development gap.

The Charter of the United Nations confers on the Security Council, hence the ultimate responsibility for the maintenance of international peace and security remains in the hands of the Security Council. Whilst this is the established political practice, as based on the existing international law and conventions, the world has witnessed a new evolution in the domain of peacekeeping, particularly in those areas and regions where action by the Security Council has been perceived to be too slow to respond to local emergent situations endangering peace and security. That evolution, underpinned by efforts of regional organisations to engage in limited peacekeeping operations, as stop gap measures, is comparatively more manifest in Africa. The AU was born in September 1999, into a situation of devastating conflicts and recurrent crises in various parts of Africa, in addition to inheriting the unfinished tasks related to conflict management from its predecessor. In one extreme case, Somalia, the OAU left it to the AU to take up the gigantic task of helping the Somalis revitalise the edifice of the State.

Historical Overview of the Efforts of the OAU

Conflict resolution and the preservation of peace, security and stability have remained the major pre-occupation of African leaders right from the inception of the OAU. The Charter of the OAU provided for the Commission of Mediation, Conciliation and Arbitration (CMCA). The Commission had jurisdiction only over inter-state conflicts and remained indifferent to internal strives. Although the Commission made efforts to operate, it did so within a rather negative environment. Many OAU Member States were unwilling to resort to the procedure of arbitration and other measures as provided for under the CMCA. In addition, the members bound each other to the principle of non-interference in the internal affairs of each Member. So the Commission found its way blocked right at its infancy.

Given the ineffectiveness of the CMCA, the African leaders resorted to other methods of conflict resolution, but on a more or less ad hoc basis. This recourse saw the phenomena of Elder Statesmen, African Heads of State, Ad Hoc Committees and Eminent Persons frequently being called upon to resolve inter-state disputes. The results were not satisfactory, as the continent continued to be haunted by conflicts. In fact, the last phase of the OAU witnessed the advent of numerous internal conflicts in the continent, such as Somalia, Burundi, Rwanda, Liberia, Sierra Leone and the Congo Republic, just to mention these, without leaving in limbo the then long running internal conflicts in Angola, Mozambique and the Sudan. It was in that context that significant efforts were deployed to equip the OAU with a more robust organ to deal with conflicts.

The Cairo Declaration on a Mechanism for Conflict Prevention, Management and Resolution

The OAU efforts to address the scourge of conflicts in the continent took a turning point in June 1993, when the 29th Ordinary Session of the Assembly of Heads of State and Government, held in Cairo, Egypt, adopted a declaration establishing, within the OAU, a Mechanism for Conflict Prevention, Management and Resolution. The decision to establish the Mechanism was reached against the background of a new awareness on the continent that, there was no way Africa could improve its socio-economic performance in the years following the end of the Cold War in an environment of wars, conflict and political instability. In this respect, it is worth recalling that, three years earlier, in July 1990, the 26th Ordinary Session of the Assembly of Heads of State and Government, that took place in Addis Ababa, adopted the "Declaration on the Political and Socio-Economic Situation in Africa and the Fundamental Changes Taking Place in the World". In that declaration, the Heads of State and Government noted, that:

> "*No single internal factor has contributed more to the present socio-economic problems in the Continent than the scourge of conflicts within and between our countries. They have brought about death and human suffering, engendered hate and divided nations and families. Conflicts have forced millions of our people into a drifting life as refugees and internally displaced persons, deprived of their means of livelihood, human dignity and hope. Conflicts have gobbled-up scarce resources, and undermined the ability of our countries to address the many compelling needs of our people.*"

In establishing the Mechanism, the Heads of State and Government clearly wanted to bring a new institutional dynamism to the process of dealing with conflicts on the African Continent, by enabling speedy action to prevent and, if necessary, manage and ultimately resolve conflicts when they occur. According to the Cairo Declaration, the Mechanism had, as its primary objective, the anticipation and prevention of conflicts. In circumstances where conflicts had already escalated, it was to be its responsibility to undertake peacemaking and peace-building functions in order to facilitate the resolution of these conflicts. In this respect, civilian and military observer/monitoring missions of limited scope and duration were deployed. The Assembly was of the view that the emphasis of the OAU Mechanism on anticipatory and preventive measures as well as and concerted action on peacemaking and peace-building would obviate complex and resource-demanding peacekeeping operations, which African countries could find difficult to finance and sustain.

In the event conflicts degenerated to the extent of requiring collective international and complex intervention and policing, the assistance or, where appropriate, the services of the United Nations will be sought. In this case, African countries will examine ways and modalities through which they can make practical contribution to such a United Nations undertaking and participate effectively to peacekeeping operations in Africa. The Assembly thus requested the Secretary-General of the OAU to undertake a review of the structures, procedures and working methods of the Mechanism, including the possibility of changing the name "Central Organ".

Like its predecessors, the Mechanism did not prove all that effective in the preservation of peace and security in the continent. Although the Mechanism made some achievements, it was faced with very serious constraints, which limited its capacity to perform its mandate. It faced many challenges in dealing with conflict situations in the Burundi, Comoros, Rwanda, Liberia and others. These constraints infringed on the mode of operation of the Mechanism, the membership of the Central Organ, its methods of work and decision making process, and the lack of a clear framework governing the relations regional groupings. The factors that undermined the effective functioning of the Mechanism were both endemic in its nature as well as external.

The lack of political commitment to effectively implement decisions on conflict issues, inadequate funding, logistical support and the absence of information networks among the member States were among the disturbing factors that rendered the Mechanism handicapped. Given these salient weaknesses, the role of the OAU remained peripheral in a number of major conflicts, including, in particular, the conflicts in Southern Sudan and Somalia. In addition, the incapacity of the Mechanism to effectively respond to crisis, especially in situations of coups d'état and other political fallouts, further contributed to it inefficacy.

The New Peace and Security Architecture of the African Union: Building the Capacity of the AU to Undertake Complex Peacekeeping Missions

Once the weaknesses of the Mechanism were acknowledged, the doors were opened for far-reaching reflections and reforms to enhance security within and between the Member States. It became clear that there was need for a more robust and proactive mechanism, particularly in view of the new political dispensation ushered in by the establishment of the African Union. The new efforts concentrated on various issues, in particular, the need to put in place a new architecture for peace and security for the continent, including the dimension of peacekeeping. These concerns culminated in the adoption of the Protocol Relating to the Establishment of the Peace and Security Council (PSC) of the African Union.

The PSC, as provided in the Protocol, is to be supported by the African Standby Force (to deal with peace-support operations), the Panel of the Wise, the Continental Early Warning System (CEWS), and the Peace Fund (to garner the necessary resources for the promotion of peace and security). In addition to the PSC Protocol, the peace and security architecture includes, the African Union Non-Aggression and Common Defence Pact, adopted by the 4th Ordinary Session of the Assembly of the Union, held in Abuja, Nigeria, in January 2005; the Common African Defence and Security Policy (CADSP), adopted by the 2nd Extraordinary Session of the Union, held in Sirte, Libya, in February 2005; as well as other security instruments of the Union, such as the Treaty establishing the African Nuclear Weapons Free-zone (the Pelindaba Treaty), and the Convention for the Prevention and Combating of Terrorism. While previous efforts concentrated on conflict resolution, the new peace and security architecture provides for a holistic approach for the promotion of peace and security in Africa.

The adoption of the PSC Protocol and its subsequent entering into force in December 2003 was a culmination of the concerted efforts, since the early 1990s, to equip the continent with a more robust apparatus for preserving and enhancing peace and security in the continent. The central objectives of the PSC are: anticipate and prevent conflicts; promote and implement peace-building; develop a common defence policy for the Union; coordinate and harmonize continental efforts in the prevention and combating of terrorism; and promote and encourage democratic practices, good governance and the rule of law, protect human rights and fundamental freedoms, etc.

The fiasco of the first peacekeeping venture undertaken by the OAU in Chad in 1979 to 1982, coupled with the heinous tragedies in Rwanda and Burundi in the 1990s, provided a new momentum for the need to build the capacity of the continent in the area of peacekeeping. The operation in Chad furnished the first occasion ever for the OAU to mount a peace-keeping operation. It differed from all other instances of OAU military involvement in conflict management in that it was more complex than the ceasefire observation missions that the Organization had been deploying. With the exception of the lead country—Nigeria, there was lack of cooperation from many African countries. Among the other countries, which were supposed to provide units to the neutral African force—Congo, Benin, and Guinea, only the Congolese contingent composed of 500 troops showed up in Chad on 18 January 1980.

The lessons learned from the Chad's operation were that: the effectiveness of peacekeeping was commensurate with the capacity and political will of the troop-contributing countries and the centrality of cooperation by the neighbouring countries. The lack of a clear mandate, and concept, particularly with regard to logistics, operation and troop-generation, further demonstrated the inexperience of the OAU, and the fact that peacekeeping was not a picnic but a complex and expensive operation, which many African countries could not afford. The Chadian experience was later to inform reflections in the continent on how best to deal with peacekeeping, especially at the level of the African Chiefs of Defence staff (ACDS).

The first meeting of the ACDS, which took place in Addis Ababa, from 3 to 6 June 1996, emphasized that the primary responsibility of the OAU should lie with the anticipation and prevention of conflicts, in accordance with the relevant provisions of the 1993 Cairo Declaration. It also recognized that the primary responsibility for the maintenance of international peace and security, particularly in the area of peacekeeping, rests with the United Nations Security Council. At the same time, the meeting recognized that certain exceptional circumstances can arise which may lead to the deployment of limited peacekeeping or observation missions by the OAU. Subsequently, as reflected below, the 2nd ACDS meeting took place in Harare, from 20 to 22 October 1997, to further the work initiated by the first meeting. And long after, the third meeting of the ACDS, and including the participation of governmental experts from AU member States, took place in Addis Ababa, from 15 to 16 May 2003. Notably, the third meeting came in the wake of the decision taken by the Assembly of the Union at its Maputo Summit, held in July 2003, relating to the operationalisation of the Peace and Security Council of the African Union.

In order to equip the OAU to better undertake peace support missions, the Meeting saw the need to strengthen the military Unit of the General Secretariat.

It also recommended that the OAU should continue to co-ordinate closely with Sub-Regional Organizations in its peace support operations, taking advantage of existing arrangements within the sub-regions. The Meeting accepted the principle of standby arrangements and earmarked contingents on a voluntary basis, which could serve either under the aegis of the United Nations or the OAU or under sub-regional arrangements. In this regard, the Meeting recognised the need for proper preparation and the standardisation of training.

Inspired by the role played by the Monitoring Mission of the Economic Community of West African States (ECOWAS-ECOMOG) in Liberia in 1990 and in Sierra Leone in the late 1990s, there grew a strong desire for the continent to take on matters of peace and security.

The 2nd ACDS Meeting in Harare, from 24 to 25 October 1997, convened to consider the recommendations, observations and proposals of the Group of Military Experts, discussed among others: The concept of peace support operations (PSO); Applicable procedures and adequacy of structures for PSO; Need for standard and adopted training in the field of PSO; Command and control of OAU PSO at various levels; Command and control of joint OAU/UN and OAU/Regional Organization operations; Planning and structure of PSO communications; Capacity building of Africa and the OAU General secretariat in the field of PSO; Logistic support and financing of OAU PSO.

The discussions allowed the ACDS to make substantive recommendations covering the modalities of the concepts, training and liaison; command, control and communications; and budget and logistics, of OAU's 500-man standby observer force, as contained in the Report of the Secretary General submitted to the 7th Ordinary Session of the Central Organ, held from 20-21 November 1997. On the Concept, the Meeting recommended, among other things, that all Peace Support Operations in Africa should be conducted in a manner consistent with both the UN and the OAU Charters and the Cairo Declaration; and that the concept should be firmly linked to the operationalisation of its Early Warning System, including a network linking each of the Early Warning cells of the various sub-regional organizations in Africa.

In respect of procedures for the conduct of peace support operations, the Meeting recommended, among other things, that the OAU should use existing UN references and adapt them to unique continental and organizational factors, and must also develop its own Standard Operating Procedures, for use by Member States in training and preparation for peace operations. In addition, it recommended that OAU Member States, individually or as part of sub-regional organizations, should supply the Conflict Management Division with the same data on strengths, tables of equipment, etc. In addition, it recommended that the OAU should identify about 500 trained military and civilian observers (100 from each sub-region) as an appropriate starting point for standby capacity. The Meeting recommended that training should be conducted in accordance with UN doctrine and standards. The ACDS recommended that Centres of expertise for peace support operations training should be established. The OAU was also to conduct simulation exercises at the organizational level and joint exercises at the sub-regional level under its auspices. The Meeting also recommended a command, control and communications framework for OAU peace support operations, taking into consideration the OAU Charter and the Cairo Declaration. The proposed framework excluded peace enforcement operations.

Within the General Secretariat, the Military Staff of the Field Operations Unit also held extensive deliberations with the African Defence Attachés and the UN Department of Peacekeeping Operations (DPKO). These efforts resulted in the drafting of a document titled "Draft Plan for Implementing the Recommendations of the Second Meeting of Chiefs of Defence Staff", which was prepared pursuant to the Decision of the 68th Ordinary Session of the Council of Ministers held in Ouagadougou, from 4 to 7 June 1998. At the 68th Ordinary Session of Council held in Ouagadougou, Burkina Faso, from 1 to 6 June 1998, the Secretary General submitted a report on the Enhancement of the Effectiveness of the Central Organ that captured the essence of the discussions at the Central Organ level.

These provisions were based on the assumption that the UN Security Council will fully assume its responsibilities for the maintenance of peace and security on the Continent. It should be stressed that after a short period of reluctance from the Security Council to undertake peacekeeping operations on the Continent, especially after the Somalia debacle in October 1993, the situation has witnessed positive developments. The UN is now undertaking its largest peacekeeping operations in Africa (Sierra Leone). It is also undertaking peacekeeping operations in Ethiopia-Eritrea, the DRC and Western Sahara. However, even in the best of circumstances where the UN fully assumes its responsibilities on the Continent, the OAU has no option but to develop its civilian and military missions of observation and monitoring of limited scope and duration. There is therefore the need to revisit the earlier decision of the OAU for the establishment of the 500-man standby observer force. The rationale for this proposition was that: there are low intensity conflicts in which the UN will not be involved, as they can be dealt with by the Regional Organisation, such as the Comoros; even in the case of conflicts where the UN has decided to deploy a peacekeeping mission, the procurement and logistical requirements are such that there is a long delay before the mission becomes operational. Pending that actual deployment of the UN mission, there can be the need for a provisional deployment, in order to ensure that the peace process is not derailed.

A classic example of this situation was the deployment of the OAU Neutral Investigators in the DRC in 1999-2000 prior to the deployment of MONUC; in some conflict situations in which the OAU had played a lead political role, and in which the UN has subsequently assumed the responsibility for the deployment of a peacekeeping mission, there can still be the need for the OAU to maintain a peacekeeping role in the peace process by co-deploying an OAU mission, such as in the Ethiopia-Eritrea peace process. The OAU should take into account the new developments arising from the recommendations of the Brahimi Panel, which was convened in 2000 to *"assess the shortcomings of the existing system and make frank, specific and realistic recommendations for change."* While, on the one hand the recommendations generally offer opportunities for closer UN-OAU co-operation, they also fundamentally affect the ability of the OAU and its Member States to fully and effectively participate in the UN Standby Arrangements System (UNSAS), and peacekeeping in general.

The concept of African Standby Force and the Future of Peacekeeping in Africa

The Constitutive Act, particularly, its Article 4(h) which provides for the right of the Union to intervene in a Member State pursuant to a decision of the Assembly in respect of grave circumstances, namely: war crimes, genocide and crimes against humanity; clears the way for rapid deployment of peace-support operations in Africa by removing the historic roadblock to collective security on the continent—the principle of non-interference in the internal matters of Member State. One of the fundamental principles of the African Union today is that interference is not non-indifference. The PSC Protocol was built on this new paradigm of collective security in Africa, which inspired the conceptualization of the ASF in its Article 13.

The raison d'être for the establishment of the African Standby Force (ASF) was to endow the PSC with a sound mechanism for rapid deployment of peace support missions. As implicit in its name, the ASF is based on the concept of Standby or "ready to go" arrangement. The Protocol provides that such Force or arrangement be composed of standby multidisciplinary contingents, with civilian and military components based in Member States. The ASF is mandated to take action in the following areas: Observation and monitoring missions; Other types of peace support operations; Intervention in a Member State with respect to grave circumstances or at the request of a Member State in order to restore peace and stability in consonance with Article 4(h) of the Constitutive Act; Preventive deployment (to prevent crises before they escalate); Peace-building, including post-conflict reconstruction, disarmament, and demobilization; Humanitarian assistance and any other functions mandated to it by the PSC.

The ASF is based on the concept of regional brigades. Each of the five regions in Africa is to establish a brigade, which can be deployed at any time. The legitimate mandating authority for the deployment of a brigade is the Peace and

Security Council of the AU, in conformity with Chapter VIII of the UN Charter. This means the command Headquarters shall be at the Headquarters of the African Union.

Envisaged ASF Deployment Missions' Scenarios

Six main scenarios have been envisaged for the deployment of the ASF:

A. Scenario 1: AU and Regional Organization Military advice to a political mission;

B. Scenario 2: AU and Regional Organization Military Observer mission co-deployed with the UN mission;

C. Scenario 3: Standalone AU and Regional Organization observer mission;

D. Scenario 4: AU and Regional Organization peacekeeping force for Chapter VI of the UN Charter and preventive deployment missions;

E. Scenario 5: AU peacekeeping for complex multidimensional peacekeeping mission—low level spoilers (as in many of the ongoing conflicts);

F. Scenario 6: AU intervention, e.g. in the case of genocide, or where the international community does not act promptly.

It should noted that each scenario shall be determined by the situation on the ground. The decision on which brigade to deploy shall also be guided by analysis of the crisis and the best scenario.

Conclusion

While the peace and security agenda set out in the overall AU framework, including the NEPAD programme reflects the collective aspiration of Africans, the AU leadership is keenly aware that these objectives cannot be realized in the short term. A number of potential challenges must be addressed in the short to medium term.

First, it is envisaged that the ASF will respond to diverse operational environments varying from situations requiring preventive deployment to enforcement operations. Therefore, an African Stand-by Force will require careful strategic planning and incremental build up from national to sub-regional levels.

Second, the development of a common doctrine will be particularly challenging. Much will depend on the nature of the operational environment and development of a common concept of operations, at least at sub-regional levels. This is compounded by the fact that the operational environment in which the ASF will operate is not stagnant. As more civil wars are resolved, the nature of the threat emerging from the national level will change, possibly resulting in a return to a murkier operational environment dominated by low-intensity conflicts generated by intra and inter-communal conflicts.

As part of the effort to overcome some of these challenges, it may be more rewarding to create a division of labour, in various aspects of peace support operations, particularly among Member States with a tradition of contributing to peace missions. This might provide a first level of preparation toward the creation of a Stand-by Force. Experiences acquired from participation in African peace operations have shown (even if informally) that certain countries have particular skills and a higher level of preparedness in specific aspects of peace support operations. For example, it is assumed that the Nigerian and Guinean armed forces are more effective as a crack force for peace enforcement while the Ghanaian army is believed to be more experienced in traditional peacekeeping.

Specialization and training should cover activities along a spectrum – from peacekeeping to reconstruction, including preventive deployment, peacekeeping, enforcement operations, disarming of armed groups, training of military and police personnel and assistance toward overall institutional reform and provision of logistical support through these phases. Training should also be targeted at Member States that not only have the capacity to contribute troops to peace operations, but that have a track record of contributing to peace operations and can make them available when the need arises.

Not least, and perhaps a central pillar of the whole African philosophy of preserving peace and security in the continent, is the need to enhance per capita freedom, democratic space, enjoyment of human rights and protection, and access to the opportunities for self-development through out the continent. These aspects should be promoted around each individual, with the progress being measured at each individual level. The conflicts ravaging the continent and its people and their economies are directly linked to deep-seated deprivations that the populations live on a daily basis. Now, there being no fairly large enough space for the affected populations to address those deprivations in a peaceful manner in most cases, protracted violent conflicts become inevitable. The net result is the resort to more expensive methods of managing and resolving those conflicts, whereby enormous quantities of human, financial, logistical and technical resources, otherwise to be devoted to real socio-economic development, are absorbed into operations to restore peace and security.

References

The Charter of the OAU provided for the Commission of Mediation, Conciliation and Arbitration (CMCA).

The "Declaration on the Political and Socio-Economic Situation in Africa and the Fundamental Changes Taking Place in the World". The 26th Ordinary Session of the Assembly of Heads of States and Government, Addis Ababa, July 1990.

The Cairo Declaration on a Mechanism for Conflict Prevention, Management and Resolution: 29th Ordinary Session of the Assembly of Heads of State and Government, Cairo, Egypt, June 1993.

The Protocol Relating to the Establishment of the Peace and Security Council (PSC) of the African Union. December 2003.

The African Union Non-Aggression and Common Defence Pact, 4th Ordinary Session of the Assembly of the Union, Abuja, Nigeria, January 2005.

The Common African Defence and Security Policy (CADSP), adopted by the 2nd Extraordinary Session of the Union, held in Sirte Libya, February 2004.

The first meeting of the ACDS, Addis Ababa, 3 to 6 June 1996, 2nd ACDS Harare, 20 to 22 October 1997, 3rd meeting of the ACDS, and including the participation of governmental experts from AU member, Addis Ababa, 15 to 16 May 2003.

"Draft Plan of Implementing the Recommendations of the Second Meeting of Chiefs of Defence Staff", Ouagadougou 1 to 7 June 1998.

The AU Constitutive Act Article 4 (h), Maputo 2002.

The UN Charter.

Von der Waghalsigkeit außenpolitischen Handelns
Die Europäische Union als Konfliktmanager in Ost-Afrika

Olaf Leiße

1. Einleitung

Dieser Beitrag handelt von den außenpolitischen Aktivitäten einer fragilen Gemeinschaft. Gemeint sind jedoch weder die Staaten Ost-Afrikas noch innerafrikanische Organisationen, sondern die Europäische Union. Ihre außergewöhnliche Konstitution als supranationaler Staatenverbund macht eine Beschäftigung mit ihren außenpolitischen Aktivitäten am Horn von Afrika lohnenswert. Die Bearbeitung der Konflikte in der Region durch die Europäische Union findet unter den Bedingungen doppelter Komplexität statt. So ist einerseits die Lage in der Region unübersichtlich: der Sudan hat zwei unterschiedliche und doch verflochtene Konfliktschauplätze, Äthiopien und Eritrea erleben gravierende innen- und außenpolitische Krisen, Somalia existiert nicht mehr. Der Charakter der Konflikte in diesen Ländern ist kaum miteinander vergleichbar; sie benötigen daher individuelle und flexible Antworten.

Andererseits sind die politischen Strukturen und das Entscheidungssystem der Europäischen Union selbst hochkomplex. Im Mehrebenensystem der EU bearbeiten die Mitgliedstaaten und die europäische Ebene Aufgaben parallel, teilweise miteinander, vielfach getrennt voneinander, selten jedoch gegeneinander. Auf der europäischen Ebene existieren gemeinschaftliche bzw. föderale neben konföderalen bzw. kooperativen Strukturen der mitgliedstaatlichen Zusammenarbeit. So ist in der EU einerseits die Kommission für Außenangelegenheiten zuständig, andererseits der Rat in den Formationen des Europäischen Rates und des Rates der Außenminister. Beide Strukturen unterscheiden sich fundamental. Idealtypisch, wenn auch nicht immer im Detail, lässt sich folgende Unterscheidung treffen: Auf der föderalen Ebene beherrscht die Kommission das Feld, auf der konföderalen Ebene entscheiden der Rat und damit die Mitgliedstaaten. Auf der Gemeinschaftsebene gibt es mindestens drei mit Außenbeziehungen direkt betraute Kommissare, im Rat koordiniert der Hohe Beauftragte für Außenpolitik die Arbeiten. In der Kommission kommen seit Jahrzehnten eingespielte Mechanismen der Zusammenarbeit zum Tragen, im Rat ist die Gemeinsame Außen- und Sicherheitspolitik sowie die Europäische Sicherheits- und Verteidigungspolitik ein fragiles Geschäft, das stets von Egoismen und fehlender Konsensbereitschaft bedroht ist. In den von der Kommission dominierten Bereichen werden das Europäische Parlament und andere Akteure einbezogen, im Rat regieren die Mitgliedstaaten; in der Kommission wird per Mehrheitsentscheid abgestimmt, im Rat per Konsens; der Kommission stehen Finanzmittel in größerem Umfang zur Verfügung, der Rat hat nur ein recht bescheidenes Budget; die Kommission verrichtet die politische Alltagsarbeit, im Rat werden die wichtigen und politisch brisanten Entscheidungen getroffen.

Kaum ein anderer Bereich in der Europäischen Union ist so heterogen wie die Außenbeziehungen, werden doch hier genuine Souveränitätsvorrechte der Mitgliedstaaten tangiert, die die nationalen Regierungen nur zögerlich, wenn nicht widerwillig aus der Hand geben. Da die Europäische Union ein Mehrebenensystem ist, müssen in der Außen- und Sicherheitspolitik verschiedene Ebenen und Akteure betrachtet werden. Erstens die Mitgliedstaaten in den Bereichen, in denen sie eine eigenständige Außenpolitik verfolgen, zweitens die Bereiche, in denen einige Mitgliedstaaten zusammenarbeiten, so beispielsweise im Bereich der militärischen Kooperation, drittens die konföderale Ebene der Kooperation der Mitgliedstaten im Rat, viertens die Außenpolitik der Kommission als Gemeinschaftsorgan. Die Außenbeziehungen richten sich auf andere Nationalstaaten und zunehmend auf internationale Organisationen. Nicht immer produziert eine solche Struktur kohärente Entscheidungen, und die geplante, aber noch im Wartestand befindliche europäische Verfassung sieht ja auch einige Vereinfachungen vor. Zudem entstand gerade auch im Verlaufe der Auseinandersetzungen im Irak der Eindruck, die Außenpolitik der Union sei paralysiert bzw. nicht existent. Dieser Eindruck trügt jedoch. Die Verflechtung der Nationalstaaten ist in Europa mittlerweile so weit fortgeschritten, dass die Zusammenarbeit in den meisten Bereichen weitergeht, auch wenn in einem anderen Bereich die Gegensätze unüberbrückbar sind. So findet sich in der EU häufig „business as usual“ im politischen Alltagsgeschäft, während die Gemeinschaft bei manchen grundsätzlichen Entscheidungen keinen Konsens herstellen kann.

Ist die Lage so komplex wie in der Region am Horn von Afrika, dann ist die Kohärenz europäischen außenpolitischen Handelns höchst problematisch. Zwar betonte die Kommission wiederholt die außenpolitischen Möglichkeiten der Union. „Die Liste der EU-Instrumente, die direkt oder indirekt für die Konfliktprävention in Betracht kommen, ist lang: Entwicklungszusammenarbeit und Drittlandshilfe, wirtschaftliche Zusammenarbeit und handelpolitische Instrumente, humanitäre Hilfe, Sozial- und Umweltpolitik, diplomatische Instrumente wie politischer Dialog und Vermittlung sowie wirtschaftliche und sonstige Sanktionen und schließlich die neuen Instrumente der Europäischen Sicherheits-

und Verteidigungspolitik (ESVP)." (Kommission 2001a: 6). Dennoch prägen gerade in der Afrikapolitik Sonderinteressen, postkoloniale Verstrickungen, Wirtschaftsverbindungen oder Desinteresse das politische Handeln der europäischen Akteure. Im Folgenden wird versucht, ein Schlaglicht auf die Bemühungen der Europäischen Union zur Befriedung der ostafrikanischen Region zu werfen und dabei die Besonderheiten europäischer Außenpolitik herauszukristallisieren. Aufgrund der dualen Struktur der EU-Außenpolitik wird zunächst die Tätigkeit der Kommission betrachtet (2), im Anschluss daran soll die Arbeit des Rates im Rahmen der Gemeinsamen Außen- und Sicherheitspolitik betrachtet werden (3). Dabei sollen die Politiken der beiden Institutionen weder verglichen noch gegenübergestellt werden, vielmehr soll der ergänzende Charakter beider Strukturen hervorgehoben werden. Den Abschluss bildet eine zusammenfassende Bewertung der europäischen Afrikapolitik, die beide Richtungen dieser Politik, nach Europa und nach Afrika, in Betracht zieht (4).

2. Die Politik der Europäischen Kommission gegenüber Ostafrika

Die Rolle der Kommission im Institutionengefüge der Europäischen Union ist eng verbunden mit dem Aufstieg der Gemeinschaft zu einem internationalen Akteur. Mit dem Vertrag von Maastricht wurden der Kommission erhebliche Gestaltungsmöglichkeiten in den Außenbeziehungen eingeräumt. So ist sie Verhandlungsführerin in der Handelspolitik und beim Abschluss von internationalen Abkommen, sie nimmt Politikfelder mit Außenwirkung wahr, vertritt die Union gemeinsam mit dem Rat nach außen und ist in die gemeinsame Außen- und Sicherheitspolitik involviert. Von den 24 Mitgliedern der Europäischen Kommission haben nur wenig reine Binnenfunktionen. Mindestens vier Kommissare sind in der Kommission unter José Manuel Durão Barroso direkt für Außenbeziehungen zuständig: für den Bereich Handel der Brite Peter Mandelson, für Entwicklung und humanitäre Hilfe der Belgier Louis Michel, für Außenbeziehungen und europäische Nachbarschaftspolitik die Österreicherin Benita Ferrero-Waldner sowie für Erweiterung der Finne Olli Rehn. Im Vergleich zu den Vorgängerkommissionen sind die Außenbeziehungen nunmehr fest institutionalisiert. Tatsächlich nehmen die außenpolitischen Aktivitäten der Kommission weiter zu, stoßen aber an ihre Grenzen, wenn Zuständigkeiten des Rates oder der Mitgliedstaaten betroffen sind. So konnte beispielsweise eine Koordination der Entwicklungszusammenarbeit der Mitgliedstaaten durch die Kommission nicht durchgesetzt werden.

Sichtbarstes Zeichen der Bedeutung der Europäischen Union als internationaler Akteur sind die Delegationen der Europäischen Kommission in vielen Ländern der Welt. Diese haben sich aufgrund ihrer Bedeutung für die betreffenden Länder in kleine Botschaften verwandelt, die wichtige Entscheidungen treffen.

So wurden die Entscheidungen für einen Beitritt der ost- und südosteuropäischen Länder zur EU von den jeweiligen Delegationen wesentlich vorbereitet. Zudem waren sie in den Verhandlungsprozess eingebunden. Daher fungierten die Delegationen in Osteuropa als wichtigste auswärtige Vertretung. In Ostafrika wiederum sind sie entscheidend in die Verwaltung der Hilfsprogramme und damit in die Vergabe finanzieller Mittel eingebunden, weshalb sie auch dort zu wichtigen Ansprechpartnern der jeweiligen Regierungen wurden. Allerdings werden sie innerhalb der EU nicht nur für die Kommission tätig, der sie formal unterstellt sind, sondern sie unterstützen auch den Hohen Vertreter der Gemeinsamen Außen- und Sicherheitspolitik. Falls die europäische Verfassung und damit der Plan eines gemeinsamen diplomatischen Dienstes der Europäischen Union jemals realisiert werden, bilden sie den Nukleus für das Netz zukünftiger europäischer Botschaften. Am Horn von Afrika verfügt die Kommission über eigene Vertretungen in Äthiopien, Eritrea und Dschibuti. Im Sudan, der derzeit von Ägypten aus betreut wird, wird nach der Normalisierung der Beziehungen eventuell eine Vertretung eröffnet werden. Aufgrund der chaotischen Zustände in Somalia befindet sich die Delegation für dieses Land in Nairobi, Kenia.

In der Kooperation mit Mittel- und Osteuropa nach dem Fall der Mauer legte die Union größten Wert auf die Transformation dieser Staaten nach rechtsstaatlichen, demokratischen und marktwirtschaftlichen Prinzipien. Im Gegensatz dazu war die Politik der Europäischen Union gegenüber Afrika lange Zeit „(...) gewissermaßen ‚systemblind'. Maßgeblich für die Kooperation waren historische Bande zu ehemaligen Kolonien, nationale wirtschaftliche und politische Interessen von Mitgliedstaaten sowie das durch den Ost-West-Konflikt vorgegebene Freund-Feind-Raster" (Schmidt 2004: 268). Dennoch setzte in den 90er Jahren ein Bewusstseinswandel ein, der wirtschaftliche Kooperationen verstärkt in demokratische und rechtsstaatliche Strukturen eingebettet wissen wollte. Ursache für diesen Bewusstseinswandel waren nicht nur die Beendigung der Ost-West-Spannungen auch auf dem afrikanischen Kontinent, sondern zunehmend die Erkenntnis, dass Hilfe im Rahmen der Entwicklungszusammenarbeit nur dann Erfolg haben kann, wenn auch nicht-materielle Faktoren, wie Menschenrechte, Partizipation, Pazifizierung, Versöhnung und „good governance", angemessene Beachtung vor Ort finden. Da viele Staaten Afrikas in Kriege, kriegerische Auseinandersetzungen oder andere tief greifende Konflikte involviert sind, gewinnen militärische Eingriffe zur Abstützung humanitärer Hilfe zunehmend an Bedeutung. Allerdings machen die EU-internen Querelen im Jahr 2006 um den Einsatz von Truppen im Kongo deutlich, welche engen Grenzen einem gemeinsamen Engagement gesetzt sind.

Vielversprechender erscheinen daher Versuche, die Beachtung von Menschenrechten und Demokratie in den Abkommen mit der Gemeinschaft verbindlich zu machen. Seit 1992 ist eine Klausel zur Beachtung von Menschenrechten und Demokratie wesentlicher Bestandteil in den Abkommen zwischen der Union und anderen Staaten. 1995 wurde eine entsprechende Standardklausel vom Rat gebilligt (Europäische Kommission 1995). Seit 1994 werden im Rahmen der „Europäischen Initiative für Demokratie und Menschenrechte" jährlich rund 100 Mio. Euro für Maßnahmen in diesen Bereichen zur Verfügung gestellt (Rat der EU 1999a; Rat der EU 1999b). Damit konnten die bestehenden Programme (z.B. auch Phare und Tacis mit Osteuropa) um die Dimensionen Menschrechte, Demokratie und Konfliktprävention ergänzt werden.

Besonders nachhaltig war der Versuch, die Beachtung von Menschenrechten und Demokratie zu Voraussetzungen für einen Handel mit der Europäischen Union zu machen. Beispielhaft dafür steht das im Jahr 2000 mit den Staaten Afrikas, der Karibik und des Pazifiks (AKP-Staaten) in Cotonou unterzeichnete Abkommen, das die vier Vorgänger-Abkommen von Lomé ablöste und seit 1. April 2003 in Kraft ist (vgl. Abkommen von Cotonou 2000). Insbesondere die Verankerung von drei Aspekten ist in unserem Zusammenhang von Bedeutung: Demokratie und Menschenrechte, Friedenskonsolidierung und Konfliktprävention sowie die Berücksichtigung der Zivilgesellschaft. Wichtigste Säule der zukünftigen Kooperation ist die Ausrichtung auf Demokratie und Menschenrechte. „Ziel der Zusammenarbeit ist eine auf den Menschen als ihren hauptsächlichen Betreiber und Nutznießer ausgerichtete nachhaltige Entwicklung; dies setzt die Achtung und Förderung sämtlicher Menschenrechte voraus. Die Achtung sämtlicher Menschenrechte und Grundfreiheiten, einschließlich der Achtung der sozialen Grundrechte, Demokratie auf der Grundlage des Rechtsstaatsprinzips und eine transparente und verantwortungsvolle Staatsführung sind fester Bestandteil einer nachhaltigen Entwicklung" (Art. 9, Abs. 1). Besonders betont wird der enge Zusammenhang zwischen den einzelnen Faktoren. „Die Vertragsparteien bestätigen erneut, dass Demokratisierung, Entwicklung und Schutz der Grundfreiheiten und Menschenrechte in einem engen Zusammenhang stehen und sich gegenseitig verstärken" (Art. 9, Abs. 2). Damit scheint die „Systemblindheit" früherer Abkommen überwunden.

Die zweite Säule ist die Friedenskonsolidierung und Konfliktprävention. Hier stehen Maßnahmen im Mittelpunkt, die von der Europäischen Union finanziert, jedoch von regionalen oder nationalen Organisationen durchgeführt werden (Art. 11, Abs. 1). Besonderes Augenmerk wird in diesem Zusammenhang darauf gerichtet, dass Finanzmittel der Entwicklungszusammenarbeit nicht für Kriegszwecke missbraucht werden. Die dritte Säule schließlich betrifft die partizipatorische Einbindung von zivilgesellschaftlichen Gruppierungen, Nichtregierungsorganisationen sowie der Wirtschafts- und Sozialpartner. Das Abkommen schreibt kein verbindliches Demokratiemodell vor, orientiert sich jedoch stark an pluralistischen Modellen, die eine Einbindung möglichst vieler Akteure in den politischen Prozess favorisieren. Integriert werden die vorstehenden Konzepte von Menschenrechten, Friedenskonsolidierung und Pluralismus im „good governance"-Ansatz. „Die verantwortungsvolle Staatsführung (...) ist ein fundamentales Element dieses Abkommens". (Art. 9, Abs. 3). Damit wird den Regierungen in den Staaten des Cotonou-Abkommens eine besondere Verantwortung für die Entwicklung ihrer Länder zugewiesen – ein Ansatz, der insbesondere von der Modernisierungstheorie vertreten wird. Die Kritik an diesem Abkommen stammt erwartungsgemäß von interdependenztheoretischer Seite: dass die Europäische Union genau dann von ihren hehren Prinzipien abweicht, wenn es um den Schutz des eigenen Marktes geht. Und dass eine nachhaltige Konsolidierung der Wirtschaft der AKP-Staaten durch die Unterbindung fairen Wettbewerbs verhindert wird.

Trotz dieser – sehr berechtigten – Kritik schreitet die Formulierung gemeinsamer Standards in der Entwicklungszusammenarbeit durch die Europäische Union in ungewöhnlichem Tempo voran. Die Europäische Initiative für Demokratie und Menschenrechte wurde durch die Begrenzung auf thematische Prioritäten und die Auswahl bestimmter Schwerpunktländer präzisiert (Europäische Kommission 2001b). Die Prioritäten liegen nunmehr auf good governance, Abschaffung der Todesstrafe, Bekämpfung von Folter sowie Bekämpfung von Rassismus und Diskriminierung. Die unterschiedlichen Ansätze der Europäischen Union wurden schließlich im Jahr 2005 zusammengeführt und in einem Vorschlag der Kommission, den sie programmatisch als „Europäischen Konsens" bezeichnete, niedergelegt (Europäische Kommission 2005b). Darin werden sowohl eine Entwicklungsstrategie für die Europäische Union als auch Leitlinien für die Umsetzung der Vorgaben formuliert. In einem weiteren Papier wird die Implementierung der Grundsätze als Programmierungsgrundsätze für die zukünftige Entwicklungszusammenarbeit dargelegt (Europäische Kommission 2006).

Der durch das Cotonou-Abkommen deutlich ausgedrückte Wandel der Paradigmen in der europäischen Entwicklungszusammenarbeit wurde zuletzt im Jahr 2006 durch eine gemeinsame Erklärung von Europäischem Rat, Europäischem Parlament und Kommission eindrucksvoll bestätigt. Der umfangreiche, ebenfalls als „Europäischer Konsens" deklarierte Text ist in zwei Teile gegliedert (Europäischer Konsens 2006). Während der erste Teil eine gemeinsame europäische Vision der Entwicklungszusammenarbeit entwirft, stellt der zweite Teil Leitlinien zur Umsetzung dieser Vision bereit. Teil I nennt die wichtigsten Ziele, Grundwerte und Grundsätze der Entwicklungszusammenarbeit. Die EU betont, dass Entwicklung ein mehrdimensionaler Begriff ist, der wirtschaftliche, soziale und ökologische Aspekte umfasst. Daher sollen in Zukunft insbesondere die armen Staaten der Erde unterstützt werden. Armutsbekämpfung wird als Mittelpunkt angesehen, der in andere Bereiche, wie Ernährung, Gesundheit, Bildung, politische und soziale Rechte, Umwelt und Wirtschaft, hineinstrahlt. Daher ist Armutsbekämpfung der Schlüssel zur Veränderung politischer, wirtschaftlicher und sozialer Parameter. Die gemeinsamen Grundsätze, denen sich die Union verpflichtet fühlt, sind die Achtung der Menschenrechte, Grundfreiheiten, Frieden, Demokratie, verantwortungsvolle Staatsführung, Geschlechtergleichstellung, Rechtsstaatlichkeit, Solidarität und Gerechtigkeit. Zur Erreichung dieser Ziele und zur Umsetzung der gemeinsamen Werte will sich die Union in internationalen Organisationen und auf UNO-Konferenzen einsetzen. Im zweiten Teil werden diese Grundsätze dann noch einmal präzisiert. Ziel ist es, universelle Ziele und Werte in Einklang zu bringen mit den spezifischen Verhältnissen vor Ort. Die jeweiligen Strategien werden in bestimmten Programmen, d.h. länderspezifischen, regionalen und thematischen Strategiepapieren, festgelegt. Durch die Breite der Maßnahmen muss Entwicklungszusammenarbeit eingebettet sein in ein Bündel von anderen außenpolitischen Maßnahmen, um ihre Effizienz und Effektivität zu gewährleisten. In unserem Zusammenhang ist von besonderem Interesse, dass gefährdete Staaten als ein Problem erkannt werden, das nur durch umfassende präventive Konzepte gelöst werden kann. Der Aufbau von demokratischen Institutionen erhält dabei einen besonderen Stellenwert.

„Die EU wird auf schwierige Partner und fragile Staaten, in denen ein Drittel der Armen der Welt lebt, besser eingehen. Die EU wird ihre Bemühungen im Bereich der Konfliktprävention verstärken und Maßnahmen unterstützen, mit denen verhindert werden soll, dass Staaten fragil werden; hierzu gehören etwa Reformen bei der Staatsführung, die Beachtung des Prinzips der Rechtsstaatlichkeit, die Korruptionsbekämpfung und der Aufbau funktionstüchtiger staatlicher Institutionen, damit diese eine Reihe grundlegender Aufgaben wahrnehmen und den Bedürfnissen ihrer Bürger gerecht werden können“ (Nr. 20).

Unabhängig davon, wie Erfolg versprechend die Umsetzung der Theorie in die Praxis beurteilt werden mag, sind doch drei Aspekte bemerkenswert. Erstens, die Europäische Union verabschiedet sich von einem im politikwissenschaftlichen Sinne „realistischen“ außenpolitischen Konzept. Eigennutzmaximierung und eigeninteressegeleitetes Handeln können nicht im Mittelpunkt stehen, wenn Entwicklungszusammenarbeit Erfolg haben soll. Die demonstrative Unterstützung der UN-Millenniumsziele sowie die Betonung multilateraler Strategien ist eine Absage an kurzfristige strategische Interessen und eine Hinwendung zu gemeinsamen Werten und damit zu verantwortungsethischem Handeln. Zweitens, der Europäische Konsens nimmt die Erfahrungen der Globalisierung und der zunehmenden Vernetzung der Welt auf und versucht, die Union in einen konstruktiven Dialog mit der übrigen Welt treten zu lassen. Der Hauch von „one world“, der den Konsens umweht, bindet die Staaten der Dritten Welt als möglichst gleichberechtigte Partner in die Entwicklungszusammenarbeit (EZ) ein. Gleichzeitig erfolgt eine deutliche Abgrenzung zu den USA. Man hat zwar im Grunde die gleichen Ziele, setzt aber andere Instrumente und Methoden ein. Die Wertebasierung und die Betonung der Gemeinschaftlichkeit mit der übrigen Welt haben umgekehrt auch Wirkung auf die Europäische Union selbst. Denn wenn sämtliche Mitgliedstaaten auf dieselben Werte rekurrieren und die Union verstärkt als EZ-Akteur in der Welt auftritt, dann wird dadurch zweifellos die Gemeinschaftsebene gestärkt. Und tatsächlich hebt der Konsens die Vorteile des gemeinschaftlichen gegenüber dem mitgliedstaatlichen Handeln hervor. „Die Kommission ist als Entwicklungspartner in mehr Ländern als selbst die größten Mitgliedstaaten präsent, und in manchen Ländern ist sie der einzige EU-Partner mit nennenswerter Präsenz" (Nr. 48). Ferner sorge die Union für Politikkohärenz sowie Koordinierung und Harmonisierung der Entwicklungspolitiken, könne Beschlüsse besser umsetzen und mehr Partner einbinden (Nr. 49-55). Das bemerkenswerte Selbstbewusstsein, mit der die Gemeinschaftsebene betont wird, und die Selbstverständlichkeit der Bevorzugung der europäischen Ebene, die auch von den im Rat vertretenen Mitgliedstaaten getragen wird, lassen den Bereich der Entwicklungszusammenarbeit zu einem neuen Feld der Vergemeinschaftung werden. Sein Integrationspotential für die Union dürfte auf alle Fälle höher sein als der sensible Bereich der gemeinsamen Außen- und Sicherheitspolitik.

Im Folgenden soll ein Blick auf die gegenwärtige Entwicklungszusammenarbeit der Europäischen Union mit einigen Ländern Ostafrikas geworfen werden. Dabei handelt es sich um die besonders fragilen Staaten am Horn von Afrika: Sudan, Äthiopien, Eritrea und Somalia.

Die Beziehungen mit dem Sudan

Die Beziehungen der Europäischen Union mit dem Sudan nehmen seit einigen Jahren wieder konkrete Formen an (Skupien 2003). Nach 1990 wurden die Beziehungen von Seiten der EU ausgesetzt, da der Sudan Menschenrechte, Rechtsstaatlichkeit und Demokratie dauerhaft verletzte. Die Union befand sich mit dieser Einschätzung in Übereinstimmung mit wesentlichen internationalen Organisationen. Die internationale Hilfe, die 1982 noch 41 US$ pro Kopf betragen hatte, sank auf 29 US$ im Jahr 1990 und schließlich auf 6 US$ im Jahr 1995. So musste sich das Land schließlich mit jährlich rund 70 Mio. US$ Entwicklungshilfe begnügen. Gleichzeitig stürzte die Wirtschaft, die unter Preisbindungen, staatlichen Eingriffen und einer Inflation von über 100% litt, in eine tiefe Rezession. Da gleichzeitig die Regierung in Khartum einen Großteil der Einnahmen, die vor allem aus dem Export von Öl, Gold und Baumwolle stammten, in ihre kriegerischen Auseinandersetzungen steckte, stand das Land nicht nur politisch, sondern auch ökonomisch vor einem Desaster. Die Europäische Union unterstützte den Sudan jedoch selbst in den problematischen 90er Jahren insgesamt mit rund 450 Mio. Euro über das „Humanitarian Plus Programme" (Europäische Kommission 2005a).

Der von der Regierung signalisierte Wandel in Politik und Wirtschaft hatte trotz der noch immer angespannten Lage am Ende des Jahrzehnts konkrete Auswirkungen. Der Internationale Währungsfonds legte ein Hilfsprogramm auf und gewährte dem Sudan im August 2000 wieder das 1993 entzogene Stimmrecht. Die Weltbank, die Vereinten Nationen und ihre Unterorganisationen sowie verschiedene arabische Organisationen verstärkten ihre Tätigkeit im Sudan. Im Jahr 2001 betrug die internationale Hilfe für den Sudan rund 226 Mio. US$, wobei die Europäische Union mit 36 Mio. US$ der zweitgrößte Geldgeber nach den USA mit 115 Mio. US$ war. Bereits im Vorjahr hatte auch der Sudan das Cotonou-Abkommen mit unterzeichnet. Der nun einsetzende politische Dialog zwischen der EU und dem Sudan orientierte sich an fünf Themen: Fortsetzung des Friedensprozesses, Demokratie und Rechtsstaatlichkeit, Menschenrechte, Terrorismus und die Beziehungen zu den Nachbarstaaten. Während die beiden letztgenannten Themengebiete später nicht mehr auf der Agenda standen, sind die übrigen Bereiche noch immer Gegenstände eines intensiven Austauschs. Vor Beginn eines umfangreichen Hilfsprogramms für den Sudan ließ die Europäische Kommission die Wirkungen der vorangegangenen internationalen Hilfe für den Sudan untersuchen. Im Ergebnis zeigte sich, dass, erstens, humanitäre Hilfe allein die politischen Konflikte im Lande nicht lösen kann, zweitens, Geldgeber keinen besonderen Einfluss auf die Konfliktparteien haben, drittens, Hilfsstrategien langfristig angelegt werden sollten, viertens, Hilfspersonal gut ausgebildet und auf die Situation vor Ort eingestellt sein sollte, und fünftens, Zugang zu den besonders betroffenen Regionen gewährleistet sein muss. In Anbetracht dieser Ergebnisse wollte die Kommission weg vom Prinzip der Nothilfe und des unmittelbaren Engagements und setzte stattdessen auf Nachhaltigkeit und langfristige Strategien.

Als Resultat des europäisch-sudanesischen Dialogs, der im Januar 2005 zu einer offiziellen Wiederaufnahme der Beziehungen führte, wurde von der Europäischen Union ein Länderprogramm von 2005 bis 2007 mit einem Volumen von knapp 100 Mio. €, gespeist aus dem Europäischen Entwicklungsfonds, aufgelegt. Insgesamt sollen jedoch knapp 400 Mio. € ausgereicht werden. Zwei Bereiche stehen im Mittelpunkt der europäischen Entwicklungszusammenarbeit: die Verbesserung der Lebensmittelversorgung sowie die Bildung. Bei der Verbesserung der Lebensmittelversorgung geht es weniger um die unmittelbare Bereitstellung von Nahrungsmitteln als um Maßnahmen zur nachhaltigen Sicherung der Lebensmittelproduktion und –distribution. Die Reanimierung der Kleinproduktion sowie die Versorgung mit sauberem Wasser, Veterinärhilfe, aber auch Nahrungsmitteltransport und Lagerung fallen in diesen Bereich. Der zweite Schlüsselsektor ist die Bildung. Wenn man in Betracht zieht, dass die Analphabetenquote allein im vergleichsweise gut ausgebildeten Norden bei rund 50% und in Darfur sogar bei ca. 70% liegt, während im Vergleich dazu der Durchschnitt im subsaharischen Afrika rund 38% beträgt, dann ist eine Verbesserung gerade in diesem Bereich absolut prioritär. Bildung ist der anerkannte Schlüssel zur Verbesserung der individuellen Lage wie der gesamtwirtschaftlichen Situation. Die EU setzt auf den Aufbau eines differenzierten Bildungssystems mit unterschiedlichen Ausbildungsformen. Zu diesem Zweck sollen lokale und regionale Ebenen sowie die nationale Ebene ermutigt werden, den von ihnen selbst angekündigten Reformen Taten folgen zu lassen. Da die Hilfe der EU angesichts der zu bewältigenden Aufgaben begrenzt ist, bietet sich eine Zusammenarbeit mit der UNICEF, die im Norden tätig ist, sowie mit USAID, die im Süden tätig ist, an. Insgesamt sieht die EU die Notwendigkeit, ihre Programme in die internationale Geberlandschaft einzupassen, um die Effizienz der eingesetzten Mittel zu erhöhen. Die Kommission erkennt in ihren Berichten, dass die Entwicklungszusammenarbeit auf lange Sicht nur dann erfolgreich sein wird, wenn es gelingt, die kriegerischen Auseinandersetzungen zu beenden, die Kämpfer zu entwaffnen und das hohe Kriegsbudget des Landes, das vor allem mit Öleinnahmen finanziert wird, für zivile Verwendungen umzuwidmen.

Die Beziehungen mit Äthiopien

Im Gegensatz zu den Beziehungen zum Sudan sind die Verbindungen mit Äthiopien, das in Bezug auf Landumfang und Einwohnerzahl (65 Mio. Einwohner) ebenfalls sehr groß ist, tief und dauerhaft. Praktisch alle Mitgliedstaten sind in Äthiopien engagiert und bilden zusammen mit anderen Staaten und Organisationen (USA, Japan, Weltbank, Afrikanische Entwicklungsbank) eine internationale Gebergemeinschaft mit rund 30 Mitgliedern. Nach Beendigung der Kriegshandlungen trugen die internationalen Hilfen in der zweiten Hälfte der 90er Jahre rund 44% zum äthiopischen Bundeshaushalt bei, derzeit sind es noch rund 38%. Die Beziehungen zur Europäischen Gemeinschaft begannen 1975 mit Unterzeichnung des ersten Lomé-Abkommens. Seither unterstützt Europa das Land über den Europäischen Entwicklungsfonds und die Europäische Investitionsbank regelmäßig. Äthiopien entwickelte sich zum größten Empfängerland europäischer EZ-Gelder; die EU ist nach der Weltbank der zweitgrößte Geldgeber.

Dennoch sind die Ergebnisse alles andere als zufrieden stellend. „Die Armut ist in Äthiopien tief und weit verbreitet. Mit einem Bruttoinlandsprodukt von 113 US$ pro Kopf im Jahr 1998 rangierte es weltweit an unterster Stelle. 46% der äthiopischen Bevölkerung leben von weniger als einem Dollar pro Tag, 89% von weniger als zwei Dollar. Wird das Einkommen in Beziehung zu den Nahrungsmittelpreisen gesetzt, dann kann festgestellt werden, dass mehr als 50% der Bevölkerung in die Kategorie ‚Nahrungsmittelarmut' fallen. Die Armut in der Stadt fällt beträchtlich geringer aus als auf dem Land. 86% der Armen leben auf dem Land, Nahrungsmittelarmut ist auf dem Land (52%) weiter verbreitet als in der Stadt (36%)." (Europäische Kommission 2002b: 4). Hinzu kommt, dass Frauen durchschnittlich nur über die Hälfte des Einkommens der Männer verfügen.

Die Konsequenzen für die Europäische Kommission aus diesem offensichtlichen Missverhältnis von Unterstützung und Ergebnis sind, die Mittel zukünftig stärker zweckorientiert und konzentrierter zu vergeben. Das Ende der kriegerischen Auseinandersetzungen Äthiopiens mit seinen Nachbarn ist unabdingbare Voraussetzung für die Effektivität der eingesetzten Mittel. Im Zeitrahmen von 2002 bis 2007 stehen für drei Bereiche rund 384 Mio. Euro, vor allem aus dem Europäischen Entwicklungsfonds, zur Verfügung: Transport und Infrastruktur (211 Mio. € bzw. 55%), makroökonomische Unterstützung (96 Mio. € bzw. 25%) und Nahrungsmittelsicherheit (54 Mio. € bzw. 14%). Ergänzt werden diese Schwerpunkte durch die nachhaltige Unterstützung der Regierung, einen geeigneten Verwaltungsapparat aufzubauen (23 Mio. € bzw. 6%). Darüber hinaus stehen weitere 154 Mio. € für die Milderung unvorhergesehener Ereignisse, wie Ernteausfälle oder Notfälle, bereit.

Für die Verbesserung der Infrastruktur setzt die Kommission gezielt auf den Ausbau wichtiger Verkehrsverbindungen sowie den Aufbau einer Verkehrsverwaltung. Derzeit besitzt Äthiopien eines der schlechtesten Verkehrssysteme der Welt. Auf 1.000 Einwohner kommen nur 0,43 km Straße; nur 20% des Landes liegen im Einzugsbereich einer Allwetterstraße. Die einzige Eisenbahnlinie Äthiopiens, die nach Dschibuti führt, ist in beklagenswertem Zustand. Im August 2006 sagte die Kommission daher für diese wichtige Linie eine Aufbauhilfe von 40 Mio. Euro zu. Die Folgen der mangelhaften Infrastruktur – fehlender Zugang zu Märkten, Produktionsorten, hohe Transportkosten – sind wichtige Ursachen für die Armut im Land. Im zweiten Bereich, der makroökonomischen Unterstützung, geht es vor allem um eine Diversifizierung der Produktionsstruktur. Äthiopien ist ein agrarisch geprägter Staat. Rund 52% trägt der erste Sektor zum Nationaleinkommen bei, der Dienstleistungsbereich rund 36% und die Industrie nur rund 11%. Der Anteil landwirtschaftlicher Produkte liegt bei 90%. Bei ihren Reformbemühungen unterstützt die Kommission einen Mix aus Liberalisierung und staatlicher Intervention. So sollen einerseits die Preise einer möglichst geringen Kontrolle unterliegen, der Handel weitgehend liberalisiert und der Privatsektor gestärkt werden, andererseits soll die Regierung in die Lage versetzt werden, einen ordnungsgemäßen Haushalt aufzustellen und durchzuführen. Insbesondere soll die Regierung animiert werden, das Ernährungsproblem energisch anzugehen und die soziale Entwicklung insbesondere auf dem Land zu fördern. Die Lebenserwartung eines Äthiopiers liegt derzeit nur bei etwas über 43 Jahren, auf 100.000 Einwohner kommen lediglich 4 Ärzte. Rund 64% der Bevölkerung sind Analphabeten. Damit gehört Äthiopien zu den wenigsten entwickelten Ländern der Erde.

Der vierte, ergänzende Bereich für die europäischen EZ-Gelder ist die Stärkung von Regierung und Zivilgesellschaft. Eine umfassende Reform des Verwaltungsapparates, der nach föderalen, rechtsstaatlichen, demokratischen Prinzipien funktionieren und der verfassungsmäßigen, ethnischen, politischen und wirtschaftlichen Situation des Landes Rechnung tragen soll, hat in den kommenden Jahren oberste Priorität. Hinzukommen muss eine Reform des Gerichtswesens, die Beachtung der Menschrechte sowie die Stärkung der Zivilgesellschaft. Hier gilt es, Überzeugungsarbeit bei den politischen Entscheidungsträgern zu leisten, die einem zivilgesellschaftlichen Engagement kritisch gegenüber stehen und eher wenig an einer pluralistischen, politisch organisierten Gesellschaft interessiert sind. Ein Erfolg der Entwicklungszusammenarbeit beruht im Falle Äthiopiens vor allem auf einem gelungenen Paradigmenwechsel der politischen Eliten, auf ihrem Willen zu „good governance".

Die Beziehungen mit Eritrea

Die Beziehungen zwischen der Europäischen Union und Eritrea sind eng mit der wechselvollen Geschichte dieses jungen Staates verknüpft. Unmittelbar nach seiner Gründung im Jahr 1993 wurde das kleine Eritrea (3,5 Mio. Einwohner) Mitglied des Lomé-Abkommens. Noch im gleich Jahr wurde ein „Short Term Programme to Aid Reconstruction and Recovery in Eritrea" unterzeichnet, das das Land in die Entwicklungszusammenarbeitsstrukturen der EU in Ostafrika einband und finanzielle Unterstützung aus dem Europäischen Entwicklungsfonds vorsah. Allerdings waren die internen eritreischen Strukturen zu ungefestigt, um unmittelbar eine reguläre Kooperation installieren zu können. Fehlende Daten und mangelnde Fähigkeiten der neuen Regierung beeinträchtigten die Zusammenarbeit. Und schließlich wollte die eritreische Seite die Kooperation weitgehend beenden, um nicht in neue Abhängigkeiten zu geraten. Bis dahin hatte sie rund 55 Mio. € erhalten. Dieser seltene Fall des Widerstandes gegen eingefahrene Kooperationsmethoden wurde allerdings mit Ausbruch des neuen Krieges gegen Äthiopien von 1998 bis 2000 aufgegeben. Einige Mitgliedstaaten der EU, wie Dänemark, die Niederlande, Italien, Frankreich stellten Truppenkontingente im Rahmen der UNO-Mission. Andere Länder, wie Deutschland und Schweden, beteiligten sich mit Ausbildern. Besonders involviert in den Wiederaufbau Eritreas sind die UNO und die Weltbank.

Die Europäische Union leistet in Eritrea vor allem kurzfristige Wiederaufbauhilfe (Europäische Kommission 2002b). Bevor langfristige Strategien in Angriff genommen werden können, müssen in Eritrea zunächst vor allem die unmittelbaren Folgen des vergangenen Krieges beseitigt werden. In der Periode von 2002 bis 2007 sind dafür rund 88 Mio. € vorgesehen. Davon sind 45 Mio. € (ca. 51%) für die Wiederherstellung kriegszerstörter Infrastruktur vorgesehen. Straßen, Brücken, Häuser, Hafenanlagen, Schulen und Krankenhäuser sind instand zu setzen. Ein erster 60 Kilometer langer Eisenbahnabschnitt ist ebenfalls wieder in Betrieb genommen worden. Für den zweiten Bereich, Demobilisierung, werden 20 Mio. € (ca. 22%) aktiviert. Rund 200.000 Soldaten müssen demobilisiert und wieder ins Zivilleben eingegliedert werden. Darüber hinaus müssen auch vom Krieg betroffene Menschen, Flüchtlinge und „displaced persons“ versorgt und über Training und Ausbildung mit einer langfristigen Perspektive ausgestattet werden. Weitere Mittel stehen für die Verbesserung des Transportbereichs (15 Mio. € bzw. 17%) und des Verwaltungsapparates (8 Mio. € bzw. 10%) bereit. Darüber hinaus sind 8,8 Mio. € für die Bewältigung unvorhersehbarer Ereignisse vorgesehen. Erst nach Abschluss der ersten Hilfsmaßnahmen denkt die Kommission an mittelfristige Hilfen, die vor allem der Sicherstellung der Lebensmittelversorgung dienen sollen. Ein umfangreicheres Governance-Programm soll erst auf längere Sicht angelegt werden.

Die Politik der Europäischen Union gegenüber Eritrea ist abwartend. Zwar teilt das Land die mageren ökonomischen und sozialen Daten seines großen Nachbarn Äthiopien – knapp 70% der Eritreer leben in Armut, weniger als ein Drittel eines Jahrgangs besucht die Schule – doch die interne politische Lage, die eher von Autoritarismus und Reformunwilligkeit geprägt ist, und die noch immer zerbrechlichen Beziehungen insbesondere zu Äthiopien lassen eine Beschränkung auf kurzfristige Hilfsmaßnahmen ratsam erscheinen. Eritrea wird den Weg zu Stabilität und Frieden noch in voller Länge zu durchschreiten haben.

Die Beziehungen mit Somalia

Die Beziehungen zwischen der Europäischen Union und Somalia sind natürlich davon geprägt, dass es in Somalia seit Anfang der 90er Jahre keine funktionierende Zentralregierung mehr gibt. Die jahrzehntelange Kriegs- und Bürgerkriegsphase ließ das Land ausbluten. Die Infrastruktur ist zerstört oder schwer geschädigt, eine reguläre Ökonomie existiert nicht mehr, stattdessen blühen Schattenwirtschaft, kriminelle Machenschaften und „informal investment“. Da der Staat keine Dienstleistungen mehr bereitstellt, haben private Dienstleister bestimmte Serviceleistungen, wie Kliniken und Schulen, übernommen – allerdings auf einem niedrigen Niveau. Die Rate derjenigen, die eine Schule besuchen, sank durch die Kriegsfolgen beträchtlich. Die Analphabetenquote der Männer liegt heute bei rund 65%, die der Frauen sogar bei 85%! Viele gebildete Einwohner haben das Land aufgrund der Perspektivlosigkeit mittlerweile verlassen. Hinsichtlich der Gesundheitslage hat Somalia die schlechtesten Quoten Afrikas. Somalier haben die niedrigste Lebenserwartung, die höchste Todesrate bei Neugeborenen und sind allen Armutskrankheiten des Kontinents in besonderem Maße ausgesetzt.

Die Beziehungen zwischen Somalia und der EU gestalten sich aufgrund der Staatsabsenz schwierig (Europäische Kommission 2002c). Somalia hat weder das Lomé-IV- noch das Cotonou-Abkommen unterzeichnet. Da die internationalen Geber kein somalisches Gegenüber vorfinden, haben sie zu Hilfskonstruktionen gegriffen. So hat die internationale Gebergemeinschaft 1994 den „Somalia Aid Coordination Body“ zur Koordinierung der Hilfsgelder gegründet.

Für die Teilnahme Somalias am Cotonou-Abkommen ist der „Chief Authorising Officer“ des Europäischen Entwicklungsfonds zuständig; und die Tätigkeiten der Kommissionsdelegation werden von Kenia aus wahrgenommen.

Die Europäische Union ist mit rund 55 Mio. US$ pro Jahr der mit Abstand größte Geldgeber, noch vor den USA mit rund 26 Mio. US$. Doch die Lage im Land zwingt dazu, nach kreativen Lösungen für die Vergabe der Gelder zu suchen. Grundsätze europäischen Handelns sind strikte Neutralität und die Vertretung vermittelnder Positionen, Konzentration auf die lokale Ebene, Berücksichtigung der Handlungsmöglichkeiten der somalischen Partner und die Unterstützung des privaten Sektors. Darüber hinaus sollen möglichst viele Partner in ein bestimmtes Projekt eingebunden werden und die Nachhaltigkeit im Sinne eines Schutzes vor Zerstörung sichergestellt werden. Ein interessanter Nebeneffekt des Krieges ist, dass sich Angebote der Entwicklungszusammenarbeit vornehmlich an Frauen richten, da die Männer meist in kriegerische Auseinandersetzungen verwickelt sind. Die Union betrachtet die „neuen“ Staaten Somaliland und Puntland als Hoffnungsschimmer für die Neukonstituierung staatlicher Ordnung in der Region. Sie unterstützt daher Versuche zur Demokratisierung und zur Bildung einer Zivilgesellschaft in diesen Gebilden. Insgesamt blickt die Kommission mit vorsichtigem Optimismus auf die Entwicklung in Somalia, bleibt aber realistisch genug zu sehen, dass ein Ende des Konfliktes und erst recht die Beseitigung der Kriegsfolgen eher langfristig zu lösende Probleme sind. So bleiben für die Europäische Union zunächst die Erkenntnis der Begrenztheit des eigenen Handelns und die Erfahrung, dass der oft beschworene Grundsatz der „Hilfe zur Selbsthilfe“ auch für ihre Maßnahmen gilt.

3. Die Politik des Rates der Europäischen Union gegenüber Ostafrika

Wenn der Blick auf die Politik des Rates gelenkt wird, dann stehen die Mitgliedstaaten und die Koordination ihrer Politiken im Mittelpunkt. Insbesondere im Allgemeinen Rat der Außenminister sowie im Europäischen Rat der Staats- und Regierungschefs werden außenpolitische Belange diskutiert und entschieden. Herzstück dieses Bereichs ist die Gemeinsame Außen- und Sicherheitspolitik (GASP). Mit dem Vertrag von Maastricht wurde die GASP als zweite „Säule“ neben der Wirtschaftsgemeinschaft und der Innen- und Justizpolitik in die Strukturen der Europäischen Union integriert. Die beiden wesentlichen Ziele lassen sich als nach innen und nach außen gerichtet beschreiben: die Stärkung der inneren Kohärenz und der außenpolitischen Fähigkeiten sind eng miteinander verflochten. Intern geht es um eine bessere Abstimmung der Mitgliedstaaten im sensiblen Bereich der Außen- und Sicherheitspolitik. Zu diesem Zweck verfügt die GASP über eine Reihe verschiedener Instrumente: Abgabe von Erklärungen, gemeinsame Stimmabgabe in internationalen Organisationen, diplomatische Akte gegenüber Nicht-EU-Staaten sowie die Abfassung gemeinsamer Strategien, Standpunkte und Aktionen. Die Sensibilität dieses Politikfeldes, in dem noch immer die klassische Auffassung von der Souveränität der Nationalstaaten vorherrscht, drückt sich im Prinzip der Einstimmigkeit aus, dem die meisten Beschlüsse im Rahmen der GASP unterliegen. Darüber hinaus hat die Europäische Kommission kein alleiniges Initiativrecht und auch das Europäische Parlament nur eingeschränkte Mitspracherechte. Im Gegensatz zur Wirtschaftsgemeinschaft soll dieser Politikbereich auch nicht vereinheitlicht werden, sondern es geht um eine stärkere Verknüpfung und Abstimmung der Außenpolitiken der Mitgliedstaaten. Der ehemalige Außenkommissar Chris Patten sprach daher zu Recht von einer „common foreign policy, not a uniform one" (nach Grimm 2003: 225). Die Ende 2003 vom Europäischen Rat verabschiedete Europäische Sicherheitsstrategie definierte erstmals die thematischen und regionalen Prioritäten sowie die Instrumente der GASP. Allerdings zeigt die Paralysierung der GASP während der Irak-Krise 2003, als die Mitgliedstaaten zu keiner gemeinsamen Strategie finden konnten, deutlich die Brüchigkeit des derzeit erreichten Integrationsstandes.

Das zweite, nach außen gerichtete Ziel der GASP ist die Stärkung der außenpolitischen und militärischen Fähigkeiten der EU. Im EU-Vertrag wird eine Definition der Verteidigungspolitik vorgenommen, die militärisches Krisenmanagement durch Wahrnehmung humanitärer Aufgaben, Rettungseinsätze, friedenserhaltende Aufgaben sowie Kampfeinsätze bei der Krisenbewältigung einschließlich friedensschaffender Maßnahmen (die so genannten Petersberg-Aufgaben) vorsieht (Art. 17 EUV). Zur Unterstützung des Rates wurde mit dem Vertrag von Amsterdam das Amt eines Hohen Vertreters für die GASP geschaffen, das vom ehemaligen Nato-Generalsekretär Javier Solana wahrgenommen wird. Die Arbeitsteilung zwischen Außenkommissarin Ferrero-Waldner und dem Hohen Vertreter Solana geschieht dahingehend, dass die Kommission eher zivile Außenpolitik betreibt einschließlich der Verwaltung der wesentlichen finanziellen Mittel, während die GASP die außenpolitische und militärische Handlungsfähigkeit der EU sicherstellt. Im Bereich der GASP sind die 25 Außenminister der Mitgliedstaaten die zentralen Akteure, dennoch hat die GASP die Bedeutung der Union als weltpolitischer Akteur insgesamt zweifellos gestärkt.

Die wichtigste Handlungsgrundlage für die Afrika-Politik der EU ist der „Gemeinsame Standpunkt im Hinblick auf die Verhinderung, Bewältigung und Beilegung von Konflikten in Afrika". Der vom Rat zuletzt 2005 überarbeitete gemeinsame Standpunkt gibt die Leitlinien europäischen Engagements in Afrika vor (Rat der EU 2005). „Die Europäische Union wird einen Beitrag zur Verhinderung, Bewältigung und Beilegung gewaltsamer Konflikte in Afrika leisten, indem sie die Fähigkeiten und die Handlungsmöglichkeiten Afrikas auf diesem Gebiet insbesondere dadurch stärkt, dass sie den Dialog mit der Afrikanischen

Union und den subregionalen Organisationen und Initiativen sowie mit den Organisationen der Zivilgesellschaft intensiviert und alle diese Akteure unterstützt" (Art. 1). Die Europäische Union sieht sich demgemäß eher als Unterstützer und Begleiter innerafrikanischer Konfliktlösung. Angesichts der eigenen Kapazitäten ist dies sicher eine realistische Sichtweise. Darüber hinaus soll ein gemeinsamer Rahmen auch für Aktionen einzelner Mitgliedstaaten geschaffen werden.

Der Schwerpunkt der europäischen Politik liegt, wie beschrieben, auf der Konfliktprävention, der Verhinderung eines Ausbruchs bzw. einer Ausbreitung von gewaltsamen Auseinandersetzungen. Entsprechende Maßnahmen erstrecken sich dabei auf die Bereiche Konfliktverhinderung, Krisenbewältigung, Friedenskonsolidierung sowie Wiederaufbau (Art. 2). Zu diesem Zweck soll die Rechtsstaatlichkeit gestärkt, Schulungen im Bereich der Konfliktverhinderung durchgeführt, Kapazitäten für wirtschaftliche und politische Analysen sowie Frühwarnsysteme aufgebaut und Vermittlungskompetenzen verbessert werden (Art. 4). Konfliktverhinderung und –lösung sollen zu Grundsätzen der europäischen Entwicklungszusammenarbeit werden (Art. 5). Neben diesen Instrumenten und der Stärkung regionaler Organisationen behält sich die EU vor, „in Erwägung zu ziehen, ihre eigenen operativen Mittel zur Konfliktverhinderung und Krisenbewältigung in Afrika im Einklang mit den Grundsätzen der VN Charta und in enger Zusammenarbeit mit den VN-Maßnahmen in der Region einzusetzen" (Art. 6). Ebenso will die EU auch nach Beendigung eines Konflikts „ihre eigenen Fähigkeiten entwickeln und organisieren, um die Reform des Sicherheitssektors im Rahmen der demokratischen Grundsätze, der Achtung der Menschenrechte, der Rechtsstaatlichkeit und der verantwortungsvollen Staatsführung insbesondere in den Ländern zu unterstützen, die sich im Übergang von einem gewaltsamen Konflikt zum dauerhaften Frieden befinden" (Art. 10). Die Erfahrung von Rückschlägen von Friedenprozessen insbesondere auf dem afrikanischen Kontinent macht solche zusätzlichen Kapazitäten sicher notwendig.

Dennoch wirft die Afrikapolitik eine Reihe von Fragen auf, wobei zwei Problembereiche im Mittelpunkt stehen (Lennkh 2005). Zum einen die Frage, inwieweit die Europäische Union tatsächlich in der Lage ist, jenseits der Handelspolitik die Grundsätze von Demokratie, Rechtsstaatlichkeit und Beachtung von Menschenrechten durchzusetzen oder auch Konflikte wirksam und dauerhaft zu unterbinden. Eine Frage, die auf die innere Verfassung der Europäischen Union zielt. Zum anderen ist der Problembereich der Effektivität und Effizienz europäischen Handelns in der Region angesprochen.

Zwar heißt es im Gemeinsamen Standpunkt, die Gemeinschaft und Mitgliedstaaten stimmen ihre Maßnahmen ab und entwickeln gemeinsame Initiativen und Synergien und gegebenenfalls eine gemeinsame Programmplanung (Art. 4). Aber de facto gestaltet sich diese Abstimmung eher schwierig, wie die Lage in Bezug auf den Kongo zeigt. So war die Europäische Union 2003 in der Demokratischen Republik Kongo und damit erstmals außerhalb Europas aktiv. Das EU-Kontingent unter Führung der afrikaerfahrenen Franzosen umfasste rund 1.800 Mann und wurde zur Beendigung von Kampfhandlungen für wenige Monate in der Stadt Bunia eingesetzt. Die Operation „Artemis" war gewissermaßen der Geburtshelfer einer gemeinsamen europäischen Sicherheits- und Verteidigungspolitik. Als jedoch für die Absicherung demokratischer Wahlen Mitte 2006 zusätzliches Engagement notwendig wurde, setzten monatelange EU-interne Auseinandersetzungen ein. Obwohl die Vereinten Nationen, aber auch verschiedene Menschrechtsgruppen um Unterstützung für den Kongo warben, zögerten die Staats- und Regierungschefs. Denn eine Eskalation des Konflikts konnte das vorgesehene Kontingent rasch überfordern. Nach monatelangem Tauziehen verständigten sich die Mitgliedstaaten schließlich auf ein gemeinsames Kontingent, das vor allem auf Abschreckung setzt. Doch ein politisch überzeugendes Eingreifen zur raschen Deeskalation militärisch brisanter Sicherheitslagen sieht anders aus. Entsprechend der zaghaften Reaktion der Mitgliedstaaten der EU ist das Truppenkontingent so klein geraten, dass es bei Ausbruch eines Krieges abgezogen werden müsste, wenn das Leben der eingesetzten Soldaten nicht gefährdet werden soll. Dem Entschluss zum Einsatz militärischer Mittel zur Konfliktbewältigung folgte eine kaum überzeugende Umsetzung in die Realpolitik (Ehrhart: 2006).

Warum nahmen die Mitgliedstaaten ihre wiederholt von ihnen betonte Selbstverpflichtung im Rahmen der Gemeinsamen Außen- und Sicherheitspolitik nur zögernd an? Als wesentliches Hindernis für eine kohärente Afrika-Politik der Europäischen Union erweist sich die fehlende Formulierung europäischer Interessen in der Region. Wenn Deutschlands Interessen, nach dem legendär gewordenen Bonmot des ehemaligen Außenministers Struck, am Hindukusch verteidigt werden, wo liegen dann europäische Interessen jenseits des moralisch Wünschenswerten? Trotz zahlreicher Papiere, in denen die Entwicklungsziele für Afrika aufgelistet und Instrumente zur Erreichung dieser Ziele definiert sind, fehlt diese Konkretisierung politischer und militärischer Interessen. Während die Möglichkeiten ziviler Konfliktbearbeitung und Entwicklungszusammenarbeit insbesondere seit dem Vertrag von Cotonou hinreichend und mehrfach ausgearbeitet wurden, gibt es keine Strategie für die EU, die im Krisenfall den Mitgliedstaaten als Leitfaden dafür dienen könnte, in welchem Maße militärische Mittel eingesetzt werden sollten. So bleibt die Gemeinsame Außen- und Sicherheitspolitik gerade dann konturlos, wenn ihr Einsatz besonders gefordert ist. Aufgrund der mangelnden Fähigkeit nach innen, eine kohärente und verbindliche Sicherheitspolitik nach außen zu formulieren, beginnen im Krisenfall Streitigkeiten, die eine schnelle und zufrieden stellende Reaktion verhindern.

Besser sieht dagegen die Situation aus, wenn es nicht auf schnelle Reaktion ankommt. Für den Sudan wurde Anfang 2005 ein Sonderbeauftragter eingesetzt. Der Finne Pekka Haavisto ist die Stimme der EU und bringt, gemeinsam mit den

Vertretern der Vereinten Nationen, die Akteure der Region auf der Suche nach einer Lösung des Darfur-Konflikts zusammen. Haavisto prüft die Lage vor Ort, sondiert die Hilfsmöglichkeiten und spricht in den aktuellen Verhandlungen für die Europäische Union. In Verhandlungssituationen und Koordinierungstätigkeiten kann die Europäische Union ihr Potential ausschöpfen. Während die Nationalstaaten eher eigene Nutzenkalküle einbringen, besitzt die EU als multilaterale Organisation ihre Stärken gerade in der multilateralen Bewältigung von Konflikten. Die Europäische Union ist, nicht zuletzt aufgrund der von ihr ausgereichten Geldmittel, zu einem interessanten Verhandlungspartner geworden, der darüber hinaus in der Lage ist, in Form „doppelter Multilateralität" sowohl die eigenen Mitgliedstaaten zu integrieren als auch teilweise verfeindete Akteure in der Region an den Verhandlungstisch zu bringen. Verhandlungen sind für ein komplexes, teilweise divergierendes System wie die Europäische Union leichter als die Entscheidung über und Durchführung von militärischen Handlungen. Dies entspricht durchaus dem derzeitigen Zustand der Integration. Die Europäische Union muss noch einen langen Weg zu einem durchsetzungsfähigen militärischen Akteur gehen, wenn diese Entwicklung denn überhaupt gewollt ist.

4. Fazit: Europäische Ostafrikapolitik, sinnvoll und effektiv?

Der kurze Überblick über die Politik der Europäischen Union am Horn von Afrika zeigt vor allem, wie schwierig es für ein hochkomplexes Mehrebenensystem wie die Europäische Union ist, eine kohärente und nachhaltige Außenpolitik in der unübersichtlichen und konfliktären Umwelt am Horn von Afrika zu betreiben. Dabei geht es sowohl um interne Abstimmungs- und Entscheidungsmechanismen als auch um die externe Durchsetzung und Implementation vor Ort. Nun ist die Lage am Horn von Afrika zweifellos zu komplex, um von einer einzigen Organisation gelöst werden zu können. Nicht zuletzt deshalb ist eine Vielzahl von internationalen und regionalen Organisationen in die Konfliktlösung eingebunden. Auch wenn es manchmal fraglich erscheint, ob die Internationalisierung der Konfliktlösung wirklich zu einer dauerhaft tragfähigen Pazifizierung führen wird, da Verantwortungsverteilung immer auch Verantwortungsdiffusion und damit geringeres Engagement zur Folge hat, so ist gerade angesichts der Vielzahl der direkt beteiligten Akteure eine Einbindung mehrerer Partner sicher richtig. Europa hat aufgrund seiner historischen Verbindungen zur Region dabei eine besondere Verantwortung. Dennoch bleibt eine genuin europäische Außenpolitik ein waghalsiges Unterfangen. Denn die Europäische Union ist gerade im sensiblen Bereich der Gemeinsamen Außen- und Sicherheitspolitik noch zu wenig gefestigt, als dass sie effektives Krisenmanagement betreiben könnte. Die komplexen Abstimmungsmechanismen, die heterogene interne Interessenlage, die höchst unterschiedliche Problemwahrnehmung und die verschiedenen Traditionen der Konfliktbearbeitung lassen eine kohärente Außenpolitik, und hier gerade im sensiblen militärischen Bereich, noch immer als seltenen Zufall erscheinen.

Trotzdem ist eine europäische Außenpolitik nicht ohne Chancen. Gegenüber anderen Staaten und Organisationen, wie den USA, China, Russland einerseits, der Afrikanischen Union und den Vereinten Nationen andererseits, hat sie den Vorteil, nicht so ausgeprägt eigennutzgeleitet zu handeln, wie die Nationalstaaten, und doch stärker institutionalisiert zu sein als andere internationale Organisationen. Gerade weil im europäischen Engagement so viele Akteure eingebunden sind und sich so viele Interessen widerspiegeln, kann als kleinster gemeinsamer Nenner die Verständigung auf die Durchsetzung von Demokratie, Rechtsstaatlichkeit und funktionierenden marktwirtschaftlichen Strukturen fungieren. Die zunehmende Wertebasierung europäischen außenpolitischen Handelns ist eine deutlich erkennbare Tendenz seit den 90er Jahren. Innereuropäisch sind die erweiterten Befugnisse der Kommission bemerkenswert, die sich seit der strukturellen Neuorganisation der Außenbeziehungen im Jahr 1999 verstärkt an der Formulierung europäischer Standards beteiligt. Parallel zum Rat, der sich mit der GASP einen außenpolitischen Handlungsrahmen gegeben hat, wird sie verstärkt zum Motor bei der Durchführung ziviler außenpolitischer Maßnahmen. In diesem Zusammenhang hat sie im Jahr 2005 ein bemerkenswertes Papier vorgelegt, das eine Festlegung europäischen Handelns auf bestimmte Grundwerte enthält und daraus konkrete Maßnahmen ableitet (Europäische Kommission 2005c, vom Europäischen Rat übernommen, vgl. auch Council of the European Union: The EU and Africa: Towards a Strategic Partnership, 15961/05 vom 19.12.2005). Der „Quantensprung in den Beziehungen zwischen der EU und Afrika“ (ebenda: 22) drückt sich gerade darin aus, dass zum einen die europäischen Staaten ihre jeweiligen Eigeninteressen zugunsten einer Gemeinschaftspolitik zurücknehmen, zum anderen eine Gewährung von (immer knappen) Mitteln bzw. Vergünstigungen, beispielsweise im Rahmen des Cotonou-Abkommens, von spürbaren Veränderungen in den betroffenen Ländern abhängig gemacht wird. Mit diesen „Konditionalitäten“ übt die EU sanften Druck auf die Empfängerländer aus. Im Gegensatz zum direkten militärischen Eingreifen besitzt die Union mit dieser Methode besondere Stärken und demonstriert Handlungsfähigkeit (Schmidt 2006). Daher sollte sich die Außenpolitik der EU zur weltweiten Konfliktbewältigung mehr auf ihre zivilen Tugenden stützen als auf kostspielige, politisch umstrittene und militärisch wenig wirksame Manöver. „Ein Global Player ist die EU dank ihrer zivilen und nicht ihrer militärischen Mittel; nur hier liegen ihre Vorteile gegenüber der Militärmacht der USA und anderen geopolitischen Akteuren“ (Evers 2006).

Zukünftig müsste die Europäische Union allerdings weitaus konsequenter als bisher eine Umsetzung der theoretisch formulierten Werte in die eigene Praxis außenpolitischen Handelns wagen. Zu Recht verstummt hier nicht die Kritik an der Europäischen Union, die in der Vergangenheit zu oft mit den schlimmsten Potentaten Afrikas kooperierte, um profane Interessen – vom Zugang zum Öl bis zur Verhinderung von Migration – auf Kosten der einheimischen Bevölkerung durchzusetzen. Man muss nicht gleich von „krimineller Heuchelei“ der europäischen Staaten sprechen (Bensedrine, Mestiri 2005: 15), aber dass Regierungen (Diktatoren) Programmen zustimmen müssen, die „die Entfaltung von Gegengewalten fördern, die ihre Legitimität in Frage stellen“ bedeutet sicherlich eine „Institutionalisierung der Ohnmacht“ (ebenda: 185). Hier sollte die Union noch einmal grundsätzlicher formulieren, wie weit die Kooperation mit Menschenrechtsverletzern reichen darf.

Eine weitere Vergemeinschaftung der Außenbeziehungen ist für die Stärkung von Effizienz und Effektivität genuin europäischer Außenpolitik unerlässlich. Denn in ihrem heutigen, politisch fragilen Zustand ist ein robustes Engagement in Krisenregionen, beispielsweise am Horn von Afrika, mehr als waghalsig. So erweist sich Afrika für Europa erneut als „Schicksalskontinent“. Während vor über 100 Jahren der Wettlauf zum „Platz an der Sonne“ die Europäer spaltete und der Kolonialismus letztendlich für beide Kontinente Unglück brachte, mag die Bewältigung der gegenwärtigen Konflikte in Afrika die Europäer (und hoffentlich auch die Afrikaner) auf dem Weg zur Integration weiter voranbringen.

Literatur

Abkommen von Cotonou: Partnerschaftsabkommen zwischen den Mitgliedern der Gruppe der Staaten in Afrika, im Karibischen Raum und im Pazifischen Ozean einerseits und der Europäischen Gemeinschaft und ihren Mitgliedstaaten andererseits, unterzeichnet in Cotonou am 23. Juni 2000, Rechtsakt 2000/483/EG, Amtsblatt L 317 vom 15.12.2000.

Bensedrine, Sihem; Mestiri, Omar: Despoten vor Europas Haustür. Warum der Sicherheitswahn den Extremismus schürt, München 2005.

Ehrhart, Hans-Georg: Was soll die EU im Kongo? Die europäische Afrika-Strategie zwischen Symbolik, Realpolitik und kosmopolitischem Engagement, in: Internationale Politik, 6, 2006, S. 84-89.

Europäische Kommission (1995): Berücksichtigung der Wahrung der Grundsätze der Demokratie und der Achtung der Menschenrechte in den Abkommen zwischen der Gemeinschaft und Drittländern, KOM (95) 216 endg., Brüssel.

Europäische Kommission (2001a): Mitteilung der Kommission zur Konfliktprävention, KOM (2001) 211 endg., Brüssel, 11.04.2001.

Europäische Kommission (2001b): Mitteilung der Kommission an den Rat und das Europäische Parlament. Die Rolle der Europäischen Union bei der Förderung der Menschenrechte und der Demokratisierung in Drittländern, KOM (2001) 252 endg., Brüssel, 08.05.2001.

Europäische Kommission (2002a): Ethiopia – European Community. Country Strategy Paper and National Indicative Programme for the period 2002-2007, Brüssel.

Europäische Kommission (2002b): Eritrea – European Community. Country Strategy Paper and National Indicative Programme for the period 2002-2007, Brüssel.

Europäische Kommission (2002c): European Commission Strategy for the Implementation of Special aid to Somalia 2002-2007, Brüssel.

Europäische Kommission (2005a): Republic of the Sudan – European Community. Country Strategy Paper and National Indicative Programme for the period 2005-2007, Brüssel.

Europäische Kommission (2005b): Mitteilung der Kommission an den Rat, das Europäische Parlament, den Europäischen Wirtschafts- und Sozialausschuss und den Ausschuss der Regionen. Vorschlag für eine Gemeinsame Erklärung des Rates, des Europäischen Parlaments und der Kommission. Die Entwicklungspolitik der Europäischen Union. „Der Europäische Konsens", KOM (2005) 311 endg., Brüssel, 13.07.2005.

Europäische Kommission (2005c): Mitteilung der Kommission an den Rat, das Europäische Parlament und den Wirtschafts- und Sozialausschuss. Eine Strategie der Europäischen Union für Afrika: Wegbereiter für einen Europa-Afrika-Pakt zur Beschleunigung der Entwicklung Afrikas, KOM (2005) 489 endg., Brüssel, 12.10.2005.

Europäische Kommission (2006): Mitteilung der Kommission an den Rat und das Europäische Parlament. Thematisches Programm für die weltweite Förderung der Demokratie und der Menschenrechte im Rahmen der Finanziellen Vorausschau 2007-2013, KOM (2006) 23 endg., Brüssel, 25.01.2006.

Europäischer Konsens: Gemeinsame Erklärung des Rates und der im Rat vereinigten Vertreter der Regierungen der Mitgliedstaaten, des Europäischen Parlaments und der Kommission zur Entwicklungspolitik der Europäischen Union, Amtsblatt C 46/01 vom 24.2.2006.

Evers, Tilman: Verhinderte Friedensmacht. Die EU opfert ihre zivilen Stärken einer unrealistischen Außenpolitik, in: Le monde diplomatique, 9, 2006, S. 9.

Grimm, Sven: Die Afrikapolitik der Europäischen Union. Europas außenpolitische Rolle in einer randständigen Region, Hamburg 2003.

Lennkh, Georg: Krisen und Konflikte in Afrika: Die Rolle der EU und ihr möglicher Beitrag zur Krisenbewältigung, in: Walter Feichtinger; Georg Hainzl (Hrsg.): Krisenherd Nordostafrika. Internationale oder afrikanische Verantwortung? Baden-Baden 2005, S. 115-127.

Rat der Europäischen Union (1999a): Verordnung (EG) Nr. 975/1999 des Rates vom 29. April 1999 zur Festlegung der Bedingungen für die Durchführung von Maßnahmen auf dem Gebiet der Entwicklungszusammenarbeit, die zu dem allgemeinen Ziel der Fortentwicklung und Festigung der Demokratie und des Rechtsstaats sowie zur Wahrung der Menschenrechte und Grundfreiheiten beitragen, Amtsblatt L 120 vom 08.05.1999, geändert durch die Verordnung (EG) Nr. 1882/2003 sowie die Verordnung (EG) 2240/2004.

Rat der Europäischen Union (1999b): Verordnung (EG) Nr. 976/1999 des Rates vom 29. April 1999 zur Festlegung der Bedingungen für die Durchführung von anderen als die Entwicklungszusammenarbeit betreffenden Gebieten, die im Rahmen der Gemeinschaftspolitik auf dem Gebiet der Zusammenarbeit zu dem allgemeinen Ziel der Fortentwicklung und Festigung der Demokratie und des Rechtsstaats sowie zur Wahrung der Menschenrechte und Grundfreiheiten in Drittländern beitragen, Amtsblatt L 120 vom 08.05.1999, geändert durch die Verordnung (EG) Nr. 907/2003 sowie die Verordnung (EG) 2242/2004.

Rat der Europäischen Union (2005): Gemeinsamer Standpunkt 2005/304/GASP des Rates vom 12. April 2005 im Hinblick auf die Verhinderung, Bewältigung und Beilegung von Konflikten in Afrika, Amtsblatt L 97/57 vom 15.04.2005.

Schmidt, Siegmar: Die Demokratie- und Menschenrechtspolitik der Europäischen Union, in: Mir A. Ferdowsi (Hrsg.): Afrika – ein verlorener Kontinent?, München 2004, S. 265-292.

Schmidt, Siegmar: Afrikapolitik, Werner Weidenfeld; Wolfgang Wessels (Hrsg.): Jahrbuch der europäischen Integration 2005, Baden-Baden 2006, S. 249-252.

Skupien, Stefan: Die Europäische Union und der Sudan – eine entwicklungspolitische Länderstudie, in: Melha Rout Biel (Hrsg.): Der Sudan zwischen Krieg und Frieden, Marburg 2003, S. 65-90.

Der Darfur-Konflikt und das erweiterte Sicherheitsverständnis des Sicherheitsrats der Vereinten Nationen

Martina Haedrich

1. Ausgangslage

Der Bürgerkrieg zwischen dem Norden und dem Süden des Sudan wurde formell mit dem Nord-Süd-Friedensabkommen vom 9. Januar 2005 beendet. Konflikte in der Beja-Region im Osten des Sudans bestehen jedoch fort und besonders der Darfur-Konflikt im Westen des Sudan ist ein nach wie vor bestehender Unruheherd mit hohem Gewaltpotential[1]. Wegen des Ausmaßes des Darfur-Konflikts und der Tatsache, dass die Situation eine Bedrohung des internationalen Friedens und der internationalen Sicherheit darstellt, hat sich der Sicherheitsrat der Vereinten Nationen seit 2004 – und zwar auf Initiative Deutschlands während der deutschen Präsidentschaft im Sicherheitsrat im April 2004 – des Konflikts angenommen. Nicht nur die Spannungen zwischen den afrikanischen Stämmen wie Fur, Zaghawa und Massalit und den arabischen Nomaden aufgrund der fortschreitenden Verknappung von Weideland und Wasser, sondern auch durch die von der sudanesischen Regierung provozierte Zuspitzung des Konflikts durch Arabisierungsbestrebungen hat der Darfur-Konflikt äußerst bedrohliche Ausmaße erreicht. Die islamisch ausgerichtete sudanesische Regierung bewaffnete für ihre Zwecke Janjaweed-Milizen und setzte diese gegen Rebellen ein, die sich gegen die Benachteiligung und Unterdrückung der afrikanischen Stämme formierten[2].

---

1 Vgl. G. R. Baum, Die Hölle auf Erde beenden: Die Lage im Sudan gebietet Einmischung, in: Vereinte Nationen 53, 2005, 2, S. 46 ff.; R. Bernhard, H. Lingnau, Die Vereinten Nationen und die Darfur-Kriege. Nationale Interessen stehen einer Lösung im Wege, in: Vereinte Nationen, 52, 2004, S. 167ff.

2 Vgl. A. T. el-Gaili, Federalism and the Tyranny of Religious Majorities: Challenges to Islamic Federalism in Sudan, in: Havard International Law Journal, summer 2004, S. 503ff.

Die Janjaweed-Milizen begehen mit Unterstützung und auch im Zusammenwirken mit der sudanesischen Regierung schwerste Menschenrechtsverletzungen an der Zivilbevölkerung – Massenexekutionen, Massenvergewaltigungen, Vertreibung und Brandschatzung sowie massive und systematische Behinderungen humanitärer Hilfe für die Flüchtlinge.

2. Feststellung von Menschenrechtsverletzungen und Verstößen gegen das humanitäre Völkerrecht durch den Sicherheitsrat

Mit der Resolution 1556[3] vom 30. Juni 2004 verurteilte der Sicherheitsrat mit dem Ausdruck größter Besorgnis die Folgen des Darfur-Konflikts für die Zivilbevölkerung. Es werden Gewalthandlungen sowie Menschenrechtsverletzungen und Verstöße gegen das humanitäre Völkerrecht, insbesondere durch die Janjaweed-Milizen, aber auch durch andere am Konflikt beteiligte Parteien einschließlich unterschiedsloser Angriffe auf Zivilpersonen, Vergewaltigungen, Vertreibungen und Gewalthandlungen, besonders mit ethnischem Hintergrund, verurteilt. Diese Verurteilung wird mit der Aussage verbunden, dass die Situation im Sudan eine Bedrohung des Weltfriedens und der internationalen Sicherheit darstelle. Die sudanesische Regierung wird noch einmal aufgefordert, ihre Zusagen zu erfüllen und die Janjaweed-Milizen zu entwaffnen sowie ihre Führer und Verbündeten, die zu Menschenrechtsverletzungen und Verstößen gegen das humanitäre Völkerrecht und zu anderen Greueltaten angestiftet und diese verübt haben, gerichtlich zu verfolgen.

In seiner Resolution 1564[4] vom 18. September 2004 musste der Sicherheitsrat feststellen, dass die sudanesische Regierung den Forderungen aus der Resolution 1556 nicht gefolgt ist und beschloss nunmehr die Einrichtung einer internationalen Untersuchungskommission, die feststellen soll, ob Akte des Genozids verübt wurden. Zudem sollen von der Kommission die Täter identifiziert werden.

Mit der Sicherheitsratsresolution 1591[5] vom 29. März 2005 wird der sudanesischen Regierung eine Missbilligung ausgesprochen, weil sie den Forderungen des Sicherheitsrats bisher nicht nachgekommen ist. Nunmehr wird die Einsetzung eines Ausschusses des Sicherheitsrats beschlossen, welcher die Verantwortlichen für den Konflikt benennen soll. Des weiteren wird ein Ausreiseverbot aus dem Sudan verhängt und die Einfrierung von Vermögenswerten von denjenigen Personen beschlossen, die eine Behinderung des Friedensprozesses und eine Bedrohung für die Region von Darfur darstellen, sowie Verletzungen der Menschenrechte und Verstöße gegen das humanitäre Völkerrecht begehen.

---

3 S/Res/1556 vom 30. Juni 2004.

4 S/Res/1564 vom 18. September 2004.

5 S/Res/1591 vom 29. März 2005.

Diese Maßnahmen, von der Einsetzung einer internationalen Untersuchungskommission über die Einsetzung eines Ausschusses des Sicherheitsrates bis hin zum Einreiseverbot und der Einfrierung von Vermögenswerten, werden nach Artikel 41 UN-Charta, in dem es heißt, dass derartige Maßnahmen – unter Ausschluss von Waffengewalt – zu ergreifen sind, um den Beschlüssen des Sicherheitsrates Wirksamkeit zu verleihen.

3. Übergabe an den Internationalen Strafgerichtshof

Ein Bericht der Untersuchungskommission über Verbrechen gegen Menschenrechte und humanitäres Völkerrecht in der Region von Darfur vom 25. Januar 2005[6], die auf Wunsch des Sicherheitsrats durch die Resolution 1564[7] eingesetzt wurde, geht davon aus, dass die sudanesische Regierung keine Politik des Genozid betrieben hat. Die Untersuchungskommission schließt aber nicht aus, dass eine Reihe von Indizien vorliegt, die dafür spricht, dass in dieser Region Verbrechen gegen die Menschlichkeit und Kriegsverbrechen begangen wurden.[8] Außerdem stellte die Kommission fest, dass eine Wahrscheinlichkeit gegeben ist, dass Offizielle und sudanesische Einzelpersonen Genozidverbrechen begangen haben könnten oder mindestens genozidale Absichten verfolgt haben.[9] Die Untersuchungskommission, die unter dem Vorsitz des Völkerrechtlers Antonio Cassese, dem früheren Präsidenten des Tribunals für das ehemalige Jugoslawien, stand, forderte die strafrechtliche Verfolgung dieser Verbrechen durch den Internationalen Strafgerichtshof. Der Sudan hat jedoch das Statut noch nicht ratifiziert (die Unterzeichnung erfolgte am 8. September 2000). Deshalb ist eine Verfolgung der Verbrechen nur durch eine Resolution des Sicherheitsrats nach Kapitel VII der UN-Charta möglich. Ein entsprechender Verweis ist auch in Artikel 13b des Statuts des Internationalen Strafgerichtshofs zu finden.[10]

Auf Initiative Frankreichs ist eine solche Resolution in den Sicherheitsrat eingebracht worden und mit 11 Ja-Stimmen und 4 Stimmenthaltungen durch die USA und China sowie Algerien und Brasilien am 31. März 2005 als Resolution 1593[11] verabschiedet worden. Die Übergabe dieser Angelegenheit an den Inter-

---

6 Report of the International Commission of Inquiry on Darfur to the United Nations Secretary-General vom 25.1.2005, www.un.org.\News\dh\sudan\com_inq_darfur.pdf.

7 S/Res/1564 vom 18. September 2004.

8 Report of the International Commission of Inquiry on Darfur to the United Nations Secretary-General vom 25.1.2005, www.un.org.\News\dh\sudan\com_inq_darfur.pdf., S. 4.

9 „...attack the victims with the specific intent of annihilating, in part, a group perceived as a hostile ethnic group.“, S. 123.

10 Vgl. R. Lipscomb, Restructuring the ICC Framework to Advance Transitional Justice: A Search for a Permanent Solution in Sudan, in: Columbia Law Review, January 2006, S. 182ff.

11 S/Res/1593 vom 31. März 2005.

nationalen Strafgerichtshof ist ein Novum und großer Erfolg des Sicherheitsrates, weil die Ressentiments der Vereinigten Staaten gegenüber dem Internationalen Strafgerichtshof hier in den Hintergrund gerückt und lediglich in einer Klausel, wonach Soldaten von Friedenstruppen, die nicht Vertragspartner des Statuts des Gerichtshofs sind, nicht von diesem, sondern nur von nationalen Gerichten verfolgt werden sollen, Ausdruck fand.

Der Sicherheitsrat verpflichtet den Sudan in dieser Resolution, mit dem Ankläger des Internationalen Strafgerichtshofs uneingeschränkt zusammenzuarbeiten. Dies ist bedeutsam, weil der Sudan, solange er das Statut noch nicht ratifiziert hat, keine Verpflichtung zur Zusammenarbeit aus dem Statut besitzt. Der Chefankläger des Internationalen Strafgerichtshofs hat am 6. Juni 2000 formell mit den Ermittlungen begonnen. Über diese unmittelbare Verpflichtung, schwerer Menschenrechtsverletzungen und Verbrechen nach humanitärem Völkerrecht verdächtige Personen zu überstellen und mit dem Gerichtshof zusammen zu arbeiten, ist die Sicherheitsratsresolution noch unter weiteren Aspekten bedeutsam.

Im Hinblick auf den Strafgerichtshof ist auch die Afrikanische Union aufgefordert, zusammen mit dem Ankläger Möglichkeiten zu prüfen, dass Verfahren zur Verfolgung dieser Verbrechen auch im Lande selbst durchgeführt werden. Der Internationale Strafgerichtshof soll seinerseits mit dem Sudan zusammenarbeiten, um die Einhaltung von Menschenrechten und den Kampf gegen Straflosigkeit zu unterstützen und zu befördern. Der Sicherheitsrat hat in der Resolution darüber hinaus eine Wahrheitskommission und vergleichbare Mechanismen zu etablieren angeregt, um einen dauerhaften Frieden in der Krisenregion zu sichern. Mit diesen verschiedenen Festlegungen hat der Sicherheitsrat ein erweitertes Sicherheitskonzept angewandt. Insbesondere in der Übertragung der Strafverfolgung an den Internationalen Strafgerichtshof beginnt sich die Erkenntnis zu manifestieren, dass eine nachhaltige Befriedung nur mit konkreten Maßnahmen erreicht werden kann. Ein solcher breiter Ansatz zum Handeln ist erforderlich, um die Konstitutionalisierungsbedingungen für einen dauerhaften Frieden im Sudan zu schaffen. Der Sicherheitsrat hat die Situation in Darfur am 1. Juli 2002 dem Ankläger des Internationalen Strafgerichtshofs unterbreitet. Außerdem wurden alle Staaten zur uneingeschränkten Zusammenarbeit mit dem Gerichtshof aufgefordert. Allerdings enthält die Resolution, wie schon erwähnt, eine Ausnahme in der Zuständigkeit des Gerichtshofs für nicht-sudanesische Staatsangehörige, deren Heimatstaat das Statut des Internationalen Strafgerichtshofs nicht ratifiziert hat. Es heißt hier, dass derzeitige oder ehemalige Amtsträger oder Personal eines beitragenden Staates außerhalb des Sudans, der Nichtpartei des Statuts ist, in Bezug auf alle behaupteten Handlungen oder Unterlassungen im Sudan der ausschließlichen Gerichtsbarkeit des beitragenden Staates unterliegt, es sei denn, der betreffende Staat hat ausdrücklich auf die ausschließliche Gerichtsbarkeit verzichtet.

4. Die Feststellungen der Menschenrechtskommission

In der Abstimmung der 59. Sitzung der Menschenrechtskommission erlitt der Sonderberichterstatter zum Sudan eine Niederlage und sein Mandat wurde beendet. Insbesondere die Staaten der Europäischen Union vertraten auf dieser Sitzung und auch auf der 60. Sitzung die Auffassung, dass wegen der weiterhin äußerst prekären Menschenrechtssituation insbesondere in der Region Darfur ein unabhängiger Kontrollmechanismus, einschließlich Berichtspflichten an die Kommission und die Generalversammlung, notwendig ist. Ein entsprechendes Mandat und die Einsetzung eines unabhängigen Experten konnte in der 60. Sitzung erst nach schwierigen und langwierigen Verhandlungen und mit dem Kompromiss an die afrikanischen Staatenvertreter ergehen, dass auf ausdrückliche Kritik in den Berichten zu konkreten Menschenrechtsverletzungen verzichtet werde.

So ist die Menschenrechtskommission, ihrem Auftrag, Menschenrechtsverletzungen in den Mitgliedstaaten der Vereinten Nationen wirksam zu begegnen, nur sehr eingeschränkt gerecht geworden. Als bedingter Erfolg ist es zu verzeichnen, dass die Menschenrechtskommission im Jahre 2004 eine Resolution verabschiedet hat, in der sie ihre tiefe Besorgnis über die Situation im Sudan, insbesondere in Darfur und im West-Sudan und die Berichte über Menschenrechtsverletzungen und die humanitäre Situation zum Ausdruck brachte.[12] Die Resolution zum Sudan im Jahre 2005 wird in ihrer Aussage deutlicher, wenn sie weitreichende und systematische Menschenrechtsverletzungen feststellt, die von allen Parteien, insbesondere von den Janjaweed oder anderen bewaffneten Milizen begangen wurden.[13] Allerdings wird gegen die sudanesische Regierung nicht einmal der Verdacht ausgesprochen, mindestens in Menschenrechtsverletzungen involviert zu sein. Die sudanesische Regierung wird lediglich aufgerufen, ihre Anstrengungen beim Finden einer dauerhaften Friedenslösung fortzusetzen sowie Menschenrechtsverletzungen zu untersuchen, Verletzer vor Gericht zu bringen und die Straffreiheit zu beenden.[14] Diese eingeschränkte Handlungsfähigkeit der Kommission im Fall des Sudan ist vor dem Hintergrund zu sehen, dass eine wachsende Zahl der Staaten um den Versuch bemüht ist, die Länderresolutionen abzuschaffen. Die Gruppe um Pakistan für die Organisation Islamischer Staaten sowie China, Kuba und Südafrika plädieren mit zunehmender Anhängerschaft für die Erörterung ausschließlich oder vornehmlich thematischer Fragen, wie das Recht auf Entwicklung und Rassismus. Um die Form der kritischen Länderinitiativen wieder zu beleben, aber auch

---

12 Office of the High Commissioner for Human Rights, Res. 2004/128 Situation of Human Rights in Sudan, Ziff. 1 und 4.

13 Office of the High Commissioner for Human Rights, Situation of Human Rights in the Sudan, Human Rights Resolution 2005/82, Ziff. 2a-c.

14 Ziff. 4 a und b.

um neue und längerfristige strategische Konzepte zu entwickeln, die eine nachhaltige Menschenrechtsarbeit gewährleisten, ist es erforderlich, auch über eine veränderte Struktur der Menschenrechtskommission nachzudenken.

Zur Verbesserung der Effizienz der Menschenrechtsarbeit wurde durch den Generalsekretär der Vereinten Nationen, Kofi Annan, der Ruf nach einem Menschenrechtsrat[15] laut, der vor allem von den westlichen Ländern breite Unterstützung findet. Ob es einer so grundlegenden Umstrukturierung der Menschenrechtskommission bis hin zu einem Menschenrechtsrat bedarf, soll hier nicht untersucht werden. Wichtig ist, dass die Möglichkeit substantieller Auseinandersetzungen mit Menschenrechtslagen auf der Ebene der Länderberichte erhalten bleibt und verstärkt wird, so dass Initiativen in den Menschenrechtsverletzerstaaten, z.B. durch regionale Organisationen, gefordert und durchgesetzt werden können.

5. UN-Mission

Ungeachtet aller Friedensbemühungen der Vereinten Nationen und der Afrikanischen Union hat sich die Situation in der Region von Darfur nicht verbessert. Deshalb forderte der Sudan-Beauftragte der Vereinten Nationen, Jan Pronk, der die Mission in Darfur als gescheitert erklärte, die Übernahme der Führung der Friedenstruppe der Afrikanischen Union durch die Vereinten Nationen in Gestalt eines Beschlusses des Sicherheitsrates. Die nur 7000 Soldaten umfassende Friedenstruppe der Afrikanischen Union hat bisher den Waffenstillstand nicht durchsetzen können. Auf ihrem letzten Gipfel in Khartum[16] hat die Afrikanische Union ihren Willen zum Ausdruck gebracht, die Mission an die Vereinten Nationen zu übertragen. Jan Pronk forderte 12.000 bis 20.000 Soldaten und rief auch Deutschland auf, dieses Vorhaben zu unterstützen, z.B. Hubschrauber mit Besatzungen sowie Fachleute für Planung, Logistik und Kommunikation zu entsenden.[17] Deutschland hat bereits zwei Mandate des Sicherheitsrates für Bundeswehreinsätze im Sudan erfüllt. Es unterstützt u.a. die Afrikanische Union auf dem Gebiet der Logistik.

Das Mandat der einzusetzenden UN-Friedenstruppe soll bei Verletzung der Sicherheitsratsresolutionen erlauben, die Konfliktparteien zu entwaffnen, Sanktionen durchzusetzen und insgesamt eine Rückkehr der Flüchtlinge zu ermöglichen. Die Welt sieht sich weiterhin einer humanitäre Katastrophe gegenüber. Mehr als 5,5 Mio. Menschen bedürfen der Hilfe, mehr als 680.000 Flüchtlinge

15 A/60/L. 1, Outcome Document vom 15. September 2005, Ziff. 157-160.
16 Frankfurter Allgemeine Zeitung vom 25. Januar 2006, S. 6.
17 Frankfurter Allgemeine Zeitung vom 27. Januar 2006, S. 1.

benötigen Unterstützung, um in ihre angestammten Gebiete zurückkehren zu können.[18] Dazu bedarf es dringend der Verstärkung der Mission.

6. Die Aktivitäten als Ausdruck eines erweiterten Sicherheitsverständnisses

Bewährte völkerrechtliche Instrumentarien müssen mit neuen, den Herausforderungen angepassten Instrumenten, angereichert werden. Das traditionelle System der kollektiven Sicherheit überträgt im Falle einer Bedrohung des Weltfriedens oder der internationalen Sicherheit die Verantwortung zur Wiederherstellung von Frieden und internationaler Sicherheit auf die Staatengemeinschaft. Doch gleichwohl hat dieses System auch Schwächen, die insbesondere in der mangelnden Wirksamkeit des Einsatzes der Instrumente kollektiver Sicherheit, Mängel bei der Befolgung, schwach ausgebildeten Durchsetzungsmechanismen und Einschränkungen bei der Überwachung bestehen. Einer konzeptionellen Überarbeitung des ursprünglichen Sicherheitskonzepts, das mit der Verabschiedung der UN-Charta im Jahre 1945 fixiert wurde, hatte sich ein aus 16 unabhängigen Experten bestehendes Gremium angenommen und seine Ergebnisse in dem Dokument "A more secure world: our shared responsibility Report of the High-Level-Panel on Threats, Challenges and Change" vorgelegt.[19] Das Konzept bietet die Chance dynamischer Ausprägungen und die Möglichkeit dynamischer Auslegungen, insbesondere hinsichtlich Inhalt und Reichweite der Bedrohungen.

Auch der Wandel der Konflikte von traditionellen internationalen zu überwiegend internen Konflikten stellt das Völkerrecht vor große Herausforderungen. Das geltende Völkerrecht ist, basierend auf dem Gewaltverbot, ursprünglich auf zwischenstaatliche kriegerische Konflikte ausgerichtet gewesen. Interne Konflikte werden erst seit den 1990er Jahren durch Beschlüsse des Sicherheitsrates als Bedrohung oder Bruch des Friedens angesehen. Der Sicherheitsrat verfügt über einen weiten Ermessensspielraum, um tätig zu werden.[20] Das erste Mal hat der Sicherheitsrat im Jahre 1992 die interne humanitäre Katastrophe in Somalia als eine Bedrohung der internationalen Sicherheit betrachtet – allerdings nicht ohne zu betonen, dass es sich hierbei um eine ganz auf die Spezifik der Situation in diesem Lande bezogene Entscheidung handelt.[21] Auch in den Resolutionen zu Angola und Ruanda hat der Sicherheitsrat eine Bedrohung der internationalen Sicherheit durch massenhafte und systematische Menschen-

---

18 http://ochaonline.un.org/cap2005/webpage.asp?MenuID=7125&Page=1343

19 UNDOC. A/59/565 vom 29. November 2004.

20 Vgl. J. Abr. Frowein, N. Krisch, Artikel 39, Ziff. 25, in: B. Simma (Hrsg.), The Charter of the United Nations. A Commentary, Vol. I, S. 726.

21 S/Res/794 vom 3. Dezember 1992.

rechtsverletzungen festgestellt.[22] Hier setzt der Wandel im Sicherheitskonzept des Sicherheitsrats ein. Es wird nicht mehr nur auf grenzüberschreitende Effekte bei internen Konflikten abgestellt, sondern die Bedrohungen des internationalen Friedens liegen in dem internen Konflikt selbst begründet.

Nach anfänglich zögerlichem Verhalten reagierte der Sicherheitsrat bei dem Konflikt in Darfur auf die massenhaft verübten Verbrechen gegen die Menschlichkeit und auf Genozid ähnliche Verbrechen mit eindeutigen Aussagen. Er stellte fest, dass der Sudan seinen sich aus dem Völkerrecht ergebenden Pflichten nicht nachkommt und die internationale Staatengemeinschaft deshalb zu einer Reaktion verpflichtet ist. Durch die Kompetenz des Sicherheitsrates, den Internationalen Strafgerichtshof einzuschalten, ist die Verwirklichung des erweiterten Sicherheitskonzepts einen wesentlichen Schritt nach vorn gekommen.[23] Der Sicherheitsrat darf dem Ankläger dann eine Situation unterbreiten, wenn er eine Bedrohung des Weltfriedens und der internationalen Sicherheit gemäß Artikel 39 UN-Charta festgestellt hat. Gegenüber Nichtvertragsparteien am Statut und gegen den Willen der Staaten kann der Sicherheitsrat nur durch einen Überweisungsbeschluss und unter ausdrücklicher Bezugnahme auf Kapitel VII UN-Charta tätig werden. Die Vereinigten Staaten, die nicht Mitglied des Statuts sind und generell eine kritische Haltung gegenüber dem Strafgerichtshof einnehmen, waren bei der Ausarbeitung der Resolution 1593[24] anfänglich um den Versuch bemüht, die Situation einem eigens dafür einzurichtenden Tribunal zuzuweisen, dessen Leitung den Vereinten Nationen und der Afrikanischen Union unterliegen sollte. Diese Bestrebungen waren darauf gerichtet, die Behandlung dieser Situation vor dem Internationalen Strafgerichtshof zu umgehen.[25] Durch die Formulierung dieser oben beschriebenen Ausnahmeregel konnten sich die Vereinigten Staaten als ständiges Sicherheitsratsmitglied ebenso wie China dazu durchringen, Stimmenthaltung zu üben, so dass die Resolution 1593 nicht scheitern musste. Als Pendant zu dieser erweiterten Kompetenz des Sicherheitsrats verweist auch das Statut des Internationalen Strafgerichtshofs darauf, dass die Verbrechen, die der Zuständigkeit des Strafgerichts unterfallen, den Frieden, die Sicherheit und das Wohl der Welt bedrohen (Präambel).

---

22 S/Res/864 vom 18. März 1993 und S/Res/929 vom 15. November 1994.

23 Konstruktiv sind auch die Vorschläge einzuschätzen, die Durchsetzung von Sanktionen durch Verfahren der Überwachung und durch Berichterstattungsverfahren zu erreichen und besonders Sanktionsverbrechern Sekundärsanktionen aufzuerlegen (T. Eitel, Reform of the United Nations Sanctions Regime, in: S. von Schorlemer (Hrsg.), Praxishandbuch UNO. Die Vereinten Nationen im Lichte globaler Herausforderungen, 2003, S. 707 ff.).

24 S/Res./1593 vom 31. März 2005.

25 W.A. Schabas, United States Hostility to the International Criminal Court: It`s all about the Security Council in: EJIL 15, 2004, S. 70 ff.

7. Fazit

Im Fall des Darfur-Konflikts hat der Sicherheitsrat zum ersten Mal von der Möglichkeit Gebrauch gemacht, dem Internationalen Strafgerichtshof die Aufgabe der Strafverfolgung bei Verdacht auf schwere Menschenrechtsverletzungen, wie Genozid, Verbrechen gegen die Menschlichkeit und Kriegsverbrechen zu übertragen.[26] Der Generalsekretär der Vereinten Nationen, Kofi Annan, hat in seinem Bericht im Rahmen der UN-Reform „In a Larger Freedom: Towards Developments, Security and Human Rights for All“ hervorgehoben, dass die internationale Gemeinschaft bei Genozid und anderen massiven Menschenrechtsverletzungen handlungsfähig sein muss und dass die Vereinten Nationen zur umfassenden Bekämpfung dieser Verbrechen effektiv tätig werden müssen.[27]

Der Bericht des Generalsekretärs zum Sudan ist als eine weitere Aktivität im Rahmen der Konfliktlösung im Sudan zu bewerten. Der Generalsekretär hebt in Bezug auf die Darfur-Region die schwierigen Entwicklungen hervor und spricht von „rogue elements“, die die Sicherheit in dieser Region destabilisieren.[28] Es wird vorgeschlagen, eine multidimensionale Friedensunterstützungsoperation unter Kapitel VI UN-Charta einzurichten und damit Maßnahmen der friedlichen Streitbeilegung zu ergreifen.[29] Im Hinblick auf die Menschenrechtssituation schlägt der Bericht eine internationale Überwachung und Untersuchung der Menschenrechtsverletzungen vor, fordert die Einbeziehung des bestehenden Rechtssystems und die Zusammenarbeit mit der Afrikanischen Mission im Sudan, um die Bemühungen zu überwachen und Menschenrechtsverletzungen zu benennen.[30] Der Bericht fordert damit friedenserhaltende Maßnahmen – insbesondere in Gestalt von Überwachung und Untersuchung, die auch das Handeln der sudanesischen Regierung erfordert – zu ergreifen. Darin liegt die Stärke des Berichts. Allerdings geht der Generalsekretär als Vertreter der Vereinten Nationen nicht so weit, wie die Untersuchungskommission in ihrem Bericht über Verbrechen gegen Menschenrechte und humanitäres Völkerrecht in der Region Darfur[31], die aus unabhängigen Experten bestand. Während der Bericht des Generalsekretärs allgemein von Menschenrechtsverletzern spricht, bezeichnet der Bericht der Untersuchungskommission Offizielle und sudanesische Einzelpersonen als Verdächtige von Genozidverbrechen.

---

26 Vgl. S. Straus, Darfur and the Genocide Debate, in: Foreign Affairs, 84, 2005, 1, S. 123ff.

27 A/59/2005 vom 21. März 2005, Ziff. 21.

28 Ziff. 24.

29 Ziff. 28 und 29.

30 Ziff. 61.

31 Report of the International Commission of Inquiry on Darfur to the United Nations Secretary-General vom 25.1.2005, www.un.org.\News\dh\sudan\com_inq_darfur.pdf.

Die Resolution 1593 des Sicherheitsrats, in die die Ergebnisse der beiden Berichte eingeflossen sind, ist Ausdruck des Konzepts der Schutzverantwortung (responsibility to protect), das dem bereits erwähnten Bericht der 16 unabhängigen Experten zugrunde liegt, alten und neuen Bedrohungen wirksam zu begegnen und gemeinsam für eine sichere Welt zu handeln.[32] In diesem Zusammenhang wird vorgeschlagen, dass Fälle von Verbrechen gegen die Menschlichkeit, Kriegsverbrechen und Genozid dem Internationalen Strafgerichtshof vorzulegen sind. Dies ist nun im Fall des Darfur-Konflikts geschehen. Derzeit wird die Anklage durch die Anklagebehörde des Internationalen Strafgerichtshofs vorbereitet.

32 A/59/656 A more secure world: our shared responsibility. Report of the High-Level-Panel on Threats, Challenges and Change vom 29. November 2004.

Ansätze zum Aufbau der Region

Entwicklungspolitik als Katalysator der europäisch-afrikanischen Beziehungen?

Jacob Emanuel Mabe

1. Einleitung

Katalysator bezeichnet allgemein einen Stoff, der durch seine Präsenz chemische Reaktionen beschleunigt oder verzögert, ohne sich selbst zu verändern. Diese Definition deutet gleichwohl auf die Möglichkeit der Übertragung des Begriffs auf andere Bereiche hin. Katalysator wird hier deshalb auf die internationale Ethik und in Analogie zur Entwicklungspolitik angewandt. Letztere wird in diesem Kontext als ein politisches Gebiet aufgefasst, dessen ideologischer Charakter sich durch Stereotype, negative Einstellungen und Ressentiments ausdrückt, während sie selbst auf ein völlig anderes Prinzip aufbaut, nämlich die Zusammenarbeit zwischen Ländern und Völkern zu fördern. Diese Ideologie steht nicht nur im krassen Widerspruch zum ethischen und humanistischen Ideal der Entwicklungspolitik, sondern führt auch dazu, dass letztere die internationalen und interkulturellen Beziehungen, insbesondere zwischen Europa und Afrika negativ, beeinflusst und trotz aller Kritiken und Widerstände sich nicht von ihrer Ideologie löst.

Von ihrem ethischen Prinzip her sollte Entwicklungspolitik ursprünglich karitativen Zielen dienen[1] und im Namen sowie zum Zweck der Gerechtigkeit ein „besseres" Afrika aufbauen helfen. Die Kooperation mit Afrika sollte für die Länder Westeuropas nicht nur Reue für das an Afrikanern durch ihre verbrecherische Politik der Sklaverei und Kolonisation begangene Unrecht ausdrücken. Sie sollte zudem die Wiedergutmachung sowie die Normalisierung der Bezie-

---

1 Nach Henry Odera Oruka sollte Entwicklungspolitik das Recht der Menschen auf Existenzsicherung stärken. H. Odera Oruka: Philosophy and Foreign Aids, in: Sagacious Reasoning. Henry Odera Oruka in Memoriam, hrsg. von A. Graness und K. Kress, Frankfurt 1997. Daran glaubte auch der Verfasser dieses Artikels in seinem ersten Buch. Siehe J. E. Mabe: Deutsche Entwicklungspolitik in Kamerun. Theorie und Praxis, Frankfurt/M. u.a. 1993.

hungen zwischen den Völkern beider Kontinente fördern. Während die Afrikaner gute Versöhnungsgesten erwarteten, wurden sie von den europäischen Ländern vielmehr in ein kompliziertes politisches und wirtschaftliches Ordnungssystem eingebunden, das ihre Abhängigkeit von Europa aufrechterhielt. Mit technischer und finanzieller Hilfe verpflichtete man die Länder Afrikas von Anfang an zur Anerkennung internationaler Vereinbarungen und Abmachungen. Sie mussten sich seitdem dem Credo „Pacta sunt servanda" („Verträge sind einzuhalten") unterwerfen, was ihnen nichts anderes übrig ließ, als sämtliche Abkommen einschließlich der kaum rückzahlbaren Schulden zu erfüllen.[2]

Doch nicht nur die europäische Entwicklungspolitik, sondern auch die Entwicklungspolitik afrikanischer Länder selbst unterliegt dem Fehler, dass sie nicht primär den Aufbau leistungsfähiger Staaten in den Mittelpunkt stellt, welche die freie und gleiche Entfaltung für alle Bürger insbesondere durch gute Bildung und Ausbildung sichern sollen.[3] Daraus erklärt sich, warum diese Politik bis heute nicht vermag, einen effektiven ökonomischen, politischen und gesellschaftlichen Wandel in Afrika herbeizuführen. Stattdessen stärkt sie nur die Neigung zur Mythologisierung Afrikas in Europa, der die meisten Afrikaner oft mit einer unglaublich vehementen Dämonisierung der europäischen Zivilisation entgegen treten.[4] Auf beiden Seiten hat leider vor allem in der Politik stets der Respekt vor dem Anderssein des Anderen gefehlt. So begeben sich alle Akteure mit vorgefassten Meinungen in bilaterale oder multilaterale Gespräche und

2 Einzelheiten bei E. Altvater u.a. (Hrsg.): Die Armut der Nationen. Handbuch zur Schuldenkrise von Argentinien bis Zaire, Berlin 1987.

3 Doch es wurde bislang keine Bildungspolitik gefördert, die auf Gewährleistung der Chancengleichheit für alle jungen Menschen unabhängig davon hinzielt, ob sie aus reichen oder armen Verhältnissen kommen. Häufig müssen arme Kinder und Jugendliche wegen Geldmangels die Schule abbrechen. Zudem lässt sich eine gefährliche Unteralphabetisierung beobachten, die fast allen Ländern Afrikas ernste soziale Schwierigkeiten bereitet. Denn aus der Unteralphabetisierten-Gruppe kommen die meisten Menschen, die mit Magie und Hexerei ihre intellektuelle (formative) Lücke kompensieren wollen. Der Neid treibt andere von ihnen zudem zu hasserfüllten Reaktionen auf Reiche, Wohlhabende, Touristen etc. Leider sind aus gut gebildeten Menschen teilweise ewig Beschäftigungslose oder Einkommenslose geworden. Aufgrund der Beschäftigungslosigkeit findet man vor allem in den Städten viele Menschen mit guter Ausbildung, die schon im Rentenalter stehen, ohne jemals eigenständig Geld verdient zu haben. Da es ohnehin im Verhältnis zu den Arbeitsuchenden sehr wenige Arbeitsplätze gibt, sind sich junge Leute mit qualifiziertem Schul- oder Hochschulabschluss keineswegs sicher, eine Erwerbsquelle in ihrer Heimat zu finden. Die Folge ist eine „kognitive Emigration".

4 Einzelheiten bei J. E Mabe: „African Philosophy and the Conflict between Eurocentrism and Afrocentrism", in: Reason, Universality, and History: Standpoints on the European Intellectual Tradition, hrsg. von M. Buhr und D. Moggach, New York/Toronto/Ottawa 2004, S. 89-100; J. E Mabe.: Mündliche und schriftliche Formen philosophischen Denkens in Afrika. Grundzüge einer Konvergenzphilosophie, Frankfurt/M. u.a. 2005, S. 24ff.

wundern sich, wenn sie scheitern. Solange Entwicklungspolitik ideologischen Vorurteilen verhaftet bleibt, wird sie immer wie ein Katalysator wirken, der anstelle von Dialog, Kooperation, Freundschaft, Solidarität nur feindliche Konkurrenz und ökonomischen Neid schüren kann. Sie sollte der Angleichung der Lebensverhältnisse dienen, statt dauernd kulturelle Divergenzen und Gegensätze zu stimulieren.

Indes verstärkt die Entwicklungspolitik nicht nur die Ungerechtigkeit zwischen Europa und Afrika, sondern auch soziale und wirtschaftliche Ungleichheit zwischen Privilegierten und Unterprivilegierten oder Marginalisierten in Afrika. So wächst die Zahl der Reichen und sozial Privilegierten (absolut, nicht prozentual) in Afrika ebenso kontinuierlich wie in Europa. Parallel dazu lässt sich auf beiden Kontinenten eine rapide Zunahme der Mittel- und Unterschichten beobachten, die von oligarchischen und aristokratischen Oberschichten immer abhängiger werden.[5] Durch die Entwicklungspolitik verstärkt sich unter Afrikanern dieses Abhängigkeitsverhältnis und vertieft sich zugleich die Kluft zwischen der Oberklasse einerseits und den Mittel- oder Unterklassen andererseits.[6] Ist Entwicklungspolitik derart fehlerhaft, kann sie keineswegs die gleichberechtigte Partnerschaft, geschweige denn die Gerechtigkeit zwischen den Völkern Europas und Afrikas fördern.

Dieser Beitrag beginnt mit einer Untersuchung der Gerechtigkeitsproblematik im internationalen Handel. Darauf folgt eine Auseinandersetzung mit der Frage nach dem Verhältnis von Entwicklungspolitik und Neokolonialismus. Sie endet mit einer knappen Reflexion über die Armutssituation.

---

5 Die Kluft zwischen arm und reich wird im entwicklungspolitischen Jargon etwas übertrieben, insofern man alle Menschen im Westen als Reiche kategorisiert und sämtliche Afrikaner unter die Armen subsumiert. Dies vermittelt den Eindruck, dass es keine Armen insbesondere in Westeuropa oder keine Reichen in Afrika gäbe. Eine strenge Nuancierung wäre hier zur Vermeidung unnötiger Konfusionen angebracht. Denn es ist unseriös, europäischen Obdachlosen, mittellosen Studenten, Sozialhilfeempfängern, Geringverdienern etc. mit einer solchen Kategorisierung zu schmeicheln. Man darf zudem ihren sozialen Status nicht beschönigen, indem man ihnen den falschen Eindruck vermittelt, dass es ihnen geistig und finanziell besser als allen Afrikanern geht. Man muss lernen zu differenzieren und unredliche Generalisierungen zu unterlassen. Damit verdrängt man nur reale Probleme. Denn nur ehrlich argumentierend lässt sich das soziale Desaster weltweit beseitigen, statt es mit solch billigen Generalisierungen in vielen Ländern zu vertuschen.

6 Diese Kluft verschärft sich noch zwischen Stadt und Land. In Afrika verschlimmert sich das Elend in ländlichen Regionen Jahr für Jahr, was zur Folge hat, dass die bisher vom Ackerbau lebenden Menschen in die Städte flüchten. Mit der Land-Stadt-Wanderung geht eine besorgniserregende Verarmung der Städte wie Abidjan, Accra, Dakar, Douala, Kinshasa, Lagos, Lomé etc. einher, was sie heute schwer regierbar macht. Zudem leben in diesen Städten die meisten Arbeitswilligen, die keine Erwerbsquelle finden. Nicht zuletzt hängen die meisten Krankheiten und sonstigen Übelstände mit der zunehmenden Armut in der Stadt zusammen.

2. Entwicklungspolitik im Spannungsfeld von Gerechtigkeit und Handel

Im Mittelpunkt der Entwicklungspolitik stehen stets Forderungen nach Gerechtigkeit. Geber und Empfänger der Entwicklungshilfe setzen sich dabei gemeinsam das Ziel, ein auf das Wohl aller Bürger ausgerichtetes Weltsystem zu etablieren. Doch die Schaffung einer gerechten Ordnung, in der die Menschen insbesondere in ihren sozialen und ökonomischen Verhältnissen gleich gestellt sind, ist wegen der immer größer werdenden Divergenzen zwischen nationalen und regionalen Interessen bisher noch bloße Utopie. Das hängt damit zusammen, dass eine auf egoistischen Motiven beruhende Politik nicht mit den ethischen Prinzipien der Gerechtigkeit vereinbar ist. Als Interessenideologie vermag die Entwicklungspolitik nicht alle in einem Staat lebenden Bürger zu bestimmten moralischen Handlungen zu verpflichten.[7]

Von Entwicklungspolitik Gerechtigkeit zu erwarten, würde voraussetzen, dass sie Freiheit, Gleichheit und Gemeinwohl sichert. Doch Gerechtigkeit ist keine reine machtpolitische Frage, sondern vielmehr ein ethisches Prinzip, das rationales Handeln und Denken voraussetzt. Das oberste Prinzip der Gerechtigkeit ist die Gewährung der Entscheidungsfreiheit; deren Politisierung oder politische Realisierung hängt sodann von der individuellen sowie kollektiven Einhaltung dieses Prinzips. Dies setzt allerdings bestimmte Maßstäbe voraus, nach denen sich alle handelnden Personen als Repräsentanten der Staaten in freier Verantwortung zu richten haben. Dem Staat kommt dabei die Aufgabe zu, die allgemeinen Kriterien festzulegen, die seinen Bürgern zur gemeinsamen Realisierung ihrer Freiheit verhelfen, indem sie selbst den Weg ihrer politischen, wirtschaftlichen, religiösen, kulturellen und sozialen Entwicklung in eigener Entscheidung und Verantwortung bestimmen. Dazu gehört vor allem die freie Wahl der Verfassungs-, Wirtschafts- und Gesellschaftsordnung, insofern sie dem friedlichen und harmonischen Zusammenleben dienen.

Der Handel hingegen unterliegt anderen Grundsätzen und Gesetzmäßigkeiten, die für das Verhältnis der Menschen zueinander bestimmend sind. Allgemein sind für den Handel zwei Kategorien von Personen entscheidend, deren Beziehungen oft einer stringenten Normierung und Regelung bedürfen: Den Kunden als Konsumenten stehen die Händler als Kaufleute gegenüber, die ihre Dienste oder Produkte gegen Entgelt anbieten. Doch das Verhältnis zwischen beiden ist stets kompliziert und komplex, weil sowohl der Kunde als auch der Geschäfts-

7 Fast alle großen Philosophen von der Antike (Imhotep und Ptahhotep in Ägypten, Platon und Aristoteles in Griechenland) über Augustin und Kant bis John Rawls etc., die sich mit der Gerechtigkeitsfrage befasst haben, betrachten sie als theoretisches und zugleich praktisches Problem und damit als Fundamentalprinzip des Rechts und sittlichen Handelns. Näheres bei U. Steinvorth: Gerechtigkeit, in: Philosophie. Ein Grundkurs. Hrsg. v. E. Martens und H. Schnädelbach, Reinbek 1985, S. 306-347; O. Höffe: Gerechtigkeit. Eine philosophische Einführung, München 2001.

oder Kaufmann jeweils differente und nicht zu vereinbarende Interessen verfolgen. Dies ist auch die Situation in der Entwicklungszusammenarbeit, bei der Industrieländer meist mit ihren Fähigkeiten, Dienstleistungen, Technologien und Produkten auftreten und sie den Regierungen und sonstigen privaten oder öffentlichen Akteuren gegen bestimmte Gegenleistungen anbieten. Traditionell ist Afrika für Europa ein Markt mit verschiedenen Kundenkategorien, Absatzmöglichkeiten und wertvollen Rohstoffen. Doch die afrikanischen Länder wollen sich nicht mit dieser Rolle zufrieden geben, sondern als gleichberechtigte Handelspartner agieren und dementsprechend akzeptiert werden. Vor dem Hintergrund ihrer differenten Ausgangsposition können beide Kontinente jedenfalls keine gleichwertige Partnerschaft erreichen, es sei denn, sie alle treten in ihren Beziehungen als konkurrierende Kaufleute auf dem gemeinsamen Markt auf, wie dies beispielsweise der Fall zwischen den USA und Deutschland oder der EU und Japan ist.

Da es kein Moralprinzip gibt, welches fordert, seinen ökonomischen Vorteilen nicht zu folgen oder den Interessen des Partners im Handel stets Rechnung zu tragen, versucht man im Rahmen der Entwicklungszusammenarbeit seit geraumer Zeit, gesetzliche Regelungen und Normen (mit moralischem Anspruch) festzulegen. Man hofft damit, die im Handel häufigen Betrügereien, Tricks, Fälschungen etc. zu verhindern, um die Interessen der politisch schwachen Länder insbesondere Afrikas zu befriedigen. So gibt es immer wieder neue Sanktionen und strenge Gesetze, die dem fairen und gerechten Handel in den Nord-Süd-Beziehungen dienen sollen. Es wird dabei leider übersehen, dass Zwangsgesetze früher oder später das Gegenteil von dem bewirken können, was sie ursprünglich erreichen sollten. Denn nicht selten wirken sie zu Lasten der Schwächeren. Stellt man moralische Anforderungen an einen Kaufmann, müsste man dabei bedenken, dass dieser seine Tätigkeit nicht um des Gemeinwohls willen, sondern primär aus Profitinteressen ausübt. Von ihm sittliches Denken und Handeln zu verlangen, bedeutet nichts anderes, als seine Entscheidungsfreiheit einzuschränken.

Gleiches gilt für Konzerne im internationalen Handel, die ihre ökonomischen Vorteile mit Hilfe ihrer Regierungen wahren wollen. Ob man ihnen zur Einsicht in das allgemeine Gut und die Gerechtigkeit zum Wohle aller und niemandem zum Schaden verhelfen kann, ist zu bezweifeln. Abgesehen davon, dass kaum ein Mensch in der Lage ist, diese hohe moralische Forderung zu erfüllen, ist es ratsam zu bedenken, dass der derzeit weltweit geforderte politische Sanktionismus keinesfalls national, lokal oder global dem gerechten Handel dienen kann. Es ist zudem kaum möglich, die gegenwärtig Privilegierten in Europa und Afrika mit strengen Gesetzen zu bestrafen, um die Benachteiligten in Afrika sozial zu rehabilitieren. Doch die Erfahrung lehrt, dass letzten Endes nicht die Profiteure, sondern nur eine überwiegende Mehrheit der Opfer der Ungerechtigkeit unter sanktionistischen Maßnahmen leidet. Engagierte Wissenschaftler,

Politiker und sonstige Friedensaktivisten haben das Recht, weltweite Gerechtigkeit in den Handelsbeziehungen einzuklagen.[8] Doch damit lässt sich weder das Dilemma der Gerechtigkeit gegenüber der kämpferischen Verteidigung nationaler Interessen lösen noch die Kluft zwischen reichen Händlern oder reichen Kunden im Westen und armen Kunden oder reichen Händlern in Afrika überwinden. Was dieser Gerechtigkeitsaktionismus vielleicht bewirken könnte, wäre nicht die Abschaffung der Profitgier, sondern vielmehr eine leichte Aufstockung der Zahl der Nutznießer der Ungerechtigkeit. Ob man nationale und internationale Gerechtigkeit mit Entwicklungshilfe erreichen kann, ist fragwürdig.

Überdies ist das afrikanische Wirtschaftsleben gekennzeichnet durch das Nebeneinander von geregeltem und normiertem Dienstleistungssektor einerseits und einer unkoordinierten und kaum kontrollierbaren Straßenwirtschaft andererseits, mittels derer über 50% der Bevölkerung ihre Existenz sichern oder ihre Geschäfte sogar mit dem Ausland abwickeln. Statt diesen überlebenssichernden Wirtschaftsbereich zu rehabilitieren, indem man ihm Strukturen für seine Organisation verschafft, setzte die Entwicklungspolitik auf eine sektorale Wirtschaft (Landwirtschaft, Industrie und Dienstleistung), ohne dabei die Bedingungen für die Entfaltung einer freien Marktwirtschaft zu schaffen. Damit machte man lediglich den Weg zu peripheren Märkten in ganz Afrika frei, die aufgrund ihrer Produktionsstruktur (Rohstoffe) von metropolitanen Märkten der westlichen Industriestaaten abhängig bleiben.[9]

Wären lokale oder nationale Märkte nach dem Prinzip der Marktwirtschaft aufgebaut worden, hätte Europa den afrikanischen Staaten zugleich ausreichendes Kapital zur Verfügung stellen müssen, damit diese ihre eigenen Märkte selbst lenken und regulieren können, ohne ständig im Ausland nach anderen Investitionsquellen suchen zu müssen. Wären solche Strukturen frühzeitig etabliert worden, hätten die Auslandsinvestoren heute keine Bedenken, sich den nationalen Gesetzen in Afrika zu unterwerfen.

---

8 Siehe besonders T. Lang und C. Hines: The New Protectionism: Protecting the Future Against Free Trade, London 1993; S. Amin: Au délà du capitalisme sénile. Pour un 21e siècle non-américain, Paris 2001(dt.: Für ein nicht-amerikanisches 21. Jahrhundert. Der in die Jahre gekommenen Kapitalismus, Hamburg 2003); J. Mander und J. Cavanough: Eine andere Welt ist möglich. Alternativen zur Globalisierung, München 2003.

9 Vgl. S. Amin: Le développement inégal, Paris 1973 (dt.: Die ungleiche Entwicklung, Hamburg 1975); S. Amin: Accumulation, dépendance et sous-développement. Sociétés capitalistes et capitalisme, Paris 1985; D. Senghaas: Peripherer Kapitalismus. Analysen über Abhängigkeit und Unterentwicklung, Frankfurt/M. 1974.

3. Entwicklungspolitik als neokoloniale Ideologie

Als Ideologie unterscheidet sich ‚Entwicklungspolitik' kaum von ‚Neokolonialismus', wenngleich letzterer Ausdruck eine argumentative Attacke gegen den Westen beinhaltet, dem insbesondere afrikanische Intellektuelle vorwerfen, seinen Ausbeutungsgeist auch nach der Kolonialzeit zu hegen,[10] um die souveränen Staaten Afrikas wirtschaftlich, technologisch und wissenschaftlich von ihm abhängig zu machen.[11] Sowohl im Neokolonialismus als auch in der Entwicklungspolitik herrscht das Dogma vor, dass Afrikaner nicht einmal über ihr Schicksal selbst entscheiden dürfen. In der Entwicklungspolitik räumt man ihnen deshalb nicht das Recht ein, ihre Projekte eigenständig zu konzipieren und durchzuführen. Daraus erhellt, dass die europäische Afrikapolitik fast nur eigenen Wirtschafts- und Sicherheitsinteressen dient. Gleichwohl geht die Entwicklungspolitik Hand in Hand mit der Einbindung des afrikanischen Kontinents in die neoliberale Weltordnung.

Bei aller Anerkennung der Hilfeleistungen der Europäer und Nordamerikaner darf man nicht übersehen, dass sie ihre weltweite Dominanz auf allen politischen und kulturellen Bereichen der Entwicklungspolitik verdanken. Mittels dieser Politik gelingt es derzeit dem Westen, seine wirtschaftliche Präponderanz in der globalisierten Welt zu stabilisieren und somit seinen technologischen Vorsprung insbesondere gegenüber Afrika stärker auszubauen. Daher stärkt Entwicklungspolitik keineswegs die Position der afrikanischen Länder in der Globalisierung, sondern schwächt sie sogar gegenüber den zunehmend global vernetzten Kapitalmächten.

Sehr beschränkt in ihren konzeptionellen und instrumentellen Kapazitäten, ist die Entwicklungspolitik obendrein selbst immer noch von archaischen Vorurteilen geprägt, die im globalen Zeitalter überflüssig sind. Kein Vorurteil ist doch lächerlicher, als Afrikaner heute noch als bedürftige Menschen anzusehen, die ständig Hilfe von Außen erwarten, weil sie nicht aus eigener Kraft überleben können. Welche Konsequenz haben afrikanische Gelehrte aus dieser billigen Aussage für ihr Denken und Handeln bislang gezogen? Sie reagieren folgendermaßen:

Die einen setzen sich mit sämtlichen eurozentrischen Vorurteilen und Urteilen auseinander und versuchen, in europäischen Kategorien argumentierend, sie mit Sachargumenten zu transzendieren, um zu zeigen, dass sie grundlos sind. Diese Haltung und Methode hat zum Ziel, den Eurozentrismus zu überwinden sowie

10 Vgl. K. Nkrumah: Neo-Colonialism. The Last Stage of Imperialisms, London 1968.

11 Einzelheiten bei J.E. Mabe: Der Vorwurf des Neokolonialismus (Online-Artikel für die Bundeszentrale für politische Bildung, Berlin 2005); P. Meyns: Neokolonialismus, in: Das Afrika-Lexikon. Ein Kontinent in 1000 Stichwörtern, hrsg. von J. E. Mabe, Stuttgart und Wuppertal 2001 und 2004, S. 444.

eine wertneutrale Auseinandersetzung mit der afrikanischen Geistes- und Kulturwelt zu erreichen.

Dieser aktiven Methode steht eine andere Positionierung gegenüber. Dabei handelt es sich um Gelehrte, die sich stets passiv gegenüber alle Formen von Stereotypen verhalten. Ihnen wird oft mangelnde wissenschaftliche Maturität unterstellt. Doch sie sind keineswegs ignorant oder apathisch; sie fühlen sich nicht direkt betroffen, wenn Afrika und Afrikaner positiv oder negativ dargestellt werden. Sie lassen sich deswegen nicht persönlich diskriminieren, beleidigen oder degradieren.

Die Arroganz vieler Europäer gegenüber Afrikanern rührt zwar von den Praktiken des Sklavenhandels her und wurde durch den lange praktizierten Kolonialismus verfestigt. Doch erst mit der Entwicklungspolitik hat sie ihren Paroxysmus erreicht. Dies erklärt, dass manche intellektuellen Eliten Europas keinerlei Skrupel im Umgang mit Afrika haben. So setzen sie sich noch mit diesem Kontinent auseinander wie zu jener Zeit, in der es noch keine Afrikaner gab, die sich über ihre Probleme in europäischen Sprachen äußern konnten. Insbesondere die Apologeten der Modernisierung sind deshalb nicht geneigt, an der Logik ihrer Ideologie zu zweifeln. Stattdessen überheben sie sich sogar, dieser mit allen politischen Mitteln zur Geltung zu verhelfen. Für rückläufige Entwicklungen in Afrika machen sie ausschließlich die Afrikaner selbst verantwortlich.

Indessen kommen Kritiken an der Entwicklungspolitik seit längerem auch von europäischen Intellektuellen, die allerdings nicht von deren Theorien als solchen, sondern von ihrem Scheitern enttäuscht sind.[12] Ihr Unmut kommt daher, dass Entwicklungspolitik, die aus ihrer Sicht eine großartige Idee ist, ihrem vorgeblichen Ziel, den afrikanischen Ländern zur technischen und wirtschaftlichen Unabhängigkeit zu verhelfen, so fern bleibt. Auf der Suche nach Gründen für den Misserfolg scheuen sie sich nicht, auf das Fehlverhalten insbesondere der politischen Herrscher Afrikas zu verweisen, ohne dabei den maßgeblichen Anteil der westlichen Akteure der Entwicklungszusammenarbeit auszuklammern. Die Afrikaner gehen mit ihrer Kritik noch weiter, indem sie die Ursachen für die afrikanischen Kataklysmen ebenso in Sklavenhandel und Kolonialismus wie in der exogenen und endogenen Entwicklungspolitik aufdecken.

Der große Fehler Europas liegt darin, dass es seine Beziehungen zu Afrika fast durchweg mit dem Modernismus verbindet. Kooperieren manche europäische Unternehmer, Staatsdiener, Parteifunktionäre, Kirchen- und Gewerkschaftsvertreter, Wissenschaftler, Künstler etc. mit Afrika, so treten sie stets als militante Verfechter der Modernisierung auf. So fordern sie nicht nur die Anpassung

12 Vgl. dazu U. Menzel: Das Ende der „Dritten Welt" und das Scheitern der großen Theorie in: Politische Vierteljahresschrift 1 (1991), S. 4-33; siehe auch F. Nuscheler: Lern- und Arbeitsbuch Entwicklungspolitik, Bonn 1987.

Afrikas an die Moderne nach dem Muster westlicher ökonomischer Systeme, weil die Modernisierung für sie als Erlösung für Afrika gilt. Sie betrachten die Geberländer des Westens auch als Messias, der die armen Afrikaner erlösen kann. Die afrikanischen Regierungen ihrerseits widersetzen sich zwar dieser Modernisierungsideologie, doch sie führen zugleich einen erbitterten Kampf gegen ihre Intellektuellen, die für eine eigenständige, vom Westen abgekoppelte Entwicklung eintreten. Mit anderen Worten: Obwohl die afrikanischen Regenten implizit gegen die Entwicklungsideologie des Westens sind, benutzen sie doch dessen Hilfe, um ihre Macht zu festigen. Gleichzeitig wenden sie sich gegen die Übertragung westlicher Systeme auf Afrika, indem sie jeglichem Vormarsch zu rechtsstaatlichen Demokratien in ihren jeweiligen Ländern energisch entgegentreten.[13]

Zieht man kritische Bilanz nach mehr als 45 Jahren Entwicklungszusammenarbeit, so lässt sich fragen, wie viele Länder Afrikas bislang nach den Modernisierungskriterien vom Zerfall gerettet worden sind. Ernst Bloch weist zu Recht darauf hin: ,Wo Rettung ist, wächst auch die Gefahr.' Dabei betrachtet er den Krieg als die drohende Gefahr. Doch Bloch scheint zu übersehen, dass der Krieg auch eine Konsequenz aus langer Provokation sein kann. Die ideologisierte Entwicklungspolitik ist ein vorprogrammierter Krieg, deren Ausbruch nur durch Erhalt von korrumpierten Entwicklungsdemokratien retardiert werden kann. Es gibt leider keinen europäischen Staat, der zu der Einsicht kommt, dass er mit verführerischer Politik in anderen Ländern Kriegsheere unterhält, die sich eines Tages gegen Europa erheben könnten. Wenn eine Politik keine Freude und Befriedigung bringt, sondern nur Wut, Aggression und Hass auslöst, sollte man auf sie verzichten oder sie grundlegend verändern.

Ungeachtet aller Kritik ist die bilaterale und multilaterale Kooperation nicht immer negativ gewesen, wenngleich die durchgeführten Projekte meist weit hinter allen Erwartungen geblieben sind. Trotzdem darf man insbesondere nicht allen Westeuropäern „böse" Absichten unterstellen. Denn sie haben ungemein heroische finanzielle Leistungen erbracht. Doch weder die Afrikaner noch die Europäer können sich mit ihrer bisherigen Kooperation zufrieden geben. Denn trotz aller Anstrengungen sind die alten Probleme ungelöst geblieben, und selbst die Bemühungen um Demokratie drohen zu scheitern, weil man ,Demokratie' in Afrika nicht mit bewährten politischen Konzepten, sondern überwiegend mit totalitären und absolutistischen Mitteln anstrebt.

Statt den direkten Politikdialog zwischen (west-)europäischen und afrikanischen Parteien, Parlamentariern, Regierenden, Verbänden etc. zwecks Ideen- und Erfahrungsaustausch zu stimulieren, forciert man mit Entwicklungshilfe eine Verschmelzung von wirtschaftlichem Neoliberalismus und politischem Totali-

---

13 Näheres bei J. F. Bayart: La criminalisation de l'État en Afrique, Paris 1997.

tarismus. Doch diese fade Mischung von Ökonomie und Macht ist keineswegs mit den ethischen Prinzipien einer Universaldemokratie vereinbar, die universalistische Kategorien wie Freiheit, Rechtsgleichheit, Gemeinwohl etc. zur Grundlage hat. Die Entwicklungshilfe begünstigte bislang die Entstehung von demokratischen Diktaturen[14], die in pragmatischer und systematischer[15] Hinsicht keiner rationalen politischen und gesellschaftlichen Tradition in der Weltgeschichte entsprechen.

Betrachtet man die diktierten Demokratien (Entwicklungsdemokratien) der letzten Jahre, so fragt man sich, was die europäischen Staaten dazu bewegt, angebliche Demokratien in Afrika mit den Methoden von Bestechung, Druck und Erpressung zu erzwingen. Sie sollten daher die afrikanischen Regenten nicht mehr der Diktatur oder des Machtmissbrauchs beschuldigen, wenn sie ihre politischen Ziele mit den gleichen Methoden gegenüber ihren Mitbürgern durchsetzen. Dies trifft ebenfalls für die Korruption zu. Denn auch hier geht es den afrikanischen Machthabern angeblich nur darum, ihren Ideen zur Realisierung zu verhelfen. Sie müssen deshalb ihre Gegner sämtlich mit verschiedenen Belohnungen entweder mundtot machen oder zur Änderung bzw. Relativierung von Positionen zu eigenen Gunsten drängen. Eine solche Methode ist aber undemokratisch.

Doch anstelle von überzeugten Demokraten hat die Entwicklungsdemokratie mehr intransigente und unbelehrbare Despoten sowie polarisierende und zynische Populisten als früher hervorgebracht.[16] Trotz allen Bemühens um poli-

14 Jürgen Rüland und Nikolaus Werz haben in diesem Zusammenhang zu Recht den Begriff „Entwicklungsdiktatur" ins Spiel gebracht. J. Rüland/N. Werz: Von der „Entwicklungsdiktatur" zu den Diktaturen ohne Entwicklung – Staat und Herrschaft in der politikwissenschaftlichen Dritte-Welt-Forschung, in: F. Nuscheler (Hrsg.): Dritte-Welt-Forschung, Politische Vierteljahresschrift, Sonderheft 16 (1985), S. 211-232.

15 Die demokratische Systematik setzt die Bildung einer politischen Ordnung voraus, die tribale oder ethnische sowie religiöse Bindungen an Parteien oder absolute Pflichten zum Gehorsam gegenüber parteilichen, religiösen oder sonstigen gesellschaftlichen Obrigkeiten sowie Autoritätspersonen ausschließt. Geboten sind lediglich ein ideologiefreies und säkuläres Bekenntnis zum Gemeinwesen und der Respekt vor den verfassungsmäßigen Organen. Die demokratische Pragmatik hingegen beruht auf ethischen Prinzipien, die die Grundlagen des Gemeinwesens und deren Verfassungsnormen darstellen. Diese Normen müssen allerdings allgemeinverbindliche Gesetze enthalten, die das Handeln und Verhalten aller Bürger und staatlichen Institutionen regeln. Der demokratische Pragmatismus untersagt jede Form der politischen Korruption, des Nepotismus, des Patrimonialismus (oder der Ämterpatronagen) sowie des Neopatrimonialismus. Siehe auch P. Meyns: Neopatrimonialismus, in: Das Afrika-Lexikon, a.a.O., S. 444f.

16 Einzelheiten bei A. Mbembe/C.M. Toulabor/J.F. Bayart: La politique par le bas en Afrique noire. Contribution à une problématique de la démocratie, Paris 1992; E. Wamba dia Wamba: „Beyond Elite. Politics of Democracy in Africa", in: Quest. An International African Journal of Philosophy, 1(1992), S. 28-42.

tischen und gesellschaftlichen Pluralismus (Mehrparteiensystem[17], Zivilgesellschaft etc.) ist es bislang kaum einem Staat gelungen, ein gut funktionierendes System gemäß den Anforderungen einer Universaldemokratie aufzubauen. Manche Länder wie Simbabwe, Côte d'Ivoire, Volksrepublik Kongo, Demokratische Republik Kongo etc., die sich vor fünfzehn Jahren noch im Prozess der politischen Liberalisierung befanden, sind mittlerweile wieder in die alten Zivil- oder Militärdiktaturen zurückgefallen. Im Bewusstsein dieser Situation versuchen die europäischen Länder nun, Krisenprävention und Friedenskonsolidierung mit Entwicklungshilfe zu verbinden. Damit wollen sie die westliche Intervention aufrechterhalten und dadurch die Entwicklungspolitik retten, statt den afrikanischen Staaten zum Aufbau eigenständiger sowie demokratiegerechter Institutionen zu verhelfen.

Heute wird fast überall in Afrika die politische Moral weithin vom individuellen Machtegoismus oder Neopatrimonialismus überwuchert, und die jüngsten Entwicklungen in Politik und Wirtschaft zeigen, dass sich die Demokratie sogar als politische Systematik ohne radikale Veränderungen der Grundeinstellungen der Menschen zur Macht, zum Staat, zum positiven Recht und zum Politischen überhaupt schwer behaupten kann.[18] Dies setzt vor allem eine neue Ethik voraus, die den Prinzipien demokratischen Regierens, Denkens und Handelns zugrunde liegen soll. Doch man kann nicht die Zukunft Afrikas gegen den Willen seiner Völker oder durch Manipulation ihres Willens gestalten. Wer Afrikanern helfen will, soll auch in ihrem Sinne und nicht nur im Interesse der Europäer handeln. Es ist daher nicht sinnvoll, Entwicklungshilfe von Demokratisierung abhängig zu machen und zugleich Afrikaner zu Vereinbarungen zu zwingen, die sowohl das völkerrechtliche Prinzip der Nichteinmischung in die inneren Angelegenheiten verletzen als auch ihr Recht auf politische Selbstbestimmung einschränken.

Es ist zudem unverständlich, dass gerade die westlichen Länder seit Jahrzehnten zentralistisch gesteuerte Staatswirtschaftssysteme in Afrika fördern, statt kapitalistische und sich selbst regulierende Marktwirtschaftssysteme aufzubauen. Bei ihrer technischen und finanziellen Hilfe haben es die Länder der EU bislang versäumt, freie Märkte in den jeweiligen Ländern Afrikas zu schaffen, die sich nach dem Prinzip von Angebot und Nachfrage selbst organisieren und weiter expandieren könnten.[19] Im Hinblick darauf wirft sich die Frage auf, inwieweit sich die sozialistische Entwicklungssolidarität der ehemaligen Sowjetunion etwa mit

---

17 Vgl. G. Erdmann: Parteien in Afrika. Versuch eines Neuanfangs in der Parteienforschung, in: Afrika-Spektrum 34 (1999), S. 375-393.

18 Vgl. auch R. Tetzlaff: Nachkolonialer Staat, in: Das Afrika-Lexikon, a.a.O., S. 424-428.

19 Es ist unverständlich, dass man nur noch den Zugang der afrikanischen Produkte zu den internationalen Märkten fordert, statt funktionsfähige nationale und interafrikanische Marktsysteme aufzubauen, die im internationalen Wettbewerb den anderen kontinentalen Märkten nicht dauernd unterlegen sein sollten.

Angola, Äthiopien oder der Volksrepublik Kongo noch von der technischen und wirtschaftlichen Zusammenarbeit der EU-Staaten mit der DR Kongo, Senegal, Kamerun, Ghana, Kenia, Nigeria etc. unterscheidet. Statt die Rahmenbedingungen für die Gründung von leistungsfähigen Aktiengesellschaften zu schaffen, indem man Europäern und Afrikanern aus verschiedenen Ländern die Möglichkeit bietet, Aktien bei den in Afrika und in Europa tätigen Unternehmen zu erwerben, haben die EU-Regierungen bislang ihr Engagement auf zeitlich begrenzte Projekte beschränkt, die auf lange Sicht keine marktwirtschaftlichen Vorteile für die Bürger der beiden Kontinente bringen.

4. Entwicklungspolitik und Armutsfrage

An der Frage, was Armut ist, scheiden sich immer die Geister. Gemäß den Modernismuskriterien gibt es Armut in der Welt. Unter die Kategorie der Armen werden Menschen subsumiert, die mit weniger als einem US-Dollar pro Tag zum Leben auskommen müssen.[20] Die Weltgemeinschaft unter der Regie der Vereinten Nationen hat im Jahr 2000 die so genannten Millenniumsziele verabschiedet, deren programmatische Funktion u.a. darin besteht, die Zahl der Armen weltweit bis zum Jahr 2015 zu halbieren. Diese Forderungen sind nicht neu, denn sie werden seit 1975 bei jedem jährlich stattfindenden Weltwirtschaftsgipfel der G7-Staaten und heutige G8-Staaten (Gipfeltreffen der führenden Industrienationen) immer wieder gestellt. Sowohl auf diesen Gipfeltreffen als auch im Rahmen der früheren Lomé-Abkommen (1975-2000), die 2000 in das Cotonou-Abkommen umgewandelt wurden, sind verschiedene Aktionspläne erarbeitet worden, die der Strategie der Armutsminderung zum Erfolg verhelfen sollten. Man hoffte und hofft noch, durch Schuldenerlass und Handelsliberalisierung die Armut in Afrika effektiv zu bekämpfen.

Ungeachtet der zahlreichen Entschuldungen ist der Erfolg ausgeblieben. Die Forderungen nach freiem Zugang afrikanischer Produkte zu den Märkten der Industrieländer wurden zum Teil erfüllt, wenngleich nicht im erwarteten Umfang. Nun hat man mit Aids ein neues Alibi entdeckt, um die bankrotte Politik der Entwicklungshilfe als sinnvoll hinzustellen. Nach Meinung der Entwicklungsberater hängt die Verringerung der Armut in Afrika von der Überwindung von Aids ab. Mag sein! Muss man deshalb einen großen Teil der Hilfszusagen nur zur Förderung der Kondomdistribution aufwenden? Heute treten in allen

20 Rainer Tetzlaff und Cord Jakobeit haben eine umfangreiche Studie vorgelegt, in der auch Ansätze zur Armutsüberwindung in Afrika entwickelt worden sind. Vgl. R. Tetzlaff und C. Jakobeit: Das nachkoloniale Afrika. Politik – Wirtschaft – Gesellschaft, Wiesbaden 2005. Empfehlenswert sind auch zahlreiche Artikel in folgenden Lexika: Das Afrika-Lexikon, a.a.O.; Das Kleine Afrika-Lexikon. Politik – Wirtschaft – Gesellschaft, hrsg. von J. E. Mabe, Stuttgart 2002 und Bonn 2004.

Ländern des Westens und Afrikas unzählige Aidsbekämpfer auf, die sich in NGO's (Nichtregierungsorganisationen) zusammenschließen und dem Vernehmen nach sogar lukrative Geschäfte mit der Anti-Aidspropaganda machen. Nun sind alle Akteure auf Aids konzentriert, als ob man andere Krankheiten, wie Malaria, Tuberkulose, Cholera, Gelbfieber etc., die jährlich Millionen Menschen das Leben kosten, längst überwunden hätte. Auf diese Weise werden die alten Probleme, wie Gesundheits- und Trinkwasserversorgung, Bildung und Beschäftigung, Zivilgesellschaft, Verwaltungsreform etc., die man bislang nicht in den Griff bekommen konnte, systematisch verdrängt. Was kann außerdem die Aufstockung der Entwicklungshilfe oder ein „Marshall-Plan" für Afrika noch erreichen, wie derzeit zu Recht befürwortet wird, wenn ein Großteil der Mittel der Aids-Maschinerie zufließt?

Näher besehen ist das besondere Problem Afrikas weniger die Armut seiner Bewohner als die Dramatisierung seiner politischen, sozialen und ökonomischen Situation durch westliche und afrikanische Akteure der Entwicklungspolitik. Was gerade die Armutsproblematik ambivalent macht, ist deren Definition nach den Kriterien des Modernismus. Dabei wird oft übersehen, dass eine überwiegende Mehrheit der in Afrika lebenden Menschen nicht die gleichen Bedürfnisse nach Nahrung, Wohnen, Bildung, Gesundheits- und Altersvorsorge hat wie die Völker Westeuropas;[21] und wäre dies der Fall, müssten die Afrikaner dann diese Bedürfnisse unbedingt mit den gleichen materiellen, technischen und finanziellen Mitteln befriedigen? Es wäre wünschenswert, über diese Grundsatzfrage nachzudenken, statt von allen Afrikanern zu erwarten, dass sie die westlichen Denk- und Lebensstile in extenso und nach den Vorgaben der europäischen Entwicklungshilfebeamten übernehmen.

Die Aufoktroyierung ebenso der Bedürfnisideen wie der technischen und finanziellen Mittel zu deren Befriedigung macht die Afrikaner keineswegs entwicklungsfähig oder modern, sondern, wenn überhaupt, noch ärmer als ihre Armut vor Beginn der Entwicklungshilfe gewesen sein konnte. Wer die ökonomische Demenz in Afrika überwinden will, soll auch die moralische Karenz kurieren, unter der manche absolute Verfechter des Modernismus leiden.

Was soll noch Entwicklungspolitik nach 45 Jahren? Ist sie wirklich ein negativer Katalysator der europäisch-afrikanischen Beziehungen? Unter der Mitwirkung Europas wurde bereits in der ersten Entwicklungsdekade 1960-1970 ein anspruchsvolles, ja gigantisches Programm erarbeitet, mit dem man Afrika aus der „Unterentwicklung" heraushelfen wollte. Damals löste die Entwicklungspolitik eine Welle von Euphorie sowohl bei europäischen Politikern und Entwicklungsberatern als auch bei afrikanischen Politikern aus. Doch diese anfäng-

21 Siehe auch E. Njoh-Mouelle: De la Médiocrité à l'excellence. Essai sur la signification humaine du développement. Suivi de Développer la richesse humaine, 2. Aufl., Jaunde 1988, S. 9ff.

liche Begeisterung und Zustimmung schlug binnen kurzer Zeit nicht zuletzt wegen der Vergrößerung des asymmetrischen Verhältnisses zwischen Afrika und Westeuropa in Unbehagen und Unmut um. Trotz aller Bemühungen im Rahmen der UNO, der Lomé-Abkommen und auch der eigenen Initiativen afrikanischer Regierungen (Lagos-Plan 1980, SADC, ECOWAS, NEPAD etc.)[22] ist keines der angestrebten Ziele erreicht worden. Heute weisen sich die Entwicklungspartner gegenseitig die Schuld und die Verantwortung zu, statt Konsequenzen aus dem Scheitern ihrer Politik zu ziehen und gemeinsam neue Wege zu guten partnerschaftlichen, nachbarlichen und freundschaftlichen Beziehungen zu suchen.

Nun ist die Zeit für eine neue Ethik des Dialogs und der Verständigung zwischen den Völkern sowie für zukunftweisende Visionen gekommen. Insbesondere Europäer und Afrikaner sind nicht zuletzt angesichts der immer wieder auftretenden neuen globalen Herausforderungen gefordert, keinem ideologischen Nihilismus mehr zu verfallen, sondern Hoffnung nährende Gemeinschaftsprojekte zu entwickeln, die ihre freundschaftliche sowie geistige Nähe fördern können. Die bankrotte Politik der Entwicklungshilfe hat leider große Differenzen zwischen den Kulturen beider Kontinente verursacht, die mit einer bedauernswerten Apathie und Indifferenz der Intelligenzia Europas gegenüber Afrika einhergingen. Man kann gerade hoffen, dass die nunmehr angestoßenen ethischen und interkulturellen Diskurse Intellektuelle wie Jürgen Habermas, Peter Sloterdijk, Alice Schwarzer, Robert Spaemann, Manfred Buhr, Günter Grass, Martin Walser, Jahn Assmann, Ralf Dahrendorf, Walter Jens, Dieter Senghaas etc., um nur in Deutschland zu bleiben, Anlass geben, sich herausgefordert zu fühlen und ihr Schweigen über afrophobische Stereotype endlich zu brechen. Sie sollten zusammen mit ihren europäischen Zeitgenossen die wahre Stimme Europas bei den geistigen Auseinandersetzungen mit den Intellektuellen Afrikas vertreten. Sie sollen keinen Afrika-Enthusiasmus hervorrufen, sondern durch ihre aktive Mitwirkung dafür sorgen, dass exzentrische Positionierungen verhindert werden, die in der Vergangenheit die europäisch-afrikanischen Beziehungen zutiefst belastet haben.

Die afrikanische Intelligentsia hat seit mehr als einem halben Jahrhundert ernsthafte Diskussionspartner in Europa vermisst. Diese Periode der intellektuellen

22 Der Lagos-Plan war das erste von den damals gerade unabhängig gewordenen Staaten Afrikas erarbeitete Aktionsprogramm zur Förderung der Entwicklungen auf dem Kontinent auf allen Gebieten. ECOWAS (Economic Community of West Africa) wurde 1975 mit Sitz in Lagos (Nigeria) gegründet. SADC (Southern African Development Community) besteht seit 1992. NEPAD (New Partnership for African Development) seit 2001. Es gibt zudem eine Reihe von regionalen Organisationen in Afrika, die als Partner der Entwicklungszusammenarbeit wirken, wenngleich sie nicht demokratisch legitimiert sind, im Interesse der Bürger ihrer Mitglieder zu handeln. Einzelheiten bei R. Hofmeier: Regionale Organisationen, in: Das Afrika-Lexikon, a.a.O., S. 516-519.

Lethargie sollte hinfort überwunden und durch eine intellektuelle Streitkultur abgelöst werden. Ohne die geistigen Auseinandersetzungen in der Antike zwischen Griechen und Ägyptern und zwischen afrikanischen Latinisten (Apuleius, Tertullian, Origines, Augustin etc.) und ihren europäischen Kollegen in Rom sowie später zwischen moslemischen Gelehrten Afrikas und christlichen Denkern Europas wären die beiden Kontinente nicht das geworden, was sie zumindest bis zum 15. Jahrhundert waren. Diese Streitkultur muss zum Wohl der Menschheit wieder belebt werden, nicht zuletzt um unnötige Kämpfe zwischen den Zivilisationen zu verhindern.

5. Schluss

Um die Fehler der Vergangenheit in Zukunft zu vermeiden, wäre es ratsam, den Entwicklungsbegriff nicht mehr nur mit den materiellen oder ökonomischen Gegebenheiten zu verbinden, sondern ihn so zu erweitern, dass er auch den moralischen und spirituellen Prozess einschließt. Denn es ist nicht der materielle Wohlstand allein, der die Menschen glücklich macht, wie die Erfahrung in Nordamerika und Westeuropa lehrt, sondern vielmehr das Zusammenspiel von materiellem und spirituellem Wohlsein. Dieses metaphysisch-ethische Postulat sollte zum Maßstab allen wirtschaftlichen, politischen, kulturellen und religiösen Handelns auf nationaler und internationaler Ebene werden.

Deutsche Entwicklungszusammenarbeit mit den Ländern in Ostafrika sowie am Horn von Afrika und der Problemfall Sudan

Hildegard Lingnau

I. Deutsche Entwicklungszusammenarbeit mit den Ländern in Ostafrika und am Horn von Afrika

1. Afrika als regionaler Schwerpunkt der deutschen EZ

Afrika ist der regionale Schwerpunkt der deutschen Entwicklungszusammenarbeit (EZ). Dies gilt nicht nur für die bilaterale Zusammenarbeit. Im Kontext der Globalisierung kommt es immer mehr auf globale Strukturpolitik an, so beispielsweise auf die Verständigung über eine Welthandelsordnung, die es den afrikanischen Entwicklungsländern (EL) ermöglicht, sich in den Welthandel einzubringen, die Umsetzung der erweiterten Entschuldungsinitiative (23 der 26 hoch verschuldeten Entwicklungsländer liegen in Afrika südlich der Sahara) sowie die Schaffung sonstiger Rahmenbedingungen, die entwicklungsförderlich sind.

Aus diesem Grund leistet Deutschland einen großen Teil seiner Entwicklungszusammenarbeit im Rahmen von Beteiligungen an multilateralen Initiativen und Fonds, so vor allem dem Europäischen Entwicklungsfonds.

In der bilateralen Kooperation ist Afrika der regionale Schwerpunkt der deutschen Entwicklungszusammenarbeit: Deutschland unterstützt in Afrika südlich der Sahara 16 Schwerpunktpartnerländer und 9 Partnerländer. In Ostafrika und am Horn von Afrika sind dies Äthiopien, Kenia, Tansania und Uganda als Schwerpunktpartnerländer sowie Eritrea und Sudan als Partnerländer.

2. Bemühungen um *Aid Effectiveness*

Die zentrale Herausforderung für die EZ besteht in verbesserter *Aid Effectiveness* (vgl. *Paris Declaration on Aid Effectiveness*), die sich vor allem durch Respektierung der *ownership*, durch Ausrichtung der EZ an den Politiken der Partner (*alignment*) sowie durch Senkung der Transaktionskosten durch stärkere Harmonisierung (*harmonization*) und Arbeitsteilung innerhalb der internationalen Gebergemeinschaft und einer deutschen EZ aus einem Guss, oder besser noch: aus einer Hand, erreichen lässt. Die deutsche EZ mit Afrika steht in diesem Zusammenhang insbesondere vor der Herausforderung, sich verstärkt an gemeinsamen Ansätzen und programmorientierten Gemeinschaftsfinanzierungen (so vor allem der Ko-Finanzierung von *Poverty Reduction Strategy Credits*, PRSCs, und *sector-wide approaches,* swaps) zu beteiligen und mit anderen bi- und multilateralen Gebern eine Arbeitsteilung mit klaren Länder- und sektoralen Schwerpunkten zu vereinbaren. Die Beteiligung an Gemeinschaftsfinanzierungen ist in der EZ mit den Ländern in Ostafrika und am Horn von Afrika weit vorangeschritten:

- Deutschland kofinanziert PRSCs in Äthiopien, Tansania und Uganda,
- Deutschland hat im Falle Ugandas zugunsten einer gemeinsamen Geberstrategie (*Uganda Joint Assistance Strategy*, UJAS) auf ein eigenes Länderkonzept verzichtet
- Deutschland stellt seine gesamten FZ-Mittel für den Sudan über die *Multi Donor Trust Funds* (MDTF) für die Realisierung des *Joint Assessment Mission* (JAM) *Reports* zur Verfügung.

3. Die Zusammenarbeit mit den Partnerländern im Einzelnen

Äthiopien: Äthiopien ist eines der ärmsten Länder der Welt. Nach Beendigung des Kriegs mit Eritrea (1998-2000) bestand die Hoffnung, dass das Land im Kontext ökonomischer Liberalisierung und politischer Öffnung eine positive Entwicklung nehmen würde. Die Bemühungen um Demokratisierung und Dezentralisierung allerdings blieben bisher wenig erfolgreich. Vielmehr gibt es Rückschläge, die wenig Anlass zu Hoffnung geben. Die deutsche Entwicklungszusammenarbeit kommt vor allem den folgenden Schwerpunktbereichen zugute: Kapazitätsentwicklung zur Wirtschaftsentwicklung, nachhaltige Nutzung natürlicher Ressourcen für Ernährungssicherung und Kapazitätsaufbau im Regierungs- und Verwaltungssystem.

Kenia: Auch in Kenia wurden die Hoffnungen nach dem im Rahmen freier Wahlen im Jahr 2002 erfolgten demokratischen Regierungswechsel schnell enttäuscht. Schwache *governnance* und massive Korruption tragen dazu bei, dass wichtige Herausforderungen nicht effektiv angegangen werden. Kenia hat sich jedoch durch die Unterstützung von Friedensinitiativen, insbesondere die Unterstützung des *Comprehensive Peace Agreements* im Sudan, sowie durch seine führende Rolle im Rahmen der Ostafrikanischen Gemeinschaft (EAC) positiv in der Region hervorgetan. Die Schwerpunkte der deutschen EZ mit Kenia sind: Förderung des privaten Sektors in der Landwirtschaft, Entwicklung der Wasserwirtschaft und reproduktive Gesundheit.

Tansania: Tansania befindet sich in einem Erfolg versprechenden Transitionsprozess von einem Einparteien- zu einem Mehrparteien-System und von einer zentralistischen Staatswirtschaft hin zu einer liberalen Marktwirtschaft. Der Prozess wird von der internationalen Gemeinschaft einschließlich Deutschlands unterstützt. Die Schwerpunkte der deutschen bilateralen Zusammenarbeit sind: Wasserversorgung und Abwasserentsorgung, Gesundheit, Familienplanung, HIV/AIDS-Bekämpfung sowie Kapazitätsaufbau in Regierung und Verwaltung.

Uganda: Nach langen Jahren gewalttätiger Auseinandersetzungen ist es Uganda nach 1986 gelungen, zu einem der erfolgreichsten Länder Afrikas im Bereich ökonomischer und politischer Reformen zu werden: Die Wirtschaftspolitik fokussiert auf Armutsbekämpfung und hat es geschafft, den Anteil der Menschen, die unterhalb der Armutsgrenze leben, von weit über 50% auf heute ca. 38% zu senken. Meilensteine der politischen Entwicklung sind die Einführung eines Mehrparteiensystems im Jahr 2005 sowie die Durchführung von Parlaments- und Präsidentschaftswahlen im Februar 2006. Die große Herausforderung, die seit langem einer Lösung bedarf, ist die Krise in Nord-Uganda: dort leben 1,4 Mio. Menschen aus Furcht vor Angriffen der *Lord's Resistance Army* unter unerträglichen Umständen in Lagern. Die Mittel der bilateralen Entwicklungszusammenarbeit kommen vor allem den Schwerpunkten Wasserversorgung und Abwasserentsorgung, Finanzsektorentwicklung und Berufsbildung zugute.

Eritrea: Das kleine und arme Land, das 1993 nach 30 Jahren Bürgerkrieg unabhängig wurde, ringt seit 1997 mit der Einführung einer marktorientierten Wirtschaftsordnung. Die deutsche EZ fokussiert auf den Sektor Wasserversorgung und Abwasserentsorgung.

Sudan: Die bilaterale staatliche Zusammenarbeit mit dem Sudan war seit 1989 ausgesetzt und wurde in der Folge des im Januar 2005 vereinbarten *Comprehensive Peace Agreement* wieder aufgenommen – allerdings nur mit dem Süden des Landes. Die Unterstützung des Nordens hat Deutschland abhängig gemacht von der Beilegung der Darfur-Krise und signifikanten Fortschritten in den Bereichen Demokratisierung und Achtung der Menschenrechte. Die bilateralen EZ-Mittel sollen so weit wie möglich über die *Multi Donor Trust Funds* zur Umsetzung des Berichts der *Joint Assessment Mission* (JAM) bereitgestellt werden. Darüber hinaus stellt Deutschland Expertise im Bereich Wasserversorgung und Abwasserentsorgung zur Verfügung.

Somalia und Djibouti: Beide Länder sind keine Partnerländer der deutschen EZ mehr. Wichtige Akteure der Entwicklungszusammenarbeit mit diesen Ländern sind andere Länder (Italien, USA) sowie vor allem die EU.

II. Problemfall Sudan

1. ... eine historische Skizze

Jahrhundertelange Unterdrückung und Ausbeutung

Der Konflikt zwischen dem Norden und dem Süden des Sudan hat eine lange Geschichte. Er existiert nicht erst seit Beginn des letzten Bürgerkriegs 1983, begann auch nicht mit der Unabhängigkeit 1956, sondern wurzelt in der jahrhundertelangen Unterdrückung und Ausbeutung des Südens, insbesondere im Interesse des Sklavenhandels seit der Mitte des 18. Jahrhunderts und des Zugangs zum Wasser (am Oberlauf des Nils), später auch des Zugangs zu den vor allem im Süden des Landes befindlichen Ölvorkommen. Die arabischen Machthaber in Khartum[1] verwehrten dem Süden, wie auch den anderen Peripherien des Landes, nicht nur jegliche ökonomische und politische Teilhabe, sondern drangsalierten die Bevölkerung des Süd-Sudan auf jede erdenkliche Art und Weise, durch Überfälle, Massaker, Menschenhandel, Sklaverei etc. Die Berichte von *Amnesty International*, *Human Rights Watch* und der *International Crisis Group* legen darüber umfassend Zeugnis ab. Mit dem autobiographischen Buch „Sklavin" von Mende Nazer, in dem sie die bis in das 21. Jahrhundert fortdauernde systematische Verschleppung und Versklavung der Bewohner des Südens (in diesem Fall der Nuba-Berge) durch den Norden schildert, wurde die Problematik vor wenigen Jahren auch einer größeren Öffentlichkeit bekannt.

21 Jahre Bürgerkrieg (1983-2004)

Mit der Unabhängigkeit 1956 eskalierte der Konflikt zu einem blutigen Bürgerkrieg zwischen dem (muslimisch geprägten) Norden und dem (christlich bzw. animistisch geprägten) Süden. Nachdem der erste Bürgerkrieg 1972 durch eine Autonomieregelung beigelegt werden konnte, kam es 1983 zur (Wieder-)Auf-

1 Tetzlaff spricht von einer rassistischen Regierung (vgl. Tetzlaff 2004: 555).

nahme des bewaffneten und äußerst brutal geführten Kampfes als die Khartum-Regierung die Selbstbestimmung des Südens faktisch außer Kraft setzte, um vor allem auf die Wasser- und Öl-Ressourcen des Süden zugreifen zu können. Zudem wurde die Scharia auch im Süden eingeführt. Der bis zum Friedensabkommen im Januar 2005 rund 21 Jahre andauernde Bürgerkrieg war eine der längsten Auseinandersetzungen in Afrika, durch den schätzungsweise anderthalb Millionen Menschen zu Tode gekommen sind. Es ist unvorstellbar, wie brutal und wie ausdauernd lange die Regierung in Khartum einen „Kulturkampf im Sinne Huntigtons“ (vgl. Tetzlaff 2004: 551) gegen die eigene Bevölkerung führen konnte.

Das Friedensabkommen vom Januar 2005: Ablösung der Diktatur einer Partei durch eine Diktatur von zwei Parteien

Nach unzähligen Anläufen, Fehlschlägen und Einzelerfolgen wurde schließlich am 9.01.2005 von beiden Konfliktparteien, der Khartum-Regierung einerseits und der *Sudanese People's Liberation Movement/Army* (SPLM/A) andererseits, das Nord-Süd-Friedensabkommen (*Comprehensive Peace Agreement*, CPA) unterzeichnet, das die bereits in den Jahren 2002 bis 2004 vereinbarten Einzelabkommen und Protokolle, so vor allem das Machakos-Protokoll von Mitte 2002 und sieben weitere Protokolle, zusammenfasst. Als wesentliche Elemente sind zu nennen: das *Power Sharing Agreement*, das dem Süden weitgehende Autonomie in der Regierung des Süd-Sudan (*one country, two systems*) und Teilhabe an der Regierung des gesamten Sudan (*Government of National Unity*, GNU) gewährt sowie das *Wealth Sharing Agreement*, das vor allem die Aufteilung der Öleinkünfte, aber auch die Einführung einer neuen nationalen Währung und den Aufbau zwei paralleler Zentralbanken für Nord und Süd regelt. Nach 6-monatiger Pre-Interims-Phase begann am 9.7.2005 eine 6-jährige Übergangsphase, im Verlaufe derer nach drei Jahren freie Wahlen durchgeführt werden sollen (2008) und an deren Ende (2011) der Süden im Rahmen eines Referendums über den Verbleib im Gesamt-Sudan entscheiden wird.

Gut ein Jahr nach Vereinbarung des Friedensabkommens ist festzustellen, dass zwar einige Vereinbarungen umgesetzt wurden, sich aber die Zweifel verstärken, ob das Kharthum-Regime unter Präsident Omar al-Bashir und seine *National Congress Party* (NCP) zu wirklicher Machtteilung bereit sind.[2]

2 Human Rights Watch geht sogar noch weiter: „The NCP has already proven its will and skill at defying and circumventing the CPA. The intention of the NCP government to truly and once and for all end its armed conflicts with its own citizens and live in shared peace has not been demonstrated“ (HRW 2006: 4). So auch Reeves: „The National Islamic Front (so der vorherige Name der Partei, die sich dann in National Congress Party (NCP) umbenannt hat; H.L.) will further undermine, attenuate and „revise“ the agreement“ (Reeves 2006).

Als wesentliche Fortschritte bei der Umsetzung des Friedensabkommens sind zu nennen:

- Konstitution der gesamtsudanesischen Regierung (*Government of National Unity*, GNU) am 20.09.2005 im Wesentlichen gemäß den Vorgaben des Friedensabkommens, d.h. vor allem Beteiligung der SPLM/A an der gesamtsudanesischen Regierung. Im neuen Kabinett besetzt die *National Congress Party* (NCP) 16 Ministerien, darunter die Schlüsselministerien Energie, Inneres, Verteidigung, Justiz und Finanzen, und die SPLM 9 Ministerien, während 4 Ressorts anderen politischen Gruppierungen zugeteilt wurden. Im Parlament verfügt die NCP über 234 Sitze (52%), die SPLM über 126 Sitze (28%), die anderen nördlichen Parteien über 63 Sitze (14%) und die anderen Parteien des Süd-Sudan über 27 Sitze (6%). Faktisch handelt es sich nach wie vor um eine NCP-dominierte Regierung, die die SPLM formal teilhaben lässt, nicht aber um eine Regierung der nationalen Einheit, wie der Name suggeriert. Kritiker resümieren: „Die Diktatur einer Partei ist durch eine Diktatur von zwei Parteien abgelöst worden" (Engelhardt 2006).[3]
- Verabschiedung der neuen Übergangsverfassung am 06.07.2005. Kritisiert wird vor allerdings die einseitige Interessenverteilung zugunsten der machthabenden NCP und SPLM auf Kosten anderer Regionen und Akteure des Landes, die gegen ihre Marginalisierung und für politische und ökonomische Teilhabe kämpfen.[4]
- Konstitution der südsudanesischen Regierung am 24.10.2005, die zwar formal in Übereinstimmung mit den Vorgaben des Friedensabkommen erfolgte, aber die Einbeziehung anderer Akteure, außerhalb der SPLM, vernachlässigte.
- Festlegung der Grenzen in der Abyei-Region, die allerdings nach wie vor von der NCP und Bewohnern der Grenzregion abgelehnt wird.
- Einrichtung der *Ceasefire Joint Political Commission* zur Überwachung der Einhaltung des Waffenstillstandes. Internationale Vertreter sind IGAD und die UN. Einsetzung der *Assessment and Evaluation Commission* zur Überwachung der Umsetzung des Friedensabkommens unter Vorsitz des norwegischen Außenministers Solheim sowie der *National Petroleum Commission* zur Aufteilung der Öl-Einnahmen.

---

3 So auch Human Rights Watch: „As yet, this new government is still run by a single authoritarian narrowly-based Islamist party, the NCP, and has not become a new hybrid government in which marginalized Sudanese meaningfully participate" (HRW 2006: 2).

4 So auch Ludermann, der schreibt, dass das Friedensabkommen als „Vereinbarung zwischen zwei autoritären Parteien" gesehen wird, „das Land unter sich aufzuteilen" (Ludermann 2005: 94).

Wenig Fortschritte hingegen gibt es nach wie vor bezüglich

- des Rückzugs nord-sudanesischer Truppen und der Aufstellung von *Joint Integrated Units* (JIUs),
- der zugesagten Beendigung der Unterstützung der *Lord's Resistance Army* im Süd-Sudan,
- der Teilung der Erlöse aus der Ölförderung. Die sudanesische Regierung hat bis Anfang 2006 erst 60 Mio. US$ statt der angekündigten und im *wealth sharing agreement* vereinbarten 551 Mio. US$ an die südsudanesische Regierung gezahlt.
- der Bereiche Achtung der Menschenrechte und Demokratisierung. Besonders zu kritisieren ist, dass wichtige politische Kräfte nicht beteiligt sind und dass es nach wie vor keine freie Presse bzw. Medien gibt.

Entwicklungen im Süd-Sudan

Die wichtigste Entwicklung im Süd-Sudan seit Vereinbarung des Friedensabkommens ist die Regierungsbildung. Als wesentliche Herausforderungen für die kommende Monate und Jahre sind neben dem *state building* vor allem der Abzug der Truppen sowie die Integration der zurückkehrenden Binnenflüchtlinge zu nennen.

Südsudanesische Regierungsbildung: Der plötzliche Tod des langjährigen SPLM-Führers John Garang Ende Juli 2005 führte zu einer Verzögerung der süd-sudanesischen Regierungsbildung, die infolgedessen erst Ende Oktober 2005 abgeschlossen wurde. Salva Kiir folgte Garang in seinen (vorgesehenen) Positionen, d.h. er wurde Präsident des Süd-Sudan und Vize-Präsidenten des Gesamt-Staates. Riek Machar wurde zum Vizepräsident des Süd-Sudan ernannt. Die weitere Regierungsbildung erfolgte am 24.10.2005 und stimmt formal mit den Vorgaben des Friedensabkommens (CPA) überein: Wie im CPA vorgesehen, erhält die SPLM/A 70% der Ressorts (d.h. 14 Ministerien), die übrigen 30% der Ressorts gehen je zur Hälfte an andere südsudanesische Gruppen sowie an die NCP (jeweils 3 Ministerien). Im Parlament stellt sich die Machtverteilung wie folgt dar: die SPLM verfügt über 110 Abgeordnete, die NCP entsendet 25 Abgeordnete während alle anderen Kräfte des Süd-Sudan zusammen 26 Abgeordnete stellen.

Problematisch an der Regierungsbildung aber bleibt

- die geringe Repräsentanz der anderen südsudanesischen Parteien,
- das Übergewicht der Kiir-Fraktion innerhalb der SPLM und damit der Strömung, die für die Unabhängigkeit des Süd-Sudan ist,
- die Unausgewogenheit der Stammeszugehörigkeit (hauptsächlich Dinkas),

- die extrem geringe Vertretung von Frauen (statt wie vorgesehen 5, sind nur 2 Frauen an der Regierung beteiligt), von der strukturellen Diskriminierung der Frauen ganz zu schweigen[5].

Als wichtigste Herausforderungen bleiben bestehen:

- Der Rückzug der nord-sudanesischen Truppen und die Aufstellung von *Joint Integrated Units (JIUs)* kommen offensichtlich nur schleppend voran. Von einer Demobilisierung, Entwaffnung und Reintegration kann noch gar keine Rede sein. Vielmehr gibt es Berichte über fortgesetzte Aufrüstung.
- Die Rückkehr der Binnenflüchtlinge hingegen hat inzwischen begonnen. Der Rückkehrwille und die Aufnahme der auf bis zu 4 Millionen Personen geschätzten Binnenflüchtlinge wird jedoch durch Landminen, Mangel an sauberem Wasser und Nahrungsmitteln in der Region[6] und fast vollständig fehlender Infrastruktur im Süd-Sudan erheblich erschwert. Konflikte und Verteilungskämpfe zwischen Rückkehrern und der vor Ort gebliebenen Bevölkerung um Ressourcen sind abzusehen.
- Verschärft wird die Problematik durch die prekäre Sicherheitslage, die sich seit November 2005 in den an Uganda und den Kongo angrenzenden Gebieten aufgrund von Übergriffen der nordugandischen Terrorgruppe *Lord's Resistance Army* (LRA) verschärft hat. Die LRA wird zur Unterminierung der Entwicklung im Süd-Sudan ganz offensichtlich weiterhin von Khartum unterstützt.

Entwicklungen in anderen Teilen des Landes

Auch nachdem der landesweite Ausnahmezustand im Januar 2005 aufgehoben wurde, besteht er in den umkämpften Gebieten Darfur und Ost-Sudan weiter fort. Vor allem Osten des Landes kämpfen Rebellengruppen gegen ihre Marginalisierung und für politische und ökonomische Teilhabe.[7]

---

5 Human Rights Watch beispielsweise beschreibt die Problematik wie folgt: „There is a legacy of customary law in many parts of the south that denies women such rights as choice of their marriage partner and control of property. An edifice of culture has been erected over the centuries that assumes unequal treatment of women“ (HRW 2006: 4).

6 Zur Zeit haben nur 30% Zugang zu sauberem Wasser.

7 Vgl. dazu insbesondere International Crisis Group 2005.

2. Nach dem Friedensabkommen von 2005: *Slipping back into horror*[8]

Darfur ...

Der seit 2003, spätestens seit 2004 allgemein bekannte Darfur-Konflikt hat eine lange Geschichte: arabisierte Nomaden leben seit Jahrhunderten in Konkurrenz mit den ansässigen Ackerbauern (so vor allem den Fur, Massalit, Daju und Berti) um elementare Ressourcen, insbesondere Land und Wasser. Die Eskalation des Konfliktes erfolgte dadurch, dass sowohl die Regierung in Khartum als auch die Rebellengruppen zur Gewalt als Mittel der Auseinandersetzung gegriffen haben. Khartum hat die arabischen Milizen (Janjaweed) nicht nur mit Waffen ausgerüstet, sondern offensichtlich explizit mit der Vertreibung und Vernichtung der Bevölkerung Darfurs beauftragt.[9] Aber auch die Rebellengruppen schrecken nicht vor Übergriffen auf die Zivilbevölkerung zurück. Die UN stellten Kriegsverbrechen, schwerste Menschenrechtsverletzungen, insbesondere Angriffe auf Zivilisten, Folterung, Tötung, Vertreibung von Zivilisten, ethnische Säuberungen, systematische Vergewaltigungen sowie eine Politik der verbrannten Erde (Zerstörung von Dörfern, Plünderungen) fest.[10] Es handelt sich also nicht (mehr) um einen klassischen Ressourcenkonflikt, sondern um eine „Politik der verbrannten Erde", um den überlebenden Vertriebenen eine Rückkehr unmöglich zu machen und - so Collins - das Land für eine spätere arabische Kolonisierung zu säubern (vgl. Collins 2004 zit. nach Tetzlaff 2004:554). Tetzlaff spricht sogar von einer Terrorisierung der Zivilbevölkerung mit „genozidaler Dimension" (Tetzlaff 2004: 549), Reeves geht noch weiter und schreibt: das Khartum-Regime wird als das Regime in die Geschichte eingehen, „that has succesfully deployed genocide as a tool of domestic political and security policy" (Reeves 2006).

Die Qualifizierung der in Darfur begangenen Verbrechen als Genozid ist allerdings noch ungeklärt. Dem Bericht der Ende 2004 eingesetzten UN-Untersuchungskommission zufolge handelt es sich zwar um systematisch begangene schwerwiegende Kriegsverbrechen und es wird festgestellt, dass etliche der in der UN-Anti-Völkermordkonvention beschriebenen Kriterien erfüllt seien (vgl. Völkermord-Konvention der Vereinten Nationen vom 9.12.1948), doch könne nicht abschließend nachgewiesen werden, dass die Regierung die spezifische Absicht verfolgt habe, eine aufgrund von Rasse, ethnischer Zugehörigkeit, Religion oder Nationalität definierte Gruppe in Teilen oder ganz zu vernichten. Dies könne nur auf der Grundlage einer gerichtlichen Prüfung abschließend beurteilt

8 The Economist 2005.

9 Vgl. die Berichte der UN-Untersuchungskommissionen sowie Tetzlaff 2004 und HRW 2005.

10 Vgl. dazu ausführlich Bernhard/Lingnau 2004 sowie aktuell den Bericht des UN-Panel of Experts (UN Security Council 2006).

werden. Die Feststellung, dass im Rahmen der Untersuchung keine Absicht des Völkermordes nachgewiesen werden konnte, darf aber auch nach Auffassung der Untersuchungskommission nicht dazu genutzt werden, die Schwere der Verbrechen herunter zu spielen. Die in Darfur begangenen Verbrechen sind nicht weniger schlimm, nur weil sie nicht mit genozidaler Absicht, sondern aus anderen, vermutlich machtpolitischen Beweggründen, begangen wurden. Unstrittig ist, dass es sich um systematische und massive Menschenrechtsverletzungen und Verbrechen gegen die Menschlichkeit handelt, die gegen das Völkerrecht verstoßen (so Bernhard/Lingnau auch schon 2004) und damit ein internationales Eingreifen wie im Falle eines Genozids gebieten.

Seit 2003 sind im Rahmen des Darfur-Konfliktes ca. 200.000 bis 300.000 Todesopfer zu beklagen. Ca. 2 Mio. Menschen und damit fast die Hälfte aller Einwohner wurden vertrieben. 200.000 Menschen flohen in den Tschad, wo sie mit den existentiell bedrohten tschadischen Bewohnern des Grenzgebiets um knappe Ressourcen konkurrieren.

Die Darfur-Krise hat auch nach der Unterzeichnung des Friedensabkommens im Januar 2005 nicht wie erhofft an Intensität verloren. Zwar wurde im Frühjahr 2005 ein Waffenstillstand beschlossen, der seitdem von einer AU-Mission[11] überwacht wird, und es wurden Friedensgespräche im nigerianischen Abuja aufgenommen („Abuja-Talks"), doch haben diese auch nach monatelangen Verhandlungen und immer wieder neu gesetzten Fristen bis Mitte 2006 zu keinem tragfähigen Ergebnis geführt. Die Aufsplitterung der Rebellen-Gruppen und zunehmender *war-lordism* machen sowohl die Verhandlungen als auch die Umsetzung möglicher Ergebnisse immer schwieriger. Gleichzeitig scheint die Gewalt immer weiter anzusteigen: gewalttätige Übergriffe auf die Zivilbevölkerung, auf die Lager von Binnenflüchtlingen (*IDP-camps*), auf humanitäre Organisationen und erstmals auch auf Mitarbeiter der AU-Mission sowohl von Seiten

---

11 Die AU-Mission AMIS beobachtet seit dem 16.05.2005 das Waffenstillstandsabkommen in Darfur. Sie verfügt über ein monitoring-Mandat, nicht aber über ein peace-keeping- und schon gar kein peace-enforcement-Mandat. Der „Aufwuchs" der AMIS-Truppe auf ca. 7.700 Personen ging schleppend voran. AMIS wird bisher zu großen Teilen aus Mitteln der EU-Friedensfazilität finanziert. Da es Kritik an der Effektivität des AU-Einsatzes gibt und die weitere Finanzierung nicht gesichert ist, wird derzeit über eine Überführung von AMIS in UNMIS nachgedacht („blue-hatting"). Diese Option birgt jedoch die Gefahr, die ownership der AU zu gefährden. Sie wird ferner von Khartum kategorisch abgelehnt. Die International Crisis Group (ICG) empfiehlt, AMIS auf 12.000-15.000 Mann aufzustocken und deren Mandat zu erweitern, damit AMIS auch zum proaktiven Schutz der Zivilbevölkerung berechtigt ist. Nach monatelangen erfolglosen Diskussionen und Bemühungen um eine Überführung von AMIS in UNMIS verbreitete sich im Sommer 2006 allmählich die Einsicht, dass es weniger darauf ankommt, wer eine Darfur-Mission stellt, als dass eine handlungsfähige Mission vor Ort ist und über ein angemessenes Mandat verfügt (d.h. zumindest ein peace-keeping-, besser noch ein peace-enforcement-Mandat).

der Milizen als auch von Seiten der Rebellen haben in den Jahren 2005 und 2006 weiter zugenommen.

Die Befassung des UN-Sicherheitsrates und die Positionierung der internationalen Gemeinschaft (vgl. dazu ausführlicher weiter unten) haben diese Entwicklung nicht verhindern können. Die Zusagen der sudanesischen Regierung, die Janjaweed nicht weiter zu unterstützen, sondern zu entwaffnen, waren Schall und Rauch. Vielmehr werden die Milizen in die Streit- und Sicherheitskräfte integriert, so dass sie ihre Angriffe in Uniform fortsetzen und der Bevölkerung das letzte Vertrauen in staatliche Strukturen rauben.[12] Khartum setzt ganz offensichtlich weiter auf eine militärische Beendigung des Konflikts in seinem Interesse.

... und 16 andere Krisen

Nach Einschätzung der *Inter-Governmental Authority on Development* (IGAD) gibt es 16 weitere sowie 15 potentielle Konflikte im Sudan. Darüber hinaus entstehen laufend neue Rebellengruppen im ganzen Land, vor allem in Darfur und im Osten des Landes[13], die um politische und ökonomische Teilhabe („Inklusion") kämpfen („Teilhabekriege"). In anderen Regionen sind *warlords* an der Macht, deren Macht nicht unumstritten ist, so dass auch dort jederzeit Konflikte ausbrechen können.

Konfliktlogik und falsche Anreizstruktur: Nur wer zu den Waffen greift, partizipiert

Das Konfliktmuster scheint im Wesentlichen dasselbe zu sein: das Khartum-Regime verfolgt seine Partikularinteressen unter fast vollständiger Exklusion anderer Akteure und Regionen und führt – sofern erforderlich – gegen diese Krieg. Dabei scheut Khartum vor nichts zurück, wie nicht nur aktuell in Darfur deutlich wird. Auch zuvor hat Khartum mit schlimmsten Menschenrechtsverletzungen aller Art, Massakern, Verschleppungen und einer Politik der verbrannten Erde regiert. Dank mehrerer Veröffentlichungen ist seit Anfang der 90er Jahre auch der gegen die Menschen in den Nuba-Bergen geführte Ausrottungskrieg einer größeren Öffentlichkeit bekannt (vgl. u.a. Mende Nazer: *Slave*).

Die internationale Gemeinschaft war und ist der Meinung, dass der Weg zur Lösung der Darfur-Krise, wie auch anderer offener und latenter Konflikte, durch Friedensabkommen geebnet wird. Die wissenschaftliche Debatte sieht das

12 „Instead of disarming the militias, Khartoum has incorporated them into security, police and military forces" (HRW 2005: 2).

13 Vgl. dazu insbesondere International Crisis Group 2005.

anders: Tetzlaff u.a. zufolge hat der exklusive Interessenausgleich zwischen Nord- und Südsudan im Rahmen des Friedensabkommens die Rebellion der marginalisierten und exkludierten Randzonen des Sudans erst provoziert: Es „sprechen alle bisher bekannten Indizien im Dafur-Konflikt dafür, dass die darin sichtbar gewordene Staatspolitik der Exklusion aller nicht zum Rentenaufteilungsvertrag gehörenden Provinzen die Rebellion in Darfur gegen das Machtzentrum in Khartum ausgelöst hat“ (Tetzlaff 2004: 552). Die Entwicklung seit 1994 gibt ihm recht: Das Friedensabkommen hat nicht dazu geführt, dass sich die Situation in Darfur und in anderen Krisengebieten verbessert hat – im Gegenteil hat sie sich weiter verschärft. Es kommt insofern darauf an, die bestehende falsche Anreizstruktur zu durchbrechen, die sich wie folgt darstellt: nur wer zu den Waffen greift und einen so genannten Teilhabekrieg führt, hat Chancen auf politische und ökonomische Partizipation.[14] Die im Nord-Süd-Friedensabkommen unterschlagene Teilhabe anderer Akteure im Sudan (so vor allem die Provinzen im Westen und im Osten, andere Gruppierungen, andere Parteien etc.) muss dringend und umfassend nachgeholt werden. Den wichtigsten Rahmen dafür bietet die neu auszuarbeitende Verfassung. Zwischenzeitlich wäre es aber auch hilfreich, anderweitig Teilhabe anzubieten, so beispielsweise durch Friedensabkommen in Krisengebieten, die alle Akteure einbeziehen, und strukturell durch Gewährung möglichst umfassender politischer und ökonomischer Teilhabe.

3. Und wie verhält sich die internationale Gemeinschaft? *Heavy on monitoring but weak on follow-through*

Die Internationale Gemeinschaft verfolgt die Entwicklung der Darfur-Krise seit 2003 mit großer Sorge. Es wurde jedoch immer die Hoffnung gehegt, dass das Friedensabkommen zwischen Nord und Süd auch zu einer Befriedung der anderen Konflikte im Land führen würde. Diese Hoffnung hat sich nicht erfüllt. Vielmehr blieben alle anderen Akteure und Regionen weiterhin von jeglicher Teilhabe ausgeschlossen. Die falsche Anreizstruktur existiert fort. Es bleibt zu hoffen, dass der aufmerksamen Beobachtung nunmehr eine konsequenten Umsetzung der kritischen Positionierung der internationalen Gemeinschaft folgt.[15]

---

14 So auch Human Rights Watch: „take up arms as a means towards power sharing“ (HRW 2006:2) und Ludermann: „um beteiligt zu werden, muss man Gewalt ausüben“ (Ludermann 2005: 92).

15 So auch International Crisis Group: „Heavy on monitoring but weak on follow-through, the international community (...) has not yet embraced its role as a guarantor of the CPA and continues to lack a consistent, coordinated approach to dealing with the parties, particularly the NCP, let alone holding them to their respective commitments“ ICG 2006b: ii).

Angesichts der Fortdauer und Eskalation des Darfur-Konfliktes hat die internationale Gemeinschaft sich nach den beiden Resolutionen 1556 vom 30.07.2004 (mit der ein Waffenembargo gegen den Sudan beschlossen wurde) und der Resolution 1564 vom 18.09.2004 auch im Jahr 2005 kritisch geäußert. Im Einzelnen hat der UN-Sicherheitsrat die folgenden Resolutionen beschlossen:

- UN-SR-Resolution 1590 vom 24.03.2005: Die Resolution beschließt die Entsendung von 10.000 Soldaten, 715 zivilen Polizisten und 750 Militärbeobachtern für (jeweils) 6 Monate im Rahmen der UN-Mission UNMIS in den Süd-Sudan. Das UNMIS-Mandat umfasst vor allem die Überwachung der Umsetzung des Nord-Süd-Friedensabkommens. Darüber hinaus kann und soll die UN-Mission auch Hilfestellung bei der Implementierung von Demobilisierungs-Programmen leisten.
- UN-SR-Resolution 1591 vom 29.03.2005: Die Resolution beschließt Sanktionen gegen die Verantwortlichen der Darfur-Krise auf Regierungs- und Rebellenseite (Waffenembargo, Reisebeschränkungen, Einfrieren von Guthaben im Ausland).
- UN-SR-Resolution 1593 vom 31.03.2005: Die Resolution beschließt die Befassung des Internationalen Strafgerichtshofes (IStGH) mit den Menschenrechtsverletzungen in Darfur.

Nennenswerte Konsequenzen aber hat bisher allein die Resolution zur Entsendung der UNMIS gehabt, die seitdem im Sudan aktiv ist.[16] Das Waffenembargo wird laufend missachtet, die Sanktionen gegen Individuen wurden bisher nicht umgesetzt[17] und der IStGH kommt mit seinen Ermittlungen nicht voran.[18] Zwar wurde dem IStGH am 5.4.2005 eine Liste der 51 Hauptverdächtigten einschließlich Beweismaterial übermittelt und auch der Bericht des *Panel of Experts* von 2006 benennt in einem vertraulichen Anhang Individuen, die sich

16 Das jeweils sechsmonatige Mandat wurde regelmäßig verlängert. Der „Aufwuchs" der UN-Mission wurde erst im Jahr 2006, statt wie vorgesehen bereits Mitte 2005, abgeschlossen. Deutschland ist mit bis zu 75 Soldaten/Militärbeobachtern an UNMIS beteiligt.

17 Vgl. dazu insbesondere den Bericht des von der UN eingesetzten Panel of Experts, das mit der Überprüfung der Umsetzung der UN-Sanktionen beauftragt wurde (vgl. UN Securiy Council 2006). Der Bericht führt umfassend die Verstöße gegen das Waffenembargo auf, zu den Sanktionen aber kann nur lapidar festgestellt werden: da noch keine Individuen designiert worden seien „against whom the financial sanctions and the travel ban would be applied (...) the Panel was unable to fulfil its mandate of (...) monitoring the implementation of the targeted financial sanctions and travel ban" (UN Security Council 2006: 5).

18 Der frühere UN-Sonderberichterstatter für Menschenrechte im Sudan, Gerhard Baum, kommt daher zu folgender Schlussfolgerung: „Die Beschlüsse des Sicherheitsrates werden in keiner Weise befolgt" (Baum 2006).

schlimmster Verbrechen schuldig gemacht haben (vgl. *UN Security Council* 2006, Kapitel VII), doch weiter ist nichts geschehen[19] - „alles in allem (...) ein Trauerspiel vor den Augen der Weltöffentlichkeit“ (Baum 2006).

Das heißt konkret: Obwohl Anfang 2005 und erneut Anfang 2006 offiziell nachgewiesen wurde, dass die Regierung und die Janjaweed für systematische und massive Verletzungen der Menschenrechte und des Völkerrechts verantwortlich sind, wurden die laut Artikel 39, 41 und 42 der Charta der Vereinten Nationen gebotenen Maßnahmen, d.h. entweder nicht-militärische Sanktionsmaßnahmen (nach Artikel 41), wie Unterbrechung der Wirtschaftsbeziehungen, der Verkehrs- und/oder Kommunikationswege, Abbruch der diplomatischen Beziehungen, oder militärische Sanktionsmaßnahmen (nach Artikel 42) nicht ergriffen bzw. nicht konsequent umgesetzt.

Die Europäische Union

Die EU-Kommission hat ihre Entwicklungszusammenarbeit mit dem Sudan im März 1990 ausgesetzt und während dieser Zeit lediglich humanitäre Hilfe geleistet (sog. *Humanitarian Plus Programme*). Politisch hat sich die EU in Sachen Darfur-Krise immer wieder deutlich geäußert, was im Einzelnen in den diversen EU-Ratsschlussfolgerungen zum Ausdruck kommt und dort auch nachzulesen ist. Die EU hat darüber hinaus einen EU-Sonderbeauftragten für den Sudan, Pekka Haavisto, eingesetzt, der hoffentlich dazu beitragen kann, die europäische Positionierung zu stärken, was angesichts der Sachzwänge, denen der UN-Sicherheitsrat unterliegt, von besonderer Bedeutung ist. Als wichtiger Geber für den Sudan (mit einem EZ-Volumen von ca. 590 Mio. € für die kommenden 3 Jahre) ist es aber besonders wichtig, dass die EU nicht nur auf der Ebene politischer Erklärungen, sondern auch in der konkreten Zusammenarbeit konsequent agiert, d.h. die Opfer des Khartum-Regimes sowie Reformvorhaben unterstützt, nicht aber zur Stabilisierung des Kharhum-Regimes beiträgt. Diesen Überlegungen wird in den relevanten Äußerungen und Dokumenten der EU-Kommission (CSP, NIP etc.) Rechnung getragen. So hat die EU im Rahmen der Oslo-Geberkonferenz im April 2005 klare Bedingungen für eine Normalisierung der EZ aufgestellt: Der Umfang der Kooperation, insbesondere die Auszahlung der Gelder, wurde abhängig gemacht von Fortschritten bei der Umsetzung des Friedensabkommens und einer Verbesserung der Lage in Darfur (*„graduated approach“)*. Die europäischen Mittel sollen zum Großteil zur Finanzierung der Umsetzung des JAM-Berichtes dienen (335 Mio. €), zur Umsetzung des UN-Workplans (193 Mio. €) sowie zur Unterstützung der AU (60 Mio. €).

19 So auch Baum: „Der Internationale Strafgerichtshof, der mit einer Aufsehen erregenden Entschließung des Sicherheitsrates vom März 2005 ein klares Mandat erhalten hat, Kriegs- und Menschenrechtsverbrechen im Sudan zu ahnden, sollte endlich tätig werden“ (Baum 2006).

Als größte Einzelvorhaben sind zu nennen:

- das *Southern Sudan Reconstruction and Development Programme* (SSRDP) mit einem Mittelvolumen von 48 Mio. €, das zur Verbesserung der Infrastruktur, der Bildung und der Nahrungsmittelsicherheit im Süd-Sudan beitragen und über den MDTF-S finanziert werden soll.
- das *Programme for Post-Conflict Rehabilitation and Capacity-Building* (RECAP) mit einem Mittelvolumen von 52 Mio. €, das durch Maßnahmen in den Bereichen Demobilisierung, Menschenrechtsförderung, Demokratisierung, Förderung von Rechtsstaatlichkeit und *Good Governance* die durch die neue Verfassung geschaffenen Strukturen bei der Umsetzung des Nord-Süd-Friedensabkommens unterstützen soll.

Die Afrikanische Union

Als wichtiger Akteur ist insbesondere die AU zu nennen, die es schon kurz nach ihrer Gründung (2002) geschafft hat, eine wichtige Rolle in der Darfur-Krise zu übernehmen – und zwar nicht nur durch die Entsendung der ersten AU-Mission nach Darfur und die Verhandlungsführung bei den Friedensgesprächen in Abuja, sondern auch durch die Verhinderung der turnusmäßig vorgesehenen Übernahme der AU-Präsidentschaft durch den sudanesischen Präsidenten Bashir Anfang 2006.

Deutschland

Deutschland hat die staatliche Entwicklungszusammenarbeit mit dem Sudan 1989 durch Bundestags-Beschluss eingestellt, die Entwicklungen im Sudan und insbesondere in Darfur aber mit großer Aufmerksamkeit und Sorge verfolgt und sich im Rahmen der EU und der UN immer wieder sehr engagiert, so insbesondere 2004, als Deutschland den UN-Sicherheitsrat mit der Darfur-Krise befasst hat und die Verabschiedung der oben genannten Resolutionen vorangetrieben hat. Unterhalb der Ebene der staatlichen EZ hat Deutschland die Menschen im Sudan nach Möglichkeit weiterhin unterstützt, und zwar insbesondere durch die Finanzierung von Maßnahmen des DAAD, der politischen Stiftungen, von Kirchen und Nicht-Regierungsorganisationen sowie im Rahmen von humanitärer und Not-Hilfe. Die Höhe der über nichtstaatliche Strukturen zur Verfügung gestellten Mittel lässt sich aufgrund der Vielzahl der involvierten Haushalts-Titel nur schwer schätzen, aber allein aus den jährlich gewährten Mitteln humanitärer Hilfe (aus dem Auswärtigen Amt) und entwicklungsorientierter Nothilfe (aus dem BMZ) erhält der Sudan große Anteile. Im Jahr 2004 beispielsweise hat Deutschland dem Sudan 33,5 Mio. € zugesagt (AA: 21,0 Mio., BMZ: 12,5 Mio. €) und für die Jahre 2005 und 2006 Mittel in vergleichbarer Größenordnung.

Nach Abschluss des Nord-Süd-Friedensvertrages hat Deutschland das Friedensabkommen als notwendige, aber nicht hinreichende Bedingung für eine Wiederaufnahme der EZ angesehen, sich anlässlich der Geber-Konferenz in Oslo im April 2005 aber bereit erklärt, unter bestimmten Bedingungen die Entwicklungszusammenarbeit sowohl mit dem Süd-Sudan als auch mit Khartum wieder aufzunehmen. Als Bedingungen hat Deutschland genannt:

1. Umsetzung der Abkommen,
2. Beteiligung der bisher nicht berücksichtigten Akteure,
3. signifikante Schritte in Richtung Demokratisierung und
4. Achtung der Menschenrechte sowie
5. eine Regelung der Darfur-Krise.

Diese Position entspricht den UN-SR-Resolutionen, den EU-Ratsschlussfolgerungen und der von allen Fraktionen mitgetragenen Bundestags-Resolution vom 26.05.04.

Die Wiederaufnahme der EZ mit dem Süd-Sudan ist zwischenzeitlich erfolgt (Übergabe des entsprechenden Notenwechsels nach Abschluss der Regierungsbildung im November 2005, Beantwortung des Notenwechsels durch die sudanesische Regierung im März 2006). Die Wiederaufnahme der EZ mit dem Nord-Sudan steht weiter aus, da die dafür erforderlichen Voraussetzungen nicht erfüllt wurden (Fortschritte im Demokratisierungsprozess sowie bei der Achtung der Menschenrechte sowie eine friedliche Regelung der Darfur-Krise). Darüber hinaus ist zu berücksichtigen, dass ein Großteil der deutschen EZ-Mittel von einer Regulierung der sudanesischen Schuldenproblematik abhängt, die nach wie vor ungelöst ist (vgl. dazu auch weiter unten).

Diese Sachlage hat Deutschland jedoch nicht daran gehindert, sich um die Bereitstellung einer Friedensdividende zu bemühen[20] und von Anfang an aktiv an der Entwicklung eines internationalen Ansatzes zu beteiligen, der im Folgenden skizziert wird.

Geber-Gemeinschaft und internationaler Ansatz

Seit 2003 arbeitet die internationale Gemeinschaft, koordiniert durch UNDP und Weltbank, an einem internationalen Ansatz. Konkret handelt es sich dabei um die *Joint Assessment Mission* (JAM), die zusammen mit den Vertretern des Sudans (Süden und Gesamt-Sudan) eine gemeinsame Entwicklungsplanung für

---

20 So wurde die GTZ mit der Durchführung eines ad hoc einsetzbaren Governance-Funds beauftragt, aus dem in Abstimmung mit den vor Ort vertretenen deutschen Strukturen – Botschaft, DED, politischen Stiftungen und vor Ort vertretenen NRO – geeignete Maßnahmen in Form einer Friedensdividende unterstützt werden sollen.

die kommenden Jahre erarbeitet hat. Das Ergebnis (der sogenannte JAM-Report oder ausführlich: „*Framework for sustained peace, development and poverty eradication*")[21] soll als Grundlage der gemeinsamen Entwicklungsarbeit, d.h. der sudanesischen Regierungen und der Gebergemeinschaft dienen, die vor allem im Rahmen von *Multi Donor Trust Funds* (MDTFs)[22] erfolgen soll. Vorhaben des MDTF werden dann zu zwei Dritteln von der Regierung und zu einem Drittel aus dem MDTF finanziert.

Für die Umsetzung des JAM-Berichtes wurden Mittel in Höhe von 2,6 Mrd. US$ veranschlagt. Zwei Phasen sind vorgesehen:

2005-2007: Fokus auf sofortige Maßnahmen (insbesondere zugunsten von Binnenflüchtlingen),

2008-2011: Fokus auf Aufbau der Infrastruktur sowie sonstige langfristige Maßnahmen.

Anlässlich der ersten Geberkonferenz für den Sudan am 11./12.4.2005 in Oslo wurden insgesamt 4,5 Mrd. US$ zur Unterstützung der Entwicklung des Sudan von Gebern in Aussicht gestellt, davon allerdings nur 500 Mio. US$ für die *Multi Donor Trust Funds* (MDTFs). Für die Umsetzung des *UN-Workplans* wurden weitere 1 Mrd. US$ ge*pledged*. In der Folge der Oslo-Konferenz fanden gemeinsame Missionen der Geber statt, vor allem aber wurden die von der Weltbank verwalteten MDTFs (einer für den Süden und einer für den gesamten Sudan) konstituiert, die zwischenzeitlich die ersten Vorhaben finanzieren. Deutschland hat zugesagt, seine FZ-Mittel bei Erfüllung der oben genannten Kriterien ebenfalls über die MDTFs und nicht bilateral zur Verfügung zu stellen. Im Falls des MDTF-S ist das im März 2006 bereits erfolgt. Darüber hinaus fand im März 2006 das erste *Sudan Consortium Meeting* statt, zu dem die Regierungen des Sudan alle 6 Monate mit interessierten Gebern zusammenkommen sollen, um die Umsetzung der MDTF zu überwachen und Prioritäten sowie den weiteren Finanzierungsbedarf festzulegen.

Der internationale Ansatz ist aufgrund der politisch brisanten Zusammenarbeit mit dem Sudan von besonderer Bedeutung, um eine divide-et-impera-Politik des Kharthum-Regimes zu verhindern und eine möglichst große Hebelwirkung der Bemühungen der internationalen Gemeinschaft zu erzielen. Er ermöglicht es auch, den Sudan in die (Eigen-)Verantwortung zu nehmen. Im Unterschied zu vielen anderen Entwicklungsländern verfügt der Sudan nämlich über erhebliche eigene Mittel, die bisher allerdings nicht der Entwicklung des Landes zugute

---

21 Vgl. auch www.unsudanig.org.

22 Die MDTFs funktionieren wie folgt: Jeder MDTF verfügt über ein Technical Secretariat (TS), das eingehende Projekt- und Programmvorschläge prüft sowie über ein Oversight Committee (OC), in dem Vertreter der Regierungen des Sudan (GNU und GoSS) und der Geber die Verantwortung wahrnehmen für die Finanzierung und Verwendung der MDTF-Mittel.

gekommen sind, sondern vor allem dem Kauf von Waffen dienten. Allein aus dem Ölgeschäft verfügt der Sudan jährlich über Einnahmen in Höhe von schätzungsweise mehr als 1,6 Mrd. US$, mit steigender Tendenz dank größerer Förderkapazitäten und dem Anstieg des Ölpreises. Darüber hinaus setzt der internationale Ansatz die *Paris Declaration on Aid Effectiveness* mit ihren Verpflichtungen auf *ownership* der Partner, *alignment* der Geber sowie Ausrichtung der Bemühungen beider Seiten auf Wirksamkeit vorbildlich um.

Wie wichtig gemeinsames Vorgehen ist, wurde anlässlich des ersten *Sudan Consortium Meetings* im März 2006 in Paris erneut deutlich: Während die meisten Geber im April 2005 in Oslo noch optimistisch und entsprechend großzügig waren, war die Stimmung anlässlich des ersten Sudan-Consortium-Treffens in Paris doch sehr viel kritischer. Wie schon von Deutschland in Oslo 2004 wurde jetzt auch von vielen anderen gefordert, dass der Druck auf den Sudan aufrecht erhalten werden müsse, dass die UN-Sicherheitsratsresolutionen als Handlungsgrundlage weiterhin geltend gemacht werden müssen und konkret, dass der Zugang humanitärer Hilfe und der Schutz der Bevölkerung sichergestellt, Rahmenbedingungen für die Rückkehr von Binnenflüchtlingen geschaffen, die Milizen, insbesondere in Darfur, entwaffnet und die Verantwortlichen für die Verbrechen in Darfur vor dem Internationalen Strafgerichtshof zur Verantwortung gezogen werden müssen.

Nur wenn die Geber gemeinsam an einem Strang ziehen, wird es möglich sein, die Khartum-Regierung dazu zu bewegen, ihre Politik in diesem Sinne zu ändern. Dabei kommt es natürlich vor allem auf die großen Geber an, die für die kommenden Jahre erhebliche Mittel in Aussicht gestellt haben. Dazu zählen insbesondere die USA (mit ca. 1,7 Mrd. US$ für die kommenden drei Jahre), die EU (mit ca. 590 Mio. € für die kommenden drei Jahre), Großbritannien (mit jährlich ca. 546 Mio. US$ inklusive Schuldenerlass), Norwegen (mit ca. 250 Mio. US$ für die kommenden drei Jahre) sowie die Niederlande (mit ca. 220 Mio. US$).

Deutschland sind wie dem IWF und der Weltbank aufgrund der ungelösten Verschuldungsproblematik vorerst die Hände gebunden. Die internationale Verschuldung des Sudan liegt bei 26 Mrd. US$. Gegenüber Deutschland bestehen Rückstände in Höhe von ca. 200 Mio. €. Der Sudan erfüllt derzeit nicht die Voraussetzungen für eine Schuldendiensterleichterung im Rahmen der HIPC-Initiative, da ein gültiges IWF-Programm fehlt. Zwar existiert seit Mitte der 1990er Jahre ein makroökonomisches Reformprogramm, das in Zusammenarbeit mit dem IWF (als *staff monitored program*, SMP) durchgeführt wird. Die Programmdurchführung aber lässt sehr zu wünschen übrig. So nimmt der Sudan weiterhin nicht-konzessionäre Kredite auf, ohne bestehende Verbindlichkeiten im vereinbarten Maße zu tilgen. Größter Kritikpunkt aber sind die enorm hohen Militärausgaben, die mit ca. 40% des Haushalts veranschlagt werden und im eklatanten Missverhältnis zu den minimalen sozialen Ausgaben stehen. Die

Geber haben zwischenzeitlich deutlich gemacht, dass sie zu einer Schuldenregulierung nur bereit sind, wenn sowohl das laufende SMP erfolgreich absolviert wird als auch das Friedensabkommen umgesetzt und die Darfur-Krise friedlich beigelegt werden. Das SMP kann dann in ein *rights accumulation program* (RAP) münden, dem ein Schuldenregulierungsprogramm (*Poverty Reduction and Growth Facility*, PRGF) folgen könnte.

Solange die Verschuldungsproblematik nicht geregelt ist, kann auch die Weltbank nicht mit ihren normalen Programmen, sondern lediglich als Manager der MDTFs und im Rahmen ihres Programms für *Low Income Countries Under Stress* (LICUS) aktiv werden.

Angesichts der aktuellen Situation mangelnder Entwicklungsorientierung, massiver Exklusion und unbeirrten Krieges der Regierung gegen das eigene Volk ist es aber sicherlich angeraten, Verschuldung und Entwicklungszusammenarbeit nur insofern anzugehen, als sichergestellt werden kann, dass die Unterstützung strukturellen Reformen sowie der notleidenden Bevölkerung zugute kommt, nicht aber der Stabilisierung des Regimes dient. Dies entspricht auch den Forderungen kritischer unabhängiger Beobachter, wie *Amnesty International* und der *International Crisis Group*. Bundesministerin Wieczorek-Zeul hat konsequent und mutig mehrfach deutlich gemacht, dass diese Positionierung nicht nur für die deutsche EZ gilt, sondern auch für die EZ der EU und der VN sowie für die Schuldenregulierung und Wiederaufnahme der Zusammenarbeit mit IWF und Weltbank.

4. Schlussfolgerung: Dilemma ohne Ausweg?

Die Situation im Sudan, insbesondere in Darfur, ist unerträglich. Die internationale Gemeinschaft hat sich jahre-, ja sogar jahrzehntelang um eine Verbesserung bemüht. Mal mit Zuckerbrot, mal mit der Peitsche. Für den Nord-Süd-Konflikt wurde eine halbwegs Erfolg versprechende Lösung gefunden. Die große Sorge aber besteht nun darin, dass diese Lösung auf Kosten der anderen Regionen und Akteure geht, die ebenfalls ökonomische und politische Teilhabe fordern. Diese Herausforderung anzugehen, ist Aufgabe der sudanesischen Regierung, die sich nicht umsonst Regierung der nationalen Einheit (*Government of National Unity*) nennen können sollte.

Die internationale Gemeinschaft wird nicht müde, Druck auf alle beteiligten Akteure und die Umsetzung der Sanktionen einzufordern. Konkrete und Erfolg versprechende neue Initiativen gab es aber in 2005 und 2006 auch angesichts der sich weiterhin dramatisch verschlechternden Situation in Darfur nicht. Als Gründe dafür sind zu nennen:

- dass es keine internationale politisch unabhängige Kraft gibt, die in Fällen wie Darfur automatisch eingreifen würde,
- dass der UN-Sicherheitsrat aufgrund des Abstimmungsverfahrens, das bei entsprechenden Entscheidungen die Zustimmung von 9 Mitgliedern einschließlich aller ständigen Mitglieder erfordert und insofern nur bei sehr weitgehendem Konsens und vor allem nur bei Konsens der fünf ständigen Mitglieder („P5“: USA, Frankreich, Großbritannien, Russland und China) entscheidungs- und handlungsfähig ist (vgl. dazu ausführlich Bernhard/Lingnau 2004),
- dass dieser erforderliche Konsens aus mehreren Gründen, so vor allem aufgrund eines mangelnden gemeinsamen ethischen Verständnisses über die Priorität von Werten, Eigeninteressen und Gemeinwohl (vgl. Tetzlaff 2004: 554) aber fehlt,
- dass viele Länder nicht bereit sind, ihre nationalen Interessen dem Völkerrecht unterzuordnen (vgl. Bernhard/Lingnau 2004) und sich an einem geeigneten Vorgehen gegen den Sudan zu beteiligen.[23]

So hat sich „wieder einmal der UN-Sicherheitsrat als unfähig erwiesen, seiner Kardinalaufgabe gerecht zu werden – den Frieden zu bewahren oder ihn bei Gefährdung mit allen von der Satzung erlaubten Mitteln wiederherzustellen“.[24] Wichtiger aber noch: die internationale *Governance*-Struktur hat auch lange nach dem Ende des Kalten Krieges und mehr als zehn Jahre nach dem Genozid in Ruanda 1994 erneut ihre Defizite bzw. Handlungsunfähigkeit manifestiert und damit deutlich gemacht, wie groß die Herausforderungen internationaler Politik und *governance* weiterhin sind.

5. Konkrete Ansätze zum Umgang mit dem Problemfall Sudan unter Berücksichtigung der politischen Ökonomie der zentralen Akteure

An dem ernüchternden Befund und dem skizzierten grundsätzlichen Dilemma internationaler Politik und *governance* wird sich nach allen bisherigen Erfahrungen mit UN-Reformen in absehbarer Zukunft wenig ändern. Angesichts der Dramatik der Situation im Sudan muss daher „hier und jetzt“ unterhalb einer *global governance*-Lösung alles getan werden, um die Situation zu verbessern, d.h.:

23 Im Fall des Sudan betrifft das vor allem Russland und China. Zur chinesischen Interessenpolitik vgl. Tull 2005.

24 Tetzlaff 2004: 555. So auch Bernhard/Lingnau 2004.

- weiterhin auf die Umsetzung des Nord-Süd-Friedensabkommens gedrängt werden (vgl. auch ICG 2006b),
- immer wieder die Notwendigkeit der Achtung der Menschenrechte sowie der Notwendigkeit ökonomischer und politischer Teilhabe aller Akteure und Regionen thematisiert werden,
- auf die Umsetzung der bereits beschlossenen Sanktionen (Erlass von Reisebeschränkungen, Sperrung von Auslandskonten) sowie die Verhaftung und Überstellung der für die in Darfur begangenen Menschenrechtsverletzungen und Verbrechen gegen die Menschlichkeit Verantwortlichen an den Internationalen Strafgerichtshof gedrängt werden,
- die UN-Sicherheitsrat-Mitglieder zum Beschluss weiterer Sanktionen angeregt werden, die die Verantwortlichen empfindlicher treffen als die bisher beschlossenen Sanktionen, wie beispielsweise die Ausweitung des Waffenembargos und der Beschluss eines Ölembargos,
- in handlungsfähigen und –willigen Zusammenhängen unterhalb des blockierten UN-Sicherheitsrates, so z.B. im Rahmen der EU, agiert bzw. diese unterstützt werden.

Konkrete Ansatzpunkte sind:

- die Vertreter des Süd-Sudan in der Regierung der nationalen Einheit darin unterstützen, dass sie sich ihrer Verantwortung für das gesamte Land mehr als bisher stellen,
- Druck auf GoS und Rebellen in Darfur auszuüben, um im Rahmen der Verhandlungen in Abuja zu einem wirklich tragfähigen Ergebnis zu kommen,
- die AU als zentralen Akteur bei der Behandlung der Darfur-Krise zu unterstützen,
- die Ausweitung des Mandats der AU-Mission zu einer vollen *Peace-Keeping-Force* voranzutreiben,
- die Situation im Ost-Sudan und anderen Krisengebieten im Sudan aufmerksam zu beobachten, um Übergriffe von vorneherein zu verhindern, und krisenpräventiv bzw. konfliktmoderierend einzuwirken, so z.B. durch die Organisation von Friedensgesprächen zum Interessenausgleich, ohne dass erst zu den Waffen gegriffen werden muss,
- Rahmenbedingungen für die Rückkehr und friedliche Reintegration von (Binnen-)Flüchtlingen zu schaffen.

Von diesen konstruktiven Ansatzpunkten abgesehen, sollte aber auch die politische Ökonomie der zentralen Akteure nicht außer Acht gelassen werden, d.h. es sollten die Interessen derjenigen *stakeholders* öffentlich gemacht werden, die ein angemessenes Vorgehen der internationalen Gemeinschaft verhindern (i.e. *blaming and ashaming*). Dazu zählen vor allem

im Öl-Geschäft: China, das den Sudan bei der Erschließung seiner Öl-Vorkommen unterstützt, um seinen eigenen Energiebedarf zu bedienen. China ist mit ca. 40% der größte *shareholder* der sudanesischen Öl-Produktion (vgl. The Economist 2005) und dem Khartum-Regime darüber hinaus nicht-konzessionäre Kredite gewährt (vgl. dazu ausführlich Tull 2005). Auch Malaysia (ca. 30% der Anteile), Indien (ca. 25%), Pakistan, die Vereinigten Arabischen Emirate, Russland, Großbritannien und Frankreich engagieren sich im sudanesischem Ölgeschäft und sind daher nicht unbedingt daran interessiert, ihre wirtschaftlichen Beziehungen durch kritische UN-Resolutionen zu gefährden.[25]

im Waffenhandel: erneut China (als Hauptlieferant von Helikoptern, Flugzeugen und Kleinwaffen), aber auch Russland, Weißrussland, Pakistan sowie die Schweiz und Großbritannien, die den Sudan ganz offensichtlich und gegen das bestehende Waffenembargo ebenfalls mit Waffen und militärischem Gerät versorgen. Die Rebellengruppen hingegen erhalten Waffen und sonstige Unterstützung vor allem aus dem Tschad sowie aus Eritrea und Libyen (vgl. UN Security Council 2006: 3).

Einer Sanktionierung des Sudan stehen ferner islamische Bruderländer (wie Algerien, Pakistan u.a.) bzw. Organisationen (die Arabische Liga, die Organisation der Islamischen Staaten) und andere notorische Menschenrechtsverletzer entgegen. Erstere aus grundsätzlichen Erwägungen, letztere aus der begründeten Befürchtung heraus, selber kritisiert und wohlmöglich sanktioniert zu werden. Diese Sachverhalte sollten stärker als bisher öffentlich diskutiert und problematisiert und in den internationalen Beziehungen mit den betroffenen Ländern reflektiert werden (um nicht zu sagen: Konsequenzen haben).[26]

6. Ausblick

Die Perspektiven des Sudan sind düster. Nach den enttäuschten Hoffnungen, dass das Nord-Süd-Friedensabkommen dem ganzen Land Frieden bringen würde, und Rückschritten (oder eher: Tragödien) der letzten Jahre bleibt wenig Hoffnung auf durchschlagende Verbesserungen. Es wird darauf ankommen, im Süden des Landes voranzukommen, mit Hilfe der SPLM und der AU Darfur zu

25 Die amerikanischen Ölkonzerne mussten sich zurückziehen, nachdem die US-Regierung 1997 wirtschaftliche Sanktionen gegen den Sudan beschlossen hatte.

26 So auch die Empfehlung Tulls für die Zusammenarbeit mit China (vgl. Tull 2005: 26). Reeves geht über die Forderung nach einem Dialog hinaus: „China should be put on notice that continued blocking of UN sanctions is a serious issue (…) and that this issue could provoke a serious confrontation (…)“ (Reeves 2006).

befrieden und anderen Akteuren und Regionen politische und ökonomische Teilhabe zu ermöglichen, ohne dass zu den Waffen gegriffen wird. Nur so lässt sich die vorherrschende Logik der Gewalt durchbrechen.

Eine solche Entwicklung aber kann letztlich nur von innen kommen und getragen werden. Es führt kein Weg daran vorbei, dass sich im Sudan Kräfte entwickeln und durchsetzen müssen, die im Interesse der EinwohnerInnen Verantwortung für das Land übernehmen.[27] Die Umsetzung des Nord-Süd-Friedensabkommens mit den darin vorgesehenen Wahlen könnten dafür ein Rahmen sein. Denn „erst mit der vollständigen Demokratisierung des Landes werden sich die Chancen auf eine friedliche Konfliktbearbeitung erhöhen" (Tetzlaff 2004: 553). Inshalla!

7. Karte Sudan

27 „Until a government emerges in Khartoum that is prepared to concede a share of power and wealth to the impoverished peripheries of the country, a peaceful and prosperous new Sudan is unlikely to take shape" (The Economist 2005).

Literaturverzeichnis

Amnesty International: Jahresberichte sowie diverse Sonderberichte zur Darfur, London (vgl. http://web.amnesty.org/library).

Baum, Gerhard: Sudanesische Menschenrechtsbilanz. Innenansichten der Rolle eines Sonderberichterstatters, in: Vereinte Nationen, 3/2002.

Baum, Gerhart: Der Westen versagt im Darfur-Konflikt, in: SZ vom 11.02.2006.

Bernhard, Regina; Lingnau; Hildegard: Die Vereinten Nationen und die Darfur-Krise: Nationale Interessen stehen einer Lösung im Wege, in: Vereinte Nationen 5/2004.

Collins, Robert O.: Disaster in Darfur, zit. nach Tetzlaff.

EEF: EEF Info Konflikte und Friedensarbeit, laufend.

Engelhardt, Marc: Sudans ungelöste Konflikte, in: TAZ vom 07./08.01.2006.

Friedensgutachten 2005, hg. von U. Ratsch, R. Mutz, B. Schoch, C. Hauswedell und Ch. Weller, Münster 2005.

Human Rights Watch: Entrenching Impunity, Government Responsibility for International Crimes in Darfur, December 2005.

Human Rights Watch: The Impact of the Comprehensive Peace Agreement and the New Government of National Unity on Southern Sudan, March 2006.

Human Rights Watch: diverse Sonderberichte (vgl. http://hrw.org/reports).

International Crisis Group: Sudan: Saving Peace in the East, Africa Report No. 102, 05.01.2006.

International Crisis Group: To save Darfur, Africa Report No. 105, 17.03.2006. (2006a)

International Crisis Group (2006b): Sudans Comprehensive Peace Agreement: The Long Road Ahead, Africa Report No. 106, 31.03.2006.

Ludermann, Bernd: Der Sudan zwischen Krieg und Frieden, in: Friedensgutachten 2005, Münster 2005.

Nazer, Mende: Slave bzw. Sklavin, diverse Ausgaben (2002, 2004).

Paris Declaration on Aid Effectiveness: Ownership, Harmonisation, Alignment, Results and Mutual Accountability, Paris 2005.

Reeves, Eric: Khartum Triumphant: International Community has failed to prevent, punish genocide, www.sudanreeves.org, 2005.

Tetzlaff, Rainer: Prekäre Staatlichkeit in Afrika am Beispiel Sudan – Global Governance in der Interventionsklemme, in: Nord-Süd aktuell, Jahrgang XVIII, Nr. 3, 2004.

The Economist: It'll do what it can get away with, The Economist 01.12.2005.

Tull, Denis M.: Die Afrikapolitik der Volksrepublik China, Stiftung Wissenschaft und Politik, Berlin, August 2005.

Tull, Denis M.: Pekings hilfreiche Potentaten, in: der überblick 4/2005.

UN Security Council: Report of the Panel of Experts established pursuant to paragraph 3 of resolution 1591 (2005) concerning the Sudan, 30.01.2006.

Abkürzungsverzeichnis

AU	Afrikanische Union
AMIS	AU-Mission
AEC	Assessment and Evaluation Commission
CPA	Comprehensive Peace Agreement
CSP	Country Strategy Paper
DDR	Demobilisation & Disarmament & Reintegration
EAC	East African Community
EEF	Europäischer Entwicklungsfonds
EZ	Entwicklungszusammenarbeit
GNU	Government of National Unity
GoS	Government of Sudan
GoSS	Government of South-Sudan
HIPC	Heavily Indebted Poor Countries
HRW	Human Rights Watch
ICG	International Crisis Group
IDPs	Internally Displaced Persons
IGAD	Intergovernmental Authority on Development
IStGH	Internationaler Strafgerichtshof
JAM	Joint Assessment Mission
JIU	Joint Integrated Units
LRA	Lord's Resistance Army
LDC	Least Developed Country
LICUS	Low Income Country Under Stress
NCP	National Congress Party
NDA	National Democratic Alliance
NIF	National Islamic Front
NIP	National Indicate Programme
PRGF	Poverty Reduction and Growth Facility
PRSC	Poverty Reductions Strategy Credit
RAP	Rights Accumulation Program
SAF	Sudanese Armed Forces
SMP	Staff Monitored Program
SPLM/A	Sudan Peoples' Liberation Movement/Army
SWAp	sector-wide approach
UJAS	Uganda Joint Assistance Strategy
UNMIS	UN-Mission
UN-SR	UN-Sicherheitsrat

Dezentralisierung und Demokratisierung in Äthiopien: Beiträge der Deutschen Technischen Zusammenarbeit

Horst Matthäus

Einleitung

Der nachfolgende Beitrag[1] konzentriert sich auf die deutsch-äthiopische Zusammenarbeit im Bereich Dezentralisierung und Demokratieförderung, die in die Zeit der politisch-administrativen Entwicklung Äthiopiens seit dem Fall des Dergregims im Jahre 1991 fällt. Er erhebt nicht den Anspruch auf eine vollständige Beschreibung und Analyse der neueren äthiopischen politischen Geschichte. Ein Überblick über die wesentlichen politisch-administrative Rahmenbedingungen, die aus der Sicht des Autors für die Tätigkeit der deutschen Entwicklungszusammenarbeit von Bedeutung sind, wird in der Einführung gegeben. Hierzu wird im nachfolgenden Kapitel auf die Entstehung und den Hintergrund des ethnisch geprägten äthiopischen Föderalismus eingegangen.

Eine Einführung in die Konzepte der Politikberatung in der deutschen Entwicklungszusammenarbeit (EZ), die für den Bereich Dezentralisierung und Demokratieförderung relevant sind, bildet den Übergang zur Vorstellung der verschiedenen Kooperationsprojekte und der im Jahr 2002 zwischen der äthiopischen und der deutschen Regierung vereinbarten Schwerpunktsstrategie zu „Capacity Building in Governance". Der Beitrag betrachtet überwiegend die Leistungen, die die Gesellschaft für Technische Zusammenarbeit (GTZ) im Auftrag des Ministeriums für Wirtschaftliche Zusammenarbeit und Entwicklung (BMZ) erbrachte.

1 Die in diesem Artikel geäußerten Ansichten und Bewertungen sind ausschließlich die persönlichen Ansichten des Autors und spiegeln nicht notwendigerweise die Position der GTZ wider.

Die bisherigen Ergebnisse und die Entwicklung des Schwerpunkts, einschließlich seiner Einbindung in die internationale Geberdiskussion, Geberkooperation und Geberabstimmung werden ausführlich dargestellt. Eine zusammenfassende Bewertung bildet den Abschluss des Beitrags.

Politische Rahmenbedingungen

Nach dem Fall des sozialistischen Dergregims 1991 begann die unter dem späteren Premierminister, Meles Zenawi, geführte Koalition der Übergangsregierung mit der Erarbeitung einer neuen Verfassung, die den Grundsätzen moderner westlicher Verfassungen entspricht und den Einheitsstaat Äthiopien in einen föderalen Bundesstaat überführte.

Die 1995 verabschiedete Verfassung legte den Grundstein für eine tief greifende Veränderung des äthiopischen Staatswesens durch Aufteilung Äthiopiens in 9 Regionalstaaten und zwei „Stadtstaaten".[2] In den Folgejahren verabschiedeten die Regionalstaaten bzw. Regionen[3] eigene Regionalverfassungen und installier-

2 Die neun Regionalstaaten sind: Amhara, Tigray, Oromiya, Südregion, Afar, Somali, Gambela, Benishangul und Harari. Die vier letztgenannten Regionalstaaten werden als sich konsolidierende Regionen („emerging regions") bezeichnet. Die Stadtstaaten sind die zwei größten Städte Äthiopiens, Addis Ababa und Dire Dawa.

3 In der englischen Literatur und im Sprachgebrauch werden die Regionalstaaten in der Regel als „regions" bezeichnet, deshalb wird im Folgenden diese Terminologie aufge-

ten eigene Exekutiv- und Legislativorgane. In der föderalen Verfassung wird neben der Einführung des Föderalismus auch das Recht auf Selbstbestimmung der lokalen Gebietskörperschaften festgelegt.[4] In der zweiten Hälfte der 90er Jahre wurde aus Sicht der Institutionenentwicklung das Hauptaugenmerk auf die Konsolidierung der Regionen als Bundesländer, die so genannte „erste Welle" der Dezentralisierung, gelenkt. Die Abspaltung Eritreas und der Krieg (1999-2001) zwischen Äthiopien und Eritrea brachten den Prozess der Dezentralisierung ins Stocken. Nach dem Waffenstillstand ab etwa 2002 kam die „zweite Welle" der Dezentralisierung in Gang. Diese ist gekennzeichnet durch die Suche nach geeigneten institutionellen Formen, die die lokale Ebene stärken und zu lokaler Selbstverwaltung führen können.

Die Einrichtung autonomer Regionalregierungen wie auch die ab 2003 neu geschaffenen kommunalen Selbstverwaltungen haben natürlicherweise Schwierigkeiten, sich in ihrer Eigenständigkeit zu behaupten. Jahrhundertealtes Obrigkeitsdenken und die Gewohnheit, Anweisungen zu erhalten, müssen überwunden werden. Zudem werden die (schwachen) Regionalverwaltungen und Regionalregierungen, wie auch die regionalen Parlamente, von der zentral geführten Regierungskoalition der „Ethiopian Peoples Revolutionary Development Front" (EPRDF[5]) bestimmt, die sowohl auf Bundesebene wie auch in allen Regionen die Regierungen bildet.[6]

Parallel zum Aufbau der politisch-administrativen Strukturen des föderalen und dezentralen Staatswesens wurden auf den verschiedenen Ebenen Wahlen durchgeführt. Durch die Vorherrschaft der Regierungskoalition EPRDF und das Behindern bzw. Ausschalten von Oppositionsbewegungen und –parteien waren die Wahlen vor 2005 nur sehr bedingt demokratisch zu nennen.[7] Die Wahlen von 2005 wurden von Wahlbeobachtern als *„die am stärksten umkämpften Wahlen Äthiopiens, mit einer unvergleichbar hohen Wahlbeteiligung"* bezeichnet. Die positive Stimmung vor und während der Wahl schlug durch Unregelmäßigkeiten und fehlende Transparenz in der Auszählung um. Es kam zu Protesten und Demonstrationen, die durch die Sicherheitskräfte mit Gewalt niedergeschlagen wurden, und zu Verhaftungen von Oppositionsabgeordneten, Jour-

---

nommen, obwohl dies vor allem in der Diskussion über Regionalplanung oft zu Unklarheiten führt.

4 Verfassung Äthiopiens, Art. 39, englische Übersetzung, Addis Ababa, 1995.

5 Die Ethiopian Peoples Revolutionary Development Front (EPRDF) ist eine aus verschiedenen regionalen „Befreiungsfronten" gebildete Koalition unter der Führung der Tigray Peoples Liberation Front (TPLF).

6 Nachdem die Oppositionsparteien nicht in die beiden Stadtparlamente eintraten, werden die beiden Stadtstaaten (Dire Dawa und Addis Ababa) derzeit von „Expertenregierungen" verwaltet, die das nationale Parlament einsetzte.

7 Vgl. z.B. Clapham, in: Tronvoll, K.; Aalen, L.; Pausewang, S. (eds.) (2002): Ethiopia Since the Derg: A Decade of Democratic Pretension and Performance, London, S. XV-XVIII.

nalisten und einer großen Anzahl meist Jugendlicher. Die EU Wahlbeobachter kommen deshalb zu dem Schluss, dass die Wahlen *„nicht internationalen Standards für genuine demokratische Wahlen entsprachen"*.[8] Trotz der Behinderungen und Verhaftungen einer großen Anzahl von Oppositionsführern nahm im nationalen und in einigen lokalen Parlamenten eine signifikante Anzahl von Abgeordneten ihre Sitze ein.[9] Die Stadtparlamente von Dire Dawa und Addis Ababa, in denen die Oppositionsparteien überwältigende Mehrheiten erlangten, konnten sich jedoch auf Grund des Boykottaufrufs der inhaftierten Oppositionsführer nicht konstituieren. In beiden Städten wurden Übergangsregierungen durch das nationale Parlament eingesetzt.

Der kurze Abriss der politisch-administrativen Entwicklungen Äthiopiens seit dem Fall des Dergregims kann mit Blick auf die Diskussion der Förderung der Dezentralisierung und Demokratisierung folgendermaßen zusammengefasst werden:

In der Zeit von 1995 bis 2006 wurden dezentrale Strukturen auf regionaler und lokaler Ebene geschaffen. Diese neuen Strukturen sind jedoch noch nicht gefestigt und konsolidiert. Einerseits steht die Dominanz der Regierungsparteien in ständigem Widerspruch zu den Bemühungen der Regionalregierungen um regionale Autonomie. Andererseits haben die dezentralen Regional- und Lokalregierungen Aufgaben übernommen und Strukturen gebildet, die mittelfristig eine Gegenkraft zur Zentrale bilden können.

Die im Nachgang der Wahlen von 2005 konsolidierte Dominanz der EPRDF hat den Demokratisierungsprozess unterbrochen und behindert. Die relativ große Anzahl von Oppositionsabgeordneten im nationalen Parlament sowie in einigen Regionalparlamenten deutet jedoch auf eine Diversifizierung der Parteienlandschaft hin, die mittelfristig zu einem stärker pluralistischen System führen kann.

Die deutsch-äthiopische Zusammenarbeit, die mit Fragen der Dezentralisierung und Demokratieförderung befasst ist, arbeitet unter diesen Rahmenbedingungen. Zudem waren und sind die spezifischen Bedingungen, die sich aus dem ethnisch geprägten Föderalismus sowie der Dezentralisierungspolitik der äthiopischen Regierung ergeben, besonders zu berücksichtigen. Diese Bedingungen werden im Folgenden kurz vorgestellt.

---

8 EU Election Observation Mission Ethiopia 2005 (p.1).

9 Nach dem offiziellen Wahlergebnis des Ethiopian National Election Boards wurden 172 Oppositionsabgeordnete gewählt. Davon nahmen ca. 147 Abgeordnete ihre Sitze ein. Die anderen Abgeordneten folgten dem Boykottaufruf der Oppositionsführer bzw. sind z.T. des Hochverrats angeklagt. Vgl. Terrence, L. (2006): Ethiopia 2005: The beginning of a Transition, Center for Strategic and International Studies, http://solidaritytigrai.org/news/prof_lyons.html.

Der ethnisch geprägte Föderalismus Äthiopiens und die Stärkung lokaler Selbstverwaltungen

Eine der ersten weit reichenden Maßnahmen der Übergangsregierung, die nach dem Fall des Dergregims die Macht in Addis Ababa übernahm, war die Umsetzung der mit den verschiedenen anderen Befreiungsbewegungen getroffenen Vereinbarung zur Dezentralisierung bzw. Föderalisierung des äthiopischen Staates. Die als „Ethnischer Föderalismus" bezeichnete Form der Dezentralisierung war nach Eshete (2003) eine Folge des politischen Kalküls der Tigray Peoples Liberation Front (TPLF), ihre Vormachtstellung zu sichern und eine Zersplitterung oder gewalttätige Auseinandersetzungen zwischen den verschiedenen ethnischen Gruppen und Befreiungsarmeen zu verhindern. *„Die Geschichte und Identität der Protagonisten, die in der Folge des Sieges über Tyrannei an Bedeutung gewannen, erklärt, weshalb der „Ethnische Föderalismus" ein entscheidendes Instrument im Übergang zu einem demokratischen System wurde"* (Eshete 2003: 158/159).

Der äthiopische föderale Staatsaufbau, der in der Verfassung von 1995 festgeschrieben wurde, kann somit als ein „holding-together" bezeichnet werden: *„Der beste Weg, beziehungsweise der einzige Weg, um das Land in einer Demokratie zusammenzuhalten, war, die Macht im Rahmen einer föderalen Verfassung zu teilen"* (Stephan 1999, zitiert nach Eshete 2003: 160). Befürworter des ethnischen Föderalismus, wie Eshete, sehen in ihm die Chance, das ethnisch, kulturell, sprachlich und religiös vielfältige Äthiopien zusammenzuhalten. Kritiker sehen eine Verschärfung der ethnischen Auseinandersetzungen und vor allem eine Taktik der regierenden EPRDF/TPLF (Meheret 2002), die im Guerillakrieg gegen das Dergregim gewonnene Macht zu behalten.

Die kontroverse Diskussion um den „ethnischen Föderalismus" wird seit seiner Einführung und Verankerung in der Verfassung geführt. Sie kann hier nicht im Einzelnen wiedergeben werden und ist gut dokumentiert (z.B. in Tronvoll 2002; Abbink 2006; Abraham 2002; Meheret 2002).[10]

Hier geht es vielmehr um die Beschreibung der Rahmenbedingungen für die deutsche Entwicklungszusammenarbeit im Bereich der Dezentralisierung und

---

10 Vgl. Tronvoll, K.; Aalen, L.; Pausewang, S. (eds.) (2002): Ethiopia Since the Derg: A Decade of Democratic Pretension and Performance, London; Abbink J.: Discomfiture of democracy? The 2005 election crisis in Ethiopia and its aftermath, in: African Affairs, 105 (419), 2006, S. 173-199; Eshete, A. (2003): Ethnic Federalism: new frontiers in Ethiopian Politics, in: Ministry of Federal Affairs (MoFA)/GTZ: First National Conference on Federalism, Conflict and Peace Building, Addis Ababa; Meheret, A. (2002): Decentralization in Ethiopia: the challenge of Democracy from below, in: Zwede, B.; Pausewang, S. (eds.): Nordiska Afrika Institutet and Forum of Social Studies, Addis Ababa; Stephan, A. (1999): Federalism and Democracy, in: Journal of Democracy, 10, 4; Abraham, K. (2002): From Empire to Federation, Ethiopian International Institute for Peace and Development, Addis Ababa.

Demokratisierung. Ein kontrovers diskutierter Punkt ist die Funktion und Zusammensetzung des in der Verfassung vorgesehenen „House of Federation" (HoF), das als zweite Kammer aus Vertretern der in den Regionalparlamenten repräsentierten Ethnien gebildet wird.[11] Das House of Federation (HoF) ist einer der wesentlichen Partner des von der GTZ im Auftrag des BMZ durchgeführten Föderalismusentwicklungsprojekts und des Governance-Programms.

Die zweite Welle der Dezentralisierung wird seit etwa 2002 verstärkt durch das „Capacity Development Programme" der Regierung unterstützt und durch große geberfinanzierte Projekte gefördert. Mit der Übertragung von wesentlichen Dienstleistungen auf die Woredas (ländliche Distrikte) und Städte wurde eine grundlegende Veränderung der Aufgaben und Zuständigkeiten sowohl der Zentralregierung wie auch der Regionalregierungen beschlossen. Trotz geringer administrativer und finanzieller Kapazitäten gibt es Anzeichen, dass Woredas wie auch Stadtverwaltungen die ihnen übertragenen Aufgaben, z.B. in den Bereichen Grundschulwesen, Gesundheitsversorgung, landwirtschaftliche Beratungsdienste oder Abfallmanagement, übernehmen.[12] Der Prozess der Dezentralisierung ist jedoch noch nicht abgeschlossen und kann deshalb nur vorläufig bewertet werden. Probleme bestehen neben den bereits erwähnten geringen administrativen Kapazitäten insbesondere in den Bereichen Finanzmanagement, Abgabenerhebung, Bürgerbeteiligung und vor allem in der bisher nicht geklärten rechtlichen Stellung insbesondere der ländlichen Distrikte.[13] Ein weiterer kritischer Punkt ist die fehlende politische Legitimation der Lokalregierungen: die für 2006 vorgesehenen Kommunalwahlen wurden in der Folge der Unruhen nach den nationalen Wahlen im Jahr 2005 um ein bis zwei Jahre verschoben.

Die von der GTZ im Auftrag des BMZ durchgeführten Projekte im Bereich Stadtentwicklung erarbeiteten die legalen und administrativen Grundlagen für eine städtische Kommunale Selbstverwaltung. Diese Grundlagen werden als Modell für die Woreda-Gesetzgebung herangezogen. Auf Grund der Charakteristik der offiziellen deutschen Entwicklungszusammenarbeit, die, auf dem Antragsprinzip aufbauend, eine Partnerschaft zwischen den Durchführungsorganisationen des BMZ und der jeweiligen Partnerregierung vorsieht, müssen

11 Funktionen des HoF sind die Auslegung der Verfassung, Konfliktlösung zwischen den Regionen und Entscheidung über Finanzzuweisungen von der Zentrale an die Regionen. Die Mitglieder des HoF sind Vertreter der in den Regionalparlamenten vertretenen Ethnien und werden von den Regionalparlamenten gewählt. Da die Regierungskoalition in allen Regionalparlamenten die Mehrheit stellt, sind im HoF keine Oppositionsabgeordnete vertreten.

12 Vgl. GTZ/MoFED (2005): Woreda/City Benchmarking Survey, Addis Ababa, und Studien, die im Rahmen des Public Sector Capacity Building Programme (PSCAP) durchgeführt wurden, Addis Ababa 2006.

13 Hierauf wird in der Diskussion des Programms „Städtische Management- und Politikberatung" detaillierter eingegangen.

sich entsprechende Vorhaben im institutionellen Rahmen der jeweiligen Partner bewegen. Diese Partnerschaft ist vor allem in Projekten, die sich in den Bereichen der stärker politisch orientierten Entwicklungszusammenarbeit und der Umsetzung der Forderung nach „Good Governance“ bewegen, komplex und häufig spannungsgeladen. Das Dilemma zwischen den entwicklungspolitischen Prinzipien, die vom BMZ in Form von fünf Kriterien definiert sind[14], und den Vorwürfen einer Einmischung in innere Angelegenheiten kann nicht allgemeingültig gelöst werden, sondern erfordert in jedem Einzelfall ein situationsabhängiges Verhalten und Handeln. Unter dem Titel „Mitgestaltung politischer Rahmenbedingungen“ wurde die Frage der „politischeren EZ“ in den letzten Jahren breit diskutiert und dokumentiert. Sie bilden den zwischen GTZ und BMZ vereinbarten Rahmen der Politikberatung, insbesondere in den Bereichen Dezentralisierung und Demokratisierung.

Mitgestaltung politischer Rahmenbedingungen in der deutschen Technischen Zusammenarbeit

In der Definition der Politikberatung geht die GTZ[15] von einem Modell aus, das die drei Dimensionen Politikreform (policy), Politikprozessreform (politics) und Institutionen- und Organisationenreform (polity) als eine Einheit betrachtet. Politikberatung setzt demnach im Idealfalle das Zusammenwirken der drei Dimensionen voraus und erfordert eine angepasste Mischung von Fachberatung, Prozessberatung und Institutionenberatung. Politikberatung in der deutschen EZ ist immer werteorientiert, wobei die Prinzipien des demokratischen Rechtsstaats und der sozialen Marktwirtschaft im Vordergrund stehen und die fünf BMZ-Kriterien für die entwicklungspolitische Zusammenarbeit enthalten sind.

Die GTZ geht davon aus *„dass Politikberatung im Rahmen der Technischen Zusammenarbeit in einem von Machtkämpfen und –interessen geformten gesellschaftlichen Umfeld und politischen System stattfindet. Sie muss daher zwangsläufig auf allen Interventionsebenen (Makro-, Meso-, Mikroebene) die Macht- und Interessenskonstellationen berücksichtigen. Politikberatung muss also den Beratungsgegenstand im Systemzusammenhang erfassen und Empfehlungen erarbeiten“* (GTZ 2004: 11).[16]

---

14 BMZ-Kriterien für Good Governance: Achtung der Menschenrechte, Beteiligung der Bevölkerung an politischen Entscheidungen, Rechtsstaatlichkeit und Rechtssicherheit, marktorientierte soziale Wirtschaftsordnung und Entwicklungsorientierung staatlichen Handelns.

15 Vgl. GTZ (2004): Instrumente und Ansätze der Politikberatung in der Technischen Zusammenarbeit, Eschborn.

16 Vgl. GTZ (2004): Mitgestaltung politischer Rahmenbedingen in der Technischen Zusammenarbeit, Eschborn.

Für die Betrachtung des Engagements in Äthiopien im Bereich Dezentralisierung und Demokratieförderung sind die genannten drei Dimensionen wie auch die Präsenz auf den drei Ebenen von Bedeutung. Dabei ist zu unterscheiden zwischen der Periode der Einzelprojekte von ca. 1996 bis 2003 in der einzelne Dimensionen der Politikberatung separat bearbeitet wurden und der Phase der Entwicklung und Umsetzung der Schwerpunktstrategie „Capacity Building in Governance“ (ca. ab Januar 2004).

Einzelprojekte bis 2003

In der Zeit von 1996 bis 2003 führte die GTZ im Auftrag des BMZ fünf Einzelvorhaben durch, die dem Bereich der Dezentralisierung und Demokratisierung zugeordnet werden können:

Dezentralisierung und Föderalismusentwicklung

Regional (Landes-)planung und -entwicklung

Städtische Management- und Politikberatung

Zugang von Frauen zum Rechtssystem in Oromiya

Förderung der Zivilgesellschaft in der Südregion

Die Einzelprojekte entwickelten sich aus Einzelanträgen der äthiopischen Partner und waren inhaltlich nicht aufeinander abgestimmt. Sie arbeiteten zudem in unterschiedlichen Regionen, so dass eine Verknüpfung oft auch aus diesem Grund nur beschränkt möglich war.

Tabelle 1: Regionale Ausdehnung und inhaltliche Schwerpunkte der Einzelprojekte

Projektbezeichnung	**Nationale Ebene**[17]	**Regionale Präsenz**	**Inhaltlicher Schwerpunkt**
Dezentralisierung und Föderalismusentwicklung	PMO (bis 2001) MoFA, (HoF, ECSC)	Afar, Somali, Gambela, Beni Changul, In der zweiten Phase auch Südregion	Verwaltungsaufbau Konfliktbearbeitung Föderalismusdiskussion Capacity Development

17 PMO: Prime Minister's Office, HoF: House of Federation; ECSC: Ethiopian Civil Service College; MoFED: Ministry of Finance and Economic Development; MoFA: Ministry of Federal Affairs; MoLSA: Ministry of Labor and Social Development.

Regional (Landes-) planung und -entwicklung	MoFED	Südregion, Beni Changul	Ausstattung der Regionalplanungsbüros Konzeptentwicklung Capacity Development
Städtische Management- und Politikberatung	MoFA	Amahara, Tigray, Oromiya, Südregion, Stadt Addis Ababa	Kommunalverfassungen Verwaltungsaufbau, Regelwerk Stadtentwicklungsstrate gie City Charter
Zugang von Frauen zum Rechtssystem in Oromiya	-	Oromiya	Bewusstseinsbildung in Justiz, Verwaltung und Bevölkerung auf regionaler und lokaler Ebene in Bezug auf Gender und Diskriminierung von Frauen
Förderung der Zivilgesellschaft in der Südregion	MoLSA	Südregion	Stärkung Zivilgesellschaft, Lokale Entwicklungs-projekte, Dachverband zivilgesellschaftlicher Organisationen in der Südregion (SEPDA)

Quelle: Projektschlussberichte GTZ (Addis Ababa 2005)

Die nachfolgende Diskussion der Einzelprojekte geschieht aus drei Gründen. Zum einen soll der Beitrag der Einzelprojekte zum Thema Dezentralisierung und Demokratieförderung aufgezeigt werden, zweitens bildeten die Erfahrungen dieser Projekte die Grundlage für die Schwerpunktstrategie Governance und drittens wurden die Projekte mit Beginn des Programms „Capacity Building in Governance“ beendet und die gewonnenen Erfahrungen – soweit sinnvoll und möglich – im neuen Programm berücksichtigt.

Dezentralisierung und Föderalismusentwicklung

Das Projekt begann nach einer Reihe von Kurzzeitberatungen (1995-1997), die als vertrauensbildende Maßnahmen eine Grundlage für die Beratung des Büros für „Regionale Angelegenheiten“ (sub-section Regional Affairs) im Büro des Premierministers (PMO) bildeten. In der Zeit bis 2001 war das PMO das alleinige Machtzentrum, das den Prozess der Föderalisierung als klare Policy-vorgabe steuerte. Das Projekt unterstützte in seiner ersten Phase (1998-2001) die vier „emerging regions“ im Aufbau erster moderner Verwaltungseinheiten und der Durchführung von eigenen Kleinprojekten im Bereich der Regionalentwicklung. Die ursprüngliche Projektidee, einen „Regionalentwicklungsfond“ einzurichten, wurde nicht umgesetzt, da bereits das System eines vertikalen Finanzausgleichs als Grundfinanzierung aller Regionen eingerichtet worden ist.

Die regionalen und auch die internationalen Grenzen zu Somalia, Kenia und dem Sudan waren und sind teilweise noch immer künstlich und nicht immer eindeutig definiert. Die internationalen Grenzen, die Grenzziehung zwischen den Regionen und die Aufteilung der Regionen in Distrikte (Woredas) und Sub-Distrikte (Kebeles) sind Ursache vieler Konflikte und gewalttätiger Auseinandersetzungen, mit denen die verschiedenen Regierungsebenen bis heute konfrontiert sind. Die Konflikte beziehen sich in der Regel auf die Nutzung natürlicher Ressourcen, aber auch auf traditionelle Stammesfehden und ethnische Auseinandersetzungen. Das Ziel des Projekts in der ersten Phase, im Aufbau einer modernen Dienstleistungsverwaltung zügig voranzukommen, wurde zu Beginn sehr ehrgeizig formuliert. Jedoch konnten erste Ansätze der Präsenz eines modernen Staates, parallel zu der bestehenden traditionellen Regierungsform der Stammesclans und der Komitees der Alten, geschaffen werden.

Mit der Gründung des Ministry of Federal Affairs (MoFA) im Jahre 2001 wurden die Aufgaben des Büros für Regionale Angelegenheiten aus dem PMO ausgegliedert und in das neue Ministerium überführt. Aufbauend auf den Erfahrungen der ersten Phase, wurde der Schwerpunkt der zweiten Phase auf die Bereiche der Konfliktbearbeitung und der (Weiter-)Entwicklung des Föderalismus gelegt. Hierzu war die Ausweitung der bisherigen Trägerstruktur erforderlich. Es wurde ein Managementkomitee vorgeschlagen, an dem neben dem MoFA (Vorsitz) das House of Federation (HoF), das Ethiopian Civil Service College (ECSC) und die GTZ teilnehmen sollten. Das Komitee kam jedoch nie zustande. Gründe hierfür waren vor allem die fehlende interinstitutionelle Kooperationsbereitschaft, aber auch der Widerspruch, ein Verfassungsorgan (das HoF) unter den Vorsitz einer Institution der Exekutive (MoFA) zu stellen. In dieser Zeit wurden umfangreiche Konfliktanalysen erstellt, Trainings in modernen Konfliktbearbeitungsmethoden durchgeführt und die öffentliche Auseinandersetzung mit dem Thema Föderalismus, Konflikte und Friedenserhaltung gefördert.[18]

Höhepunkt war eine große öffentliche Debatte zu den genannten Themen. Im Rahmen dieser Debatte äußerten sich erstmalig Regierungsvertreter zu den Problemen des ethnischen Föderalismus, den durch ethnische Differenzen und Ressourcenknappheit verursachten Konflikten sowie der Notwendigkeit, diese Themen aktiver in Politik und Öffentlichkeit zu bearbeiten.

---

18 MoFA/GTZ (2003): First National Conference on Federalism, Conflict and Peace Building, Addis Ababa.

Das Projekt schaffte es, durch seine Aktivitäten auf der Mesoebene (Regionen) die Diskussion und Politikentwicklung auf der Makroebene (Zentralregierung) positiv zu beeinflussen. Die verschiedenen Studien und Analysen von Konflikten auf der Mikroebene führten jedoch nur in Einzelfällen zu konkreten Veränderungen.

Regional (Landes-)planung und -entwicklung

In seiner ersten Phase (Juni 1998 bis Mai 2001) hat dieses Vorhaben die Themen der Regionalplanung – verstanden als Landesplanung der Regionalstaaten – und der Nationalen Regionalentwicklungsstrategie (vergleichbar mit der deutschen Bundesraumordnung) in die politische Diskussion über Struktur und Funktionen des äthiopischen föderalen Staatsaufbaus eingebracht. Durch die Erarbeitung von Konzepten und Policypapieren konnte die Notwendigkeit einer auf der föderalen Dezentralisierung aufbauenden (Regional)Planung im Bewusstsein des Partners, des Ministry of Finance and Economic Development (MoFED), sowie auf regionaler Ebene geschaffen werden.

Der Vorschlag eines systematischen und institutionalisierten Austauschs zwischen Bundesregierung und Landesregierungen wurde mit der Einrichtung des „Regional Consultative Forum" angenommen. Das 1999 gegründete Forum hat sich konsolidiert und tagt regelmäßig in halbjährlichem Turnus in einer der Landeshauptstädte. Das Forum ist einer der wenigen, wenn nicht das einzige Gremium, in dem Landes- und Bundesregierung systematisch über Fragen von gemeinsamem Interesse diskutieren und sich abstimmen. Es ist ein wesentlicher Beitrag zur Entwicklung eines Dialogs zwischen der Bundesregierung und den Regionalregierungen. Dieses Thema wurde im Rahmen des Capacity Building in Governance Programmes als Beziehungen zwischen den Bundesländern und der Zentralregierung (intergovernmental relations) weiter bearbeitet.

Der in der ersten Phase (1999) konzipierte Fortbildungskurs im Bereich Regionalplanung wurde bis zum Ende des Vorhabens regelmäßig durchgeführt. Zahlreiche Absolventen gingen anschließend in die regionalen Planungsbüros oder in die Distrikt- (Woreda)-Verwaltungen.

Aufgrund der unklaren Partnerstruktur (nach der Regierungsumbildung 2001) war das Vorhaben von Mai 2002 bis Juni 2003 unterbrochen. Nach Wiederaufnahme des Vorhabens im Herbst 2003 konnte mit der Erarbeitung eines „National Policy Framework for Regional Development"[19] (NPFRD) begonnen werden. Die Erarbeitung dieses als Orientierung für die Erstellung von Landesentwicklungsplänen durch die Regionalregierungen konzipierten Instruments wurde im Rahmen des Capacity Building in Governance Programms weiter-

19 MoFED (2005): National Policy Framework for Regional Development, draft, Addis Ababa.

geführt und abgeschlossen (s. Abschnitt Förderung des Regierungs- und Verwaltungssystems).

Wie im Projekt Föderalismusentwicklung wurden auch im Projekt Regional (Landes-)planung und -entwicklung die drei Dimensionen der Politikberatung angewandt: Fachberatung im Bereich Regionalplanung, Prozessberatung in der Dialogstruktur und der intensiven Beteiligung (staatlicher) Akteure, Institutionenentwicklung vor allem durch die Einrichtung des „Consultative Forums". Eine vom Projekt mehrfach vorgeschlagene Öffnung des Dialogs durch die Einbeziehung der Zivilgesellschaft konnte (noch) nicht erreicht werden.

Städtische Politik- und Managementberatung

Das Programm „Städtische Politik- und Managementberatung" (UMPDP) unterstützte das 2001 gegründete Ministry of Federal Affairs (MoFA) und seine Abteilung Stadtentwicklung sowie die nachgeordnete Behörde „Urban Management Capacity Building Office" (UDCBO) in der Erarbeitung von Grundlagen für eine kommunale Selbstverwaltung städtischer Zentren.

Von 1998 bis 2001 erfolgte die Beratung im Bereich Stadtentwicklung und kommunale Selbstverwaltung in zwei getrennten Projekten. Ein Projekt auf nationaler Ebene bereitete die Regionalregierungen auf die Übertragung von Aufgaben und Zuständigkeiten auf selbstverwaltete Städte vor. Ein weiteres Projekt erarbeitete für Addis Ababa einen strategischen Entwicklungsplan, der auch eine umfassende Verwaltungsreform und die Neudefinition der Stellung der Stadt im föderalen Staatssystem beinhaltet. Die Erarbeitung der Stadtentwicklungsstrategie führte erstmals in Äthiopien umfangreiche Informationsveranstaltungen und Dialogforen mit der Zivilgesellschaft und dem Privatsektor ein.

Ein umfassendes Governance- und Managementsystem für Städte wurde in den Entwürfen von Kommunalverfassungen für die vier Regionen (Amhara, Tigray, Oromiya und Südregion) sowie in der City Charter für Addis Ababa verankert. Die entsprechenden Regionalparlamente verabschiedeten die Kommunalverfassungen und beauftragten die Regionalregierungen mit der Umsetzung. Das nationale Parlament verabschiedete die City Charter von Addis Ababa und Dire Dawa. Die Kommunalverfassungen definieren die kommunale Selbstverwaltung (Aufgaben, Zuständigkeiten, Steuerhoheit, Mechanismen zur Bürgerbeteiligung) und beauftragen die Regionalregierungen, städtische Zentren zu so genannten „Reformstädten" zu erklären sowie die entsprechenden administrativen und politischen Rahmenbedingungen für die Umsetzung der Prinzipien der kommunalen Selbstverwaltung zu schaffen. Addis Ababa erhielt durch das nationale Parlament praktisch den Status eines Stadtstaates mit Rechten und Pflichten, die weitgehend denen der Regionen entsprechen.

Bisher wurde landesweit in rund 100 „Reformstädten" eine kommunale Selbstverwaltung verankert. Die für 2006 geplanten Kommunalwahlen (Stadtparlamente und indirekte Wahl der Bürgermeister) wurden allerdings verschoben, so dass die Stadtregierungen noch immer keine politische Legitimation nachweisen können.

Im Abgleich mit den oben genannten Politikberatungsdimensionen hat das Projekt „Städtische Management- und Politikberatung" den in der Verfassung verankerten Auftrag zur lokalen Selbstverwaltung für den städtischen Bereich genutzt. Hierbei wurden insbesondere intensive Fachberatung angeboten und die Grundlagen für die weitere Institutionenentwicklung geschaffen.

Zugang für Frauen zum Rechtssystem in Oromiya

Die Benachteiligung von Frauen ist in Äthiopien ein ganz besonderes ausgeprägtes Problem. Die weit verbreiteten Praktiken der Genitalverstümmelung, der Benachteiligung im Familienrecht (Erbschaft, Scheidung) sowie die Benachteiligung im Zugang zu Bildung und Rechtsprechung sind nur einige Formen der Diskriminierung von Frauen in Äthiopien. Traditionelle Verhaltensmuster, dominiert von ausschließlich von Männern besetzten „Elder Councils", legitimieren diese Diskriminierung.

Obwohl die Gleichstellung der Frau in der äthiopischen Verfassung von 1995, in zahlreichen Rahmenvereinbarungen und durch die Anerkennung internationaler Konventionen (z.B. CEDAW) garantiert wird, sind Frauen in praktisch allen Bereichen des öffentlichen Lebens Männern gegenüber schwerwiegend benachteiligt. Das Ausmaß von Gewalt gegen Frauen ist eines der gravierenden Menschenrechtsprobleme in Äthiopien.

Das Vorhaben „Verbesserung des Zugang zum traditionellen und modernen Rechtssystem in Oromiya" (GALPO) war als Pilotprojekt in 11 Distrikten der Region tätig. Sein Ziel war, durch einen holistischen Ansatz alle maßgeblichen Akteure in einen Prozess der Veränderung der Haltung gegenüber Frauen und deren Rechte einzubeziehen.

Über Aufklärungsarbeit mit Frauen bezüglich ihrer Rechte wurde ein Druck von unten erzeugt, der zu einem Abbau der traditionellen Distanz und Scheu von Frauen führte, das Rechtssystem in Anspruch zu nehmen. Die in der Verfassung garantierten Rechte werden von einer steigenden Anzahl von Frauen eingefordert.

Rechtspolitiker/innen wurden vom Vorhaben in Bezug auf die besonderen Schwierigkeiten beraten und weitergebildet, die sich für Frauen im Zugang zu Rechtsinstanzen ergeben. Hier konnten Fortschritte erzielt werden, denen aber oft noch sehr tief verwurzelte kulturelle, religiöse Wertesysteme gegenüber stehen, die ein Konzept der „Minderwertigkeit der Frau" propagieren. Es hat sich aber in den Projektregionen auch gezeigt, dass traditionelle diskriminierende Praktiken nicht statisch sind, sondern sich bei entsprechenden Beratungen und Aufklärung positiv entwickeln können.

Polizei und Staatsanwälte im Projektgebiet haben ihre Einstellung zu Vergewaltigungen und andere Gewalttätigkeiten gegen Frauen zu einem großen Teil verändert. Sie weisen Frauen, die sich mit derartigen Problemen an sie wenden, nicht mehr ab, sondern registrieren diese Fälle und bringen sie vor die ordentlichen Gerichte.

Der Bewusstseinswandel in einigen Ältestenräten hat dazu geführt, dass in diesen Räten heute erstmalig Frauen vertreten sind (was vorher undenkbar war). Institutionen der politischen und öffentlichen Meinungsbildung wurden qualifiziert, Kernbotschaften zum Thema „Gender und Recht“ in qualitativ angemessener Form zu verbreiten. Dies schlägt sich in zahlreichen Rundfunk- und Fernsehbeiträgen – regional und national – nieder.

Die Berücksichtigung des Genderaspekts bzw. die Reduzierung der Diskriminierung von Frauen sind wichtige Beiträge zur Demokratieentwicklung. Das vorgenannte Projekt hat in diesem Bereich Pionierarbeit beleistet, indem es verschiedene Akteure zu einem holistischen Vorgehen zusammenbrachte, traditionelle Verhaltensmuster aufbrach und neue lokale Strukturen der Einforderung von Gleichberechtigung vor dem Gesetz aufbaute. Die Auswahl des Projektgebiets machte eine Integration mit den anderen bisher vorgestellten Projekten unmöglich. Es zeigt sehr deutlich die Beschränkung von isolierten Projektansätzen und die Notwendigkeit der thematischen und regionalen Konzentration auf Programme. Trotz dieser Schwierigkeiten wurden die positiven Erfahrungen des Vorhabens in das Governance Programm übernommen. Insbesondere wurde untersucht, inwieweit die traditionellen Praktiken aus dem ländlichen Raum mit in die Stadt genommen werden und in welchen Umfang sie dort weiter bestehen.

Förderung der Zivilgesellschaft in der Südregion

Ziel des 1996 begonnenen Projekts in der Südregion war die Stärkung und Nutzung der auf ethnischer Grundlage bereits in den 30er Jahren existierenden Selbsthilfeorganisationen. Diese Organisationen wurden während der Dergzeit von der Politik instrumentalisiert und zu einem Handlanger des Staatsapparats umfunktioniert. Die Loslösung und die Herausbildung einer eigenständigen Identität nach dem Fall des Dergregims erwiesen sich als langwierige Prozesse. Insbesondere der Dachverband SEPDA (Southern Ethiopian Peoples Development Association) hing finanziell und personell bis ca. 2002 voll von der Landesregierung ab. Dies drückte sich unter anderem in der Leitung des Aufsichtsrats aus, die während der Dergzeit durch den Präsidenten oder den Gouverneur der Südregion gestellt wurde. Diese Regelung wurde im Jahre 2002 durch den damaligen Präsidenten, der diese Funktion nicht übernahm und die Mitglieder aufforderte, einen Präsidenten aus den eigenen Reihen zu wählen, beendet. Zum Ende der Beratung durch die GTZ waren nur noch vereinzelt Beamte in den

Selbsthilfegruppen tätig. Die Eigenständigkeit zivilgesellschaftlicher Gruppen wurde durch die Regierungspartei und ihre „Massenorganisationen" bestenfalls geduldet und oft behindert. Trotz dieser Schwierigkeiten konnte auf politischer Ebene ein Dialog zwischen staatlichen und zivilgesellschaftlichen Akteuren initiiert werden, der zu einer Anerkennung der Rolle von Selbsthilfeorganisationen und zu erheblichen Verbesserungen in der Kooperation zwischen staatlichen Stellen und NRO's geführt hat.

Neben seinen direkten Beratungstätigkeiten in der Südregion hat das Vorhaben bei der Aufnahme der Themen Selbsthilfe und Zivilgesellschaft in die nationale politische Diskussion einen wichtigen Beitrag geleistet. Zwei nationale Konferenzen zu diesen Themen wurden in Zusammenarbeit mit dem Goethe-Institut in Addis Ababa durchgeführt. Lokale Mitarbeiter und Gutachter des Projekts gründeten eine nationale NRO, die sich die Förderung von Selbsthilfegruppen und –organisationen zum Ziel gesetzt hat. Diese Organisation war (bis zu den Wahlen 2005) aktiv in der Überarbeitung der gesetzlichen Grundlagen für die Registrierung und Arbeit von NRO's und Selbsthilfegruppen tätig.

Die Möglichkeit einer Teilhabe der Zivilgesellschaft an Entscheidungsprozessen auf lokaler, regionaler oder nationaler Ebene sind für einen Demokratisierungsprozess unerlässlich und gehören im allgemeinen zu den Hauptkriterien für Good Governance. Das Projekt „Förderung der Zivilgesellschaft in der Südregion" hat exemplarisch gezeigt, wie auch unter schwierigen Bedingungen Selbsthilfegruppen gefördert und gestärkt werden können. Inwieweit die Gruppen die im Rahmen der zweiten Welle der Dezentralisierung erweiterten Entscheidungsbefugnisse der Distrikt- und Stadtverwaltungen nutzen, konnte zum Abschluss des Projekts (2003) noch nicht beurteilt werden. Die Förderung der Beteiligung der Zivilgesellschaft wurde als eigenständige Komponente in das Capacity Building in Governance Programm aufgenommen.

Zusammenfassende Bewertung der Einzelprojekte

1. Alle von der GTZ im Auftrag des BMZ durchgeführten Projekte waren mit unterschiedlichen Erfolgen auf allen drei Regierungsebenen tätig und leisteten Beiträge zu Dezentralisierung und Demokratieförderung. Im Falle des Projekts „Zugang zum Rechtssystem für Frauen" verblieben die Aktivitäten auf der lokalen und regionalen Ebene. Das Projekt war wohl zu klein und die Laufzeit zu kurz, um seine Erfolge in die nationale Diskussion einzuspeisen, wie es dann im Nachfolgeprogramm geschah. Das Projekt „Städtische Management- und Politikberatung" war mit Ausnahme der Stadt Addis Ababa vorwiegend auf der nationalen und regionalen Ebene tätig. Die Schaffung von legalen und administrativen Rahmenbedingungen für kommunale Selbstverwaltung stand im Mittelpunkt und ließ nur wenig Spielraum für eine direkte Beratung auf der

Mikroebene. Ähnliches gilt für das Projekt „Dezentralisierung und Föderalismusentwicklung".

2. Die Projekte hatten untereinander keine oder nur sehr wenig Beziehungen. Die verschiedenen Beratungsansätze (Fach-, Prozess- und Institutionenentwicklung) kamen zwar weitgehend innerhalb der Einzelprojekte zum Tragen, wurden aber nicht in ihrer Gesamtheit genutzt. So blieben die vier in der Südregion tätigen Projekte[20] ohne einen nennenswerten Erfahrungsaustausch und einer Nutzung von Synergien. Soweit nachvollziehbar, wurden die Fachberatungen in allen Projekten von den Partnern sehr geschätzt und angenommen.

Prozesse zur Umsetzung konnten in den Projektregionen initiiert werden. Im Bereich der Institutionenentwicklung waren die Projekte „Städtische Management- und Politikberatung" sowie „Regional (Landes-)planung und –entwicklung" besonders erfolgreich. Die Verabschiedung und Umsetzung der Kommunalverfassungen in den vier Hauptregionen und der Addis Ababa City Charter hatten weit reichende Strukturveränderungen zur Folge. Die Dezentralisierung von großen Teilen von öffentlichen Dienstleistungen konnte auf einer klaren Rechtsgrundlage erfolgen. Die vorgesehenen, aber bisher noch nicht umgesetzten politischen Strukturen, wie beispielsweise gewählte Stadtparlamente und von den Stadtparlamenten zu wählende Bürgermeister, sind ein wichtiger Beitrag zur Demokratisierung auf der lokalen Ebene.

Das „Consultative Forum" für Regional (Landes-)planung und –entwicklung etablierte einen Raum für einen systematischen Dialog zwischen Regionalregierungen und Zentrum. Das Forum gilt als Vorbild für andere Sektoren, die über die Einführung einer ähnlichen Struktur nachdenken, so z.B. im Bereich der Stadtentwicklung).

3. Alle Projekte waren nur zu einem geringen Teil in die internationale Gebergemeinschaft eingebunden. Kontakte bestanden in der Regel nur im informellen Bereich und auf der persönlichen Ebene der Berater. Dies hatte zur Folge, dass eine mögliche Arbeitsteilung und Nutzung gegenseitiger Erfahrungen gering blieb. Zudem konnte sich die deutsche EZ nicht oder nur teilweise in den bereits seit ca. 2001 bestehenden Geberdialog einbringen.

Die oben genannten Bewertungen sind keineswegs Äthiopien-spezifisch. Das BMZ hat diese Situation bereits seit langem beobachtet und darauf mit dem Konzept der Schwerpunktbildung und der Unterscheidung in Partner- und Schwerpunktländer reagiert.[21] Zudem hat der DAC peer review Bericht des Jahres 2001 die deutsche Entwicklungszusammenarbeit und ihre in viele Einzel-

---

20 Dezentralisierung und Föderalismusentwicklung, Städtische Management- und Politikberatung, Förderung der Zivilgesellschaft, Regional (Landes-)planung und –entwicklung.

21 Bohnet, M. (2000): Regionale und sektorale Schwerpunktbildung in der EZ, in: E+Z - Entwicklung und Zusammenarbeit, Nr. 7/8, Monat Juli/August, S. 196-197.

projekte und Institutionen zersplitterte Vorgehensweise deutlich kritisiert.[22] Die als Alternative vorgeschlagene Budgethilfe könnte aber wohl kaum die oben beschriebenen Wirkungen, die eine Folge von Beratungsleistungen von Projekten auf Mikro-, Meso- und Makroebene sind, erzielen. Diese Wirksamkeit von Direktleistungen wird von der internationalen Gebergemeinschaft daher heutzutage im Rahmen der Diskussionen zur Umsetzung der Paris Declaration[23] als eine besondere Stärke deutscher EZ (und insbesondere der GTZ) durchaus anerkannt. Als einer der Schritte zur Überwindung der Aufsplitterung der deutschen EZ wurde vom BMZ die Bildung von Schwerpunkten und Programmen verstärkt vorangetrieben und die Funktion des „Schwerpunktkoordinators“[24] eingeführt.

Die Schwerpunktbildung in Äthiopien führte im Laufe des Jahres 2002 zur Definition von drei Schwerpunkten, die mit der äthiopischen Regierung im Dezember 2002 vereinbart wurden. Diese Schwerpunkte sind:

- Nachhaltige Nutzung natürlicher Ressourcen für Ernährungssicherung
- Förderung des Regierungs- und Verwaltungssystems (Capacity Building In Governance)
- Förderung des formalen und nicht formalen Berufsbildungssystems

Auf der Grundlage der Schwerpunktstrategie „Förderung des Regierungs- und Verwaltungssystems“ wurde im Jahre 2003 ein Programmdokument[25] erstellt. Die Erfahrungen und institutionellen Anbindungen (Projektpartner) der oben besprochenen Einzelprojekte wurden bei der Planung berücksichtigt. Die Einzelprojekte wurden im Laufe der Jahre 2003/2004 beendet bzw. ihre Aktivitäten auf die Ziele des neuen Programms fokussiert. In den beiden folgenden Abschnitten werden zuerst die Schwerpunktstrategie und danach die Ergebnisse der ersten Phase der Umsetzung ab 2004 vorgestellt.

---

22 Development Co-operation Review of Germany (2001): Main Findings and Recommendations, http://www.oecd.org/document/61/0,2340,en_2649_34603_2673981_1_1_1_1,00.html.

23 OECD/DAC; Paris Declaration on Aid Effectiveness, 2005, http://www.oecd.org/dataoecd/37/39/35023537.pdf

24 Aufgabe der Schwerpunktkoordinatoren ist es, den entsprechenden Bereich in der lokalen Geberrunde in Abstimmung mit der deutschen Botschaft und dem BMZ zu vertreten.

25 GTZ/Ministry of Capacity Building (2004): Programme Document Capacity Building in Governance, Final Draft, Addis Ababa.

Schwerpunktstrategie „Capacity Building in Governance" (Förderung des Regierungs- und Verwaltungssystems)

Die Schwerpunktstrategie[26] fasst die Ziele der äthiopisch-deutschen Zusammenarbeit im Bereich Governance wie folgt zusammen: *„Die äthiopisch-deutsche Zusammenarbeit im Governance Schwerpunkt hat zum Ziel, das föderale und demokratische System zu stärken. Die Prinzipien des Föderalismus, lokale Selbstverwaltung und Good Governance, sind bereits in der Äthiopischen Verfassung von 1995 verankert. Die Erarbeitung einer breiten Basis für die Umsetzung der genannten Prinzipien in eine soziale Realität ist ein längerfristiger Prozess. Stärkung des Föderalismus und Weiterführung der begonnenen Dezentralisierung mit einer Verpflichtung zu Good Governance sind Schlüsselelemente der äthiopischen Entwicklungsziele und Beiträge zur Armutsminderung, wie sie in der Armutsminderungsstrategie von 2002 niedergelegt sind. Die deutsche Entwicklungspartnerschaft hat bereits seit den 90er Jahren die Einführung des föderalen Staatssystems sowie die Entwicklung von Städten gefördert. Die Ausrichtung auf individuelle Projekte brachte jedoch nur Teillösungen der bestehenden Probleme, insbesondere innerhalb der Einzelprojekte... ".*[27]

Das Strategiepapier führt weiter aus, dass sich die Kooperation auf die zwei folgenden Komponenten beziehen soll:

- Stärkung der Struktur und Funktionsfähigkeit des föderalen Systems
- Entwicklung der Städte als politische und ökonomische Zentren

Zudem sollen im Rahmen des Governance Schwerpunkts Strukturen zur nachhaltigen Verankerung der föderalen Struktur sowie gesetzliche Grundlagen für eine kommunale Selbstverwaltung weiter gefördert werden. Der geographische Fokus wird in Bezug auf Stadtentwicklung auf die Hauptregionen Tigray, Amahara, Oromiya und Südregion gelegt. Die Stärkung des föderalen Systems (einschließlich Konfliktbearbeitung) wurde nicht auf bestimmte Gebiete beschränkt. Die Schwerpunktstrategie betont auch das Zusammenwirken der verschiedenen deutschen EZ-Organisationen (GTZ, KfW, DED, INWENT und auch die in Addis Ababa vertretene Friedrich Ebert Stiftung, FES).

Der Governance Schwerpunkt soll explizit in die nationalen Strategien zum „Capacity Development" eingebunden und im Rahmen der Geberabstimmung umgesetzt werden. Als Kooperationshorizont wird ein Zeitraum von 10 Jahren angegeben.

Die Anlage zur Schwerpunktstrategie spezifiziert die zwei Komponenten in acht Unterthemen und definiert Zielindikatoren hierfür. Auf dieser Grundlage wurde

26 Im Nachfolgenden „Governance Schwerpunkt" genannt.

27 Protokoll der äthiopisch-deutschen Regierungskonsultationen in Addis Ababa vom Dezember 2002, Annex 2 „Strategy for the Priority Area Capacity Building in Governance".

das bereits erwähnte Programmdokument im Laufe des Jahres 2003 erstellt. Dieses Dokument bildet die Basis für das Angebot der GTZ an das BMZ sowie einer Kooperationsvereinbarung mit der KfW, INWENT und einer engen Abstimmung mit der FES.

Das Programm Förderung des Regierungs- und Verwaltungssystems (Capacity Building in Governance Programme)

Das erwähnte Programmdokument wurde während des Jahres 2003 dem Ministry of Finance and Economic Development (MoFED) übergeben. Als Programmziel wurde vorgeschlagen: *„Bundesregierung, Regionalregierungen, kommunale Selbstverwaltungen und Organisationen der Zivilgesellschaft handeln nach den Prinzipien der Subsidiarität und der guten Regierungsführung"*.

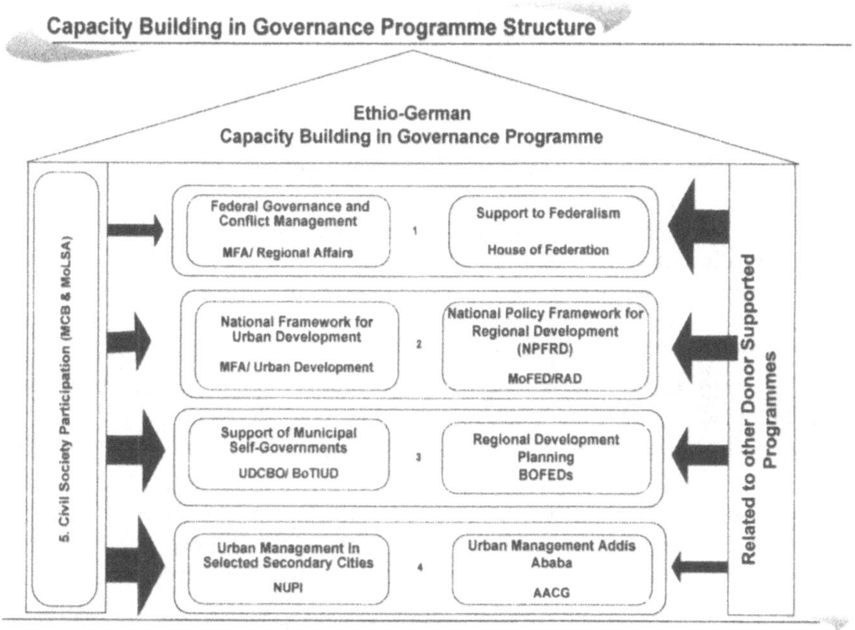

Quelle: GTZ Präsentation des Governance Programms 2004

Zur Erreichung dieses Ziels wurden fünf Komponenten definiert:

Föderale Regierungsführung und Konfliktbewältigung

Föderale Rahmensetzung für Regional- und Stadtentwicklung

Regionale Rahmensetzung für Landesplanung und kommunale Selbstverwaltung

Städtisches Management in Addis Ababa und in ausgewählten Mittelstädten

Teilhabe der Zivilgesellschaft

Die inhaltliche Verbindung sowie Verantwortlichkeiten der unterschiedlichen Institutionen sind in der vorstehenden Graphik (auf S. 245) aufgezeigt.

Zur Abstimmung des Programmkonzepts fanden im Laufe des Jahres 2004 verschiedene Besprechungen zwischen GTZ und einzelnen Ministerien der äthiopischen Regierung statt. Bereits in der Schwerpunktstrategie wurde die Notwendigkeit einer interinstitutionellen Zusammenarbeit zwischen verschiedenen Ministerien und dem House of Federation auf der nationalen Ebene, den Regionen und ihren unterschiedlichen Büros sowie den Städten und der Zivilgesellschaft erwähnt. Eine solche Zusammenarbeit erfordert eine komplexe Organisations- und Kommunikationsstruktur. Im Programmdokument wurde deshalb vorgeschlagen, einen „runden Tisch" einzurichten, der für Kommunikation, strategische Planung und Budgetfragen zuständig sein sollte.

Die Leitung dieses runden Tisches und damit die Koordination der dezentralen Durchführung wurden zu einem unlösbaren Problem. Das MoFED sprach diese Funktion dem Ministry of Capacity Building (MoCB) mit der Begründung zu, dass dieses alle Capacity Building Programme und vor allem das von verschiedenen Gebern finanzierte PSCAP koordiniert. Trotz der formalen Zuordnung der Verantwortung für das Programm übernahm das MoCB die Koordinationsfunktion nicht. Auf der äthiopischen Seite blieb das Programm damit ohne klare politische Führung, was die institutionelle Verankerung des Programmansatzes unmöglich machte.

Der deutsche Beitrag zum Governance Programm wird im Auftrag des BMZ von der GTZ und der Kreditanstalt für Wiederaufbau (KfW) erbracht. Eine Kooperationsvereinbarung zwischen beiden Institutionen ist die Grundlage einer intensiven Zusammenarbeit. Mit der FES besteht ein intensiver Erfahrungsaustausch und Arbeitsteilung, insbesondere bei der Parlamentsförderung.[28]

Inhaltlich begann bereits im Jahr 2003 und verstärkt im Jahr 2004 die Ausrichtung der Aktivitäten der früheren Einzelprojekte auf die neue Programmstruktur. Es fand damit ein harmonischer Übergang zwischen dem formalen Abschluss der Einzelprojekte (Dezember 2004) und den neuen Aktivitäten in den einzelnen Komponenten statt. Die Hauptaktivitäten des Programms sind in Tabelle 2

28 Die FES wird in Abstimmung mit der internationalen Gebergruppe ein Parlamentarier-Handbuch erstellen.

zusammengefasst. Obwohl der für das Gesamtprogramm politisch verantwortliche Träger seine Funktionen nicht wahrgenommen hat, konnten weit reichende Aktivitäten begonnen und zum Teil bereits zu erfolgreichen Abschlüssen gebracht werden. Neben den Aktivitäten zur Parlamentsförderung und Konfliktbearbeitung sind für die Entwicklung der Dezentralisierung und Demokratisierung die Weiterbearbeitung des NPFRD, die Erarbeitung einer Datenbank über die Situation und Kapazitäten der Lokalregierungen (städtisch und ländlich), die Zusammenarbeit zwischen Zivilgesellschaft und städtischen Verwaltungen sowie die integrierte städtische Entwicklungsplanung und der Stadtentwicklungsfond zu nennen.

Nationale Orientierung für Regionalplanung- und entwicklung (NPFRD)

Die Weiterführung des bereits im Jahr 2003 begonnenen NPFRD konnte in einem intensiven Dialog zwischen MoFED, den Regionalregierungen und Sektorministerien fertig gestellt und im Herbst 2004 dem Ministerrat vorgelegt werden. Ziel des NPFRD ist es, den Regionalregierungen eine Orientierung zur Erstellung ihrer Regionalentwicklungspläne zu geben. Es wurde besonders darauf geachtet, dass es sich hierbei nicht um eine rigide gesetzliche Vorgabe, sondern mehr um ein technisches Planungsinstrument handelt, das die Regionalregierungen in ihrem Zuständigkeitsbereich selbst anwenden und ausgestalten können. Durch das Vorgehen (intensiver Dialog mit Regionalregierungen) sowie durch die inhaltliche Ausrichtung (Rahmensetzung, die die Aufgabenteilung zwischen Zentrale und Region berücksichtigt) wurde der föderale Staatsaufbau berücksichtigt und versucht die Autonomie der Regionen zu stärken. Entsprechend der Vereinbarung mit dem MoFED wurde der Regionalstaat Tigray als Pilotregion definiert und mit der Erarbeitung eines auf den Prinzipien des NPFRD aufbauenden Regional- bzw. Landesentwicklungsplans begonnen. Andere Regionalregierungen, wie in Afar, Amhara und Benishangul, haben bereits Interesse an einer Übertragung und Nutzung der in Tigray gewonnenen Erfahrungen bekundet.

Partnerschaft Stadtverwaltungen - Zivilgesellschaft

Mit Sondermitteln des BMZ aus dem AP 2015 Programm[29] konnten Aktivitäten zur Zusammenarbeit und Überwindung der Gegensätze zwischen der Zivilgesellschaft und ausgewählten Stadtverwaltungen gefördert werden. Die Erfahrungen aus dem Projekt „Förderung der Zivilgesellschaft in der Südregion“ kamen hierbei direkt zum Tragen. Die Aktion basierte auf dem Prinzip, dass zivilgesellschaftliche Organisationen und Stadtverwaltungen gemeinsam Projektanträge zur Armutsminderung einreichen und (teil-)finanziert bekommen

29 AP 2015 Sondermittel wurden vom BMZ für Projekte, die gezielt zur Erreichung der Millennium Development Goals (MDG) beitragen, von 2003 – 2005 bereitgestellt.

konnten. Durch den Zwang zur gemeinsamen Antragstellung wurde ein Dialog zwischen den Stadtverwaltungen und zivilgesellschaftlichen Gruppen gezielt durch die GTZ gefördert. Nach Abschluss der Maßnahme erklärten alle Gruppen und Stadtverwaltungen, dass die Aktivitäten zur Überwindung von Misstrauen und Ablehnung beigetragen haben und die konstruktive Zusammenarbeit weitergeführt werde.[30]

Geschäftsordnung des nationalen Parlaments

Das nationale Parlament verabschiedete nach den Wahlen, zum Ende der Legislaturperiode, eine neue Geschäftsordnung, die die Arbeitsmöglichkeiten der Opposition sehr stark einschränkte. Diese Geschäftsordnung wurde im Nachgang zu den Wahlen zu einem der Hauptgründe (neben Wahlmanipulation u.a.) dafür, dass die Führung der Opposition sich weigerte, ihre Sitze im neuen Parlament einzunehmen und es zu gewalttätigen Auseinandersetzungen zwischen Demonstranten und Sicherheitskräften kam. Nach Aufnahme der Parlamentsarbeit erklärte der Premierminister sich bereit, die Geschäftsordnung zu überprüfen und „internationalen Standards" anzupassen. Eine Gruppe von vier Experten – je einer aus Kanada, Großbritannien, Deutschland und Indien – erarbeiteten eine Studie, die die Geschäftsordnungen der jeweiligen Parlamente mit derjenigen Äthiopiens verglich und Vorschläge zur Überarbeitung der bestehenden Geschäftsordnung formulierte. Zum Ende der Sitzungsperiode im Sommer 2006 wurde eine die Anpassung und Überarbeitung der Geschäftsordnung mit Zustimmung großer Teile der Opposition beschlossen. Das vom BMZ geförderte Governance Programm erstellte den deutschen Beitrag und koordinierte den Gesamtprozess.

Zweite Föderalismuskonferenz

Entsprechend der Verfassung, hat das House of Federation (HoF) das Mandat des Schlichters im Falle von Konflikten zwischen den Regionen und muss diesbezüglich Entscheidungen treffen, die bis zur Absetzung einer Regionalregierung und einer Intervention der Bundesregierung führen können. Nach den Wahlen 2005 waren über 80% der Mitglieder des HoF neue Parlamentarier, die nur wenig über die Funktionen und Verantwortlichkeiten des HoF informiert waren. Zusammen mit dem Sekretariat des HoF lud das Governance Programm in Zusammenarbeit mit der Schweizer Botschaft, CIDA und US-AID[31] das gesamte HoF zusammen mit Vertretern des Parlaments, der Regionalregierungen und relevanter Ministerien zu einer zweitägigen Föderalismuskonferenz ein.

30 GTZ (2006): AP 2015 Ethiopia: Final Report on Partnership projects in Ethiopia, Addis Ababa.

31 CIDA: Canadian International Development Agency; US-AID: United States Agency for International Development.

Verfassungsexperten der Universität von Addis Ababa erläuterten die relevanten äthiopischen Verfassungsbestimmungen und Durchführungsgesetze. Referenten aus der Schweiz, Deutschland, Indien und Kenia stellten das Thema Föderalismus aus der Sicht ihrer Länder dar. Eine rege Diskussion und ein Workshop mit den Ausschüssen des HoF führten zur Vereinbarung eines Aktionsplans, an dessen Umsetzung sich das Governance Programm federführend beteiligen wird.[32] Ein weiteres wichtiges Ergebnis ist eine Aktion zur Verbreitung des Wissens und der Kenntnis der Verfassung in breiten Teilen der Bevölkerung. Dadurch kann auch das Verständnis für den Entwicklungsprozess des föderalen Systems Aethiopiens fördert auf breitere Basis gestellt und konsolodiert werden. Auf die Frage wie viel Zeit die Konsolidierung des föderalen Systems erfordert antwortete der Referent aus der Schweiz: *Die Schweiz hat sich als Föderation vor ca. 160 Jahren gebildet. Noch heute sind Fragen der Machtverteilung zwischen Ständerat und Parlament an der Tagesordnung. Eine endgültige Konsolidierung eines föderalen Systems kann es nicht geben. Es ist ein sich immer in Anpassung und Veränderung befindliches System, das gerade aus den Spannungen, aber auch der Anpassung an neue Herausforderungen lebt und sich selbst bestätigt.* Die deutsche Föderalismusdebatte ist ebenfalls ein Beispiel für die Notwendigkeit von Reformen und des sehr langwierigen Prozesses der Konsensfindung.

Tabelle 2: Aktivitäten der Sub-Komponenten 2004 bis Mitte 2006

Komponente/ Subkomponente	Komponenten-ziel	Aktivitäten (zwischen 01/2004 und 06/2006)	Verantwortliche Institution(en)	Bemerkungen
Programm-koordination		Einbindung in die Geberdiskussion über Governance (Föderalismus, Stadtentwicklung und Zivilgesellschaft)	Geber-koordination Governance	Schwerpunkt-koordination im Auftrag der Botschaft und des BMZ
		Woreda/City Benchmarking Studie	MoFED	Monitoring-instrument für PSCAP

32 Im September 2006 hat eine von CIM (Center for International Migration) entsandte integrierte Fachkraft im HoF ihre Tätigkeit aufgenommen.

		Überarbeitung der Geschäfts- ordnung des nationalen Parlaments	Nationales Parlament	
Föderale Regierungs- führung und Konflikt- bewältigung	Föderale und regionale Institutionen nutzen die in dezentralen Kompetenz- zentren verfügbaren Mechanismen zur Interaktion und Konflikt- bewältigung	Konferenz Föderalismus und Konflikt- bearbeitung Erarbeitung an einer regionalen Konflikt- bearbeitungs- strategie Einführung eines Trainings- und Beratungs- systems zur Konfliktvor- beugung und – bearbeitung	House of Federation Südregion Südregion	in Zusammen- arbeit mit der Schweiz, Kanada, USA
Föderale Rahmensetzung für Regional- und Stadtentwick- lung	Regional- und Stadtentwick- lung erfolgt auf der Grundlage föderaler Rahmensetzung	Gesetzesvorlage für ein nationales Rahmengesetz zur Raum- ordnung und Regional- planung Verabschiedung eines föderalen Stadtplanungs- gesetzes	MoFED MWUD	Kabinetts- vorlage Parlaments- vorlage
Regionale Rahmensetzung für Landesplanung und kommunale Selbstverwal- tung	Verbesserung der rechtlichen Rahmensetzung der Landes- regierungen für Landesplanung und kommunale Selbstverwal- tung	Erarbeitung eines Modells für einen Landesent- wicklungsplan Anpassung des Konzepts der Integrierten Entwicklungs- planung auf Äthiopien	Region Tigray Federal Urban Planning Institute (FUPI)	Grundlage für Fünfjahresplan Orientierung für Städte

Städtisches Management in Addis Abeba und in ausgewählten Mittelstädten	Kommunale Akteure verbessern das Management öffentlicher Dienstleistungen	Einführung eines partizipativen Stadtplanungs- und – Stadt-management-systems Urban Management Partnerschafts-programm Addis Ababa – Johannesburg Einrichtung eines Stadtentwick-lungsfonds	ca. 10 Pilotstädte	Stadtentwick-lungsstrategien (CWS) Finanzierungs-instrument für städtische Infrastruktur
Teilhabe der Zivilgesellschaft	Zivilgesell-schaftliche Organisationen übernehmen Funktionen bei regionalen und lokalen Entwicklungs-prozessen.	Aufbau von Partnerschafts-beziehungen zwischen Zivilgesellschaft und Stadtver-waltungen	Addis Ababa und 7 Pilotstädte	Modellhafte Partnerschaften

Quelle: interne Monitoringberichte des Governance Programms

Benchmarking der Lokalverwaltungen

Unter dem Titel „Woreda/City Benchmarking survey" wurde eine Baseline-Study in 80 Distrikten und Städten durchgeführt. Diese Studie erfasste die tatsächliche Situation der Lokalregierungen, ihre Finanzausstattung (Eigeneinnahmen, Zuschüsse, Personal) und ihre Kapazität zur Erbringung von Dienstleistungen. Die Studie beeinflusste stark die Geberdiskussion mit der Regierung über Fragen der direkten Unterstützung der lokalen Regierungen im Rahmen eines gezielt auf diese Ebene auszurichtenden Finanzierungsinstruments.

Integrierte städtische Entwicklungsplanung und Stadtentwicklungsfond

In einigen neu geschaffenen kommunalen Selbstverwaltungen wurde modellhaft eine integrierte Entwicklungsplanung eingeführt. Ziel dieses Planungsinstruments ist es, physische Planung, Finanzplanung und Koordination mit Sektorbehörden zusammenzubringen. Gleichzeitig wurde ein von der KfW finanzierter Stadtentwicklungsfond zum Ausbau städtischer Infrastruktur eingerichtet.

6. Schlussbetrachtung

Die exemplarisch beschriebenen Aktivitäten sowie die Tabelle 2 bringen sehr deutlich zum Ausdruck, dass das äthiopisch-deutsche Kooperationsprogramm „Capacity Building in Governance" in der Lage war mit bzw. in den verschiedenen Durchführungsorganisationen strukturverändernde Beiträge zu erbringen. Die Auflistung zeigt, dass das Programm zum einen auf allen drei Regierungsebenen Wirkungen erzielte, zum anderen in allen der Politikberatung zugeordneten Beratungsansätzen – Fach-, Prozess- und Institutionenentwicklung – tätig ist.

Durch Übernahme der Erfahrungen aus den Vorläuferprojekten konnte sich das Governance Programm in kurzer Zeit als ein kompetenter und gefragter Partner sowohl auf Seiten der äthiopischen Durchführungsinstitutionen wie auch innerhalb der Gebergemeinschaft etablieren. Der Schwerpunktkoordinator Governance nahm nach den Wahlen im Jahr 2005 an der Erarbeitung eines Programms zur Förderung der äthiopischen Parlamente (HoF, nationales Parlament und regionale Parlamente) durch eine vom United Nations Development Program (UNDP) geleitete Gruppe von Gebern (Kanada, USA, Großbritannien und Deutschland) teil. Dieses gemeinsame Programm hat zum Ziel, die Legislative in ihren verschiedenen Bereichen zu stärken und die demokratische, föderale Staatsordnung Äthiopiens zu festigen. Die Zusammenarbeit bei der Durchführung der zweiten Föderalismuskonferenz durch ein Geberkonsortium von Schweizer Botschaft, CIDA, US-AID unter der Federführung der GTZ zeigt die gut entwickelte Geberharmonisierung. Ähnliches gilt für den Workshop zur Konkretisierung der Stadtentwicklungspolitik, der im Juli 2006 gemeinsam mit Weltbank und Cities Alliances vorbereitet und durchgeführt wurde. Die unterschiedlichen positiven Ergebnisse können jedoch noch nicht abschließend beurteilt werden. So ist die Frage offen, wie und mit welcher Wirkung die neue Geschäftsordnung des Parlaments angewandt, gelebt und bei Bedarf weiter fortgeschrieben wird. Ähnliches gilt für die Regionalplanung und -entwicklung: Werden diese Orientierungen berücksichtigt und tragen sie dazu bei, rationalere Entscheidungen zu treffen, eine größere Beteiligung der Zivilgesellschaft zu ermöglichen und schlussendlich wirtschaftliches Wachstum zu fördern sowie die

Armut zu mindern? Der vom nationalen Parlament im Juni 2006 verabschiedete Fünfsjahresplan (2007-2011) hat in allen Sektoren sehr ambitionierte Ziele. Inwieweit diese erreicht werden und welchen Beitrag das von der GTZ im Auftrag des BMZ durchgeführten Governance Programms dazu leistet, müssen zukünftige Beobachter oder Evaluierer beurteilen.

Die Bearbeitung der Themen Dezentralisierung und Demokratisierung wurde vor allem seit den Wahlen des Jahres 2005 ein Thema, das alle Geber stark beschäftigt. Die gemeinsame Forderung der Gebergemeinschaft nach „Good Governance“ und ein gemeinsames Vorgehen können zu einer erhöhten Wirksamkeit des Politikdialogs wie auch zu erhöhter Wirksamkeit der multi- und bilateralen EZ im Allgemeinen führen.

Zum gegenwärtigen Zeitpunkt kann festgehalten werden, dass die Instrumente der deutschen Entwicklungszusammenarbeit zur Mitgestaltung der politischen Rahmenbedingungen, wie sie in den letzten Jahren formuliert wurden, zu systemischen Veränderungen in Äthiopien beigetragen haben. Es bleibt zu hoffen, dass die politische Großwetterlage nicht zu unvorhersehbaren Rückschlägen und zur Aufhebung der Fortschritte im Bereich der Dezentralisierung und Demokratisierung Äthiopiens führt.

Investitionen in Infrastruktur in Ost-Afrika

Klaus Thormählen

1. Vorwort

Wenn ich auch bis vor wenigen Jahren keine besondere Affinität zu Afrika empfand, so war ich doch sehr aufgeschlossen, als mich ein Klempner im Frühjahr 2001 ansprach und mir mitteilte, dass der Sohn eines sudanesischen Königs mich gern kennen lernen wollte. Der älteste Sohn des Stammeshäuptlings der Dinka im Süd-Sudan war Kunde dieses Klempners und hatte von mir als Eisenbahnbauer gehört. Der Königssohn entpuppte sich bei seinem ersten Besuch in meinem Haus als ein Rebell. Als Mitglied der süd-sudanesischen Befreiungsarmee SPLM/A war er Schattenminister für Außenpolitik und Kooperation. Dr. Costello Garang Ring lebte bereits 20 Jahre in Deutschland, hatte in Berlin studiert und ist mit einer Winzertochter verheiratet, mit der er zwei Kinder hat. Er erzählte mir viel über die Geschichte des Sudans, seiner Kriege und der möglichen Entwicklung in naher Zukunft. Meine Erkenntnisse verdanke ich im Wesentlichen direkt und indirekt Dr. Garang Ring.

2. Bestandsaufnahme

Als die Engländer 1956 den Sudan in die Unabhängigkeit entließen, flehten einige Vertreter ethnischer Gruppen die Engländer an, das Land nicht zu verlassen und den christlich geprägten Süden nicht mit den Nordsudanesen arabischer Herkunft allein zu lassen. Man befürchtete Krieg und Unterdrückung durch die Nordsudanesen. Die Geschichte zeigt, dass die Befürchtungen der Südsudanesen berechtigt waren. Ständig gab es Konflikte und Bürgerkriege, die nur von kleineren Zeitabschnitten ohne Kampfhandlungen unterbrochen wurden. Der Konflikt verschärfte sich mit der Entdeckung von Bodenschätzen im Süd-Sudan in den 70er Jahren.

Die ethnischen Gruppen des Nordsudan mit arabischer Herkunft hatten eine Islamisierung bis in die Darfur-Region hinein erfolgreich durchgeführt und wollten auch die Stämme des Süd-Sudan islamisieren. Um den Einfluss im erdölreichen Süden weiter zu erhöhen, wollte man islamische Gesetze, die Scharia, einführen.

Es entstand die Sudan Peoples Liberation Movement/Army (SPLM/A), die zunächst als Opposition und dann als bewaffnete Armee den Widerstand gegen die Zentralregierung des Nordsudans leistete. Dr. John Garang, der als Studienabsolvent der Agrarwissenschaften 1984 aus Amerika zurückkam, wurde vor die Wahl gestellt: Entweder er ginge nach Khartum und stelle sich automatisch gegen die Befreiungsbewegung oder er setze sich an die Spitze der SPLM/A. Er entschied sich, wie wir heute wissen, dafür, den bewaffneten Befreiungskampf gegen die Zentralregierung anzuführen.

Der Kampf wurde auf beiden Seiten mit aller Härte geführt. In 21 Jahren sind weit über 2 Mio. Menschen diesem Krieg zum Opfer gefallen. Mehr als 5 Mio. Menschen sind heimatlos und in benachbarte Länder und Kontinente geflohen.

Die Zentralregierung wurde im Krieg wesentlich unterstützt durch Russland, China und Frankreich. Die Chinesen bauten eine Ölpipeline von den Ölfeldern im Südsudan nach Port Sudan im Norden und sicherten sich den so wichtigen Rohstoff. Von dem Ölreichtum bekam die Bevölkerung des Sudans nicht viel Gutes zu sehen. Viel Geld verschwand in die Kriegsmaschinerie, die im Wesentlichen aus Russland und China importiert wurde. Die Franzosen erkauften sich die Rechte an einem der größten Ölfelder im Süd-Sudan, wurden jedoch von der SPLM/A ständig an der Ausübung der Förderrechte gehindert, so dass diese schlussendlich zum Kriegsende verfallen waren.

Im Sudan gab es drei Hierarchieebenen. Die höchste Stufe bildeten die Nordsudanesen arabischer Abstammung mit heller Hautfarbe. Die zweite Stufe bildeten die islamisierten Sudanesen schwarzer Hautfarbe. Die unterste Stufe bildeten die christlichen Südsudanesen.

Im Befreiungskrieg der SPLM/A gegen die Zentralregierung kämpften im Wesentlichen die moslemisierten Sudanesen aus der Darfur-Region für die Zentralregierung. Die Führer der SPLM/A hatten versucht, den Sudanesen der Darfur-Region zu vermitteln, dass sie auf der falschen Seite kämpften. Dieser Kampf sei kein Religionskampf Muslime gegen Christen, sondern es ginge im Wesentlichen um die wirtschaftliche Beherrschung des Öls und der weiteren Rohstoffe und um die ethnische Zugehörigkeit.

3. Wirtschaftliche Perspektiven

Dr. Garang Ring erzählte mir im Jahr 2003, dass man kriegsmüde sei und sich jeder Sudanese nach Frieden im Sudan sehne. Die Kriegsparteien werden daher kurzfristig einen Waffenstillstand unterzeichnen und mit internationaler Beteiligung einen Friedensvertrag ausarbeiten. Nach einem Friedensvertrag wird es eine Interimsperiode von 6 Jahren geben, an deren Ende die Bevölkerung des Süd-Sudan die Wahl hat zwischen einem eigenständigen Staat Süd-Sudan oder einem gemeinsamen Staat Sudan. Sollte sich die Bevölkerung des Südens für einen eigenständigen Staat entscheiden, so wäre dieser Staat geografisch nicht an einen Weltmeerhafen angebunden, was als enormes Handikap für eine zukünftige wirtschaftliche Entwicklung des neuen Süd-Sudans erkannt wurde.

Der kürzeste Weg zu einem Weltmeerhafen von Juba, der Hauptstadt Süd-Sudans, wäre eine Anbindung an Mombasa. Mit einer Eisenbahnverbindung von ca. 1500 km wäre man an das Streckennetz der Kenya Railway angeschlossen und somit mit der Außenwelt verbunden.

Bild 1: Der Sudan im Flächenvergleich zu Deutschland

Der Sudan ist etwa so groß wie West-Europa und damit siebenmal so groß wie Deutschland. Der Süd-Sudan hat eine Fläche, die dreimal so groß ist wie die Fläche Deutschlands. Auf dieser Fläche leben jetzt nach dem Krieg ca. 9 Mio. Einwohner; zusätzlich wird mittelfristig mit 2 Mio. zurückkommenden Flüchtlingen aus der ganzen Welt gerechnet.

Die Flüchtlinge haben während des Krieges Ausbildungen gemacht und zum Teil studiert. Die Menschen sind hungrig nach Arbeit und persönlicher Entwicklung. Das Land bietet neben riesigen Vorkommen an qualitativ hochwertigem Öl, Gas, Kupfer, Eisen, Uran, Gold und tropischen Harthölzern sehr große Bestände an Rindern.

Die Führungselite der SPLM/A weiß, dass dieses Land seine Chancen nur dann nutzen kann, wenn im Land investiert wird und nicht nur Rohstoffe exportiert werden. Die Wertschöpfungskette muss möglichst weit ins Land gezogen werden. Daher ist es wichtig, Raffinerien, eine Baustoffindustrie, Holzverarbeitung und eine wirtschaftliche Agrarindustrie im Land aufzubauen und nicht Rohstoffe, sondern möglichst fertige Endprodukte im Lande herzustellen.

Obwohl das Land reich an Rohstoffen ist, kann die Volkswirtschaft nicht ohne Initialzündungen in Form von Risikokapital, Hilfsgeldern und langfristigen Krediten auf die Beine kommen. Bereits die Exploration eines Erdölfeldes und die Einrichtung zur Förderung verschlingt Kapital in dreistelliger Millionenhöhe. Voraussetzung für Risikokapital und für langfristige Kredite ist aber Vertrauen in die politische Stabilität und Sicherheit im Land. Hier ist die anhaltende Gewalt in der Darfur-Region ausgesprochen kontraproduktiv.

Der Konflikt in Darfur ist im Zusammenhang mit dem Friedensprozess zwischen der Zentralregierung und dem Süden entstanden. Die auf der niedrigsten Hierarchieebene stehenden christlichen Süd-Sudanesen hatten einen gewissen Autonomiestatus erreicht, während die moslemischen Glaubensbrüder der Nordsudanesen auf die unterste Stufe der gesellschaftlichen Anerkennung gerieten. Nach der Entdeckung von Rohölreserven versuchte man die Menschen aus ihrer Heimat zu vertreiben. John Garang hatte als eine der wichtigsten Aufgaben als Vizepräsident erkannt, Frieden in Darfur zu erreichen.

4. Initialzündung Süd-Sudan

Im Januar 2004 reiste ich auf Veranlassung und in Begleitung des „Commissioners of international Cooperation and Development“ nach Kenia und Uganda. Hatte ich in Deutschland mit einem „normalen“ Menschen schwarzer Hautfarbe diskutiert, so war Dr. Garang Ring in Afrika ein Minister mit jederzeitigem Zutritt zu sämtlichen Regierungsmitgliedern in Kenia und Uganda. Dies öffnete viele wichtige Türen.

In Kenia gibt es ein Schmalspureisenbahnnetz (Spurweite 1000 mm) von ca. 2500 km Länge. Im Wesentlichen handelt es sich um die Verbindung zwischen Nairobi, der Hauptstadt Kenias, und der Hafenstadt Mombasa sowie um eine Verbindung nach Uganda und eine Strecke in den Norden bis nach Kitale. Die Eisenbahn – und das gilt für alle Eisenbahnen, die ich in Ostafrika gesehen habe – wurde vor ca. 100 Jahren von den Kolonialmächten gebaut, um den Export von Waren von Kenia nach Europa zu organisieren.

Die Trasse wurde der Topographie weitgehend angepasst, so dass sich die Linie wie ein Flusslauf durch die Landschaft windet. Enge Radien und der allgemein schlechte Zustand lassen lediglich Geschwindigkeiten von bis zu 25 km/h zu, wobei Unfälle und sonstige Störungen im Betriebsablauf eine belastbare logistische Planung verhindert.

In Diskussionen mit Regierungsmitgliedern und ranghohen Eisenbahnmanagern wurde ich gefragt, was ich von der kenianischen Eisenbahn halte. Nachdem ich mich versichert hatte, dass man meine wirkliche Meinung hören wollte und Kritik nicht als unhöflich empfand, stellte ich meine Analyse vor. Die Analyse gipfelte in der Aussage „It looks like a museum". Meine kenianischen Diskussionspartner lachten und setzten eins drauf mit der Frage, ob ich schon im Eisenbahnmuseum gewesen währe. Die Museumseisenbahn sähe viel besser aus.

Viele Geschäftsleute in Kenia bestätigten mir, dass sich ihre Geschäfte gut entwickeln und dass sie große Möglichkeiten im Land erkennen. Lediglich das Transportproblem verhindere, mehr Möglichkeiten zu nutzen. „Wir bekommen unsere Waren nicht von den Fabriken wegtransportiert bzw. die Zulieferungen nicht rechtzeitig in die Fabriken". Wegen der Unzuverlässigkeit der Eisenbahn werden über 85% der Gütertransporte über die Straße abgewickelt, was zu teilweise chaotischen Zuständen auf der Straße führt. Dadurch werden die Straßen sehr schnell zerstört und die Durchschnittsgeschwindigkeit ist auch dort inzwischen auf rund 20 km/h gesunken.

Die Kenya Railway (KR) unterstützt in ihrem heutigen Zustand die wirtschaftliche Entwicklung des Landes eher wenig. Um diese Eisenbahn in einen Motor für die wirtschaftliche Entwicklung zu verwandeln, müssen erhebliche Investitionen den Modernisierungsrückstand auflösen. Mit der KR verhält es sich ähnlich wie mit Deutschland nach dem 2. Weltkrieg. Durch die umfassende Zerstörung großer Teile der Industrie hatte man hier die Chance, ein neues, modernes Land aufzubauen.

In der Diskussion über die Anbindung Süd-Sudans an Kenia stellten wir unsere Idee einer Eisenbahn mit europäischer Standardspur (Spurweite 1435 mm) vor. Der Süd-Sudan hat sich entschlossen, eine neue Eisenbahn mit europäischem Standard zu bauen, obwohl alle Nachbarländer Eisenbahnen nach dem beschriebenen Standard betreiben. Die Investition in eine neue Eisenbahn mit europäischem Standard wird erheblich mehr Finanzmittel binden als die Restrukturierung des bestehenden Netzes, wobei ein Teil der Mehrausgaben bei der Investition in rollendes Material durch den größeren Markt ausgeglichen werden kann. Denn Lokomotiven und Waggons sind bezogen auf ihre Transportleistung wesentlich günstiger in der Spur 1435 zu beschaffen. Darüber hinaus gibt es in diesem Segment ein ständig steigendes Angebot an gebrauchten Fahrzeugen. Der makroökonomische Effekt einer modernen Eisenbahn rechtfertigt diese

Investition ohne Zweifel. Meines Erachtens verbietet diese Erkenntnis eine Mittelbindung in das bestehende System.

Die Diskussionen in Uganda verliefen analog und gipfelten in einem Abkommen zur gemeinsamen Entwicklung einer Anbindung der Uganda Railway (UR) an das geplante Eisenbahnnetz im Süd-Sudan. Die Krönung dieser Reise bildete ein Treffen mit dem Chairman der SPLM/A in Naiwascha, einem Vorort von Nairobi, in dem zu der Zeit unter internationaler Beteiligung der Friedensvertrag ausgehandelt wurde. Die Diskussion verlief sehr zielgerichtet auf das Eisenbahnprojekt und endete mit einer Absichtserklärung der SPLM/A, nach einem noch zu schließenden Friedensvertrag und der Regierungsbeteiligung durch die SPLM, eine Eisenbahn von Juba zur Anbindung an das Eisenbahnnetz der KR und der UR durch die Thormählen Holding International bauen zu lassen. Besonders aufgeschlossen war Dr. John Garang gegenüber unserer Idee, dieser Eisenbahn durch eine Einbindung von ehemaligen Bürgerkriegssoldaten eine friedenssichernde und stabilisierende Bedeutung zukommen zu lassen.

Da sich der damalige deutsche Bundeskanzler zu der Zeit in Nairobi aufhielt, hatten wir beim Bundeskanzleramt nachgefragt, ob eine Teilnahme des Bundeskanzlers an der Vertragsunterzeichnung dieses Milliardenprojektes möglich sei. Letztendlich konnte sich das Protokoll nicht dazu entschließen, an einer Veranstaltung mit einem Rebellenführer teilzunehmen.

5. Projektentwicklung und Gespräche mit Politikern

Als Mittelständler hatten wir bisher keinerlei Erfahrung im Umgang mit Politikern. Wir machten unsere Geschäfte und hofften darauf, dass wir möglichst wenig von der Politik behindert wurden. Einen Anspruch auf Unterstützung hatten wir nicht, da wir uns als nicht genügend interessant für die Politiker ansahen.

Mit diesem Projekt änderte sich unsere Einstellung zur Politik wesentlich:

1. Wir hatten ein Projekt in einer Größenordnung, das unseres Erachtens ohne wohlwollende Begleitung durch die Politik wahrscheinlich nicht nur für einen Mittelständler schwer realisierbar war.
2. Das Projekt bot Chancen für die schwer kränkelnde deutsche Bauindustrie mit Überkapazitäten aus den Infrastrukturprojekten Deutsche Einheit.
3. Das Projekt bot Chancen für Deutschland, Öl- und Gasvorkommen als Sicherheiten für Bürgschaften und Finanzierungen zu erhalten und damit die Energieversorgung Deutschlands auf ein größeres Fundament zu stellen.

4. Das Projekt bot die Chance, eingefahrene Wege in der Entwicklungshilfe zu verlassen bzw. neue Wege in Form von Partnerschaften zu gestalten und hier den deutschen Mittelstand auf dem Weg zur Internationalisierung aktiv zu unterstützen.
5. Dieses Milliardenprojekt bedurfte einer Anschubfinanzierung von wenigen Millionen Euro, um eine Machbarkeitsstudie zu erstellen als Grundlage für die Diskussion über die weitere Finanzierung.

Wir bekamen einen Termin beim Wirtschaftsministerium und trugen unser Projekt vor, zeigten die Chancen für die deutsche Wirtschaft auf, die automatisch entstehen, wenn deutsche Ingenieurbüros natürlich deutsche Technik und Produkte in die Planung integrieren. Unsere Delegation bestand aus dem Schattenminister des Süd-Sudan, dem Geschäftsführer des Infrastrukturplanungsbüros ingeno-group, einem Manager von ThyssenKrupp und dem Verfasser. Die Mitarbeiter des Ministeriums waren sehr höflich, lobten unser Arrangement und lehnten dennoch jedwede Unterstützung aus nachfolgenden Gründen ab:

1. Frieden im Sudan werde es nicht geben. Sie hätten den Sudan seit vielen Jahrzehnten beobachtet und nach ständigen Enttäuschungen die Hoffnung auf einen kurzfristigen, stabilen Frieden im Sudan aufgegeben und sähen nach unseren aktuellen Informationen keine Hinweise auf eine Änderung der Situation.
2. Der Sudan steht aufgrund der instabilen politischen Lage auf der Ranking Liste für Hermesbürgschaften und Kreditvergabe auf einem nicht förderfähigen Platz.
3. Der Bundeshaushalt erlaube keine weiteren Belastungen. Es gebe kein Budget für politische oder gar finanzielle Unterstützung.
4. Deutschland kaufe kein Öl und sei daher auch nicht an Sicherheiten aus Öl- und Gasvorkommen interessiert.
5. Eine Verknüpfung von Entwicklungshilfe und Wirtschaftsförderung für deutsche Unternehmen entspreche nicht den politischen Grundsätzen der (damals rot-grünen) Bundesregierung.

Alle Mitglieder unserer Delegation waren sehr überrascht über das Ergebnis dieser Konferenz. Die Mittelständler in der Gruppe fühlten sich bestätigt in ihrem bisherigen Verhältnis zur Politik und entschieden, die Finanzierung der Machbarkeitsstudie aus eigener Kraft sicherzustellen. Meine Partner in der Ingenieurgesellschaft ingeno-group machten sich sofort an die Arbeit, zusammen mit einem Partnerbüro aus Kenia Daten zu sammeln und eine technische Studie zu erstellen.

Die Vorgaben bezüglich der Streckenführung waren jedoch nicht das Ergebnis von Untersuchungen zukünftiger Warenströme, sondern politische Vorgaben des Führungsgremiums der SPLM. So wurden Trassierungsalternativen im Wesentlichen durch topographische Gegebenheiten erarbeitet, wofür wir das Gelände überflogen und Höhenvermessungen aus Sattelitenaufnahmen auswerteten. Die Studie wurde technisch und betriebswirtschaftlich so detailliert ausgearbeitet, dass von der Kostenkalkulation der Infrastrukturkosten bis zum Betriebskonzept komplexe Ergebnisse vorgelegt werden konnten.

Obwohl unsere Arbeit sehr gute Resonanz im Fernsehen und in verschiedenen Print-Medien hatte, blieb die Reaktion der Politik sehr zurückhaltend. In diesem Zusammenhang sei der mehrtägige Besuch einer kenianisch-sudanesischen Delegation, bestehend aus Ministern und ranghohen Ministerialbeamten, im April 2004 erwähnt. Die Delegation hatte eine von der Kirche organisierte Tagung besucht und verlängerte den Aufenthalt in Deutschland, um drei Tage lang unsere Unternehmen kennen zu lernen und weitere Diskussionen über das Eisenbahnprojekt zu führen. Weder die Bundesregierung noch die Landesregierung von Schleswig-Holstein sahen sich im Stande, unsere Besucher durch einen Repräsentanten offiziell zu empfangen und eine politische Unterstützung für das Projekt zu signalisieren. Dagegen vermittelte die brandenburgische Landesregierung unseren sudanesischen und kenianischen Partnern den Eindruck, dieses Projekt unterstützen zu wollen. Dieser Besuch war angelegt, sich näher kennen zu lernen und ein Fundament zu schaffen für eine zukünftige vertrauensvolle Zusammenarbeit. Dies gelang sehr eindrucksvoll.

Im Juli 2004 stellten wir eine Delegation zusammen aus Vertretern von Unternehmen, die interessiert waren, an dem Eisenbahnprojekt sowie an weiteren Projekten im Sudan mitzuwirken. Wir besuchten neben Kenia und Uganda erstmalig den Süd-Sudan.

Unsere erste Station war Kapoeta. Als wir mit dem gecharterten Flugzeug in Kapoeta landeten, empfingen uns einige Hundert Sudanesen. Besonders auffällig war, dass die Menschen trotz ihrer Armut – viele Menschen hatten keine Kleider am Leib und sahen unterernährt aus – hoffnungsvolle, ja fröhliche Gesichter hatten. Die Menschen freuten sich auf den Besuch von Dr. Garang Ring, ihrem Minister für den Aufbau und die Entwicklung im Süd-Sudan, der nach 20 Jahren erstmals in sein Land zurückgekehrt war. Besondere Verehrung erhielt Dr. Garang Ring wohl auch deshalb, weil er mit der Wahl seines ersten Zieles im Sudan – weit ab von seinem Heimatgebiet – demonstrierte, dass es ihm nicht in erster Linie um seine Familie oder um seine Stammesbrüder ging, sondern um den gesamten Süd-Sudan, der nach einem Friedensvertrag durch Investitionen in Infrastruktur die Chancen des Friedens nutzen sollte.

Für uns hinterließ der erste Eindruck mit dieser für uns vollkommen fremden Welt eine bleibende Erinnerung. Wir erfuhren, dass es hier große Mengen an Kalkstein, ein Grundstoff zur Zementherstellung, gibt, und dass die Sudanesen kein Geld verwendeten, sondern sich Gold aus der Erde gruben und dann mit Goldstaub bezahlten.

Wir diskutierten über die Entwicklung einer Baustoffindustrie für den Aufbau des Landes einschließlich der Betonschwellenfertigung für die neuen Eisenbahnlinien. Juba konnten wir nicht anfliegen, da sich die Hauptstadt des Süd-Sudan damals noch in der Hand der Zentralregierung befand und es nicht erlaubt war, aus dem Süd-Sudan nach Juba zu reisen.

Wir besuchten Nimule und sahen unglaublich schöne Landschaften am Nil, sehr dicht an der Grenze zu Uganda. In Nimule plante Dr. Garang Ring ein Gästehaus der zukünftigen Regierung errichten zu lassen und bat uns um Vorschläge und Konzepte für einen solchen Gebäudekomplex.

Wenn wir uns am Boden mit Fahrzeugen oder zu Fuß bewegten, wurden wir ständig durch Offiziere und Soldaten der SPLA begleitet. Es fuhren immer Fahrzeuge vorneweg und stellten so sicher, dass wir keiner Gefahr durch Landminen, die in vielen Landesteilen ausgelegt waren, ausgesetzt wurden. Beeindruckend waren für mich die bereits in der Kolonialzeit angelegten Plantagen von Mahagoni- und Teakholzbäumen sowie die großen Rinderherden, die mit ihren Besitzern durch die Landschaft zogen. Auffällig war, dass es kaum Großwild zu sehen gab. Lediglich in Nimule sahen wir Spuren von Elefanten. Die Erklärung, dass der laute Krieg das Wild vertrieben habe, welches nun langsam zurückkehrte, konnten wir nicht überprüfen.

Am Schluss unserer Reise trafen wir Dr. John Garang in seinem geheimen Hauptquartier in New Side, dem Ort, an dem er kurz nach seiner Ernennung zum Vizepräsidenten des Sudan und Präsidenten des Süd-Sudan durch einen Helikopterunfall ums Leben kommen sollte. Der Chairman, wie er hier überall respektvoll genannt wurde, nahm an einer Konferenz mit mehr als 400 Stammesführern teil. Es ging um die Zeit nach dem Krieg. Es ging um den Aufbau des Landes, und es ging besonders um den Bau einer Eisenbahn.

Die Führer der verschiedenen ethnischen Gruppen und damit die Herrscher über verschiedene Gebiete des großen Landes diskutierten über die Streckenführung und die Anbindung verschiedener Orte. Im Ergebnis überreichte Dr. John Garang uns eine Karte des Süd-Sudan mit dem eingezeichneten Streckenverlauf. Die Streckenlänge der 1. Priorität war mit 4200 km festgelegt. Nun hatten wir den Chairman davon zu überzeugen, dass diese 1. Priorität unterteilt werden sollte, um realisierbare Abschnitte zu erhalten und den Fokus auf die Verbindung zur Außenwelt zu legen. Wir diskutierten natürlich auch über die Finanzierung dieser Projekte und erläuterten, dass eine Finanzierung nur gegen Sicherheiten aus der Ölförderung möglich sei.

Zum Abschluss erhielten wir von der SPLM/A-Führung drei Aufträge:

1. Bau und Betrieb einer Eisenbahn mit einer Streckenlänge von 4200 km für 25 Jahre.
2. Bau und Betrieb eines Zementwerkes in Kapoeta.
3. Bau und Betrieb eines Gästehauses der Regierung in Nimule.

Alle drei Aufträge konnten von der SPLM/A noch nicht offiziell vergeben vergeben werden, denn zu diesem Zeitpunkt gab es noch keinen Friedensvertrag und die SPLM/A galt international als Rebellenorganisation und nicht als zukünftige Regierung.

So war dieser Auftrag ein Versprechen der SPLM/A, diesen Auftrag zu erteilen, wenn der Friedensvertrag unterzeichnet und die SPLM durch Regierungsbildung autorisiert war, Aufträge zum Aufbau des Landes zu erteilen. Der Auftrag beinhaltete ebenfalls das Versprechen, für die Finanzierung dieser Projekte Sicherheiten aus den Rohstoffvorkommen zur Verfügung zu stellen. Nun meinten wir alle Voraussetzungen gemeinsam mit der zukünftigen Regierung des Süd-Sudan geschaffen zu haben, um eine Finanzierung aller wichtigen Projekte zum Aufbau des Süd-Sudan zu bekommen.

Der Verfasser bekam nach Veröffentlichung der Aufträge viele Angebote zur Finanzierung der Projekte. Die Angebote erwiesen sich jedoch insgesamt als unseriös bzw. als nicht unterlegt. Wenn auch das Interesse der deutschen Politik, der Banken und der Industrie sich langsam entwickelte, so gab es doch keine Ansätze für die Finanzierung der Projekte. Lediglich Kooperationen mit unserer auf den Sudan ausgerichteten Holding wurde bekundet. So gründeten wir ein Joint Venture zur Minenräumung mit einer Fachfirma und entwickelten ein Konzept zur Erstellung eines Radiosenders mit Fachleuten aus der Branche. Bei der Suche nach Partnern mit der Bereitschaft, Risikokapital in das Projekt Zementwerk oder Eisenbahnbau zu investieren, wurden wir nicht fündig. Wenn häufig die Zurückhaltung damit begründet wurde, dass in der eigenen Geschäftspolitik der Fokus nicht auf Afrika gerichtet sei, so äußerten viele Gesprächspartner Zweifel an einem Frieden im Sudan und begründeten diese Sorge mit den ständigen Hiobsbotschaften aus Darfur.

Im Oktober 2004 reisten wir ein weiteres Mal mit einer Wirtschaftsdelegation nach Kenia, Uganda und in den Süd-Sudan. Es ging bei dieser Reise darum, weitere Partner, wie Investoren aus Hamburg für den Bau des Gästehauses in Nimule, zu gewinnen, ThyssenKrupp fest in das Projekt einzubinden und Partnern für einen Radiosender ein Gefühl für die Möglichkeiten in der Region zu vermitteln. Wir wollten bei dieser Reise die fertig gestellte Machbarkeitsstudie für die Eisenbahn präsentieren und über die aufgezeigten Alternativen diskutieren. Die Präsentation der Studie erzeugte ein sehr positives Echo bei den Regierungen in Kenia und Uganda sowie bei der Führung der SPLM/A. Die aufgezeigten Lösungen überzeugten so sehr, dass die Diskussion über dieses Projekt die ganze Region erfasste.

Der Chairman bat mich während seines letzten Besuchs in Deutschland, die Präsidenten von Kenia, Uganda und der Demokratischen Republik Kongo aufzusuchen, um die Idee einer Ostafrikanischen Eisenbahn in die Nachbarländer zu tragen. Leider konnte ich meine Zusage bisher lediglich bezüglich des kongolesischen Präsidenten Kabila und des kenianischen Präsidenten Kibaki einlösen.

Insbesondere das Gespräch mit dem Präsidenten von Kenia war für mich sehr beeindruckend. Nachdem ich das Eisenbahnprojekt vorgestellt hatte, stieg der Präsident sofort in die Diskussion über die Ergänzung des Projektes auf kenianischem Boden ein. Die Begeisterung des Staatsoberhauptes zog alle Anwesenden in seinen Bann. Ich wurde befragt, wann welche nächsten Schritte zu erfolgen hätten, und nach meinen Ausführungen gab der Präsident sein „go" für die weitere Vorgehensweise. Noch im Frühjahr 2005 unterzeichneten wir ein „Memorandum of Understanding" zur gemeinsamen Entwicklung eines Projektes „Neubau einer Eisenbahn nach europäischem Standard von Lokichokio über Nairobi bis nach Mombasa".

Nun boten sich einige Organisationen Afrikas, wie NEPAD, NEPAD-Assed und politische Gruppierungen, an, uns zu unterstützen. Erstmals sprach uns die politische Opposition Kenias an und erklärte uns, dass sich die politischen Kräfteverhältnisse in Kenia häufig ändern und dass es deshalb nicht klug sei, ein so großes Projekt ohne die Unterstützung der Opposition durchführen zu wollen. In diesem Moment hatte ich erstmals den Eindruck, mit der ständig diskutierten Korruption in Verbindung zu kommen. Insbesondere in Gesprächen mit deutschen Diplomaten wird das Thema Korruption meines Erachtens sehr oberflächlich und einseitig dargestellt. Die Korruption hat sich in vielen Ländern Afrikas ausgebreitet wie eine Epidemie. Sie ist importiert worden aus Europa und Ländern anderer Kontinente. Nachdem die Kolonialmächte zunächst die Stammesführer korrumpiert haben und sich damit billige Rohstoffe sicherten, hat sich diese Form der persönlichen Vorteilsnahme in alle gesellschaftlichen Schichten ausgebreitet und ist heute zur Überlebenskultur geworden. Die Grenzen zwischen Korruption und Projekt fördernden Dienstleistungen sind allerdings verschwommen. Zudem ist es auch in Europa sehr schwer, Zugang zu politischen Entscheidern zu erhalten, ohne für vorbereitende Lobbyarbeit entsprechende Gebühren entrichtet zu haben.

Insgesamt kann ich festhalten, dass wir keinerlei Projekt fördernde Gebühren entrichtet haben. Allerdings haben wir bis zum heutigen Stand ausschließlich selbst finanzierte Vorleistungen erbringen müssen und noch keinen rechtsgültigen Vertrag für eine Leistung, geschweige denn je eine Leistung bezahlt bekommen. Da die Verhandlungen bald in die Schlussrunde gehen werden, rechnen wir für den Süd-Sudan weiterhin mit Vertragspartnern, die ihr Handeln auf den optimalen Aufbau ihres Landes ausgerichtet haben und weniger auf persönliche Bereicherung fokussiert sind.

6. Projektvorstellung/ Machbarkeitsstudie der ingeno-group

6.1 Präambel

Der Südsudan besitzt keine Eisenbahnstrecken. In einem gemeinsamen Beschluss der Regierungen von Kenia, Uganda und der SPLM soll von der Stadt Juba im Südsudan eine Eisenbahnlinie zum bestehenden Eisenbahnnetz in Kenia geschaffen werden. Weitere Eisenbahnlinien in Richtung Uganda und im Südsudan sind geplant. Als Zielbahnhof dieser Neubaustrecke wurde zunächst Kitale in Kenia benannt. Ein Ergebnis dieser Studie ist allerdings, dass die Verbindung zum bestehenden Eisenbahnnetz in Rongai wesentlich kostengünstiger und besser herstellbar ist als nach Kitale.

Die Eisenbahn soll die Standardspur von 1435 mm besitzen. In Rongai wird mittels eines Transshipmentdepots die Verbindung zum 1000-mm-Spur-Netz realisiert. Auch in weiteren Aufbauphasen bleibt das Transshipmentdepot zweckdienlich für die Eisenbahnverbindung nach Uganda. Die Studie beschreibt die Grundlage für den Bau der Trasse. Durch die Führung der Linie durch das Rift Valley wird eine günstige Trassierung erreicht. Tunnelbauwerke lassen sich vermeiden. Um die Regenwassermenge zu beherrschen, werden jedoch eine Reihe von Brücken und Durchlässe benötigt. Betrieben wird die Eisenbahn zunächst mit Dieseltraktion. Eine Elektrifizierung ist als nächste Etappe durchführbar. Aus den Grunddaten heraus beschreibt die Studie alle Faktoren, um die Eisenbahnlinie zu bauen, zu betreiben und instand zu halten.

Die Steuerung und Überwachung erfolgt von einer Betriebszentrale in Juba. Mit der Eröffnung weiterer Linien kann die Betriebszentrale in Juba zur Leitzentrale der gesamten Region erweitert werden. Dem Vorrang des Güterverkehrs wurde durch die Planung von leistungsfähigen Umschlaganlagen und Güterterminals Rechnung getragen.

Das Projekt ist konzipiert als Public-Privat-Partnership, was in diesem Falle bedeutet, dass der Süd-Sudan die Infrastruktur bauen lässt über Kreditfinanzierung bezahlt, während der Partner, die Thormählen Holding, die Infrastruktur im Auftrag der Regierung herstellt sowie danach die Eisenbahn für 25 Jahre betreibt. Hierfür hat die Holding sämtliche Finanzmittel zur Investition in rollendes Material – Lokomotiven und Güterwaggons – sowie in die Ausbildung des Betriebspersonals etc. bereitzustellen. Die Finanzierung der Infrastruktur wird abgesichert durch Abtretungen von Öllieferungen. Nach einer tilgungsfreien Zeit von 5 Jahren hat der Süd-Sudan 20 Jahre Zeit zur vollständigen Tilgung des Darlehens.

6.2 Vorbemerkung

Das Ende des Bürgerkrieges im Sudan eröffnet für die gesamte Region Ostafrika ein großes Entwicklungspotenzial. Ohne den forcierten Ausbau der Verkehrsinfrastruktur sind eine Verbesserung der Lebensbedingungen und damit eine Minderung der Armut nicht möglich. Gleichzeitig ist dies die Voraussetzung für den Fortschritt der Industrie und des Handwerks. In vielen Regionen setzt damit die Entwicklung der Arbeitsteilung und des Binnenhandels ein.

Die Ausgestaltung des Verkehrssektors für den Südsudan muss multilateral für den gesamten Bereich Ostafrika betrachtet werden. Eine Schlüsselrolle spielt dabei das zentral gelegene Land Kenia mit seinen wichtigen Häfen Mombasa und Kisumu und der Metropole Nairobi, die ursprünglich aus einem Eisenbahnknoten entstanden ist. Der Südsudan ist reich an Bodenschätzen, insbesondere an Rohöl. Eine optimale Nutzung dieser Ressourcen kann erst mit der Entwicklung des Verkehrswesens erfolgen.

6.3 Die Eisenbahn als Erfolgsfaktor

Für den Transport von Gütern und Personen zwischen Produktions- und Verbrauchsgebieten, in zunehmendem Maße aber auch für Verbindungen innerhalb der Verdichtungsgebiete und Millionenstädte besitzt ein funktionierendes Eisenbahnnetz eine erstrangige Bedeutung.

Dieser Sektor, ist abgesehen von regionalen Ausnahmen, stark unterentwickelt. Der Südsudan hat keine Eisenbahnstrecken. Ganze Gebiete sind hier während der drei- bis sechsmonatigen Regenzeit von der Außenwelt abgeschnitten, weil sämtliche Straßen unpassierbar werden. Auch während der Trockenzeit sind die Transportbedingungen zu Lande weitgehend unzureichend, da abgesehen von wenigen Fernstraßen große Teile des Straßennetzes die Qualität von Feldwegen besitzen.

Die Eisenbahn erfüllt in Ostafrika zwischen Mombasa, Nairobi und Kitale in Kenia, Daressalam in Tansania und Kampala in Uganda eine zuverlässige Transportleistung aufgrund entwickelter Netzstrukturen. Sowohl im Nahverkehr wie im Fernverkehr ist die Eisenbahn jedoch zurzeit im Verhältnis zum Kraftfahrzeug nicht konkurrenzfähig. Hinzu kommt, dass die in der Kolonialzeit als Stichbahnen zum Abtransport von Rohstoffen angelegten Linien nicht den heutigen Verkehrsbedürfnissen entsprechen. Auch die unterschiedlichen Spurweiten (Kapspur 1067 mm im südlichen Afrika, Normalspur 1435 mm in Nordafrika und Meterspur in Ostafrika) sind Hindernisse für den Zusammenschluss. Die bestehenden Eisenbahnlinien sind überwiegend bautechnisch in einem schlechten Zustand und ausrüstungstechnisch veraltet.

6.4. Entwicklung der Infrastruktur

Ziel der Machbarkeitsstudie ist die Darstellung aller wichtigen Komponenten zum Bau dieser Eisenbahnlinie. Die SPLM hat uns beauftragt, eine Verbindung zu einem Bahnhof in Kenia herzustellen. Vom kenianischen Eisenbahnnetz gibt es zwei alternative Anschlussmöglichkeiten. Entweder von Kitale über Sigor nach Lokichokio oder von Rongai durch das Rift Valley nach Lokichokio. Enden soll die Eisenbahnlinie vorerst in der süd-sudanesischen Hauptstadt Juba. Die Trassenführung wird in mehreren Varianten untersucht. Als Vorzugsvariante erweist sich der Bau einer Hauptbahn von Juba über Lokichokio durch das Rift Valley bis Rongai. Torit wird mit einer Seitenlinie angebunden. Die Vision der süd-sudanesischen Regierung geht weit über diese eine Strecke hinaus.

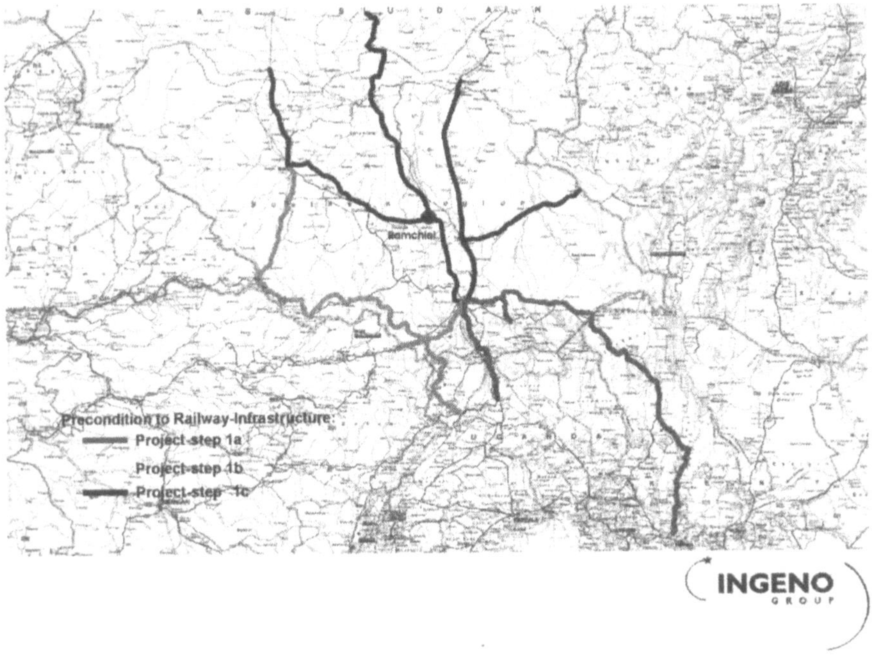

Bild 2: Netzplanung Südsudan

Geplant sind Verbindungen zum bestehenden Eisenbahnnetz in Uganda mit den Linien:

Juba - Nimule - Gulu

Juba - Jei - Amadi - Packwach

In den Norden des Südsudan sollen ebenfalls Eisenbahnlinien führen:

Juba - Malakal (auf der Ostseite des weißen Nils)

Juba - Bentiu (auf der Westseite des weißen Nils)

Äthiopien soll mit einer Eisenbahnlinie, die von der Strecke Juba-Malakal abzweigt, erreicht werden. Es gibt auch Vorstellungen, von Kapoeta aus eine Eisenbahnlinie nach Äthiopien zu bauen. Im Zusammenhang mit der Verbesserung der Eisenbahninfrastruktur steht die Modernisierung des Fährhafens Kisumu in Kenia. Von hier starten Fähren in Richtung Tinja und Port Bell in Uganda und Mwanza, Kavirondo Bay und Musoma in Tansania. Für die direkte Eisenbahnverbindung von Kisumu nach Tororo in Uganda soll ein schon seit langem geplanter Lückenschluss zwischen Butere und Bungoma hergestellt werden.

6.5 Geographie und Geologie

Die Neubaustrecke Juba – Rongai beginnt in der Nähe der Stadt Nakuru an einem neu zu schaffenden Eisenbahnknotenpunkt Rongai. Die Stadt Nakuru liegt auf einer Höhe von 1850 m über NN und zählt ca. 240.000 Einwohner. Nakuru ist die viertgrößte Stadt in Kenia und ein wichtiger Industriestandort. Der nahe gelegene Ort Lake Nakuru ist ein touristisches Zentrum.

Der Ort Rongai bietet sich durch die an der bestehenden Eisenbahnlinie Nakuru - Eldoret vorhandene Freifläche an. Hier sollen Zugbehandlungsanlagen, Containerterminals und Transshipmentdepots entstehen. Gleisanschlüsse zu Industrieanlagen sind möglich. In Rongai befindet sich beispielsweise eine Milchfabrik. Die Einwohner – ca. 30.000 – sind hauptsächlich vom Stamm der Kalenjins. Die Trasse führt entlang der Straße B4, vorbei am Naturreservat Lake Bogoria, passiert den Ort Marigat und erreicht Loruk am Lake Baringo.

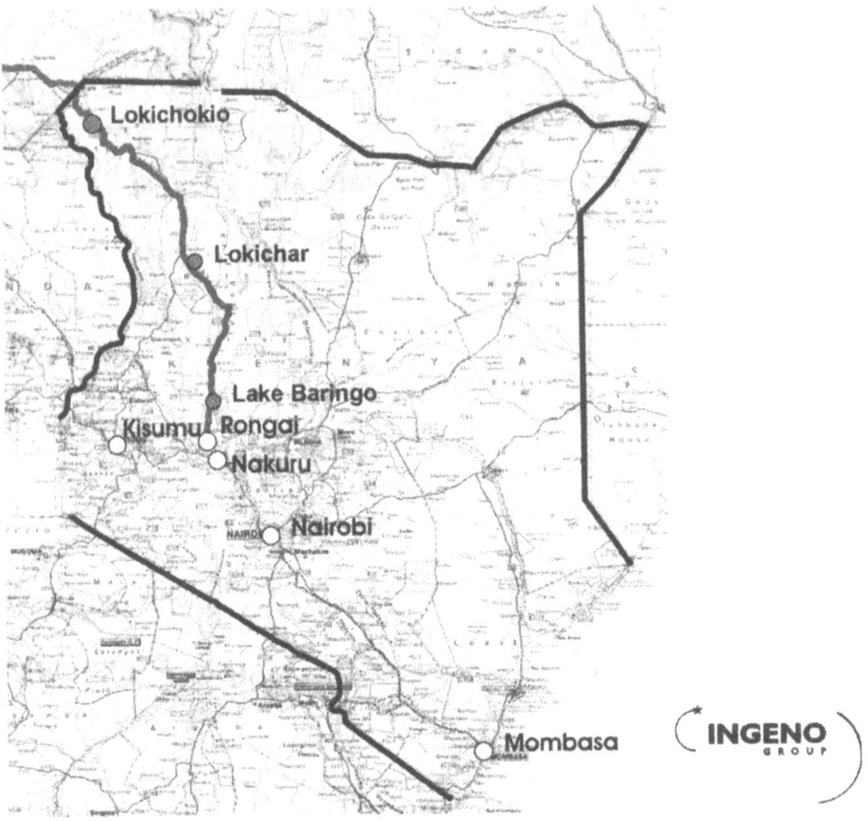

Bild 3: Neubaustrecke Kenia

Das Gelände ist flach und wird von einigen Farmern bewohnt. Die parallel verlaufende Straße ist asphaltiert. Die Einwohner sind in diesem Gebiet vorwiegend vom Stamm der Tugen und Njemps. Als Nutztiere werden Kühe, Ziegen und Schafe gehalten. Der Tourismus ist hier von großer Bedeutung (lodges, camps). Im Bereich des Lake Bogoria und Lake Baringo befinden sich Geysire, die die Möglichkeit der Erzeugung von Elektroenergie bieten.

Die Trasse verläuft weiter im Rift Valley und passiert die kleinen Ortschaften Kinyang, Kapedo und Napeitom. Die Eisenbahntrasse verläuft entlang der

Straße C 113 und C 46 über Lokori nach Lokichar. Zum Schutz gegen Regenwasser wird der Bahndamm an der östlichen Seite der Straße angeordnet. Eine große Anzahl an Brücken und Durchlässen ist erforderlich. An der Strecke liegen weite und spärlich besiedelte Trockensavannen und Lavafelder. In Richtung Osten geht die Savanne in Halbwüste und Wüste über. Die Flussläufe führen nur in den Regenzeiten Wasser. Um die Eisenbahngleise passieren zu können, sind für die nomadisch lebenden Turkana Durchlässe an den historisch entstandenen Stellen anzulegen. Lodwar wird erreicht, indem der Kaliou Pass auf ca. 15 km untertunnelt wird. Lodwar hat ca 20.000 Einwohner, ist touristisches Ziel und hat das Potenzial zur Fischindustrie.

Nach dem klimatisch heißen Ort Lokichokio wird die Grenze zum Südsudan erreicht. Charakteristisch für diese Region sind die großen Flächen mit Lavagestein und die Wüstenlandschaft. In der Hochebene sind kurvenreiche Linienführung und einige Brückenbauwerke erforderlich, um diverse Erhebungen zu passieren.

6.6. Neubaustrecken im Südsudan

Hinter der südsudanesischen Grenze wird der Grenzbahnhof Pot Pot angelegt. Es sind Anschlussgleise zum UN-Stützpunkt vorzusehen. Über die Hochebene, die durch Lavafelder gekennzeichnet ist, werden die Orte Lomlimi und Kapoeta erreicht. In Kapoeta sind Gleisanschlüsse für eine Zementfabrik und für Baustoffindustrieanlagen vorzusehen.

Hinter Kapoeta wird die Landschaft gebirgig. Um die Ausläufer der Didinga Hills und Dougotona Mountains zu meiden, schwenkt die Trasse Richtung Norden. Sie verläuft südlich an Lafon vorbei in Richtung Ngangal in die Tiefebene des Nils. Die Eisenbahntrasse wird durch viele Flussläufe gekreuzt. Um das Gleisbett vor Unterspülungen zu schützen, werden zahlreiche Brücken und Drainagegräben errichtet. Der Untergrund ist sandig und überwiegend gut tragfähig. In Trassennähe befinden sich genügend Granitvorkommen zur Gewinnung von Eisenbahnschotter.

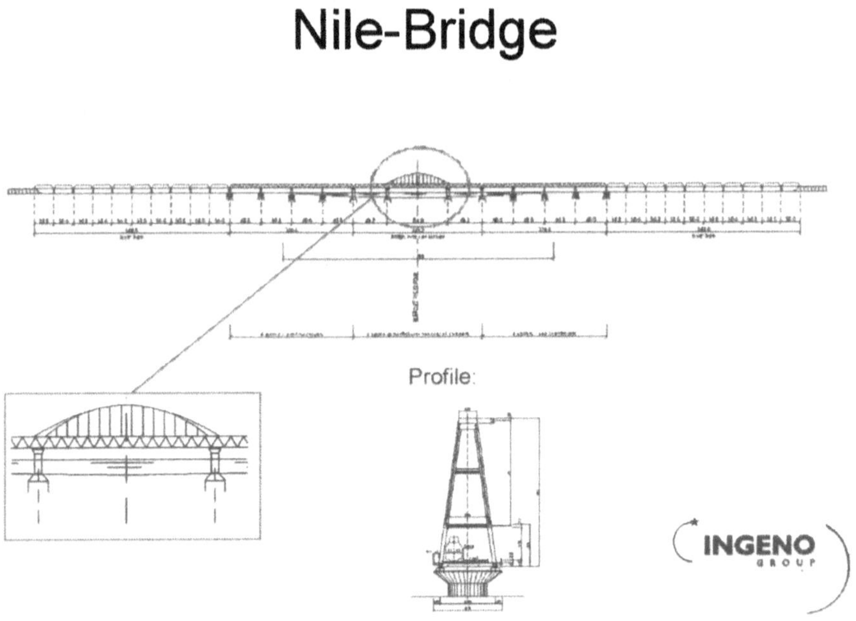

Bild 4: Skizze der Nilbrücke

Mittels einer ca. 1 km langen Brücke, die neben dem Eisenbahnverkehr auch für den Straßenverkehr konstruiert wird, wird der Nil überwunden und Juba erreicht. Juba ist die Metropole der Region des Ostäquators und ein Zentrum für Industrie und Handel. Von hier aus sollen Verbindungen zu den Städten Gulu und Pakwach, nach Wau in Westäquatoria und in den Norden des Südsudan nach Malakal und Bentiu gebaut werden. Über eine Branchline, die von der Strecke Juba - Grenze Kenia abgeht, wird die Stadt Torit erreicht. In den Berglandschaften der Region Westäquatoria leben vorwiegend nomadische Stämme.

6.7 Grundlegende Betrachtungen zum Ausbau des Eisenbahnnetzes in Ostafrika

Die Inbetriebnahme der Neubaustrecke Juba - Rongai wird den Güter- und Personenverkehr zwischen dem Südsudan und den Ballungszentren Kisumu, Nairobi und weiter Richtung Mombasa intensivieren und erheblich beschleunigen.

Der leistungsfähige Schienenverkehrsweg wird Transportleistungen der Region auf sich ziehen und kanalisieren. Gleichzeitig wird das gesamte Verkehrsaufkommen entlang der neuen Trasse steigen. Die abseitige Lage der Stadt Juba wird durch die neue Strecke aufgehoben.

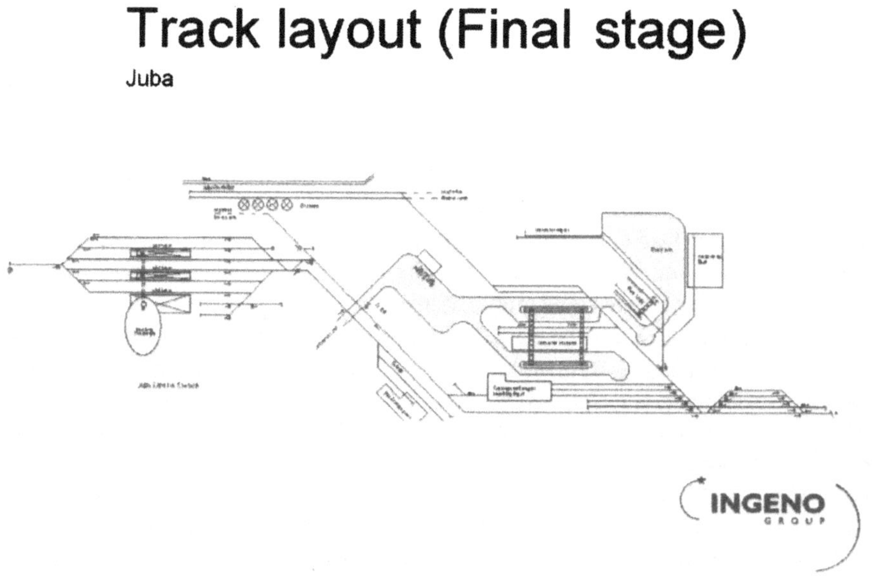

Bild 5: Netzplan Juba

Die Neubaustrecke funktioniert zunächst als Inselbetrieb. Im nächsten Schritt sollte der Fährhafen Kisumu ausgebaut und von Rongai aus durch eine Neubaustrecke angeschlossen werden. Durch diesen Ausbau wird der Binnenhandel deutlich gestärkt; die Verladung von Rohstoffen und gewerblichen Erzeugnissen in Kisumu zum Export in Richtung Tansania, Uganda und Ruanda wird erst durch eine leistungsfähige Verkehrsanbindung attraktiv.

Für einen leistungsfähigen Warenverkehr mit der kenianischen Hauptstadt Nairobi und der wichtigen Hafenstadt Mombasa fehlt jedoch ein adäquater Verkehrsweg. Daher ist zunächst ein Umbau bzw. Ersatzneubau der Eisenbahnstrecke Rongai - Mombasa vorzusehen, auch um den Südsudan direkt mit dem Hafen Mombasa zu verbinden.

Die Strecke Juba - Mombasa kann durch weitere Ausbaumaßnahmen eine höhere Leistungsfähigkeit erreichen:

- Erhöhung der Anzahl der Kreuzungsbahnhöfe

- Verbindung einzelner Kreuzungsbahnhöfe zu zusammenhängenden, zweigleisigen Abschnitten
- Bau von Wasserkraftwerken als Voraussetzung zur Elektrifizierung
- Elektrifizierung zur Erhöhung der Transportleistung der einzelner Züge

In der nächsten Ausbaustufe ist vorgesehen, die ersten Neubaustrecken im Südsudan Richtung Wau über Mundri und von Juba nach Malakal und Bentiu zu bauen.

Der verkehrstechnisch und hinsichtlich der ökonomischen, sozialen und touristischen Infrastruktur besonders unterentwickelte Südsudan soll durch den Bau der neuen Eisenbahnstrecken gefördert werden. Vor allem in der Region Westäquatoria sind Landwirtschaft, Bergbau, Gewerbe und Tourismus von besonderer Bedeutung. Das entstehende Rumpfnetz im Südsudan wird durch weitere Neubaustrecken zum Westrand des äthiopischen Hochlandes ergänzt, z.B. durch die Anbindung der Orte Asosa und Gambela.

Im nächsten Schritt ist der Bau der Verbindung von Juba ins ugandische Gulu vorgesehen. Durch den Bau dieser Strecke wird der Norden Ugandas an das Neubaustreckennetz angeschlossen. Diese Strecke wird den überregionalen Verkehr zwischen Gulu und Rongai merklich reduzieren bzw. diesen gar nicht erst aufkommen lassen, weil sowohl Transportkapazitäten als auch die Transportgeschwindigkeit über Juba nach Nairobi trotz des Umweges deutlich höher sind. Der Ersatzneubau der Strecke Gulu - Rongai ist ein wesentlicher Beitrag zur Anbindung des nördlichen Uganda an den Fährhafen Kisumu am Victoriasee. Diese Verbindung ist im Zusammenhang mit dem Lückenschluss zwischen Tororo und Butere zu sehen. Nach Fertigstellung der Strecken Juba - Mombasa und Juba - Gulu - Kisumu/Rongai stehen zwei leistungsfähige Verkehrsadern zur Verfügung, die den Raum Norduganda, Südsudan und Nordkenia komplett erschließen. Das letztendlich entstehende Eisenbahnnetz führt dazu, dass die Staaten Ostafrikas zusammenrücken; die Transportzeiten von Gütern und Personen werden deutlich kürzer sein als heute. Mit dem verkehrstechnischen Zusammenwachsen verbindet sich die Hoffnung, dass die Staaten Ostafrikas auch im Sinne einer Staatengemeinschaft in sozialer und ökonomischer Hinsicht zusammenwachsen.

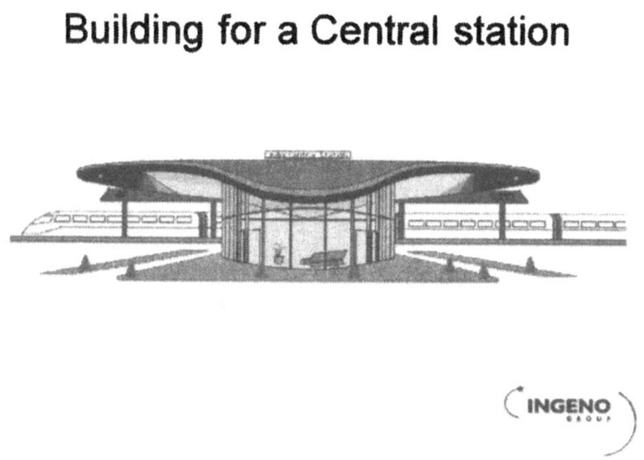

Bild 6: Bahnhof Juba

7. Schlussbetrachtung

Unabhängig von der moralischen Verpflichtung aller ehemaligen Kolonialmächte und unfairen Handelspartner Afrikas ist die Zeit reif, unsere Aktivitäten in Afrika neu zu überdenken.

Die zivilisierte Welt hat ein Gefühl der Gerechtigkeit für seine direkten Nachbarn entwickelt. Dieses Gefühl schwächt sich allerdings mit geografischer oder gesellschaftlicher Distanz merklich ab. Nun sind es jedoch nicht vordergründig humanitäre Grundgedanken, die Afrika weiterbringen. Die Ergebnisse der Entwicklungshilfe der letzten Jahrzehnte zeigen uns deutlich, dass der bisher beschrittene Weg nicht der Königsweg war.

Zunächst ist es daher erforderlich, zu verinnerlichen, dass Afrika den Afrikanern gehört und wir nicht berechtigt sind, diesen Menschen unsere Lebensphilosophie überzustülpen. Auch wenn wir die Afrikaner als gleichberechtigte Partner anzuerkennen haben, so müssen wir sie teilweise schützen vor unfairem Geschäftsgebaren, so wie wir selbstverständlich den Schwächeren, meistens den Verbraucher, durch Rahmenbedingungen schützen, ohne ihnen den Status eines gleichberechtigten Vertragspartners abzuerkennen. Gerade deshalb ist jede Korruption im Keim zu ersticken. Hier sehe ich durchaus eine hohe Verantwortung durch die Industrienationen, die immer mehr Interesse an den Rohstoffen Afrikas entwickeln. Europa hat hier eine besondere Verantwortung, insbesondere gegenüber der aggressiven Afrikapolitik Chinas für Transparenz und Fairness einzutreten.

Voraussetzung für jedwede positive Entwicklung in Afrika ist der Zugang sämtlicher Bevölkerungsschichten zur Bildung sowie Investitionen in moderne Infrastruktur. Die Erkenntnis, dass Armut Gewalt hervorruft, sollte längst die Aktivitäten in Richtung Bildung gelenkt haben. Nicht nur die großen Rohstoffreserven, sondern das große Potenzial an Abnehmern industrieller Produkte aus den Industrienationen wird zukünftig die Handelsbeziehungen zu Afrika bestimmen.

Europa hat den Zenit des ungebremsten Wachstums überschritten und ist im Grunde der Kontinent von gestern. Asien nutzt zurzeit alle Chancen und steht im Wettbewerb um die Zukunft in den Startlöchern. Asien ist sicher der Kontinent von heute. In Afrika jedoch stecken die Ressourcen, die benötigt werden, um auch zukünftig in Wohlstand und intakter Umwelt zu leben, deshalb könnte der Kontinent von morgen der lange vergessene Kontinent Afrika werden.

Investitionen in Afrika sind immer auch Investitionen in unsere eigene Zukunft.

Autorenverzeichnis

Akok, Garang (geb. 1966) hat Politik- und Sozialwissenschaften an der Martin-Luther-Universität Halle/Wittenberg und an der Humboldt-Universität zu Berlin studiert. Derzeit Chefredakteur des „Sudan Journals“. Ko-Autor des Buches „Terrorismus im Namen des Islam und das Horn von Afrika. Der vergessene Konflikt im Sudan und die Rolle Osama Bin Landens“, Marburg 2002.

Biel, Melha Rout hat von 1996 bis 2003 Sozialwesen an der Fachhochschule Jena sowie Politikwissenschaft an der Friedrich-Schiller-Universität Jena studiert. Er ist seit 2005 Dozent am Fachbereich Sozialwesen an der Fachhochschule Erfurt und lehrt Soziale Arbeit im Internationalen Vergleich mit Schwerpunkt Afrika und Europa. Melha Rout Biel ist Doktorand am Institut für Politikwissenschaft der Friedrich-Schiller-Universität Jena. Seine Forschungsinteressen sind Bürgerkrieg, Terrorismus, Kolonialgeschichte, Konfliktbewältigung, Menschenrechte und Demokratie sowie die Rolle der Frauen im Christentum und Islam und Elitenbildung in der Kolonialzeit und im nachkolonialen Afrika. Er hat mehrere Bücher geschrieben, u.a. „Das Scheitern des Zusammenlebens zwischen arabischen und afrikanischen Stämmen im Sudan“, Berlin 2005 sowie „Der Sudan zwischen Krieg und Frieden“, Marburg 2003.

Haedrich, Martina, Dr., Professorin für Öffentliches Recht und Völkerrecht an der Rechtswissenschaftlichen Fakultät der Friedrich-Schiller-Universität Jena. Zuvor lehrte sie an der Humboldt-Universität zu Berlin und der Westfälischen Wilhelms-Universität Münster. Außerdem war sie Gastdozentin in Nizza und Wien. Ihre Forschungsschwerpunkte sind Vereinte Nationen und UN-Reform, Entwicklung des Völkerrechts, Menschenrechtsschutz und Menschenrechte im Islam. Letzte Veröffentlichungen u.a. „Die Vereinten Nationen zwischen Instrumentalisierung und friedenspolitischer Selbstbehauptung – Eine völkerrechtliche Untersuchung“, in: S. Jaberg; P. Schlotter (Hrsg.): Imperiale Weltordnung – Trend des 21. Jahrhunderts? Baden-Baden 2005; „Formen von Sklaverei, Leibeigenschaft, Zwangsarbeit und Menschenhandel und der internationale Menschenrechtsschutz“, in: Elisabeth Herrmann-Otto (Hrsg.): Unfreie Arbeits- und Lebensverhältnisse von der Antike bis in die Gegenwart, Hildesheim, Zürich, New York 2005.

Höhne, Markus (geb. 1975) hat von 1995 bis 2002 Ethnologie, mittelalterliche Geschichte und Völkerrecht an der Ludwig-Maximilian-Universität München studiert. Abschluss mit MA im Frühjahr 2002; seit April 2003 Promotion am Max-Planck-Institut für Ethnologische Forschung in Halle/Saale. Feldforschung in Nord-Somalia zwischen September 2003 und Dezember 2004. Publikationen zu Strategien der friedlichen Konfliktaustragung in Somalia (2002; 2005) sowie zu politischen Identitäten in Nordsomalia (i.E.).

Kifleyesus-Matschie, Mitslal, Dr., geboren in Eritrea. Studium der Entwurfstechnologie (Industriedesign) an der Universität Addis Abeba. B.A. in Internationalen Studien 1992 sowie M.A. in Licence Spéciale Etudes Politique Européennes 1995 an der Université Libre de Bruxelles. Berater bei der Abteilung für Auswärtige Beziehungen beim Technischen Sekretariat der Organisation für das Verbot Chemischer Waffen (1994-1998). Promotion 2006 an der Universität Erfurt mit einer Arbeit zum Thema "The role of verification in international relations“. Derzeit Manager von EuroContact: Unternehmensberatung für europäische und internationale Geschäftsentwicklung in Jena. Vortragstätigkeit auf dem Gebiet Sicherheit, Rüstungskontrolle und Abrüstung.

Leiße, Olaf, Dr., hat von 1987 bis 1993 Philosophie, Soziologie und Psychologie an der Universität Düsseldorf und an der Freien Universität Berlin studiert. Von 1995 bis 1997 Studium an der Hochschule für Verwaltungswissenschaften Speyer. Promotion 1998 im Fach Politikwissenschaft an der Freien Universität Berlin. Seit 1999 wissenschaftlicher Mitarbeiter am Lehrstuhl für Internationale Beziehungen der Universität Erfurt. Habilitationsschrift über Nationalisierungs- und Denationalisierungsprozesse in Europa. Letzte Veröffentlichungen u.a. „Beitrittsbarometer Rumänien – Grundprobleme des Landes und Einstellungen rumänischer Jugendlicher auf dem Weg in die Europäische Union, Wiesbaden 2004 (zusammen mit U.-K. Leiße; A. Richter); „Die Zukunft Europas. Der Konvent zur Zukunft der Europäischen Union, Wiesbaden 2005 (zusammen mit P. Becker); „Rumänien und Bulgarien vor dem EU-Beitritt“, in: Aus Politik und Zeitgeschichte, Nr. 27, Juli 2006, S. 6-13.

Lingnau, Hildegard, Dr., hat Politik-, Verwaltungs- und Wirtschaftswissenschaften in Berlin, Paris und Speyer studiert. Seit 1990 ist sie als wissenschaftliche Mitarbeiterin beim Deutschen Institut für Entwicklungspolitik (DIE) tätig. Von 1998 bis 2002 war Frau Dr. Lingnau Regierungsberaterin in Rwanda und von 2004 bis 2006 stellvertretende Leiterin des Referats „Ostafrika und Horn von Afrika“ im Bundesministerium für Wirtschaftliche Zusammenarbeit (BMZ). Seit Juni 2006 ist sie Regierungsberaterin für Armutsbekämpfung in Kambodscha. Wichtige Publikationen u.a. „Die Vereinten Nationen und die Darfur-Krise: Nationale Interessen stehen einer Lösung im Wege“, in: Vereinte Nationen 5/2004; „Menschenrechtsansatz für die deutsche Entwicklungszusammenarbeit", Studie im Auftrag des BMZ, DIE, Bonn 2003; „Lean Management als Konzept zur Reform öffentlicher Verwaltungen in Afrika südlich der Sahara- Schlussfolgerungen aus den Verwaltungsreformen Benins und Ugandas", Band 110 der Schriftenreihe des Deutschen Instituts für Entwicklungspolitik, Köln 1996.

Mabe, Jacob E., Dr., Dr., PD, (geb. 1959 in Kamerun) Privatdozent für Interkulturelle Philosophie an der TU Berlin und Gastwissenschaftler am Forschungszentrum für europäische Aufklärung in Potsdam. Dr. Mabe hat Politikwissenschaft, Philosophie, Volkswirtschaftslehre und Wissenschaftstheorie in München studiert. 1992 Promotion in Politikwissenschaft in Augsburg und 1996 zweite Promotion in Philosophie an der Universität München. Von 1994 bis 2003 Lehrtätigkeit an der Universität Frankfurt/Main, an der RWTH in Aachen, an der FU, HU und TU Berlin. Im Jahr 2004 habilitierte er sich in Philosophie an der TU Berlin. Neben philosophischen Fragen beschäftigt sich Mabe mit Ethik, Geschichte, Kultur, Politik, Energie- und Umweltfragen sowie mit internationalen Beziehungen. Veröffentlichungen u.a. „Das Afrika-Lexikon – ein Kontinent in tausend Stichwörtern", Wuppertal 2001, „Mündliche und schriftliche Formen philosophischen Denkens in Afrika", Frankfurt/Main 2005.

Matthaeus, Horst (geb. 1948), Bauingenieurstudium an der FH Konstanz, Masterstudium und Promotion an der School of Public Policy der Universität Birmingham (Großbritannien): Studienschwerpunkte waren Local Government, Lokalverwaltungen und Bürgerbeteiligung, Bürgerhaushalt Porto Alegre (Oracamento Participativo). Tätigkeiten für den DED, die FAO, in der Consultingwirtschaft und sowie für die GTZ in Asien (Nepal, Indien), Lateinamerika (Brasilien) und Afrika (Äthiopien). Derzeit Mitarbeiter der GTZ, Programmleiter und Schwerpunktkoordination Governance für die GTZ in Äthiopien. Veröffentlichungen u.a. „Socially Inclusive Cities, in: P. Herrle P; H.-J. Walther (eds): HABITAT INTERNATIONAL, Schriftenreihe der Habitat Unit, Fakultät VII, Architektur - Umwelt - Gesellschaft der TU Berlin, 2005; „PRORENDA Slumupgrading Rio Grande do Sul, in: Latin American Studies Association, New Mexico 1997.

Mugumya, Geofrey, geb. in Uganda, Director of Peace and Security der Afrikanischen Union mit sitz in Addis Abeba (Äthiopien). Studium der Wirtschafts- und Politikwissenschaften an der Makerere University in Kampala (Uganda), Abschluss mit BA. MA in Post War Reconstruction and Development an der University of York (Großbritanien). Certificate in Refugee /Forced Migration Studies an der Oxford University (Großbritannien); Certificate in Local and Community Level Disaster Risk Management (LCLDRM) am Asian – Pacific Disaster Management Center (APDMC), Manila (Philippinen). Frühere Tätigkeiten als senior officer beim Department of Disaster Management and Refugees, angesiedelt im Büro des Premierministers von Uganda. Anschließend Project Leader for Participatory Monitoring and Evaluation of Weapons Collection Project am United Nations Institute for Disarmament Research (UNIDIR) in Genf. Er arbeitete auch für den UNHCR als Reintegration Planning Expert. Letzte Veröffentlichungen u.a. "Exchanging Weapons for Development in Cambodia; An Assessment of Different Weapons Collection Strategies by Local People", UNIDIR Geneva, UNIDIR/2005/6 Geneva, 2005; "From Exchanging Weapons for Development to Security Sector Reform in Albania; Gaps and Grey Area in Weapons Collection Programmes Assessed by Local People", UNIDIR Geneva, UNIDIR/2005/14 Geneva 2004; "Exchanging Weapons for Development in Mali; Weapons Collection Programmes Assessed by Local People", UNIDIR/2004/16 Geneva 2004.

Opfer, Britta, (geb. 1979), M.A., Studium der Politikwissenschaft, Rechtswissenschaft und Interkultureller Wirtschaftkommunikation an der Friedrich-Schiller-Universität Jena. Thema der Magisterarbeit: „Chancen und Möglichkeiten humanitärer Interventionen in Afrika". Von 2001 bis 2005 Tätigkeit am Sonderforschungsbereich 580 der FSU. 2004 Projektleiterin der Erstwählerkampagne in Thüringen zu den Landtags- und Europawahlen. Auslandsaufenthalt in Nairobi/Kenia. Ab November 2005 beim Fachverlag Helios Media GmbH im Bereich Fachmagazine Politik and Kommunikation und seit Februar 2006 in der Presse- und Öffentlichkeitsarbeit dieses Verlages in Berlin tätig.

Tetzlaff, Rainer, Dr., (geb. 1940), Professor für Politische Wissenschaft an der Universität Hamburg. Studium der Wirtschafts- und Sozialgeschichte sowie der Politischen Wissenschaft an der Universität Bonn und der Freie Universität Berlin. Rainer Tetzlaff hat zahlreiche Publikationen zur politischen und sozialen Entwicklung in Afrika veröffentlicht, zuletzt „Das nachkoloniale Afrika. Politik-Wirtschaft-Gesellschaft". Lehrbuch. Grundwissen Politik, Wiesbaden 2005; „Der Konfliktherd in Zentral- und Ostafrika", in: Jahrbuch Internationale Politik 1999-2000, herausgegeben von der DGAP, Band 24, München 2001, S. 255-266.

Thormählen, Klaus, Leiter u.a. der „Thormählen Schweißtechnik GmbH" in Bad Oldesloe. Betonbauerlehre von 1971 bis 1973, Bauingenieurstudium von 1974 bis 1976, Schweißingenieurausbildung von 1981 bis 1982. Beamter bei der Deutschen Bundesbahn von 1977 bis 1989. Seit Frühjahr 1989 selbstständiger Unternehmer. Seit 1993 Leiter von 12 Unternehmen mit insgesamt 500 Mitarbeitern. Seit 1995 Bearbeitung von internationalen Infrastrukturprojekten weltweit, darunter das Eisenbahnprojekt im Südsudan und den angrenzenden gebieten. Veröffentlichung „Optimierte Instandsetzung von Weichen und Gleisen" in der Fachzeitschrift Eisenbahningenieur 1988.